高等院校经济学管理学系列教材

财务管理

Financial Management

彭 俊 ◎ 主 编
单航英 袁晓文 钱春红 孔文举 ◎ 副主编

北京大学出版社
PEKING UNIVERSITY PRESS

图书在版编目(CIP)数据

财务管理/彭俊主编. —北京:北京大学出版社,2016.5
(高等院校经济学管理学系列教材)
ISBN 978-7-301-27100-1

Ⅰ.①财⋯ Ⅱ.①彭⋯ Ⅲ.①财务管理—高等学校—教材 Ⅳ.①F275

中国版本图书馆 CIP 数据核字(2016)第 099462 号

书　　　名	财务管理 Caiwu Guanli
著作责任者	彭　俊　主编
策 划 编 辑	杨丽明　姚文海
责 任 编 辑	朱梅全　杨丽明
标 准 书 号	ISBN 978-7-301-27100-1
出 版 发 行	北京大学出版社
地　　　址	北京市海淀区成府路 205 号　100871
网　　　址	http://www.pup.cn
电 子 信 箱	sdyy_2005@126.com
新 浪 微 博	@北京大学出版社
电　　　话	邮购部 62752015　发行部 62750672　编辑部 021-62071998
印 刷 者	三河市北燕印装有限公司
经 销 者	新华书店
	730 毫米×980 毫米　16 开本　22 印张　399 千字 2016 年 5 月第 1 版　2021 年 3 月第 3 次印刷
定　　价	49.00 元

未经许可,不得以任何方式复制或抄袭本书之部分或全部内容。
版权所有,侵权必究
举报电话: 010-62752024　电子信箱: fd@pup.pku.edu.cn
图书如有印装质量问题,请与出版部联系,电话: 010-62756370

前　　言

　　财务管理是高校财经类专业的基础课程，也是经济与管理类专业的必修课程，同时还可以作为全校通识课程供各专业学生选修。目前，在市面上有众多财务管理教材的版本，有的理论知识全面丰富，也有的案例和习题配合齐全，确有不少优秀之作。本书在吸收前人成果的基础上，结合作者多年从事高校财务管理教学的经验，针对一般本科高校，尤其是具有应用型特征的本科高校的教学要求而编写。

　　按照每周3学时的教学安排，全书不求内容的博与深，而是以经典财务管理的内容为主体，以总论和价值观念为理论铺垫，按照筹资管理、投资管理、资金营运管理和利润分配管理的逻辑讲述财务管理的基本原理与方法，最后以财务分析作总结。每章配有案例供学生阅读与思考，同时配有一定数量的练习题及解答，方便学生课后复习与消化。

　　本书第一、七章由彭俊撰写，第二、六章由单航英撰写，第三、九章由孔文举撰写，第四、五章由钱春红撰写，第八、十章由袁晓文撰写。彭俊为全书主编，负责全书大纲的拟定以及各章最后的修改和定稿，钱春红和堵微子参加了部分章节的公式编排和文字整理工作。

　　本书的作者全部是同济大学浙江学院会计系的教师，本书的完成自然离不开同济大学浙江学院领导和系领导的积极支持，在此特表感谢。同时，也感谢北京大学出版社的无私帮助。由于水平所限，书中的不足之处欢迎大家批评指正。

作者写于浙江嘉兴
2016年3月1日

目 录

第一章 总论 … 1
- 第一节 财务管理的概念 … 1
- 第二节 财务管理的演进 … 6
- 第三节 财务管理的基本职能与方法 … 10
- 第四节 财务管理的环境 … 12

第二章 财务管理价值观念 … 25
- 第一节 货币时间价值观念 … 25
- 第二节 风险价值观念 … 39

第三章 短期筹资管理 … 59
- 第一节 短期筹资政策 … 59
- 第二节 短期筹资的方式 … 62

第四章 长期筹资管理 … 82
- 第一节 长期筹资概述 … 82
- 第二节 股权筹资 … 91
- 第三节 长期债务筹资 … 99
- 第四节 混合筹资 … 108

第五章 资本成本与资本结构决策 … 120
- 第一节 资本成本 … 120
- 第二节 杠杆效应分析 … 129
- 第三节 资本结构决策分析 … 135

第六章 证券投资 … 149
- 第一节 债券投资 … 149
- 第二节 股票投资 … 156

第七章 固定资产投资管理 … 169
- 第一节 固定资产投资管理的基础 … 169
- 第二节 固定资产投资决策的现金流量分析 … 173
- 第三节 固定资产投资决策评价指标 … 179

第四节　固定资产投资决策指标应用 …………………………… 188
　　第五节　固定资产投资的风险分析与决策 …………………… 193

第八章　营运资金管理 …………………………………………………… 217
　　第一节　营运资金概述 …………………………………………… 217
　　第二节　现金管理 ………………………………………………… 221
　　第三节　应收账款管理 …………………………………………… 228
　　第四节　存货管理 ………………………………………………… 237

第九章　利润分配管理 …………………………………………………… 260
　　第一节　企业利润分配程序 ……………………………………… 260
　　第二节　股利种类及发放程序 …………………………………… 262
　　第三节　股利理论 ………………………………………………… 266
　　第四节　股利政策的类型 ………………………………………… 270

第十章　财务分析 ………………………………………………………… 281
　　第一节　财务分析概述 …………………………………………… 281
　　第二节　趋势分析 ………………………………………………… 286
　　第三节　结构分析 ………………………………………………… 291
　　第四节　比率分析 ………………………………………………… 295
　　第五节　综合分析 ………………………………………………… 320

附录 ………………………………………………………………………… 332

参考文献 …………………………………………………………………… 346

第一章 总 论

第一节 财务管理的概念

一、财务管理的定义与特征

财务管理(financial management)一般特指企业财务管理,是在一定的整体目标下,关于资产购置、资本融通、生产经营中营运资金,以及利润分配的管理。自从工业革命以后,人类经济活动从以生产管理为中心过渡到以营销管理为中心,再发展到以资金管理为中心,企业财务管理早已成为企业管理的重要组成部分,它是根据国家相关财经法规制度,按照资金运动的内在规律,有效组织企业财务活动,合理处理企业财务关系的一项综合性经济管理工作。要理解企业财务管理的概念,必须首先了解企业的财务活动和财务关系。

(一)企业财务活动与财务关系

财务活动(financial activities)也称资金运动,是指企业在生产经营过程中有关资金的筹集、运用、分配等方面的经济业务活动,包括筹资活动、投资活动、经营活动和收益分配活动四方面(见图1-1)。而其中资金的运动形态则包括货币形态的资金的取得与支出、实物形态的资金的取得与耗费、债权形态的资金的形成与消除、债务形态的资金的形成与偿还等(见图1-2)。

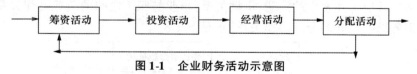

图1-1 企业财务活动示意图

在筹资活动中,企业通过直接吸收投资、发行股票、发行债券、银行借款等方式把外部资金吸引到企业内部来,给企业带来资金的流入,而投资人股利的分配、债权人本息的偿还又给企业带来资金的流出,这就是筹资引起的财务活动。

在投资活动和经营活动中,企业将吸收来的资金对内投放到固定资产的构建、无形资产的研发、流动资金的垫支等各个生产流通领域,形成各个项目或形形色色的资产,这些项目通过运营、资产通过使用或耗用而生产出消费者需要的实物产品或劳务服务,并通过与消费者的等价交换而获得经营收入,经营收

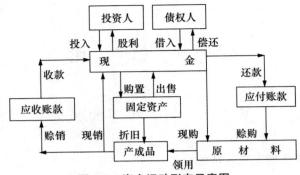

图 1-2　资金运动形态示意图

入不仅能回补资产的消耗,还带来资金的增值。当然,企业也可以将吸引来的资金对外进行股票投资、债券投资或其他投资,通过股利收入、利息收入、资本差价收入等获得对外投资的回报。这种资金的投放、消耗、回补与增值就是投资活动和经营活动引起的财务活动。

在收入分配活动中,企业把赚来的总利润一部分上交企业所得税,而税后的净利润一部分要留存在企业供未来扩大投资或弥补亏损使用,一部分作为股利分配给投资人,这种资金在纳税、留存、分红等方面的分流就是收益分配活动引起的财务活动。

财务关系(financial relations)是指企业在组织财务活动过程中与相关利益方发生的经济关系,具体包括企业与投资人之间的产权关系和利润分配关系;企业与银行等金融机构之间的资金借贷关系;企业与其他法人单位之间的合作、联营、证券投资、商业信用等关系;企业与税务机关之间的税收义务关系;企业与地方政府之间发生的注册、审批关系;企业与职工之间的劳务分配关系;企业内部各部门之间的分工协作关系等(见图 1-3)。

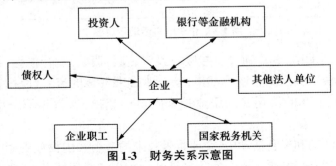

图 1-3　财务关系示意图

财务管理就是要在充分了解客观环境条件及其变化的前提下,运用科学的理论和方法,更有效地组织企业的财务活动,更合理地处理财务关系,从而更好地实现企业发展的整体目标。

（二）财务管理的特征

财务管理的对象是财务活动及其隐含在财务活动中的财务关系，它们具有一个共同的特点，就是可以用货币来度量，这就决定了财务管理不同于战略管理、文化管理、人事管理和信息管理等，它是价值管理。而企业财务活动和财务关系渗透到企业的方方面面，各个层次，因此财务管理具有以下特征：

1. 综合性

资金的渗透性和财务计量单位的统一性，使财务管理通过价值形式，对企业的生产经营条件、生产经营过程和生产经营成果进行合理规划、控制和汇总，以促进企业不断提高经济效益，提升企业财富，所以财务管理虽然只是企业管理的一个独立的方面，却是具有综合性特征的经济管理工作。

2. 广泛联系性

财务活动既需要企业内部各部分的相互配合，又涉及企业外部相关利益主体的参与，还受制于外部环境条件特征的约束和限制，所以，财务管理必须考虑到企业内外多方面的因素，与政府、金融机构、中介服务机构、竞争对手、供应商、客户等多方保持充分沟通和协调，具有广泛的联系性。

3. 时效性或动态性

新鲜出炉的财务数据对于决策者来说是最具价值的，而所有正确的财务决策越是及时，越是能保证好的决策效果。所以财务管理需要跟踪资金的运动轨迹，及时发现问题，分析原因，并制定纠正的措施，以争取最大的经济利益。时效性也从另一个角度说明财务管理会随着环境条件的变化而变化，即具有动态性。

二、财务管理的目标

财务管理的目标是财务管理要达成的愿景，是财务管理人员的行动指南。不同的社会发展水平、不同的经济金融条件、不同的企业治理结构、不同的道德伦理规范，将导致不同的财务管理目标，进而制约财务管理活动的整个过程和结果。

（一）以利润最大为财务管理的目标

利润是企业收入扣除全部成本费用后的剩余，是企业资金运动带来的价值增量。企业是追求盈利的组织，而利润是传统的衡量盈利水平的综合指标，所以传统的财务管理目标就是追求利润最大。这一目标容易理解，方便衡量和评价，有利于企业资源的合理配置和企业整体经济效益的提高，已在相当长的历史时期发挥了巨大的作用。但是，随着时代的进步，追求利润最大所带来的局限越来越清楚地显现出来。

1. 没有考虑货币的时间价值

由于利润是个静态指标,以利润最大作为财务管理目标,就忽略了货币的时间价值。

2. 没有考虑风险的价值

利润是依赖于特定时期的核算或预测结果,没有把不属于这个时期的未来环境因素的变化考虑进去,所以追求利润最大没有考虑风险的价值。

3. 有人为干预,不够客观

利润是会计人员根据权责发生制,按照所选择的会计核算方法,运用一定的会计估计核算或预测出来,容易受人为因素的干扰,所以追求利润最大可能会脱离客观实际,不一定能实现企业发展的真正目标。

4. 容易带来短期行为

利润指标的考核往往按照年度来进行,所以追求利润最大容易使决策者产生短期行为,而忽视对企业长远的考虑。

5. 没有反映投入资本与报酬的对比关系

利润是个绝对指标,不能反映单位投资的报酬水平,所以追求利润最大容易造成盲目投资,粗放投资,不利于提高单位投资的效益。

需要提醒的是,以利润最大为财务目标的另一种表现形式是每股收益最大化,它反映了投入资本与报酬的对比关系,但并没有克服利润最大化为财务管理目标的其他缺陷。

(二) 以股东财富最大为财务管理的目标

股东财富就是企业所有者或投资人所拥有的财富。对于上市公司来说,股东财富就是股票价值。追求股东财富最大,就是追求股票价值最大。原则上说,追求股东财富最大克服了追求利润最大的几乎全部的局限。

第一,企业股票价值的衡量是通过股票未来收益现金流按照投资者的必要投资收益率作为贴现率求出的现值之和,而不是简单代数和,因此追求股东权益最大考虑了货币的时间价值。

第二,贴现率的高低选择可以反映未来风险的大小,投资人可以对风险大的股票要求较高的必要投资收益率,而对风险较低的股票要求较低的必要投资报酬率,所以追求股东权益最大反映了未来风险的价值。

第三,未来发生的现金流量完全取决于股票未来的股利支付和资本转让差价,而这些都是由市场决定的,所以追求股东财富最大可避免人为干预,更客观。

第四,一般股东都希望其投资能够保值增值,而保值增值是一个长期积累的过程,所以,追求股东财富最大一定程度上可以避免企业的短期决策行为。

第五,股票价值取决于股票股数和每股股价,在股票股数不变的情况下,追求股票价值最大,也就是追求每股股价最大,而每股股价反映的是单位投资资本的市场价格,所以追求股东权益最大也反映了投入资本与报酬之间的关系。

但是,对于非上市公司而言,没有股票价值,其股东权益难以衡量。即使是上市公司,由于股票价格受众多因素的影响,也不一定能准确反映企业财务管理的状况。同时,股东财富不能代表债权人利益,更不能代表消费者、供应商、社会公众等相关利益主体的利益,所以以追求股东财富最大作为财务管理的目标仍然不能满足现代社会对企业财务管理的要求。

(三) 以企业价值最大为财务管理的目标

从财务管理的角度看,企业价值不是账面资产的总价值,而是所有者权益(股东权益)与债权人权益的市场价值之和;同时,企业价值也不是现实的会计收益,而是企业所能创造的预计未来净现金流量的现值之和。所以,追求企业价值最大就是追求股东权益价值与债权人权益价值(负债价值)之和最大,就是追求企业未来净现金流量的现值最大。但是事实上,企业价值不是由当前企业的投资人和债权人完全决定的,而是由广大社会成员在相当长远的时期内逐步认可的。所以,我们应该更广义地理解投资人和债权人的含义,即把那些现实的或潜在的利益相关者都纳入投资人与债权人的行列,这样追求企业价值最大也就是追求相关利益集团整体利益最大,不仅符合企业长远发展的根本利益,更符合整个社会资源配置效益的最大化,符合社会可持续发展的社会生态效益的最大化。因此,追求企业价值最大不仅克服了追求利润最大的局限,而且也克服了追求股东财富最大的局限,应该是迄今为止财务管理的最高目标。

当然,以企业价值最大为财务管理的目标也具有一些局限:首先,企业价值过于抽象,追求企业价值最大过于理想化,较难操作;其次,股票价格受众多因素的综合影响,不一定能准确反映股东权益的价值;再次,非股份制企业没有股票市场价,难以衡量企业价值;最后,法人股东对股票价值的敏感程度远没有个人股东强烈,对股票价值最大化缺乏兴趣。

三、财务管理的内容

根据财务管理的概念和目标,可以得出财务管理的内容包括以下四部分:

(一) 筹资管理是财务管理的起点

企业设立需要注册资金,项目建设与营运需要投入资金,所以筹集资金是财务管理的起点。而筹资管理的具体内容又包括选择筹资渠道与筹资方式、预测筹资规模与筹资成本、优化筹资组合和资本结构。

（二）投资管理是财务管理的关键

投资是利润的源泉,没有投资就没有盈利,企业也就不能生存和发展,所以投资管理是财务管理的关键。而投资包括将资金投入企业业务范围的对内投资与将资金投入企业业务范围以外的对外投资,也包括投资期长于1年的长期投资与投资期在1年及1年之内的短期投资。所以,投资管理既涉及对内的固定资产投资和营运资金投资,又涉及对外的证券投资等,投资管理的具体内容既包括项目投资决策,也包括项目运作与投资风险控制等。

（三）资产运作管理是财务管理日常活动的主体

企业投资形成形形色色的资产,这些资产如何配置？如何使用？如何产生最大的经济效益？这就是资产运作管理的核心内容。由于固定资产的投资与运作已经包含在投资管理中,所以这里的资产运作管理主要是指流动资产的管理,包括现金的管理、应收款的管理和存货的管理等。

（四）利润分配管理是财务管理承上启下的重要环节

企业通过投资获得的盈利如何分配不仅关系到相关利益集团之间财务关系的合理处理问题,也关系到企业持续发展能力的积累与壮大问题,所以利润分配管理是财务管理承上启下的重要环节。具体内容包括利润分配的基本原则和步骤、股利政策及其选择等。

第二节 财务管理的演进

19世纪末20世纪初,随着资本市场和股份制公司的迅速发展,独资企业或合伙企业时代由业主直接从事财务管理的模式已不再适应,如何利用金融市场从外部筹集更多的资金以满足投资需求？如何分配盈余以兼顾各方利益？这些急需解决的专业问题迫使许多公司建立专门的财务管理部门来应对,这种独立于其他管理活动的企业财务管理活动的累计就促使企业财务管理学逐步形成。

一、财务管理理论的发展脉络

（一）传统筹资管理阶段

20世纪初,新科学、新技术和新发明促进了新兴工业的发展,引起了企业对资金需求量的急剧增加,筹资活动成为企业财务活动的关键。这一时期,金融市场已初具规模,投资银行、商业银行、储蓄银行、保险公司和信托贷款公司等都为企业外部筹资提供了各种可能,但由于金融市场尚不完善,法规不健全,缺乏可靠的财务信息,使企业筹资活动难以有效地展开,因此这一时期财务管理的重点是如何规范融资市场秩序,重点分析和研究与公司成立、债券发行以及公司兼并、公司合并等相关的法律性事务,为企业筹资服务。阿瑟·S.大明于1920年出版的《公司财务理论》全面反映了这一时期财务管理的各种观点,是传统财务管理的代表作。

(二) 综合财务管理阶段

20世纪30年代的经济大萧条,使人们认识到企业竞争的主要问题不仅是筹资,投资管理也十分重要,如果不能使筹集来的资金得到最经济有效的运用,那么筹资管理的效果也无法得到体现。这样使企业的财务分析从反映资金来源的资产负债表右侧扩展到反映资金占用的左侧,同时对资本成本的计算、资本预算与证券资产定价的研究也有了新进展。这一阶段,财务管理克服了传统阶段过分重视筹资而忽略对投资所形成资产使用效率的管理的缺点,使财务管理走向更高更全面的层次。1951年,乔尔·递安出版的《资本预算的编制》以及F.卢茨和V.卢茨合著的《厂商投资理论》都成为代表之作。

(三) 现代财务管理阶段

20世纪50年代开始,财务管理研究发生了三大显著变化:其一,一大批优秀学者出现,发表了一系列重要学术成果。例如,马可维茨1952年发表的《组合选择》和1959年发表的《证券组合选择:有效的分散化》;米勒和莫迪里亚尼发表的《资本成本、公司理财和投资理论》以及之后的《股利政策、公司增长和股票估价》等。其二,财务管理研究的中心转向探讨个人、企业乃至整个社会如何在风险资产合理估价的基础上就稀缺资源的有效分配作出正确的决策。其三,宏观经济分析方法开始被导入理财领域的微观分析中。这一阶段形成了马科维茨的现代投资组合理论;特瑞诺尔、夏普等人的资本资产定价理论;米勒和莫迪亚尼的资本结构理论;詹森、法玛和麦克林的委托—代理理论等,把财务管理推向了更新更高的阶段。

当然,现代财务管理的发展远没有止步,20世纪70年代后,不对称信息理论、产权理论、期权理论和公共选择理论等对财务管理研究输入了新鲜的思想观念,伴随着资本市场的不断发展,包括企业并购、分离、剥离、控股、接管等问题也纳入财务管理的重要内容;税收筹划、国际财务也成为关注的热点问题。随着计算机技术和网络经济的发展,管理信息系统、电算化、网络金融也越来越成为研究的焦点。财务管理理论将伴随着财务管理实践的不断发展而越来越丰满,越来越完善。

二、现代财务管理的基本理论模块

(一) 有效市场理论

有效市场理论(efficient markets hypothesis)是一个关于财务管理行为的环境假设的理论,由美国财务学家法玛于1970年提出。法玛总结了前人的研究成果,提出了较为完整的理论框架,论证了有效市场与随机游走模型、公平博弈模型以及下鞅模型的关系,将有效市场分为弱式有效、半强式有效、强式有效三种类型。

(二) 资产组合理论

资产组合理论(modern portfolio theory)由马科维茨于1952年在《证券组合选择》一文中提出。他针对金融市场的不确定性,运用数理统计方法全面分析了最优的资产结构,提出了现代证券投资组合理论。其主要贡献在于两方面:(1)建立了"均值—方差"分析框架;(2)提出了"有效前沿"的资产组合理论。

(三) 资本资产定价理论

资本资产定价理论(capital asset pricing model)是由特瑞诺尔、夏普等人于20世纪60年代提出。他们在马科维茨的均值—方差模型的基础上,提出了风险资产的定价模型,即任何风险资产的必要投资收益率应等于无风险收益率与其风险收益率的和。这一模型的建立迈出了从微观分析转向金融资产价格形成的市场分析的历史性一步,被认为是现代金融市场价格理论的脊梁。

(四) 资本结构理论

资本结构理论(capital structure theory)是由米勒和莫迪莱尼于1958年在《资本结构、公司财务与成本》一文中提出。他们对企业价值与资本结构的关系进行了严密的分析,认为在一些假设条件下,由于套利机制的作用,企业的资本结构的变化不会导致企业价值的变化,即企业资本结构与其价值无关,从而得出最初的MM理论。1963年,米勒和莫迪莱尼对其理论进行了修正,放宽了无税假设限制,提出了企业有税的MM模型。之后,资本结构理论主要沿着两个分支发展:一支是探讨税收差异对资本结构的影响,另一支将市场均衡理论应用于资本市场的研究,重点探讨破产成本与资本结构的关系问题。

(五) 股利政策理论

股利政策理论(dividend policy theory)是由米勒和莫迪莱尼于1961年在《股利政策、增长与股票价值》一文中首次进行系统阐述。该理论认为,在一系列严密的假设条件下,由于套利机制的作用,使支付股利与外部筹资所产生的效益与成本正好相互抵消,股东对盈余留存与股利发放没有偏好,股利政策与企业价值无关。此后,关于股利政策的研究转移到放松假设条件后的不完全市场的股利政策与企业价值的关系,形成股利相关理论。

(六) 代理理论

代理理论(agency theory)是詹森和麦克林首先提出的。他们将代理成本分为监测费用、履约费用和剩余损失三部分,并运用这些概念对股东、债权人、经理人三方之间的利益冲突进行了分析。代理问题是现代企业由于所有权与经营权的分离所面临的一个普遍问题,代理理论是在产权理论、企业理论基础上发展起来的,它对代理问题的成因和如何解决代理问题提出了建设性的结论,它的出现将财务理论研究推向更新更高的阶段。

三、财务管理的基本原则

随着财务管理理论的不断完善,人们对于如何有效地从事财务管理工作也有了越来越深刻的认识,并总结出以下几个基本原则:

(一) 资金合理配置原则

资金合理配置原则就是确保各项物资资源具有符合企业战略发展需要、客观环境条件状况和生产经营业务特征的比例关系,保持合理的固定资产投资规模,保持资产合理的流动性和合理的盈利性。

(二) 收支平衡原则

收支平衡原则就是力求使资金的收支在数量上和时间上达到动态的协调。收支不平衡或者造成资金链断裂,或者造成资金的闲置与浪费,所以收支平衡是资金循环过程得以周而复始地进行的条件。

(三) 成本效益原则

成本效益原则就是要追求单位成本的效益最高,即尽量降低资金筹集和使用的成本,尽量提高资金运作的收益,最大程度提高单位资金的增值水平。

(四) 收益风险均衡原则

收益风险均衡原则就是要确保投资选择始终处在有效投资边界上,即当风险相同时,选择收益高的,当收益相同时,选择风险小的,确保投资所冒的风险都有必要的风险回报。当然,即使是在有效投资组合边界上,投资者也应根据自身的抗风险能力和外部条件选择最合理的投资对象,使收益风险水平保持在可以承受的范围。

(五) 弹性原则

弹性原则要求企业财务管理在追求准确和节约的同时,也留有合理的余地,以便在市场出现变动时企业可以随时自动作出调整。

(六) 兼顾各方利益原则

兼顾各方利益原则是指财务管理不能只站在企业管理者的角度看问题,也不能只对投资人负责,而是要同时对相关利益者(包括企业、投资人、消费者、供应商、政府、公众等)负责。这是企业社会责任的体现,是现代企业生存和发展的前提条件。

第三节 财务管理的基本职能与方法

财务管理的基本职能是管理基本职能在财务管理领域的具体体现,具体包括财务计划(含财务预测和财务预算)、财务决策、财务控制和财务分析,它也被称为财务管理的基本环节。

一、财务计划

财务计划(financial planning)是根据企业整体战略目标,在对未来环境条件进行财务预测的基础上,对未来财务活动的目标、内容、步骤与手段进行规划与安排的过程。财务计划主要通过指标和表格形式,以货币单位来反映计划期内企业生产经营活动需要的资金规模及来源、财务收支、财务成果及其分配的各方面的情况。财务计划的基础是财务预测,而财务预算则是财务计划的具体成果。

财务预测(financial prediction)是根据历史资料,立足现实结果,分析未来条件的变化,从而对企业未来财务活动作出较为具体的预计和预判的过程。财务预测的方法包括定性预测和定量预测,定性预测是预测人员根据经验和直觉来进行判断,而定量预测方法主要有趋势分析法和因果回归分析法。

财务预算(financial budget)是根据财务战略和财务预测,将财务计划分解为计划期的销售预算、生产预算、存货预算、期间费用预算、现金预算、损益预算和资产负债表预算等,以此作为衡量和考核财务计划落实情况的依据。财务预算方法包括固定预算法和弹性预算法,增量预算法和零基预算法等。

二、财务决策

财务决策(financial decision)是根据财务战略目标的总体要求,在各类财务活动中,利用相应的决策方法对各种备选的财务活动方案进行评价、比较和抉择的过程。财务决策伴随着筹资活动、投资活动、经营活动和利润分配活动而产生,贯穿于财务管理的全过程,是财务管理的核心和关键所在,财务决策失误将直接导致企业财务活动的组织无法有效,财务关系的处理无法合理。

财务决策方法包括经验决策法和定量分析法,经验决策法可以分为淘汰法、排队法、归类法等,而定量分析法又可以分为优劣比较法、数学微分法、线性规划法、概率决策法等。

三、财务控制

财务控制(financial control)是指在财务计划的实施过程中,利用各种可能的途径所获得的信息,检查财务活动的执行情况与计划预期的偏差程度,分析产生偏差的原因并设计纠正偏差的各项措施,从而对财务活动的效果施加影响或调节,使之朝着有利于实现企业整体财务目标的方向发展的过程。

财务控制的依据是财务计划或财务预算,但财务控制反过来也为财务计划的修订提供依据,当偏差产生的原因来自于财务计划的过时或不切实际时,就应该及时根据客观条件的变化调整财务计划,以保持财务计划与实际条件的动态适应性。

财务控制的方法按照控制时机的不同可以分为前馈控制(也称事前控制、预先控制)、过程控制(也称事中控制、作业控制)、反馈控制(也称事后控制、结果控制)。

四、财务分析

财务分析(financial analysis)是在财务活动已经出现相应成果的基础上,根据企业财务报表等信息,利用比较法、比率法、因素分析法、综合评分法等专门财务分析方法,对企业一定时期的财务状况、经营成果和现金流量状况进行评价,从而考察企业经营的业绩和财务目标的实现程度,并为未来财务管理提供建设性的意见。

财务分析既是对过去财务成果的考核,也是衔接下一轮财务预测的基础,因为财务分析所得到的有价值的结论可以成为对财务活动客观规律的总结,从而作为预测未来财务活动变化趋势的依据。所以,财务分析起着承上启下的作用。

财务管理的基本职能(或基本环节)在逻辑上存在一定的先后顺序,起步于财务预测,经过财务计划、财务预算、财务控制,以财务分析为终点,依次循环往复;而财务决策则处于核心地位,它渗透到其他财务基本环节之中,并主导着每个环节工作的成效(见图1-4)。

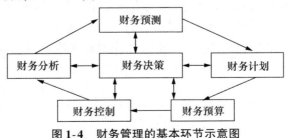

图1-4 财务管理的基本环节示意图

第四节 财务管理的环境

财务管理的环境是指财务管理活动得以展开的外部或内部的支持系统和力量。它包括外部环境和内部环境两方面。

一、财务管理外部环境

财务管理外部环境主要包括经济环境、金融环境、法律环境、技术环境、人文环境等。

(一)经济环境

财务管理的经济环境是影响企业财务管理的各种经济因素,主要包括经济体制、经济周期、经济发展水平、经济政策、社会通胀水平等。

经济体制是指一国经济结构和组织管理经济活动的方式方法、组织形式与机构的总称,大致分为计划经济体制和市场经济体制两大类。我国改革开放前实行的是计划经济体制,目前实行的是具有中国特色的社会主义市场经济体制。在社会主义市场经济体制下,企业有筹资和投资的自主权,它要求企业必须面向市场从事一切生产经营活动,并且独立经营、独立核算、自负盈亏,而企业必须重视经营效益的提高,不断提升自身在市场经济中的竞争力,只有这样才能实现企业的不断发展与壮大。

经济周期是指市场经济条件下,经济发展速度会出现高速、低速、停滞,甚至负增长的波动,从而使经济增长规律性地呈现出复苏、繁荣、衰退、萧条等几个不同的发展阶段,并依次循环往复。处在不同经济发展周期,企业面临的客观条件不同,企业财务管理的目标和战略不同,企业财务管理的重点和途径也不同(见表1-1)。

经济发展水平是一个国家或地区在整个世界经济格局中,其经济发展状况所处的相对位置,例如是处于发达经济发展水平,还是处于发展中经济发展水平,还是处于落后发展水平。处在不同发展水平的国家和地区,其基础设施完善程度不同,人们收入和消费水平不同,资金成本和收益水平不同,所面临的主要财务问题和财务发展的目标也不同。所以,在发达国家适用的财务政策不一定适合于发展中国家,反之亦然,企业财务管理必须依据自己所处国家或地区的经济发展水平进行。

表 1-1　经济周期的不同阶段的财务管理战略

复苏	繁荣	衰退	萧条
增加厂房设备	扩充厂房设备	停止扩张	建立投资标准
实行长期租赁	继续建立存货	出售多余设备	保持市场份额
建立存货储备	提高产品价格	停产不利产品	压缩管理费用
开发新产品	开展营销规划	停止长期采购	放弃次要利益
增加劳动力	增加劳动力	削减存货	削减存货
		停止扩招雇员	裁减雇员

经济政策是一个国家或地区为本国或本地区经济的健康发展而制定的各种发展规划、产业政策、财税政策、金融政策、外汇政策、外贸政策、货币政策以及政府行政法规等。企业财务管理不能违背国家和地区的经济政策，所以不同的经济政策将约束企业不同的财务管理活动的展开和各种财务关系的处理。

社会通胀水平是由于币值贬值带来物价的普遍上涨程度，主要表现为企业资金占用量增加；企业对资金需求的增加；企业利润虚增；利率上浮，资金成本加大；有价证券价值下跌；资金供应紧张，企业筹资难度加大等。

面对通货膨胀，企业无法降低通货膨胀水平，但可以通过谨慎投资调整收入和成本，或者可以通过套期保值、期权期货等衍生金融产品尽量减少通货膨胀带来的损失。

(二) 金融环境

财务管理的金融环境是指一个国家在一定的金融体制和制度下，影响经济主体活动的相关因素的集合，主要包括金融机构、金融工具、金融市场等。

1. 金融机构

金融机构包括银行金融机构和非银行金融机构。银行是指经营存款、放款、汇兑、储蓄等金融业务，承担信用中介的金融机构，包括商业银行和政策性银行。例如，工商银行、招商银行、浦东发展银行等都是商业银行，而国家开发银行、中国农业发展银行等属于政策性银行。非银行金融机构则主要包括保险公司、信托投资公司、证券公司、财务公司、租赁公司等。

金融机构是金融环境中的活动主体，他们设置融通资金的相关市场，制定融通资金的相关交易规则，以此将资金供应者和资金需求者按照一定的组织方式联系起来，并负责完成资金的融通。

中国人民银行是我国的央行，属于国务院的一个职能部门，代表政府对国内金融机构和金融活动进行管理和监督，代表国库，具有管理职能(制定金融方针政策，对金融机构的活动进行管理，对黄金、外汇进行管理)、调节职能(运用经济的、行政的、法律的金融手段对国民经济进行宏观调控)、服务职能(代表国家参加国际金融组织和活动,组织全国清算系统正常运行)等。

2. 金融工具

金融工具也称金融资产,是指融通资金双方在金融市场上进行资金交易、转让的工具,包括基本金融工具和衍生金融工具。其中,基本金融工具包括货币、票据、债券、股票等,衍生金融工具包括远期合约、期权、期货、互换、掉期、资产支持证券等。

作为金融工具,应该具备流动性、风险性和收益性的特点。流动性是指金融工具应该具备迅速变现的能力。风险性是指投资金融资产的本金和预定收益具有蒙受损失的可能性,一般包括信用风险和市场风险。收益性是指投资金融资产能够带来未来的经济利益。只有完全具备上述三种特征的金融工具才具有普遍的可接受性。

3. 金融市场

财务管理的金融市场是指资金供应者与资金需求者双方通过一定的金融工具进行交易而实现资金融通的场所,包括资金供应者、资金需求者、金融工具、交易价格、组织方式等各组成要素。金融市场按照其融资对象的不同可以分为外汇市场、资金市场和黄金市场。资金市场以货币和资本为交易对象,外汇市场以各种外汇金融工具为交易对象,黄金市场则集中进行黄金买卖和金币兑换交易(见图1-5)。

首先,资金市场按照其融资期限的不同可以分为货币市场和资本市场。货币市场的融资期限在1年及以内,如同业拆借市场、票据市场、大额存单市场、短期债券市场等;而资本市场的融资期限在1年以上,例如股票市场、长期债券市场、融资租赁市场等。资本市场又可分为长期证券市场和长期借贷市场。长期证券市场可以按照功能不同分为发行市场(一级市场)和流通市场(二级市场)。一级市场主要处理金融工具的发行与最初购买者之间的交易,而二级市场主要处理现有金融工具转让与变现的交易。其次,按照所交易的金融工具的属性不同可以分为基础性金融市场和金融衍生品市场。基础性金融市场是以商业票据、企业债券、企业股票为交易对象的金融市场,而金融衍生品市场则是以远期合约、期权、期货、掉期等为交易对象的金融市场。最后,按照其地理范围不同可以分为地方性金融市场、全国性金融市场和国际金融市场。

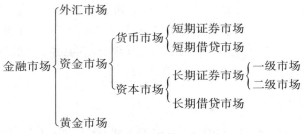

图1-5 金融市场示意图

利率实际上是资金交易的价格,利率高说明资金贵,而利率低说明资金便宜。影响利率的因素一般包括社会平均收益率、借贷货币的资金供求关系、国家调节经济的需要和其他因素等。利率一般包括纯利率(纯货币时间价值)、通货膨胀率、风险报酬率(例如违约风险、流动性风险和期限风险)三部分,其中纯利率完全代表劳动创造的价值,表示在无风险和无通货膨胀条件下由于投资与再投资,或者由于资金的运动所带来的价值增值。而纯利率与通货膨胀率之和也称无风险收益率,它表示在有通货膨胀条件下投资与再投资带来的价值增值。风险报酬率代表由于承担了单位投资风险而要求的额外报酬水平。

(三)法律环境

财务管理的法律环境是指企业与外部发生经济关系时应遵守的有关法律、法规和规章制度,主要包括企业组织法规(例如《公司法》《中外合资经营企业法》《个人独资企业法》《合伙企业法》《外资企业法》)、企业经营法规(例如《债券法》《金融法》《证券交易法》《经济合同法》等)、税法(包括流转税、所得税、自然资源税、财产税、行为税等各类税的税基、税率或减免条件等)、财务会计法规(例如《企业财务通则》《企业会计准则》《企业会计制度》《企业内部控制基本规范》等)。2010年4月,财政部发布了《中国企业会计准则与国际财务报告准则持续趋同路线图》,表达了我国与国际财务报告准则持续趋同的原则立场和明确态度。目前,我国会计准则已经有95%以上实现了与国际财务报告准则的趋同。

企业在经营过程中有依法纳税的义务,可以说法律一方面限制企业非法的经济行为,同时也为企业合法的经济行为提供法律保障。

法律环境对企业财务管理的影响是多方面的,影响范围包括企业组织形式、公司治理结构、投融资活动、日常经营、收益分配各个方面。

(四)社会人文环境

财务管理的社会人文环境是指财务管理得以实现所依托的社会文化、风俗习惯、技术发展水平等诸多因素的综合。其中,社会文化和风俗习惯影响着财务管理活动中参与主体与客体的信仰、价值观、风险意识、投资与消费偏好等,而技术手段和技术条件则影响着财务管理的效率和效果,财务管理不能脱离社会人文因素而独立展开,相反会受到这些因素的制约,所以要取得财务管理的好的效果,必须了解所在地的社会人文环境。

二、财务管理内部环境

财务管理内部环境主要包括企业组织形式、企业财务管理体制等。

(一)企业组织形式

企业是一个契约性组织,它是从事生产、流通、服务等经济活动,以产品或服务满足社会需要,实现自主经营、独立核算、依法设立的一种盈利性经济组织。企业的组织包括独资、合伙、公司制等不同形式,不同的企业组织形式决定不同的企业治理结构,其股东(业主)的权利义务不同,企业投融资和收益分配的要求不同,企业纳税和信息披露方面的要求也不同。

1. 个人独资企业

个人独资企业是由一个自然人投资,全部资产为投资人个人所有,全部债务由投资人个人承担的经济实体。在当今万众创业的环境下,个人独资企业具有创立容易、经营灵活、不需要交纳企业所得税等优点,但同时也具有独担风险、对债务承担无限责任、难以外部融资、产权转移较难、企业生命力有限等方面的局限。

2. 合伙企业

合伙企业是由两个或两个以上自然人合伙经营的企业,通常各合伙人订立合伙协议,共同出资、合伙经营、共享收益、共担风险,并对合伙债务承担无限连带责任的盈利性组织。合伙企业的优缺点与独资企业类似,但由于合伙企业的业主不止一个自然人,使得风险由独担变成共担,而产权构成的多元化,也使得产权转移更加困难。

3. 公司制企业

公司是指由两个以上投资人(自然人或法人)依法出资组建,有独立法人财产,自主经营,自负盈亏的法人企业。出资人按出资额对公司承担有限责任。主要有有限责任公司和股份有限责任公司两种形式。

有限责任公司与股份有限责任公司的区别主要包括:(1) 公司设立时对人数要求不同,前者要求股东人数为1到50人之间,而后者要求发起人人数为2到200人之间;(2) 股东的股权表现形式不同,前者股东权益不等分成股份,而后者将股东权益等分成股份,每一份股份同股同权;(3) 股份转让的限制不同,前者不发行股票,投资人转让出资需要由股东大会讨论通过,而后者发行股票,投资人可在股票市场自由转让和交易。

公司制企业虽然存在组建公司成本高,存在委托代理问题和双重课税等局限,但由于具有有限责任、产权转移相对容易、公司可以无限续存、融资渠道多元等优点,它依然成为现代企业组织形式的优先选择。本书所指企业财务管理均指公司财务管理。

独资企业、合伙企业和公司制在各个方面的差异见表1-2:

表1-2 不同企业组织形式的特点汇总表

项目	个人独资企业	合伙企业	公司制企业
承担的责任	无限债务责任	每个合伙人对企业债务承担无限、连带责任	有限债务责任
企业寿命	随着业主的死亡而自动消亡	合伙人卖出所持有的份额或死亡	无限续存
权益转让	比较困难	合伙人转让其所有权时需要取得其他合伙人的同意,有时甚至还需要修改合伙协议	容易转让所有权,公司的所有者权益被划分为若干股权份额,每个份额可以单独转让,无需经过其他股东同意
筹集资金的难易程度	难以从外部获得大量资金用于经营	较难从外部获得大量资金用于经营	融资渠道较多,更容易筹集所需资金
纳税	个人所得税	个人所得税	企业所得税和个人所得税
代理问题			存在所有者与经营者之间的代理问题
组建公司的成本	低	居中	高

(二) 企业财务管理体制

企业财务管理体制(enterprise financial management system)是指企业各层级财务权限、责任和利益的制度安排,其核心是如何配置财务管理权限。一般包括集权型财务管理体制、分权型财务管理体制和集权与分权相结合型财务管理体制。

1. 集权型财务管理体制

集权型财务管理体制是指企业对各所属单位的所有财务管理决策都集中统一到总部,各所属单位没有独立的财务决策权,只有财务决策的执行权。这种财务管理体制的优点是有利于企业总部发挥一体化管理的优势,能够在整个企业内部优化配置资源,方便推行内部调拨价格,便于内部采取避税及防范汇率风险等。其缺点是过度集中会扼杀所属单位的主动性和积极性,容易使企业丧失活力,失去灵活性和应变能力。

2. 分权型财务管理体制

分权型财务管理体制是指企业将财务决策权与管理权完全下放给各所属基层单位,各所属基层单位只需对一些财务决策结果报请总部备案即可。这种财务管理体制的优点是有利于调动基层负责人的积极性和主动性;基层管理者能够因地制宜地根据具体情况制定具体对策,提高企业的灵活性和适应能力;有助于分散经营风险。缺点是各所属单位从本位出发进行财务决策,缺乏全局观念,往往容易导致资金分散管理、资金成本增加、费用失控、利润分配无序等问题。

3. 集权与分权相结合型财务管理体制

集权与分权相结合型财务管理体制的本质是集权下有分权,即企业在重大问题上实行集中决策和集中处理,而在所属单位日常经营活动中则实行分权决策与处理。这样在制度上保持企业内部统一的管理制度,既发挥企业整体配置资源、确保重大财务决策整体协调的优势,又能在企业基层单位的日常经营活动中发挥基层管理者的主动性和积极性,让企业具备必要的灵活性和弹性。

采用集权与分权相结合的财务管理体制的关键在于企业应做到制度统一、资金集中、信息集成和人员委派,对于筹资或融资权、投资权、担保权、固定资产购置权、财务机构设置权、收益分配权等应集中履行,而对于基层单位的经营自主权、人员管理权、业务定价权、费用开支审批权应分权履行。企业财务管理体制关于集权与分权的选择应考虑的因素见表1-3:

表1-3 企业财务管理体制关于集权与分权的选择应考虑的因素

考虑的因素	选择
企业与所属单位之间的业务关系的具体特征	各所属单位的业务联系越密切,就越有必要采用相对集中的财务管理体制。反之,则相反
企业与所属单位之间的资本关系的具体特征	只有当企业掌握了各所属单位一定比例有表决权的股份(如50%以上)之后,各所属单位的财务决策才有可能相对集中于企业总部
集中与分散的成本与收益差异	集中的成本主要是各所属单位积极性的损失和财务决策效率的下降;分散的成本主要是可能发生的各所属单位财务决策目标及财务行为与企业整体目标的背离以及财务资源利用效率的下降。集中的收益主要是容易使企业整体财务目标协调和提高财务资源的利用效率;分散的收益主要是提高财务决策效率和调动各所属单位的积极性
环境、规模和管理者的水平	较高的管理水平,有助于企业更多地集中财权。否则,财权过于集中只会导致决策效率低下

案例阅读及思考

戴尔公司的理财模型

1984年，迈克尔·戴尔用1000美元注册了一家公司，取名为戴尔计算机公司。1987年，成为首家提供下一工作日上门服务的计算机系统公司。1988年，戴尔公司正式上市，首次公开发行350万新股，每股作价8.5美元。1992年，戴尔公司首次被《财富》杂志评为全球五百强企业。1996年，开始通过网站销售戴尔计算机产品，成为标准普尔500成分股之一。1997年，第1000万台戴尔电脑下线，普通股在拆分前每股升至1000美元，网上营业额由年初每天100万美元跃升至超400万美元。1998年，扩建在美国及欧洲的市场厂房，并在中国厦门开设市场及客户服务中心。2000年，网上营业额达到每天5000万美元，按工作站付运量计算，戴尔首次名列全球榜首。2001年，首次成为全球市场占有率最高的计算机厂商。按标准英特尔架构服务器付运量计算，戴尔在美国位居第一。2003年，继打印机、网络产品、存储产品等业务后，戴尔又瞄上了消费类电子产品，到2003年底，戴尔已成为年营业额达410多亿美元的全球性大企业。

迈克尔·戴尔在谈到其成功的秘诀时说："我们取胜主要是因为我们拥有一个更好的商业模式。"而这个模式就是著名的"戴尔理财模式"。正是这一模式，辅以高效率的生产流程和科学的成本控制，使戴尔公司在个人电脑市场取得了成功。

一、"戴尔理财模式"的具体内容

戴尔公司根据客户的订单装配产品，然后直接将产品寄送到顾客手里，它抛开了传统商业链的中间商和零售商环节，节省了成本，降低了产品价格，归纳起来有以下特点：

1. 按单生产。戴尔根据顾客通过网站和电话上的订单组装产品，这使得顾客有充分的自由来选择自己喜欢的产品配置。公司根据订单订购配件，无需囤积大量配件占用资金。

2. 直接与顾客建立联系。戴尔通过直销与顾客建立了直接联系，不仅节省了产品通过中间环节销售所浪费的时间和成本，还可以更直接、更好地了解顾客的需求，并培养稳定的顾客群体。

3. 高效流程，降低成本。戴尔通过建立一个超高效的供应链和市场流程管理，大大降低了生产成本。

4. 产品技术标准化。戴尔所经营的技术产品多是标准化的成熟产品，因此该公司总是能让顾客分享到有关行业进行大量技术投资和研发而取得的最新成果。

二、低成本+高效率+好服务

低成本既是戴尔公司的生存法则,也是"戴尔理财模式"的核心。而低成本必须通过高效率来实现。戴尔的生产和销售流程,以其精确管理、流水般顺畅和超高效率而著称,使戴尔能把成本有效控制在最低水平。

力求精简是戴尔提高效率的主要做法。公司把工作流程分解成简单的8个步骤,其自动市场线全天候运转,配件从生产线的一端送进来,不到2小时就变成产品从另一端出去,然后直接送往客户中心。戴尔在简化流程方面拥有550项专利。这些专利也正是其他公司无法真正复制"戴尔理财模式"的主要原因。

注重树立产品品牌和提高服务质量是戴尔的另一个法宝。戴尔不仅拥有一个严格的质量保证体系,而且还建立了一个强大的售后服务网络。戴尔的工作人员不仅通过网站和电话为顾客提供全面的技术咨询和维修指导服务,而且在售出产品后会主动向客户打电话,征求意见。

三、"多元化"经营战略

单单用"高效"并不能完全解释戴尔持续成功的真正原因。戴尔首席运营官罗林斯说,该公司的另一个取胜之道就是能精确地找到高技术产品市场的切入点,迅速抢占市场。

戴尔通常会在市场开始成熟、行业标准已经形成和配件供应比较充分的情况下介入某一市场,并以低价格迅速抢占市场。罗林斯说:"实践证明,在一种新产品走向成熟时,我们公司的理财模式总是能让公司在相应市场上占得有利地位"。

根据这个"市场介入"理论,戴尔在巩固个人电脑市场的领导地位后,又雄心勃勃地提出"多元化"战略,陆续涉足高端便携式电脑、服务器、网络储存系统、工作站、交换机、掌上电脑、打印机、收银机等多种产品。

思考:
1. 戴尔公司的科学理财模式简单清晰,为什么其他公司难以真正复制?
2. 戴尔公司究竟依靠什么而成功?

练 习 题

一、是非判断题

1. 向工人支付工资属于企业收益分配活动。(　　)
2. 在企业经营引起的财务活动中,主要涉及的是固定资产和长期负债的管

理问题,其中关键是资本结构的确定。(　　)

3. 企业与所有者之间的财务关系可能涉及企业与法人单位的关系、企业与商业信用者之间的关系。(　　)

4. 法律环境因素对企业财务管理的影响主要体现在企业的产权组织形式和税收两个方面。(　　)

5. 利率是一定时期资金使用权的价格。(　　)

6. 财务管理环境是指对企业财务活动和财务管理产生影响作用的企业外部条件的总称。(　　)

7. 从财务管理的角度看,企业价值所体现的资产价值既不是其成本价值,也不是其现实的会计收益。(　　)

8. 企业财务管理体制,决定着企业财务管理的运行机制和实施模型,其核心问题是提高资金的投资收益。(　　)

9. 企业各所属单位之间的业务联系越分散,就越有必要采用相对集中的财务管理体制,反之则相反。(　　)

10. 集权与分权相结合的财务管理体制下,通常企业总部应做到制度统一、资金集中、信息集成和人员委派,因此在人员管理权、费用开支的审批等方面应实行集中决策。(　　)

11. 财务管理的技术环境因素是指财务管理得以实现的技术手段和技术条件,它决定财务管理的效率和效果。(　　)

12. 在经济繁荣期,企业应当扩充厂房设备,增加劳动力。(　　)

二、单项选择题

1. 企业同投资人之间的财务关系反映的是(　　)。
   A. 经营权与所有权关系　　　　B. 债权债务关系
   C. 投资与受资关系　　　　　　D. 经营权与债权关系

2. 企业同债权人之间的关系是(　　)。
   A. 经营权与所有权关系　　　　B. 债权债务关系
   C. 投资与受资关系　　　　　　D. 债务债权关系

3. 企业价值最大化目标强调的是企业(　　)。
   A. 实际投入的资金　　　　　　B. 预计创造的未来净现金流的现值
   C. 实现的利润额　　　　　　　D. 实现的投资利润率

4. 根据企业整体战略目标和规划,结合财务预测的结果,对财务活动进行设计和安排,并以指标显示落实到计划周期的工作过程是(　　)。
   A. 财务决策　　B. 财务分析　　C. 财务计划　　D. 财务控制

5. 下列哪项不属于财务管理经济环境的构成要素?(　　)

A. 公司治理结构　　　　　　B. 经济周期
  C. 通货膨胀　　　　　　　　D. 宏观经济政策
6. 下列哪项不属于追求股东财富最大的财务管理目标的优点？(　　)
  A. 考虑了货币的时间价值　　B. 考虑了风险价值
  C. 体现了合作共赢的价值观念　D. 能够避免短期经营行为
7. 追求利润最大的财务管理目标具有的优点是(　　)。
  A. 反应货币的时间价值　　　B. 反应企业所承受的风险程度
  C. 反应企业单位投资的盈利能力　D. 反映企业创造剩余产品的能力
8. 财务管理的核心工作环节是(　　)。
  A. 财务计划　　B. 财务决策　　C. 财务分析　　D. 财务控制
9. 某企业对所属单位在所有重大问题的决策与处理上实行高度集中管理，而各所属单位对日常经营活动具有较大自主权，该企业采取的是一种(　　)财务管理体制。
  A. 集权型　　　　　　　　　B. 集权与分权结合型
  C. 分权型　　　　　　　　　D. 集权与分权相约束型
10. 企业的财务管理战略会随着经济周期的不同而变化，当经济萧条时，不应该选择的财务战略是(　　)。
  A. 裁减员工　　　　　　　　B. 削减存货
  C. 扩充厂房和设备　　　　　D. 保持市场份额

三、多项选择题
1. 企业的财务活动包括(　　)。
  A. 投资活动　　　　　　　　B. 筹资活动
  C. 生产经营活动　　　　　　D. 采购活动
  E. 收益分配活动
2. 企业与金融机构之间的财务关系包括(　　)。
  A. 投资与受资关系　　　　　B. 借贷关系
  C. 承租与出租关系　　　　　D. 受资与投资关系
  E. 劳务分配关系
3. 通货膨胀对企业财务管理的影响主要有(　　)。
  A. 减少资金占用量　　　　　B. 增加企业的资金需求
  C. 减少筹资成本　　　　　　D. 增加筹资成本
  E. 引起利率下降
4. 在经济复苏阶段，财务管理的战略包括(　　)。
  A. 提高产品价格　　　　　　B. 实行长期租赁

C. 开发新产品　　　　　　　D. 建立投资标准

E. 增加劳动力

5. 公司制企业与合伙企业相比,其特点有(　　)。

　A. 组建公司成本低　　　　B. 存在委托代理问题

　C. 双重课税　　　　　　　D. 可无限存续

　E. 无法承担有限投资风险

6. 集权型财务管理体制的优点包括(　　)。

　A. 有利于企业整体利益的协调　　B. 有利于提高企业活力与应变能力

　C. 有利于提高财务决策效率　　　D. 有利于调动所属各单位的积极性

　E. 有利于提高财务资源的利用效率

7. 金融工具的风险性具体表现为(　　)。

　A. 信用风险　　B. 流动性风险　　C. 市场风险　　D. 收益性风险

　E. 利率风险

8. 企业财务集权与分权相结合的财务管理体制,通常实施集中的权利有(　　)。

　A. 筹资融资权　　　　　　B. 产品定价权

　C. 人事管理权　　　　　　D. 固定资产购置权

　E. 产品产量调整权

9. 法律环境是指企业与外部发生紧急关系时应遵守的有关法律、法规和制度规章,主要包括(　　)。

　A. 经济合同法　　　　　　B. 税法

　C. 公司法　　　　　　　　D. 企业财务通则

　E. 企业财务制度

10. 货币市场是指以期限在 1 年以内的金融工具为媒介,进行短期资金融通的市场,包括(　　)。

　A. 同业拆借市场　　　　　B. 票据市场

　C. 大额定期存单市场　　　D. 股票市场

　E. 债券市场

四、简答题

1. 简要分析几种不同的财务管理目标的合理性与局限性。
2. 说明财务管理环境的构成因素及其影响。
3. 财务管理的内容有哪些?
4. 财务管理的方法与手段有哪些?
5. 概述几种主要财务管理体制的特点及适用性。

第一章练习题参考答案

一、是非判断题

1. × 2. × 3. × 4. √ 5. √ 6. × 7. √ 8. ×
9. × 10. × 11. √ 12. √

二、单项选择题

1. A 2. D 3. B 4. C 5. A 6. C 7. D 8. B
9. B 10. C

三、多项选择题

1. ABCE 2. ABCD 3. BD 4. BCE 5. BCD 6. AE
7. AC 8. AD 9. ABCDE 10. ABC

四、简答题(略)

第二章 财务管理价值观念

第一节 货币时间价值观念

一、货币时间价值的概念

货币时间价值(time value of money)也称资金时间价值,是指一定量资金在不同时间点上价值量的差额,是资金在周转使用中随着时间的推移而形成的价值增值。时间价值可以通俗地表述为:"今年1元钱的价值大于明年1元钱的价值。"如果现在将100元钱存入银行,假设银行存款利率为5%,则1年后可以得到105元。这100元经过1年时间的投资增加了5元,这就是货币时间价值的体现。

要理解货币时间价值的含义,必须明确以下几点:

(一) 货币时间价值的实质

货币时间价值是资金周转使用后的增值额,资金的周转使用实际上是人类劳动的注入,所以资金增值的根源在于人类劳动创造的价值,资金只有投入使用才能增值。在现实生活中,人们都知道单纯地节省开支,积极攒钱,并不能使财富增值。所以,资金的持有者总是会将暂时不用的闲置资金,想方设法地合理利用。如往银行、余额宝里存钱,或购买国债和股票,或投资企业等,以获得利息、股利、利润等投资收益。

(二) 货币作为资本投入生产过程所获得的价值增加并不全是货币的时间价值

所有的生产经营都不可避免地具有风险,而投资者承担风险也要获得相应的报酬(本章第二节对此进行详述),此外,通过膨胀也会影响货币的实际购买力。因此,理论上说,时间价值应是扣除风险报酬和通货膨胀后的资金增值水平。当然,在通货膨胀不明显、投资风险不太大的情况下,为了简便起见,实务中也常常把包含通货膨胀和风险报酬的资金增值以资金时间价值表述。

(三) 时间价值有两种表现形式:相对数形式和绝对数形式

相对数形式,即时间价值增值率,是指扣除风险报酬和通货膨胀贴水后的平均资金利润率或平均报酬率,通常用国债利率表示;绝对数形式,即时间价值增值额,是指资金与时间价值率的乘积。由于货币时间价值往往用于比较大小,而绝对数由于受到历时长短和货币规模的不同而不具有可比性,因此,人们一般用相对数来表示货币的时间价值,以保持可比性。

二、货币时间价值的度量和计算

(一) 货币时间价值的度量

一个企业的资金分为两种,其一是借贷资金,其二是自有资金。衡量借贷资金时间价值的指标是利率(银行是借贷资金的来源,所以利率一般由金融机构制定);而衡量自有资金时间价值表现形式的是投资者要求的基准收益率(自有资金来自于投资者自身,所以由投资者根据市场行情自行确定)。

在计算货币时间价值的过程中必定会用利率和计息期。当利率给定后,计息期可以是年、季度、月份或日等。在复利计算中,计息期越短,一年中按复利计息的次数就越多,每年的利息额就会越大。因此,需明确以下三个概念:报价利率、计息期利率和有效利率。

1. 报价利率

报价利率(也称名义利率[①])是指银行等金融机构提供的利率,一般是年利率。在提供报价利率时,还必须提供计息期,否则意义是不完整的。

2. 计息期利率

计息期利率是指借款人对每 1 元本金在每个计息期支付的利息,它可以是年利率,也可以是半年利率、季度利率、月利率等,具体根据计息期而定。

$$计息期利率 = \frac{报价利率}{每年复利次数} = \frac{r}{m}$$

其中,r 为报价利率;m 为年内复利次数。

例 2-1 本金 10000 元,投资 5 年,年利率 8%,按季度付息,求 5 年后的终值。

解 每季度利率 = 8% ÷ 4 = 2%,复利次数 = 5 × 4 = 20

$$F = 10000 \times (1 + 2\%)^{20} = 14859$$

3. 有效利率

有效利率,是指根据给定的计息期利率和计息次数而真实测算出来的实际利率,它可以是年利率,也可以是半年利率、季度利率、月利率等,具体根据客观需要而定。如果按给定的计息期利率 r/m,每年复利计息 m 次,则可以计算有效年利率为:

$$有效年利率 = \left(1 + \frac{r}{m}\right)^m - 1$$

[①] "名义利率"一词有时还指包含通货膨胀因素的利率,为避免混淆,我们把与每年复利次数同时报价的年利率称为"报价利率"。

例 2-2 续例 2-1,有:

$$有效年利率 = \left(1 + \frac{8\%}{4}\right)^4 - 1 = 1.0824 - 1 = 8.24\%$$

或

$$F = P \cdot (1 + i)^n$$
$$14859 = 10000 \times (1 + i)^5$$
$$(F/P, i, 5) = 1.4859$$

查表得 $(F/P, 8\%, 5) = 1.4693$,$(F/P, 9\%, 5) = 1.5386$,用内插法求得:

$$\frac{1.5386 - 1.4693}{9\% - 8\%} = \frac{1.4859 - 1.693}{i - 8\%}$$

有效年利率 $i = 8.24\%$

当然,本例也可以计算出有效半年利率:

$$有效半年利率 = \left(1 + \frac{8\%}{4}\right)^2 - 1 = 1.0404 - 1 = 4.04\%$$

(二) 货币时间价值的计算

考虑货币的时间价值,就不能将不同时间点的货币收支直接进行比较、汇总或比率计算,需要把它们换算到相同的时间点上,才能进行比较、汇总或比率计算。我们把按照给定利率从某一时点换算到另一时点、具有相等经济价值的不同数额的资金称为等效值。等效值之间的换算思路基本有两种:一是统一换算到未来某一时间点,我们把资金按照时间价值换算到未来时间点上的价值称为终值;二是统一换算到现实时点,我们把资金按照时间价值换算到现实时点的价值称为现值。

为了更好地理解时间价值,需要引入一种辅助工具——现金流量图。它是一种以时间为横轴,配以纵向箭线组成的图形。它是在计算资金时间价值时常用的分析工具。现金流量图包括大小、流向、时间点三大要素。横轴的时间刻度通常以年为单位(也可以是半年、季、月或天),0 表示第 1 期期初,1 表示第 1 期期末,$n-1$ 表示第 n 期期初,n 表示第 n 期期末;纵向向上或向下的箭线表示现金流的方向和大小,箭线的长短与金额的大小成比例(见图 2-1)。

图 2-1 现金流量示意图

在学习货币时间价值的过程中,现金流量图可以更直观、更准确地把握问题的细节,减少错误的发生,对处理复杂的财务金融问题有很大的帮助,在后续的章节中会多次运用。

1. 单利的终值和现值

(1) 单利利息的计算

单利(simple interest)是指在计算资金的时间价值时,只按本金计算利息,而利息本身不计算利息的方法。在财务金融领域,单利的应用范围较小。目前,我国城乡储蓄存款和国债通常采用单利计息。

单利利息的计算公式为:

$$I = P \cdot i \cdot n$$

式中,I 为到期利息;P 为本金,也称现值;i 为利率(贴现率);n 为计息期数。值得注意的是:利率与计息期应一致,即以年计息对应的必须是年利率,以此类推。

例2-3 张先生将 10000 元现金存入银行,按照现行银行 3 年期定期存款年利率 4% 计算,3 年后张先生可以取得多少利息?

解 $I = P \cdot i \cdot n = 10000 \times 4\% \times 3 = 1200(元)$

(2) 单利终值的计算

终值代表本金和利息之和。则单利终值的计算公式是:

$$F = P + I = P + P \cdot i \cdot n = P(1 + i \cdot n)$$

其中,$1 + i \cdot n$ 即为单利终值系数。

例2-4 续上例,三年后张先生可以取得的本利和是多少?

解 $F = P + I = P + P \cdot i \cdot n = P(1 + i \cdot n)$
$= 10000 \times (1 + 4\% \times 3) = 11200(元)$

(3) 单利现值的计算

单利现值作为单利终值的逆运算,其计算公式是:

$$P = \frac{F}{(1 + i \cdot n)}$$

如果将一未到期的票据进行贴现,其计算公式是:

$$P = F \cdot (1 - i \cdot n)$$

此处,P 为贴现值,F 可理解为票据的到期值,i 为银行贴现率,n 表示贴现期。

例2-5 李某 5 年后需要一笔资金支付购房首付款,费用总额约 300000 元,拟通过定期存款的方法来解决。假定银行 5 年期存款年利率为 4%,则在单利计息情况下,请问李某现在需要存入多少钱?

解 $P = \dfrac{F}{(1 + i \cdot n)} = \dfrac{300000}{(1 + 4\% \times 5)} = 250000(元)$

例2-6 某企业因资金紧张,将一张面值为 50000 元,期限为 6 个月的不带息商业承兑汇票(已持有 3 个月)到银行贴现,年贴现率为 10%,企业实际可得到的贴现净额为多少?

解 $P = F \cdot (1 - i \cdot n) = 50000 \times \left(1 - 10\% \times \dfrac{3}{12}\right) = 48750(元)$

由于单利计息下利息不生息,所以单利计息只考虑了本金的时间价值,而没有考虑利息的时间价值,要完整地考虑货币的时间价值应该采用复利计息。

2. 复利的终值和现值

复利(compound interest)俗称"利滚利",是指不仅对本金要计算利息,而且对产生的利息也要计算利息。复利的运用范围较为广泛,涉及整个财务金融领域。在本书中,除非特殊指明,计算资金的时间价值时,一般都按复利计算。

(1) 复利的终值

复利终值是在复利的基础上计算一定量的资金在若干期后,包括本金和利息在内的未来价值。其计算公式是:

$$F = P \cdot (1 + i)^n = P \cdot (F/P, i, n) = P \cdot \text{FVIF}_{i,n}$$

上述公式中,$(1+i)^n$ 为复利终值系数(future value interest factors),可以表示为 $(F/P, i, n)$,也可以写成 $\text{FVIF}_{i,n}$。在实际工作中,由于 $(1+i)^n$ 的计算量特别大,一般都通过查阅"复利终值系数表"(见书后附录)进行。

例 2-7 续例 2-3,若银行的存款计息方式改为复利计息,其他条件保持不变,请问 3 年后张先生可以取得的本利和是多少?

解 $F = P \cdot (1 + i)^n = 10000 \times (1 + 4\%)^3 = 11249(元)$

或 $F = P \cdot (F/P, i, n) = 10000 \times 1.1249 = 11249(元)$

(2) 复利的现值

由终值计算现值,称为"折现"。复利现值是和复利终值相对应的概念,其计算过程实际是复利终值的逆运算。根据复利终值的计算公式,可推导出复利现值的计算公式:

$$P = F \cdot (1 + i)^{-n} = F \cdot (P/F, i, n) = F \cdot \text{PVIF}_{i,n}$$

上述公式中,$(1+i)^{-n}$ 为复利现值系数(present value interest factors),可以表示为 $(P/F, i, n)$,也可以写成 $\text{PVIF}_{i,n}$。在实际工作中,复利现值的应用范围比复利终值更为广泛。如资产价值的评估一般采用其未来收益的折现价值。为了简化计算,也可以利用"复利现值系数表"(见书后附录)。

注意,复利终值和复利现值互为逆运算;在利率和计息期相同的情况下,复利终值系数与复利现值系数互为倒数。

例 2-8 某人计划在 5 年后获得本利和 50000 元,假设投资报酬率为 10%,他现在应投入多少元?

解 $P = F \cdot (1 + i)^{-n} = 50000 \times (1 + 10\%)^{-5} = 31050(元)$

或 $P = F \cdot (P/F, i, n) = 50000 \times 0.621 = 31050(元)$

3. 年金的终值和现值

（1）年金的概念

年金（annuity）是指时间间隔相等、金额相等的一系列连续的现金流入量或流出量。如分期付款赊购、分期偿还贷款（房屋按揭贷款）、租金支付、保险金的支付、养老金的发放、融资租赁长期应付款支付。

年金的特点：一是时间间隔相等；二是金额相等；三是必须有一系列连续的现金流入量或流出量（至少两期或两期以上）。

按照收付时点和方式不同，年金的种类包括后付年金、先付年金、递延年金和永续年金四种，四类年金的现金流量图如图 2-2 所示：

图 2-2　四类年金的现金流量图

（2）年金终值和年金现值的计算

① 普通年金终值和普通年金现值的计算

普通年金又称后付年金（ordinary annuity），是指从第一期起，在一定时期内每期期末有等额收付的系列款项。在实际生活中也是最为常见的年金形式，因此也称为普通年金。

普通年金终值是指一定时期内每期期末等额收付款项的复利终值之和。即计算每一笔现金流到同一个时间点的终值，然后再求和，如图 2-3 所示。普通年金终值的计算实际上就是已知年金 A，利用等比数列，求终值 F_A。

第二章 财务管理价值观念

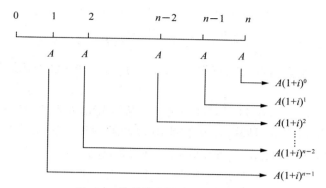

图 2-3 普通年金终值计算示意图

由图 2-3 可知,普通年金终值的计算公式为:

$$F_A = A(1+i)^0 + A(1+i)^1 + A(1+i)^2 + A(1+i)^3 + \cdots + A(1+i)^{n-1}$$

$$F_A = A\frac{(1+i)^n - 1}{i} = A(F/A, i, n)$$

公式中,$\frac{(1+i)^n - 1}{i}$ 称为"年金终值系数",记作 $(F/A, i, n)$,可直接查阅"年金终值系数表"(见书后附录)。

例 2-9 某银行推出一种"零存整取"的 5 年期理财产品,每年末存入 10000 元,复利计息,利率为 8%,试计算该理财产品第 5 年末的本利和。

解 $F_A = 10000 \times (F/A, 8\%, 5) = 10000 \times 5.867 = 58670(元)$

普通年金现值是指将在一定时期内按相同时间间隔在每期期末收付的相等金额折算到第一期期初的现值之和,如图 2-4 所示:

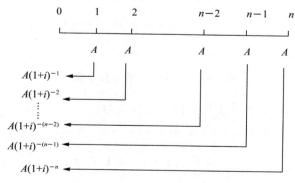

图 2-4 普通年金现值计算示意图

由图 2-4 可知,普通年金现值的计算公式为:

$$P_A = A(1+i)^{-1} + A(1+i)^{-2} + A(1+i)^{-3} + \cdots + A(1+i)^{-n}$$

$$P_A = A\frac{1-(1+i)^{-n}}{i} = A(P/A, i, n)$$

式中,称为"年金现值系数",记作($P/A, i, n$),可直接查阅"年金现值系数表"(见书后附录)。

例 2-10 一投资项目已竣工并投产,从今年起每年年末获得投资收益 50000 元,按年利率 8% 计算,计算预期 10 年收益的现值总和。

解 $P_A = A(P/A, i, n) = 50000 \times (P/A, 8\%, 10)$
   $= 50000 \times 6.710 = 335500(元)$

② 先付年金终值和先付年金现值的计算

先付年金(annuity due)是指从第一期起,在一定时期内每期期初等额收付的系列款项,又称预付年金。与普通年金的区别仅在于收付款时间的不同,普通年金发生在期末,而预付年金发生在期初。

先付年金终值是指一定时期内每期期初等额收付的系列款项的终值,如图 2-5 所示:

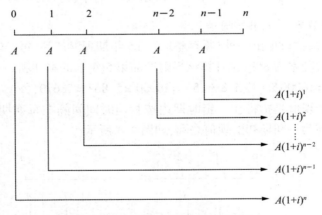

图 2-5　先付年金终值计算示意图

由图 2-5 可知,先付年金终值的计算公式为:

$$F_A = A(1+i)^1 + A(1+i)^2 + A(1+i)^3 + \cdots + A(1+i)^{n-1} + A(1+i)^n$$

$$F_A = A\frac{(1+i)^n - 1}{i}(1+i) = A(F/A, i, n)(1+i)$$

或者 $F_A = A[(F/A, i, n+1) - 1]$

例 2-11 续例 2-9,时间改为每年年初存入银行 10000 元,其他条件不变,试计算该理财产品第 5 年年末的本利和。

解 $F_A = 10000 \times [(F/A, 8\%, 6) - 1]$
$= 10000 \times (7.336 - 1) = 633600(元)$

先付年金现值是指将在一定时期内按相同时间间隔在每期期初收付的相等金额折算到第一期初的现值之和,如图2-6所示:

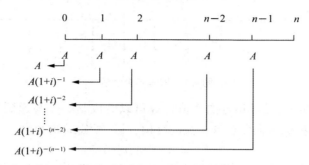

图2-6　先付年金现值计算示意图

由图2-6可知,预付年金现值的计算公式如下:

$P_A = A + A(1+i)^{-1} + A(1+i)^{-2} + A(1+i)^{-3} + \cdots + A(1+i)^{-(n-1)}$

$P_A = A \dfrac{1-(1+i)^{-n}}{i} \times (1+i) = A(P/A, i, n)(1+i)$

$= A[(P/A, i, n-1) + 1]$

例2-12　某公司打算购买一辆巴士供接送职工上下班用,有两种付款方式:一是一次性支付800万元,二是每年年初支付300万元,3年付讫。由于资金不充裕,公司计划向银行借款用于支付车款。假设银行借款年利率为5%,复利计息。请问公司应采用哪种付款方式?

对公司来说,如果一次支付,则相当于付现值800万元;而若分次支付,则相当于一个3年的先付年金,公司可以把这个先付年金折算为时间点0时的价值,即现值。再与800万进行比较,以发现哪个方案更有利。

如果分次支付,则其3年的现值为:

$P_A = A(P/A, i, n)(1+i)$
$= 300 \times (P/A, 5\%, 3) \times (1+5\%)$
$= 857.745(万元)$

相比之下,公司应采用第一种付款方式,即一次性付款800万元更合适。

③ 递延年金终值和递延年金现值的计算

递延年金(deffered annuity)是指隔若干期后才开始发生的系列等额收付款项,又称延期年金。递延年金实际上并不是年金的新形式,只是支付形式的变化。一般把没有发生收付的年限称为递延期,用 m 表示;而实际发生支付的期限称作实付期,用 n 表示。图 2-7 所示的就是一个递延期 $m=3$、实付期 $n=7$ 的递延年金示例。

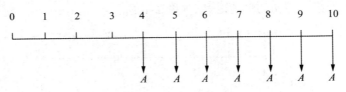

图 2-7　递延年金示例

由图 2-7 可知,递延年金的终值计算可以看成是一个与递延期 m 无关,仅与实付期 n 相关的普通年金现金流的终值,其计算公式如下:

$$F_A = A(F/A, i, n)$$

而递延年金现值的计算则不能像普通年金现值计算那么简单。所有的现金流必须折算到 0 时点才算是现值。因此,递延年金现值的计算方法有三种:

计算方法一:先将递延年金视为 n 期普通年金,求出在递延期期末的普通年金现值,然后再折算到现在,即第 0 期价值;

$$P_A = A(P/A, i, n)(P/F, i, m)$$

计算方法二:先计算 $m+n$ 期年金现值,再减去 m 期年金现值;

$$P_A = A[(P/A, i, m+n) - (P/A, i, m)]$$

计算方法三:先求递延年金终值再折现为现值;

$$P_A = A \times (F/A, i, n) \times (P/F, i, m+n)$$

例 2-13　某公司拟购置一处房产,房主提出两种付款方案:

1) 从现在起,每年年初支付 200 万元,连续付 10 次,共 2000 万元;
2) 从第 5 年开始,每年年初支付 250 万元,连续支付 10 次,共 2500 万元。

假设该公司的资本成本率(即最低报酬率)为 10%,你认为该公司应选择哪种方案?

解　1) $P_A = 200 \times [(P/A, 10\%, 9) + 1] = 200 \times 6.7590 = 1351.80$(万元)

或者 $P_A = 200 \times (P/A, 10\%, 10) \times (1 + 10\%) = 1351.81$(万元)

2) $P_A = 250 \times [(P/A, 10\%, 9) + 1] \times (P/F, 10\%, 4) = 1154.10$(万元)

或者 $P_A = 250 \times \{[(P/A, 10\%, 13) + 1] - [(P/A, 10\%, 3) + 1]\}$
　　　$= 1154.13$(万元)

或者 $P_A = 250 \times [(F/A, 10\%, 11) - 1] \times (P/F, 10\%, 14)$
　　　$= 1153.98$(万元)

由于第二种方案的现值小于第一种方案,因此该公司应选择第二种方案。

④ 永续年金现值的计算

永续年金(perpetual annuity)是指无限期收付的年金,即一系列没有到期日的等额现金流。所以,永续年金没有终值,只有现值。

由图 2-8 可知,永续年金的现值可以看成是一个 n 无穷大时普通年金的现值,其计算公式如下:

$$P_A(n \rightarrow \infty) = A\frac{1-(1+i)^{-n}}{i} = \frac{A}{i}$$

当 n 趋向无穷大时,由于 A、i 都是有界量,$(1+i)^{-n}$ 趋向无穷小,因此,$P_A(n \rightarrow \infty) = A\frac{1-(1+i)^{-n}}{i}$,趋向 $\frac{A}{i}$。

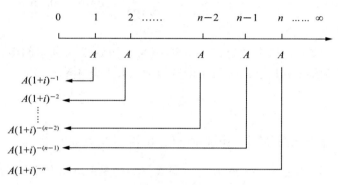

图 2-8　永续年金现值计算示意图

例 2-14　归国华侨吴先生想支持家乡建设,特地在祖籍所在县设立奖学金。奖学金每年发放一次,奖励每年高考的文理科状元各 10000 元。奖学金的基金保存在中国银行该县支行。银行一年的定期存款利率为 2%。问吴先生要投资多少钱作为奖励基金?

解　由于每年都要拿出 20000 元,因此奖学金的性质是一项永续年金,其现值应为:

$$P_A = \frac{20000}{2\%} = 1000000(元)$$

也就是说,吴先生要存入 1000000 元作为基金,才能保证这一奖学金的成功运行。

⑤ 年偿债基金

年偿债基金是指为了在约定的未来某一时点清偿某笔债务或积聚一定数额的资金而必须分次等额形成的存款准备金。也就是为使年金终值达到既定金额的年金数额(即已知终值,求年金 A)。在普通年金终值公式中解出 A,这个

A 就是年偿债基金。

$$A = F_A \frac{i}{(1+i)^n - 1}$$

式中，$\frac{i}{(1+i)^n - 1}$ 称为"偿债基金系数"，记作 $(A/F, i, n)$。

注意：1）偿债基金和普通年金终值互为逆运算；

2）偿债基金系数和普通年金终值系数互为逆运算。

例 2-15 某人拟在 5 年后还清 10000 元债务，从现在起每年年末等额存入银行一笔款项。假设银行利率为 10%，则每年需存入多少元？

解 $A = F_A \dfrac{i}{(1+i)^n - 1} = 10000 \times \dfrac{1}{6.105} = 10000 \times 0.1638 = 1638(元)$

⑥ 年资本回收额

年资本回收额是指在约定年限内等额回收初始投入资本的金额。年资本回收额的计算实际上是已知普通年金现值 P_A，求年金 A。

$$A = P_A \frac{i}{1 - (1+i)^{-n}}$$

式中，$\dfrac{i}{1-(1+i)^{-n}}$ 称为"资本回收系数"，记作 $(A/P, i, n)$。

例 2-16 某企业借得 500 万元的贷款，在 10 年内以年利率 12% 等额偿还，则每年应付的金额为多少？

解 $A = 500 \times \dfrac{12\%}{1-(1+12\%)^{-10}}$

$= \dfrac{500}{(P/A, 12\%, 10)} = \dfrac{500}{5.650} = 88.5(万元)$

注意：1）年资本回收额与普通年金现值互为逆运算；

2）资本回收系数与普通年金现值系数互为倒数。

4. 时间价值计算中的几个特殊问题及其综合运用

（1）折现率的计算

在前面计算现值和终值时，假定利率都是给定的。但在财务管理中，经常会遇到已知计息期数、终值和现值，求折现率的问题。求折现率一般分为两步：第一步，求出各换算系数 $FVIF_{i,n}$、$PVIF_{i,n}$、$FVIFA_{i,n}$、$PVIFA_{i,n}$；第二步，根据换算系数和有关系数表求折现率。如果换算系数在系数表中不能直接查到，则可用插值法求折现率。

例 2-17 假如每年春节你都能获得 5000 元压岁钱，并将其存入银行，目标为 5 年后可获本利和 30000 元，请问银行的存款利率该是多少？

第二章　财务管理价值观念

解　$\text{FVIFA}_{i,n} = \dfrac{30000}{5000} = 6$

查年金终值系数表得,当利率为9%时,系数为5.985;当利率为10%时,系数为6.10。所以利率应该在9%—10%之间。假定利率为i,可用插值法计算如下:

利率	年金终值系数
9%	5.985
i	6
10%	6.10

$$\dfrac{i - 9\%}{6 - 5.985} = \dfrac{10\% - 9\%}{6.1 - 5.985}$$

$$i = 9.13\%$$

(2) 计息期短于一年的时间价值的计算

终值和现值通常是按年来计算的,但在有些时候也会遇到计息期短于一年的情况。如债券利息每半年支付一次,房贷按揭每月还一次等。计息期利率已在前文论述,在此不再赘述。

例2-18　某人准备于每年年初往银行存入10000元,年利率为10%。试计算:

1) 如果每年计息一次,则企业能在第5年获得多少本利和?
2) 如果每半年计息一次,则企业能在第5年获得多少本利和?

解　1) 如果每年计息一次,即$n=5$,$i=10\%$,$P_A=10000$,则

$$F_A = A(F/A, i, n)(1+i) = 10000 \times (F/A, 10\%, 5)(1 + 10\%)$$
$$= 10000 \times 6.105 \times 1.1 = 67155(元)$$

2) 如果每半年计息一次,则$i_{年实际利率} = (1 + 10\%/2)^2 - 1 = 10.25\%$

$$F_A = A(F/A, i_{年实际利率}, n)(1 + i_{年实际利率})$$
$$= 10000 \times (P/A, 10.25\%, 5)(1 + 10.25\%)$$
$$= 10000 \times 6.1356 \times 1.1025 = 676425(元)$$

显然,计息期数越短,计息次数越多,终值越大。反之,现值则越小。

(3) 时间价值的综合运用

前文中,我们讨论的都是单笔现金流或者等额收付的现金流序列的终值和现值的计算问题。在实务中,许多问题要包括收付款项不等额或者收付款项不规则(其中部分也可能是规则的)等情况。在这种情况下,既要运用年金的相关公式,也要运用复利的相关公式。

例 2-19 某公司要置换一条生产线,预计该生产线寿命为 10 年,若预期报酬率为 15%,每年的净收益如表 2-1 所示。问该生产线在寿命期内能给该公司带来的收益现值是多少?

表 2-1 生产线每年的净收益情况

寿命期	净收益(万元)
第 1 年	30
第 2 年	80
第 3 年	50
第 4 年	50
第 5 年	50
第 6 年	50
第 7 年	50
第 8 年	50
第 9 年	60
第 10 年	70

解 该生产线的现金流量图如图 2-9 所示,从图中可以看出,第 3—8 年是连续等额的年金形式,即为递延年金,第 1、2、9、10 年现金流与前后各年不相等,需要采用复利分别折现。

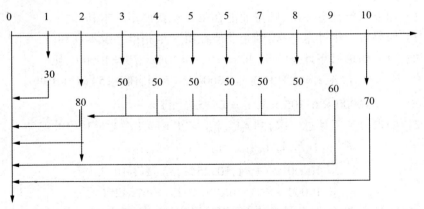

图 2-9 该生产线的现金流量图

$$P_1 = 30 \times (P/F, 15\%, 1) = 30 \times 0.869 = 26.07(万元)$$

$$P_2 = 80(P/F, 15\%, 2) = 80 \times 0.756 = 60.48(万元)$$

$$P_{3-8} = 50 \times (P/A, 15\%, 6)(P/F, 15\%, 2)$$

$$= 50 \times 3.785 \times 0.756 = 143.0352(万元)$$

$$P_9 = 60 \times (P/F,15\%,9) = 60 \times 0.284 = 17.04(万元)$$

$$P_{10} = 70 \times (P/F,15\%,10) = 70 \times 0.247 = 17.29(万元)$$

所以，$P_{1-10} = 26.07 + 60.48 + 143.0352 + 17.04 + 17.29 = 263.92(万元)$

第二节 风险价值观念

由于时间价值的存在,投资者愿意放弃一段时间的资金支配权,而获得相应的投资回报。但是,时间价值仅解释了投资回报的必要性,而在现实的经济生活中,人们在投资时愿意接受的报酬率是不同的,关于这一点,时间价值难以解释。通常情况下,风险和报酬是一致的,高风险的投资项目需要有较高的投资报酬进行补偿,即"高风险,高收益"。

一、风险的含义与种类

（一）风险的含义

风险(risk)是指收益的不确定性。例如,股市风险就是指投资股票有可能赚钱,也可能赔钱,由于股市各种因素可能会发生变化,总是使投资者的实际收益与预期收益发生偏离。从财务管理的角度看,风险就是企业在各项财务活动过程中,由于各种不确定因素的作用,而使企业的实际收益与预计收益发生偏离的平均程度。

（二）风险的种类

首先,根据风险因素相对于投资者是否可控,风险可分为系统风险和非系统风险。系统风险(systematic risk)又称市场风险或不可分散风险,是指那些对市场上所有投资者都会产生影响的风险因素。如战争、经济衰退、自然灾害、国家经济政策的变化、世界能源状况、国际环境变化等。系统风险是投资人无法控制的风险,无法通过投资组合等管理加以分散。

非系统风险(unsystematic risk)也称为企业特有风险或可分散风险,是指发生于各企业的特有事件造成的风险。比如企业新产品研发失败带来的风险,企业兼并与收购行为带来的风险,产品质量问题引发的信任危机带来的风险等。非系统风险是投资人可以控制的风险,可以通过投资组合等有效风险管理手段加以分散。

其次,从企业自身的角度看,根据风险因素产生的原因,风险可以分为经营风险和财务风险。经营风险(operation risk)是指由市场销售、生产成本、生产技术等决策和外部市场环境的变化带来的风险。财务风险(financial risk)是企业全部资本中债务资本比率的变化带来的风险。财务风险因负债而起,如果不负债,企业就不存在财务风险。

二、风险价值的含义与种类

(一)风险价值的含义

风险价值(value at risk,简称 VaR)又称为风险收益或风险报酬,是指投资者由于冒风险进行资产投资而获得的超过货币时间价值的额外报酬。投资风险越大,投资者对报酬的要求就越高。为了可比性,风险价值一般用风险报酬率或风险收益率来表示,反映单位资金投资 1 年,由于所冒风险而获得的价值增值。

(二)收益率的种类

在实际的财务工作中,由于工作角度和出发点不同,资产收益率可以有以下一些类型:

1. 实际收益率

实际收益率(real rate of return)表示已经实现或者确定可以实现的资产收益率,表述为已实现或确定可以实现的利息(股息)率与资本利得收益率之和。当存在通货膨胀时,还应当扣除通货膨胀率的影响,才是真实的资产收益率。

2. 预期收益率

预期收益率(expected rate of return)也称为期望收益率,是指在不确定的条件下,预测的某资产未来可能实现的收益率。一般根据资产各种可能的收益水平,以其可能发生的概率加权求出加权平均数来表示。

3. 必要收益率

必要收益率(required rate of return)也称最低必要报酬率或最低要求的收益率,表示投资者对某资产合理要求的最低收益率。如果某股票的预期收益率超过投资者的必要收益率,实际的投资行为就会发生。但如果某公司陷入财务困难的可能性很大,也就是说投资该公司股票产生损失的可能性很大,那么投资于该公司股票将会要求一个较高的收益率,所以该股票的必要收益率就会较高。相反,如果某项资产的风险较小,那么对这项资产要求的必要收益率也就小。因此,某项资产投资的必要收益率由两部分构成:

(1) 无风险收益率

无风险收益率(risk-free rate of return)也称无风险利率,它是指无风险资产的收益率,它的大小由纯粹利率(资金的时间价值)和通货膨胀补贴两部分组成。无风险资产一般满足两个条件:一是不存在违约风险;二是不存在再投资收益率的不确定性。实际上,满足这两个条件的资产几乎是不存在的,一般用与所分析的资产的现金流量期限相同的国债来表示。因此,为了方便起见,通常用短期国债的利率近似地代替无风险收益率。

(2) 必要风险收益率

必要风险收益率(necessary risk return)是指某资产持有者因承担该资产的风险而要求的超过无风险利率的额外收益。必要风险收益率衡量了投资者将资金从无风险资产转移到风险资产而要求得到的"额外补偿",它的大小取决于以下两个因素:一是风险的大小;二是投资者对风险的偏好。

三、单项资产的风险与报酬

(一) 风险的衡量

资产的风险是报酬率的不确定性,其大小可用资产报酬率的离散程度来衡量。离散程度是指资产报酬率的各种可能结果与预期报酬率的偏差。衡量风险的指标主要有方差、标准差和标准离差率等。其中,标准差和标准离差率是描述风险程度最常用的指标。前者是绝对指标,适用于期望收益相同的决策方案风险程度的比较;后者是相对指标,适用于期望值不同的决策方案风险程度的比较。标准离差或者标准离差率越大,意味着风险越大。

标准离差率的计算步骤如下:

1. 确定概率分布

在现实生活中,某一事件在完全相同的条件下可能发生,也可能不发生,既可能出现这种结果,又可能出现那种结果,我们称这类事件为随机事件。概率就是用百分数或小数来表示随机事件发生可能性以及出现某种结果可能性大小的数值。用 X 表示随机事件,X_i 表示随机事件的第 i 种结果,P_i 为出现该种结果的相应概率。若 X_i 出现,则 $P_i=1$。若不出现,则 $P_i=0$。因此,概率必须符合下列两个要求:(1) 随机事件的概率是介于 0 和 1 之间;(2) 所有可能结果出现的概率之和必定为 1。

将随机事件各种可能的结果按一定的规则进行排列,同时列出各结果出现的相应概率,这一完整的描述称为概率分布。概率分布有两种类型,一种是离散型分布,也称不连续的概率分布,其特点是概率分布在各个特定的点(指 X 值)上。另外一种是连续型分布,其特点是概率分布在连续图像的两点之间的区间上。两者的区别在于,离散型分布中的概率是可数的,而连续型分布中的概率是不可数的。

2. 计算期望报酬率

期望值是一个概率分布中的所有可能结果,以各自相应的概率为权数计算的加权平均值,是加权平均的中心值,通常用符号 $\overline{E}$ 表示。期望报酬反映预计报酬的平均化,在各种不确定性因素影响下,它代表着投资者的合理预期。期望值可以按预期报酬率的计算方法计算,常用计算公式如下:

$$E(X) = \sum_{i=1}^{n} X_i P_i$$

3. 离散程度

离散程度是用以衡量风险大小的统计指标。一般说来,离散程度越大,风险越大;离散程度越小,风险越小。反映随机变量离散程度的指标包括平均差、方差、标准离差、标准离差率和全距等。本书主要介绍方差、标准离差和标准离差率三项指标。

(1) 方差

方差是用来表示随机变量与期望值之间的离散程度的一个数值。其计算公式为:

$$\sigma^2 = \sum_{i=1}^{n} [X_i - E(X)]^2 \cdot P_i$$

(2) 标准离差

标准离差也叫均方差,是方差的平方根。其计算公式为:

$$\sigma = \sqrt{\sum_{i=1}^{n} [X_i - E(X)]^2 \cdot P_i}$$

标准离差以绝对数衡量决策方案的风险,在期望值相同的情况下,标准离差越大,风险越大;反之,标准离差越小,则风险越小。

(3) 计算标准离差率 V

标准离差率是标准离差同期望值之比,通常用符号 V 表示,其计算公式为:

$$V = \frac{\sigma}{E(X)}$$

标准离差率是一个相对指标,以相对数反映决策方案的风险程度。方差和标准离差作为绝对数,只适用于期望值相同的决策方案风险程度的比较。对于期望值不同的决策方案,评价和比较其各自的风险程度只能借助于标准离差率这一相对数值。在期望值不同的情况下,标准离差率越大,风险越大;反之,标准离差率越小,风险越小。

例 2-20 某企业有 A、B 两个投资项目,两个投资项目的收益率及其概率分布情况如表 2-2 所示,试计算两个项目的期望报酬率。

表 2-2 A、B 两个方案的收益及概率分布

经济情况	A 方案发生概率	B 方案发生概率	预期收益率 A 方案	预期收益率 B 方案
繁荣	0.2	0.3	60%	20%
正常	0.5	0.4	30%	15%
衰退	0.3	0.3	-40%	10%

要求:比较两方案的风险大小。

解 (1) 计算期望报酬率

A 方案的期望报酬率 = 0.2 × 60% + 0.5 × 30% + 0.3 × (-40%) = 15%

B 方案的期望报酬率 = 0.3 × 20% + 0.4 × 15% + 0.3 × 10% = 10% = 15%

从计算结果可以看出,两个项目的期望投资报酬率都是 15%。但是否可以就此认为两个项目是等同的呢?我们还需要了解概率分布的离散情况,即计算标准离差和标准离差率。

(2) 计算标准离差

项目 A 的方差:

$$\sigma^2 = \sum_{i=1}^{n}[X_i - E(X)]^2 \cdot P_i$$

$= (0.6 - 0.15)^2 × 0.2 + (0.3 - 0.15)^2 × 0.5 + (-0.4 - 0.15)^2 × 0.3$

$= 0.0405 + 0.01125 + 0.09075 = 0.1425$

项目 A 的标准离差:

$$\sigma = \sqrt{\sum_{i=1}^{n}[X_i - E(X)]^2 \cdot P_i} = \sqrt{0.1425} = 0.377$$

项目 B 的方差:

$$\sigma^2 = \sum_{i=1}^{n}[X_i - E(X)]^2 \cdot P_i$$

$= (0.2 - 0.15)^2 × 0.3 + (0.15 - 0.15)^2 × 0.4 + (0.1 - 0.15)^2 × 0.3$

$= 0.00075 + 0 + 0.00075 = 0.0015$

项目 B 的标准离差:

$$\sigma = \sqrt{\sum_{i=1}^{n}[X_i - E(X)]^2 \cdot P_i} = \sqrt{0.0015} = 0.039$$

以上计算结果表明,项目 A 的风险要高于项目 B 的风险。

如果该例中两个项目的期望报酬率不同,则一定要计算标准离差率才能进行比较。

(二) 风险报酬的计算

1. 必要风险报酬率的计算

投资者应得的风险报酬率也就是必要风险报酬率,它的大小取决于以下两个因素:一是风险的大小;二是投资者对风险的偏好。风险的大小可以用标准离差率来反映,而投资者的风险偏好则可由风险报酬系数 b 来表示,它代表该市场上投资人每冒一个单位的风险索要的必要风险回报。必要风险报酬率、风险报酬系数和标准离差率之间的关系为:

$$R_r = b \cdot V$$

式中,R_r 为必要风险报酬率,b 为风险报酬系数,V 为标准离差率。

例 2-21 例 2-20 中,假定该企业所在行业的风险报酬系数为 8%,则 A 方案应得的风险报酬率为:

$$R_r = b \cdot V = 8\% \times \frac{0.377}{0.15} = 20.11\%$$

对于资本性资产而言,市场上一般用贝塔系数 β 来反映风险的大小,其计算公式为:

$$\beta_i = \left(\frac{\sigma_i}{\sigma_m}\right)\rho_{i,m} = \frac{\sigma_i}{\sigma_m} \cdot \frac{\text{cov}(R_i, R_m)}{\sigma_i \sigma_m} = \frac{\text{cov}(R_i, R_m)}{\sigma m^2}$$

上式中,$\text{cov}(R_i, R_m)$ 为第 i 种资产的收益与市场平均收益的协方差,$\rho_{i,m}$ 为第 i 种资产的收益与市场平均收益的相关系数,σ_m^2 为市场平均收益的方差。

β 代表某单项资本资产所承受的系统风险相对于市场平均风险的倍数,如果 β 等于1,说明该资本资产所承受的系统风险与市场平均风险完全相同;如果 β 大于1,说明该资本资产所承受的系统风险大于市场平均风险;如果 β 小于1,说明该资本资产所承受的系统风险小于市场平均风险。

在实务中,并不需要企业财务人员或投资者自己去计算证券的 β 系数,一些证券咨询机构会定期公布大量交易过的证券的 β 系数。例如,标准普尔会定期给出美国一些大公司证券的 β 系数,中国的一些信息提供机构也会给出一些上市公司股票的 β 系数。现实中,绝大多数资产的 β 系数是大于零的,极个别资产的 β 系数是负数,也就是说,资产组合报酬率的变化方向与市场平均报酬率的变化方向基本是一致的,只是变化幅度不同而导致 β 系数不同。

如果以 $R_m - R_f$ 表示市场平均风险报酬率,那么,某单项资产 i 的必要风险报酬率就应该是 $\beta_i(R_m - R_F)$,即:

$$R_r = \beta_i(R_m - R_F)$$

例 2-22 某公司股票 β 系数是 1.2,股票的市场收益率为 10%,无风险收益率为 8%。请计算该股票的必要风险报酬率。

解 必要风险报酬率$(R_r) = \beta_i(R_m - R_F) = 1.2 \times (10\% - 8\%) = 2.4\%$

2. 必要投资报酬率的计算

对于进行风险投资的投资者来说,必要投资报酬率(the investor's required rate of return)应该是无风险报酬率(risk-free rate of return)和必要风险报酬率(risk rate of return)两个部分之和,即:

$$R = R_F + R_r = R_F + b \cdot V$$

式中,R 为必要投资报酬率,R_F 为无风险报酬率。

对于资本性资产而言,其必要投资报酬率也应该是无风险报酬率与必要风险报酬率之和,即:

$$R_i = R_F + R_r = R_F + \beta_i(R_m - R_F)$$

以上等式就是著名的资本资产定价模型(capitalasset pricing model,简称 CAPM)。

例 2-23 某公司股票 β 系数是 1.5,股票的市场收益率为 12%,无风险收益率为 6%。请计算该股票的必要投资报酬率。

解 $R = R_f + \beta_i(R_m - R_F) = 6\% + 1.5(12\% - 6\%) = 15\%$

3. 风险报酬额的计算

$$风险报酬额 = 期望报酬额 \times \frac{应得风险报酬率}{无风险报酬率 + 应得风险报酬率}$$

例 2-24 在例 2-21 中,假定无风险收益率为 5%,期望报酬额是 1200 元,则 A 方案应得的风险收益额为:

$$风险报酬额 = 1200 \times \frac{20.11\%}{5\% + 20.11\%} = 961.05$$

四、投资组合的风险与报酬

前面讨论了单项投资的风险和报酬率的问题,为了规避风险,投资者并不会把所有的资金投资于一种资产,实际上更倾向于在投资时选择投资组合(portfolio)。为了论述简便,本节将投资组合说成是若干种证券的组合投资。

(一) 投资组合的期望报酬

投资组合的期望报酬率就是组成投资组合的各种资产的期望报酬率的加权平均数,权重为该项资产占总投资额的比重。即:

$$E(R_P) = \sum_{i=1}^{n} W_i \cdot E(R_i)$$

式中,$E(R_P)$ 表示证券资产组合的期望报酬率;$E(R_i)$ 表示组合内第 i 项资产的期望报酬率；W_i 表示第 i 项资产在整个组合中所占的价值比例。

例 2-25 某投资公司的一项投资组合中包含 A、B 和 C 三种股票，权重分别为 30%、40% 和 30% 三种股票的期望报酬率分别为 15%、12% 和 10%。要求计算该投资组合的期望报酬率。

解 该投资组合的期望报酬率 $\overline{E}(R_p) = 30\% \times 15\% + 40\% \times 12\% + 30\% \times 10\% = 12.3\%$

（二）投资组合的风险

投资组合的 β 系数，是以投资组合中各项资产所占的比重为权数计算的单项资产 β 系数的加权平均数。计算公式为：

$$\beta_p = \sum_{i=1}^{n} W_i \beta_i$$

式中，β_p 是投资组合的风险系数；W_i 为第 i 项资产在组合中所占的价值比重；β_i 表示第 i 项资产的 β 系数。

例 2-26 某投资者共有 10000 元进行组合投资，共买了三只股票，相关信息如表 2-3 所示，要求计算股票组合的 β 系数。

表 2-3 某证券资产组合的相关信息

股票	β 系数	股票的每股市价（元）	股票的数量
A	0.7	4	200
B	1.1	2	100
C	1.7	10	100

解 首先计算 A、B、C 三种股票所占的价值比例：
A 股票比例：$(4 \times 200)/(4 \times 200 + 2 \times 100 + 10 \times 100) \times 100\% = 40\%$
B 股票比例：$(2 \times 100)/(4 \times 200 + 2 \times 100 + 10 \times 100) \times 100\% = 10\%$
C 股票比例：$(10 \times 100)/(4 \times 200 + 2 \times 100 + 10 \times 100) \times 100\% = 50\%$
然后计算加权平均 β 系数，即为股票组合的 β 系数：

$$\beta_p = 40\% \times 0.7 + 10\% \times 1.1 + 50\% \times 1.7 = 1.24$$

（三）投资组合的必要风险报酬率

投资者进行投资，都要求对承担的风险进行补偿，风险越大，要求的风险收益率越高。投资组合的风险报酬率计算公式如下：

$$R_p = \beta_p (R_m - R_F)$$

式中，R_p 是风险报酬率，β_p 是投资组合的 β 系数；R_m 为所有股票的平均报酬率；R_F 为市场无风险报酬率。

投资者要求的必要投资报酬率为：

$$R_p = R_F + R_p = R_F + \beta_p(R_m - R_F)$$

例 2-27 假设当前短期国债收益率为 3%,股票价格指数平均报酬率为 12%,并利用例 2-23 中的有关信息和求出的 β 系数,计算 A、B、C 三种股票组合的必要报酬率。

解 三种股票组合的必要投资报酬率 $R = 3\% + 1.24 \times (12\% - 3\%) = 14.16\%$

五、人们的风险态度与风险处置

（一）人们的风险态度

人们对待风险的态度,一般分三种类型:风险爱好型、风险中性型和风险厌恶型。风险爱好型(risk lover)是指当期望报酬率相同时,投资者选择风险较大的项目。因为他们能够从高风险中获得与高收益同样的效用。风险厌恶型(risk averse)是指当期望报酬率相同时,投资者选择风险较小的项目,投资者决不轻易地冒风险,除非能获得合理的风险报酬。风险中性型(risk neutral)是指投资者决策的唯一标准是收益的高低,完全不考虑风险,即风险的高低与其投资决策无关。

在"风险—报酬率"坐标图中,投资者的风险态度可以用效用曲线来表示。效用曲线是一种无差异曲线。对一个投资者而言,其效用曲线上的点虽然风险和报酬率不同,但效用是相同的。如图 2-10、2-11 和 2-12 所示,风险爱好者无差异曲线从左往右是向下倾斜且斜率越来越小;风险厌恶者无差异曲线从左往右向上倾斜且斜率越来越大;风险中性无差异曲线是水平的。

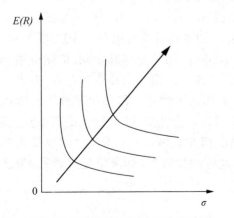

图 2-10 风险爱好者无差异曲线

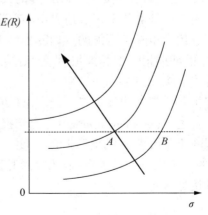

图 2-11 风险厌恶者无差异曲线

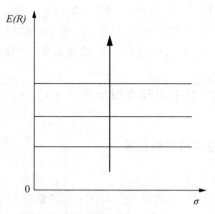

图 2-12　风险中性无差异曲线

虽然投资者对待风险的态度可能会随着投资规模、投资重要性甚至投资者的心境发生变化,但理性投资者在常态投资额度范围内都是风险厌恶者,这是财务金融领域的一个非常重要的假设。即当两个项目期望报酬率相同时,理性投资者会倾向选择风险较小的项目。假设图 2-11 中,有 A、B 两个投资项目,它们的期望报酬率相同,但 A 点风险小,所以理性投资者认为,A 项目优于 B 项目。

(二) 有效投资组合边界

有效投资组合边界是指在任何既定的风险程度上,提供的期望报酬率最高的投资组合,也可以是在任何既定的期望报酬率水平上,带来的风险最低的投资组合,它是理性投资人可以选择的投资对象的集合。

有效的证券投资组合边界中不会仅仅包括两项资产,当然列示出所有可能的资产组合也是不可能的。如图 2-13 所示,如果选择投资组合 N,则可以发现,点 T_1 的期望报酬率与其相同,但风险更小;点 S_1 的风险与其相同,但期望报酬率更高。在"风险—报酬率"坐标图上,点 T 是风险最小的投资组合点,点 S 是期望报酬率最高的投资组合点。所以点 T 到点 S 的这一段曲线就称为有效投资组合边界(efficient frontier)。至于投资者具体会选择 ST 曲线上的哪个点,仍然取决于投资者对风险回避的程度。风险回避程度高的投资者(即风险厌恶者)的最优决策接近 T 点,而风险回避程度低的投资者(即风险爱好者)的最优决策接近 S 点。

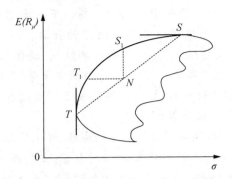

图 2-13　所有风险证券的投资组合及其有效边界

（三）最优投资组合

要建立最优投资组合，还必须加入一个新的因素——无风险资产。最优投资组合不仅包括风险资产，还包括无风险资产。无风险资产投资表现在"风险—报酬率"坐标图（图 2-14 所示）上，就是在纵轴上的点 R_F。

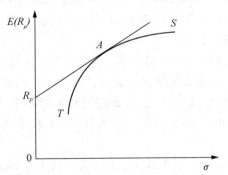

图 2-14　最佳风险性投资组合和无风险借贷构成的可选择组合

当能够以无风险利率借入资金时，可能的投资组合对应点所形成的连线就是资本市场线（capital market line，简称 CML），资本市场线可以看作所有资产，包括风险资产和无风险资产的有效集，用图形表示就是图 2-14 中以 R_F 为起点的斜线。资本市场线在点 A 与有效投资组合曲线相切，点 A 就是最优投资组合，该切点代表了投资者所能获得的最高满意度。

案例阅读及思考

复利人生——经典案例资料

1962 年，王忠民出生在安徽省怀远县城关镇永平街，他和史玉柱同住在一个大院，两人是穿开裆裤一起长大的朋友。

1978年，两个人都进入县一中读高中。高一下半学期的一天，王忠民忽然对史玉柱说："我打算去上班了。"史玉柱问："为什么?"王忠民说，他在县建筑公司工作的伯伯马上就要退休了，根据当时的政策，退休后家人可以接班。史玉柱说："现在已经恢复了高考，为什么不想办法考大学?"王忠民说："万一考不上大学，又错过进国营单位的机会，就后悔莫及了。"就这样，王忠民顶替伯伯当上了一名建筑工人，史玉柱则继续读书。

1980年，史玉柱以怀远县一中第一名的成绩，考上了浙江大学数学系。

1982年，史玉柱读大三那年放寒假回到老家，王忠民忽然来找他，兴奋地说："大柱，腊月廿八我结婚，你一定要来参加婚礼。"史玉柱又吃了一惊："你虚岁才22岁，这么早结婚干什么?"王忠民说："过日子嘛，无非吃吃喝喝生儿育女，反正是要结婚的，晚结不如早结。"

1984年，史玉柱大学毕业，被分配到安徽省统计局。年底他回老家探亲时，专门去看望了王忠民。当时，王忠民夫妻俩跟父母住在一起，他住的房间只有不到10平方米，他们已经有了孩子，孩子在被子上撒了一泡尿，他妻子正手忙脚乱地收拾着。史玉柱看了一阵揪心，王忠民却说："我觉得现在老婆孩子热炕头的日子，过得挺好的。"

1988年年初，史玉柱忽然回到老家，他找到王忠民说："我打算辞职下海创业，但没有创业资金，你能不能帮我一点儿?"王忠民一听就急了："老同学，你在省统计局工作，那是个金饭碗啊，怎么会想到辞职?"尽管王忠民理解不了史玉柱的想法，但还是借给他500元钱。就这样，史玉柱带着从多方借来的4000元，南下深圳创业。

1991年，史玉柱成立了巨人公司，并把总部迁到了珠海，当年就赚了3600多万。这年9月，王忠民7岁的儿子被开水烫伤，需要反复植皮，史玉柱得知消息后，让王忠民把孩子带到广东，他帮忙找医院给孩子治伤。在广州，见史玉柱的事业做得风生水起，王忠民打心眼儿里为老同学高兴。当史玉柱问他愿不愿意在自己手下工作时，王忠民委婉地拒绝了。史玉柱不好勉强他，但孩子治伤花的几万元钱，他悄悄地结了。

1993年，王忠民没想到的是，自己的"铁饭碗"并不结实。他所在的建筑公司改制为股份制企业，所有的人都不能再躺在"国营"两个字上吃大锅饭了。史玉柱听说王忠民的情况后，打电话邀请他去给自己帮忙。但王忠民因为妻子还在国营单位工作，再次拒绝了史玉柱。之后，史玉柱的生意做得风生水起，1994年还被《福布斯》列为中国内地富豪之一，排名第八位。

1995年12月，史玉柱到南京时，专程驱车去看在安徽滁州务工的王忠民。来到王忠民的建筑工地，只见他住在一小间四面透风的工棚里，床是一张破模板搭起来的,白色的被子都变成了黑色,锅里煮着一些面糊般的面条,王忠民更是蓬头垢面。见昔日的老同学这个样子,史玉柱眼泪都掉了下来。这次,他硬是把王忠民拉去了珠海。一开始,史玉柱让王忠民跟在年轻人后面学电脑。但王忠民看到那玩意儿就头疼,他跟史玉柱说:"我都30多岁了,实在学不了那玩意儿,你就让我帮你看大门吧。"结果,王忠民成了当时珠海收入最高的门卫。

1997年,巨人大厦资金告急,史玉柱决定将保健品方面的全部资金调往巨人大厦。保健品业务因资金"抽血"过量,再加上管理不善,史玉柱的公司迅速盛极而衰,他不仅成了穷光蛋,还欠下了2.5亿元的债。看着非常落寞的老同学,王忠民觉得自己成了拖累,于是坚持要求回家,史玉柱只得答应。回到家,王忠民才知道,由于这几年跟妻子长期两地分居,再加上他没有钱,她居然有了外遇,还口口声声骂他没上进心。两个人很快就因为这事闹起了离婚。史玉柱知道这事后,觉得自己对不起他,毕竟是自己把他拉出去的。

1999年,史玉柱注册成立了上海健特生物科技有限公司,打算专门生产"脑白金",也相信自己很快就能站起来。但现在急需帮手,只要王忠民跟着自己干,他就送给王忠民健特公司5%的干股。王忠民心想:我哪有你那么会折腾?再说,你现在注册的公司一定只是个空壳子,我要你那5%的干股有什么用?想到这儿,他再一次婉拒了史玉柱给他的机会,重新干起泥瓦工的老本行。让王忠民没有想到的是,史玉柱公司的总市值很快就达到了42亿美元,他的18位铁杆手下因为持有股份,也个个都变成了亿万富豪。

2011年6月,史玉柱又斥资26亿增持民生银行。他再次站了起来。

此时的王忠民五味杂陈:如果自己当时的胆子大一点儿,继续跟着史玉柱干,自己就有了那5%的干股,那么自己也就成了亿万富豪……

思考:

1. 此案例是复利人生的经典案例,从1962年到2011年,横跨近50年的人生,一个大院的两个孩子,一起上高中的两个年轻人,人生轨迹为什么会有如此的不同?

2. 对于年纪只有20岁左右的大学生,如何规划好未来几十年的人生,有哪些启示?

练 习 题

一、是非判断题

1. 货币时间价值是指一定数量的货币在不同时点上的价值量。(　　)
2. 当通货膨胀率大于名义利率时,实际利率为负值。(　　)

3. 先付年金与后付年金的区别仅在于计息时间不同。（　　）

4. 永续年金是一种普通年金的特殊形式，永续年金既有终值又有现值。（　　）

5. 在终值和计息期一定的情况下，贴现率越低，则复利现值越小。（　　）

6. 在利率和计息期相同的条件下，复利现值系数与复利终值系数互为倒数。（　　）

7. 两个方案比较时，标准离差越大，说明风险越大。（　　）

8. 在实务中，当说到风险时，可能指的是确切意义上的风险，但更可能指的是不确定性，二者不作区分。（　　）

9. 财务风险是由通货膨胀而引起的风险。（　　）

10. 系统风险通常用贝塔系数来衡量，市场组合的贝塔系数等于1。（　　）

二、单项选择题

1. 今天将100元存入银行，银行存款年利率为5%，一年后这100元的货币时间价值为(　　)。

　　A. 5元　　　　　　B. 105元　　　　　C. 110元　　　　　D. 95元

2. 某项永久性奖学金，每年计划颁发60000元奖金，若年复利率为5%，该奖学金的本金应该是(　　)。

　　A. 1280000元　　B. 1200000元　　C. 60000元　　　D. 1260000元

3. 某人今年21岁，打算30岁购置一套价值200万元的住房，目前他有现金50万元，若$i=8\%$，$(F/P,8\%,8)=1.8509$，$(F/A,8\%,8)=10.637$，试计算他在今后8年中每年末应存(　　)万元。

　　A. 10.102　　　　B. 11.283　　　　C. 12.499　　　　D. 13.575

4. 某公司拟于5年后一次还清所欠债务100000元，假定银行利息率为10%，5年10%的年金终值系数为6.1051，5年10%的年金现值系数为3.7908，则应从现在起每年末等额存入银行的偿债基金为(　　)元。

　　A. 12258.37　　　B. 14236.58　　　C. 15967.62　　　D. 16379.75

5. 已知$(P/A,8\%,5)=3.9927$，$(P/A,8\%,6)=4.6229$，$(P/A,8\%,7)=5.2064$，则6年期、折现率为8%的预付年金现值系数是(　　)。

　　A. 2.9227　　　　B. 4.2064　　　　C. 4.9927　　　　D. 6.2064

6. 拟购买一只股票，预期公司最近两年不发股利，预计从第三年开始每年年末支付0.5元股利，若资金成本率为10%，$(P/F,10\%,2)=0.8264$，则预期股利现值合计为(　　)元。

　　A. 5　　　　　　　B. 5.5　　　　　　C. 4.63　　　　　　D. 4.13

7. 现有甲、乙两个投资方案,甲的标准离差是1.5,乙的标准离差是1.8,若期望值相同,则两个方案相比,谁的风险较大?（　　）
   A. 一样大　　　B. 无法判断　　　C. 甲　　　D. 乙
8. 某企业准备投资一个项目,此类项目含风险报酬的投资报酬率一般为30%左右,其报酬率的标准离差率为50%,无风险报酬为10%,则其风险报酬系数为(　　)。
   A. 0.1　　　B. 0.4　　　C. 0.3　　　D. 0.5
9. 下列各项中,能够改变特定企业非系统风险的是(　　)。
   A. 竞争对手被外资并购　　　B. 国家加入世界贸易组织
   C. 汇率波动　　　D. 货币政策变化
10. 如果两只股票的收益率变化方向和变化幅度完全相同,则由其组成的投资组合(　　)。
    A. 不能降低任何风险　　　B. 可以分散部分风险
    C. 可以最大限度地抵消风险　　　D. 风险等于两只股票风险之和

三、多项选择题

1. 关于资金时间价值的表述中,正确的是(　　)。
   A. 资金在使用中随时间的推移而发生的增值
   B. 一定量的资金在不同时间点上价值量的差额
   C. 不同时期的收支不宜直接进行比较,只有把它们换算到相同的时间基础上,才能进行大小的比较和比率的计算
   D. 时间价值是无风险无通货膨胀条件下的社会平均资金利润率
2. 下面各项中,以年金形式出现的有(　　)。
   A. 直线法下计提的折旧　　　B. 租金
   C. 保险费　　　D. 奖金
3. 下列哪些指标可以在财务管理中用来衡量风险?（　　）
   A. 标准离差　　　B. 标准离差率　　　C. 风险报酬率　　　D. 方差
4. 若年金数额、期间、利率都相同,则有(　　)。
   A. 普通年金终值大于即付年金终值
   B. 即付年金终值大于普通年金终值
   C. 普通年金现值大于即付年金现值
   D. 即付年金现值大于普通年金现值
5. 关于递延年金,下列说法正确的是(　　)。
   A. 递延年金是指隔若干期以后才开始发生的系列等额收付款项
   B. 递延年金终值的大小与递延期无关

C. 递延年金现值的大小与递延期有关

D. 递延期越长,递延年金的现值越小

6. 若甲的期望值高于乙的期望值,且甲的标准离差小于乙的标准离差,下列表述不正确的有( )。

A. 甲的风险小,应选择甲方案

B. 乙的风险小,应选择乙方案

C. 甲的风险与乙的风险相同

D. 难以确定,因期望值不同,需进一步计算标准离差率

7. 某公司向银行借入 12000 元,借款期限为 3 年,每年的还本付息额为 4600 元,则借款利率为( )。

A. 小于 6%　　B. 大于 8%　　C. 大于 7%　　D. 小于 8%

8. 按风险形成的原因,企业特有风险可划分为( )。

A. 经营风险　　B. 市场风险　　C. 可风散风险　　D. 财务风险

9. 风险与报酬的关系可表述为( )。

A. 风险越大,期望报酬越大　　B. 风险越大,期望报酬越小

C. 风险越大,要求的收益越高　　D. 风险越大,获得的投资收益越小

10. 有关证券投资风险的表述中,正确的有( )。

A. 证券投资组合的风险有公司特别风险和市场风险两种

B. 公司特别风险是不可分散风险

C. 股票的市场风险不能通过证券投资组合加以消除

D. 当股票投资组合中股票的种类特别多时,非系统性风险几乎可以全部分散掉

四、简答题

1. 如何理解货币的时间价值?单利和复利有何区别?

2. 什么是年金?年金有几种类型?先付年金的终值(或现值)与普通年金的终值(或现值)有什么区别和联系?

3. 如何将名义年利率转化成有效年利率?

4. 在衡量财产或价值时为什么使用的是现金流而不是利润?

5. 系统风险和非系统风险对财务管理有何意义?

6. 什么是风险收益?风险报酬率如何计算得到?

7. 什么是 β 系数?它用来衡量什么性质的风险?

五、计算题

1. 将 10000 元存入银行,期限为 3 年,银行存款年利率为 12%。

(1) 如果按单利计算,则 3 年后的本利和是多少?

(2) 如果一年复利一次,则 3 年后的本利和是多少?
(3) 如果半年复利一次,则 3 年后的本利和是多少?
(4) 年利率为 12%,按季复利计息,试求实际利率。

2. 某家庭打算购置一辆轿车,购置成本 30 万元,预计轿车的使用寿命为 10 年,不考虑残值。若轿车的年运行成本为 2 万元,i = 5%,而该家庭乘坐公共交通出行的年交通费用为 5 万元。请问是否购置轿车?

3. 某公司拟购置一处房产,房主提出两种付款方案:
(1) 从现在起,每年年初支付 15 万元,连续支付 10 次,共 150 万元;
(2) 从第 5 年开始,每年年初支付 20 万元,连续支付 10 次,共 200 万元。

假设该公司的资金成本率(即最低报酬率)为 10%,你认为该公司应选择哪个方案?

4. A 公司准备引入一条新产品生产线,预期收益及概率分布如下,同期国库券利率为 5%。

收益	170 万元	130 万元	60 万元
概率	0.3	0.4	0.3

要求:若行业风险系数为 8%,计算该方案的必要投资报酬率。

5. 某企业集团准备对外投资,现有甲、乙、丙三家公司可供选择,这三家公司的年预期收益及其概率的资料如下表所示:

市场状况	概率	年预期收益(万元)		
		甲公司	乙公司	丙公司
良好	0.2	40	60	70
一般	0.5	20	30	-10
较差	0.3	10	-10	-20

要求:(1) 计算各公司的收益期望值;
(2) 计算各公司收益期望值的标准离差;
(3) 计算各公司收益期望值的标准离差率;
(4) 如果你是该企业集团的稳健型决策者,请依据风险与收益原理作出选择。

6. 某公司持有由甲、乙、丙三种股票组成的证券组合,三种股票的 β 系数分别是 2.0、1.5 和 0.5,它们的投资额分别为 70 万元、20 万元和 10 万元。股票市场平均收益率为 10%,无风险收益率为 5%。假定资本资产定价模型成立。

要求:(1)确定证券组合的必要投资收益率。

(2)若公司为了降低风险,出售部分甲股票,使得甲、乙、丙三种股票在证券组合中的投资额分别变为10万元、20万元和70万元,其余条件不变。试计算此时的必要风险收益率和必要投资收益率。

第二章练习题参考答案

一、是非判断题

1. × 2. √ 3. √ 4. × 5. × 6. √ 7. × 8. √
9. × 10. √

二、单项选择题

1. A 2. B 3. A 4. D 5. C 6. D 7. D 8. B
9. A 10. A

三、多项选择题

1. ABCD 2. ABC 3. ABD 4. BD 5. ABCD 6. ABC
7. CD 8. AD 9. AC 10. ACD

四、简答题(略)

五、计算题

1. $F = 10000 \times (1 + 3 \times 12\%) = 13600$(元)

$F = 10000 \times (1 + 12\%)^3 = 14049.28$(元)

$F = 10000 \times (1 + 12\%/2)^6 = 14185.19$(元)

年实际利率 $= (1 + 12\%/4)^4 - 1 = 12.55\%$

2. $30 = A \times (P/A, 5\%, 10)$,得出 $A = 30/7.721 = 3.89$(万元)

轿车年运行总成本 $= 3.89 + 2 = 5.89$(万元)

大于年公交交通费用总和5万元

所以,不应购置轿车

3. 方案一:

$P = 150000 \times (P/A, 10\%, 10)(1 + 10\%) = 150000 \times 6.144 \times 1.1 = 1013760$(元)

方案二:

$P = 200000 \times (P/A, 10\%, 10)(P/F, 10\%, 3)$

$= 200000 \times 6.144 \times 0.7513 = 92.32$(万元)

公司应选择方案二

4. 期望收益 $= 170 \times 0.3 + 130 \times 0.4 + 60 \times 0.3 = 121$(万元)

第二章 财务管理价值观念

标准离差 $= \sqrt{(170-121)^2 \times 0.3 + (130-121)^2 \times 0.4 + (60-121)^2 \times 0.3}$
$= 43.23$

标准离差率 $= \dfrac{\text{标准离差}}{\text{期望收益}} = \dfrac{43.23}{121} = 35.73\%$

必要投资报酬率 = 无风险报酬率 + 风险报酬率 = 5% + 8% × 35.73%
$= 7.86\%$

5.（1）甲公司的期望收益 $= 0.2 \times 40 + 0.5 \times 20 + 0.3 \times 10 = 21$（万元）

乙公司的期望收益 $= 0.2 \times 60 + 0.5 \times 30 + 0.3 \times (-10) = 24$（万元）

丙公司的期望收益 $= 0.2 \times 70 + 0.5 \times (-10) + 0.3 \times (-20) = 3$（万元）

（2）甲公司的收益期望值的标准离差

$= \sqrt{(40-21)^2 \times 0.2 + (20-21)^2 \times 0.5 + (10-21)^2 \times 0.3} = 10.44$

乙公司的收益期望值的标准离差

$= \sqrt{(60-24)^2 \times 0.2 + (30-24)^2 \times 0.5 + (-10-24)^2 \times 0.3} = 24.98$

丙公司的收益期望值的标准离差

$= \sqrt{(70-3)^2 \times 0.2 + (-10-3)^2 \times 0.5 + (-20-3)^2 \times 0.3} = 33.78$

（3）甲公司的收益期望值的标准离差率 $= \dfrac{10.44}{21} = 0.497$

乙公司的收益期望值的标准离差率 $= \dfrac{24.98}{24} = 1.041$

丙公司的收益期望值的标准离差率 $= \dfrac{33.78}{3} = 11.26$

（4）选择甲公司进行投资

6.（1）原证券组合：

① 首先计算各股票在组合中的比例：

　　　　甲股票的比例 = 70/(70 + 20 + 10) × 100% = 70%

　　　　乙股票的比例 = 20/(70 + 20 + 10) × 100% = 20%

　　　　丙股票的比例 = 10/(70 + 20 + 10) × 100% = 10%

② 计算证券组合的 β 系数：

证券组合的 β 系数 = 2.0 × 70% + 1.5 × 20% + 0.5 × 10% = 1.75

③ 计算证券组合的必要风险收益率：

　　证券组合的必要风险收益率 = 1.75 × (10% − 5%) = 8.75%

④ 计算证券组合的必要投资收益率：

　　　证券组合的必要投资收益率 = 5% + 8.75% = 13.75%

(2) 调整组合中各股票的比例后:

① 计算各股票在组合中的比例:

甲股票的比例 = 10/(70+20+10)×100% = 10%

乙股票的比例 = 20/(70+20+10)×100% = 20%

丙股票的比例 = 70/(70+20+10)×100% = 70%

② 计算证券组合的 β 系数:

证券组合的 β 系数 = 2.0×10% + 1.5×20% + 0.5×70% = 0.85

③ 计算证券组合的风险收益率:

证券组合的必要风险收益率 = 0.85×(10% - 5%) = 4.25%

④ 计算证券组合的必要投资收益率:

证券组合的必要投资收益率 = 5% + 4.25% = 9.25%

第三章 短期筹资管理

第一节 短期筹资政策

一、短期筹资的特征与分类

短期筹资(short term financing)是指企业为了弥补流动资金的不足等目的而筹集的在一年内或者超过一年的一个营业周期内到期的负债资金,也称短期负债筹资。短期筹资通常具有如下特征:

(一) 短期筹资的特征

1. 筹资速度快

长期负债的债权人为了保护其债权的安全,往往要对债务人进行全面的财务调查和周密的财务分析,因而长期负债筹资所需时间一般较长。而流动负债由于在较短时间内可归还,其债权人顾虑较少,只对债务人的近期财务状况作调查,因而费时较短。所以,流动负债筹资速度较快。

2. 筹资具有灵活性

长期负债所筹资金往往不能提前偿还,而且长期负债债务人往往要受借款合同的限制性契约条款的限制。而流动负债筹资要灵活得多。

3. 资金成本较低

流动负债的资金成本比长期负债的资金成本还要低。因为短期借款的利率比长期借款或债券的利率要低,且筹资费用也比长期负债要少得多。此外,流动负债筹资的方式中有的是无成本筹资。

4. 筹资风险较大

由于流动负债需要在短期内偿还,如果债务人在短期内拿不出足够的资金偿还债务,就会陷入财务危机。

5. 可以弥补企业资金的暂时不足

企业的流动资产数量随供产销的变化而高低起伏不定,具有波动性,因此,企业不可避免地会出现暂时的资金不足。通过流动负债筹资,可以弥补企业资金的暂时不足。

6. 便于企业资金结构的灵活组合

流动负债筹资,可以形成企业资金结构的灵活组合。短期负债借入容易,归还也较随意,可以作为企业的一种调度资金的手段。

(二) 短期筹资的分类

根据不同的标准可将短期筹资分为不同类型,最常见的有以下几种:

(1) 按应付金额是否确定,分为应付金额确定的短期负债和应付金额不确定的短期负债。应付金额确定的短期负债是指根据合同或法律规定,到期必须偿付,并有确定金额的短期负债,如短期借款、应付票据、应付账款等。应付金额不确定的短期负债是指根据公司生产经营情况,到一定时期才能确定的短期负债或应付金额需要估计的短期负债,如应交税费、应付股利等。

(2) 按短期负债的形成情况,分为自然性短期负债和临时性短期负债。自然性短期负债是指产生于公司正常的持续经营活动中,不需要正式安排,由于结算程序的原因自然形成的那部分短期负债,如商业信用、应付工资、应交税金等。临时性短期负债是因为临时的资金需求而发生的负债,由财务人员根据公司对短期资金的需求情况,通过人为安排形成,如短期银行借款等。

二、短期筹资政策的类型

短期筹资政策的选择取决于资产的类别和决策者对风险的态度等多种因素。

资产按照其投资期的长短分为短期资产(流动资产)和长期资产。长期资产的投资期长于 1 年,短期内占用资金量不变,需要利用长期筹资方式提供资金。

一个企业对流动资产的需求数量,一般会随着产品销售的变化而变化。例如,产品销售季节性很强的企业,当销售处于旺季时,流动资产的需求一般会更旺盛,可能是平时的几倍;当销售处于淡季时,流动资产需求一般会减弱,可能是平时的几分之一;即使当销售处于最低水平时,也存在对流动资产最基本的需求。在企业经营状况不发生大的变化的情况下,流动资产最基本的需求具有相对稳定性,我们可以将其界定为流动资产的永久性水平。当销售发生季节性变化时,流动资产将会在永久性水平的基础上增加。因此,流动资产可以被分解为两部分:永久性部分和临时性部分。永久性流动资产是指满足企业长期最低需求的流动资产,其占有量通常相对稳定,一般需要长期筹资方式提供资金;临时性流动资产或波动性流动资产,是指那些由于季节性或临时性的原因而形成的流动资产,其占有量随当时的需求而波动,一般只需要短期筹资方式提供资金。与流动性资产分类相对应,流动负债也可以分为临时性流动负债和自发性流动负债。一般来说,临时性负债又称为筹资性流动负债,是指为了满足临时性流动资金需要所发生的负债,如商业零售企业春节前为了满足节日销售需要,超量购入货物而举借的短期银行借款。临时性负债一般只能供企业短期使用。自发性负债,又称为经营性流动负债,是指直接产生于企业持续经营中的负债,如商业信用筹资和日常运营中产生的其他应付款,以及应付职工薪酬、应付利息、应交税费等,自发性负债可供企业长期使用。

根据资产的期限结构与资金来源的期限结构的匹配程度差异,短期筹资政策可以分为:配合型筹资政策、激进型筹资政策、稳健性筹资政策。筹资的长期来源包括自发性流动负债、长期负债以及权益资本;短期来源主要是指临时性流动负债,如图 3-1 所示。图中的顶端方框将流动资产分为永久性和临时性两类,剩下的方框描述了短期和长期融资的这三种策略的混合。

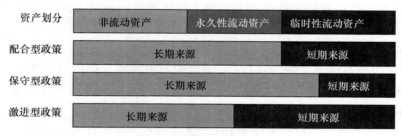

图 3-1 可供选择的短期筹资政策

(一) 配合型筹资政策(期限匹配融资策略)

在配合型筹资政策中,永久性流动资产和非流动资产以长期融资方式融通,临时性流动资产用短期来源融通。在这种政策下,只要公司短期筹资计划严密,实现安排一致,则在经营低谷时,公司除自发性短期负债外没有其他短期负债,只有在经营高峰期,公司才举借临时性短期负债。对此可用以下两个公式来表示:

$$临时性流动资产 = 临时性流动负债$$

$$永久性流动资产 + 非流动资产 = 自发性短期负债 + 长期负债 + 权益资本$$

资金来源的有效期与资产的有效期的匹配,只是一种战略性的观念匹配,而不要求实际金额完全匹配,实际上企业也做不到完全匹配。其原因是:(1) 企业不可能为每一项资产按其有效期配置单独的资金来源,只能分为短期来源和长期来源两大类来统筹安排筹资。(2) 企业必须有所有者权益筹资,它是无限期的资本来源,而资产总是有期限的,不可能完全匹配。(3) 资产的实际有效期是不确定的,而还款期是确定的,必然会出现不匹配。因此,配合型筹资政策只是一种理想的筹资模型,在实践中较难实现。

(二) 保守型筹资政策

在保守型政策中,长期筹资支持非流动资产、永久性流动资产和部分临时性流动资产。企业通常以长期融资来源为临时性短期资产的平均水平融资,短期筹资仅用于融通剩余的临时性流动资产,融资风险较低。对此可用以下两个公式来表示:

部分临时性流动资产＝临时性流动负债

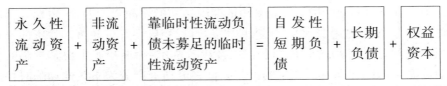

这种策略通常最小限度地使用短期融资,但由于长期负债成本高于短期负债成本,就会导致融资成本高,收益较低。因此这是一种风险低、成本高的筹资政策。

(三) 激进型筹资政策

在激进型筹资政策中,临时性短期负债不但要满足临时性短期资产的需要,还要满足一部分永久性短期资产的需要,有时甚至全部短期资产都要由临时性短期负债支持。对此可用以下两个公式来表示:

临时性流动资产＋部分永久性流动资产＝临时性流动负债

短期借款通常比长期融资方式具有更低的成本。然后,过多地使用短期融资会导致较低的流动比率和较高的流动性风险。

由于经济衰退、企业竞争环境的变化以及其他因素,企业必须面对业绩惨淡的经营年度。例如,当销售下跌时,存货将不会那么快就能转换成现金,这将导致现金短缺。曾经及时支付的顾客可能会延迟支付,这进一步加剧了现金短缺。企业可能会发现它对应付账款的支付已经超过信用期限。在这种环境下,企业需要与银行重新签订短期融资协议,但此时企业对于银行来说似乎很危险。银行可能会向企业索要更高的利率,从而导致企业在关键时刻筹集不到急用的资金。

第二节　短期筹资的方式

短期负债主要有短期借款、商业信用和应付账款三种方式,各种方式具有不同的获取速度、灵活性、成本和风险。

一、短期借款

企业的借款通常按其流动性或偿还时间的长短,划分为短期借款和长期借款。短期借款是指企业向银行或其他金融机构借入的期限在1年以内(含一年)的各种借款。本书中提到的短期借款通常是指银行短期借款。

目前,我国短期借款按照目的和用途分为生产周转借款、临时借款、结算借款、票据贴现借款等。按照国际惯例,短期借款往往按偿还方式不同分为一次性偿还借款和分期偿还借款;按计息支付方式不同分为收款法借款、贴现法借款和加息法借款;按有无担保分为抵押借款和信用借款。

短期借款可以随企业的需要安排,便于灵活使用,但其突出的缺点是短期内要归还,且可能会附带很多条件。

(一) 短期借款的信用条件

银行等金融机构对企业贷款时,通常会附带一定的信用条件。短期借款所附带的一些信用条件主要有:

1. 信用额度

信用额度亦即贷款限额,是借款企业与银行在协议中规定的借款最高限额,信用额度的有限期限通常为1年。一般情况下,在信用额度内,企业可以随时按需要支用借款。但是,银行并不承担必须支付全部信贷数额的义务。如果企业信誉恶化,即使在信贷限额内,企业也可能得不到借款。此时,银行不会承担法律责任。

2. 周转信贷协定

周转信贷协定是银行具有法律义务地承诺提供不超过某一最高限额的贷款协定。在协定的有效期内,只要企业借款总额未超过最高限额,银行必须满足企业任何时候提出的借款要求。企业要享用周转信贷协定,通常要对贷款限额的未使用部分付给银行一笔承诺费用。

3. 补偿性余额

补偿性余额是银行要求借款企业在银行中保持按贷款限额或实际借用额一定比例(通常10%—20%)计算的最低存款余额。对于银行来说,补偿性余额有助于降低贷款风险,补偿其可能遭受的风险;对借款企业来说,补偿性余额则提高了借款的实际利率,加重了企业负担。在补偿性余额要求下贷款的实际利率计算公式为:

$$年实际利率 = 年名义利率/(1 - 补偿性余额比例)$$

例 3-1 某企业向银行借款 800 万元,利率为 6%,银行要求保留 10% 的补偿性余额,则企业实际可动用的贷款为 720 万元,该借款的年实际利率为:

$$借款年实际利率 = \frac{800 \times 6\%}{720} = 6.67\%$$

4. 借款抵押

为了降低风险，银行发放贷款时往往需要有抵押品担保。短期借款的抵押品主要有应收账款、存货、应收票据、债券等。银行将抵押品面值的30%—90%用于发放贷款，具体比例取决于抵押品的变现能力和银行对风险的态度。

5. 偿还条件

贷款的偿还有到期一次偿还和贷款期内定期等额偿还两种方式。一般来讲，企业不希望采用后一种偿还方式，是因为这会加重企业的财务负担，增加企业的拒付风险，同时会降低实际贷款。

6. 其他承诺

银行有时还要企业为取得贷款而作出其他承诺，如及时提供财务报表、保持适当的财务水平等。如果企业违背作出的承诺，银行可要求企业立即偿还全部贷款。

（二）短期借款成本

短期借款成本主要包括利息、手续费等。短期借款成本的高低主要取决于贷款利率的高低和利息的支付方式。短期贷款利息的支付方式有收款法、贴现法和加息法三种，付息方式不同，短期借款成本计算也有所不同，短期借款成本一般用实际利率来表示。

1. 收款法

收款法是在借款到期时向银行支付利息的方法。银行企业贷款一般都采用这种方法收取利息。采用收款法时，短期贷款的实际利率就是名义利率。

2. 贴现法

贴现法是指银行向企业发放贷款时，先从本金中扣除利息部分，到期时借款企业偿还全部贷款本金的一种利息支付方式。在这种利息支付方式下，企业可以利用的贷款只是本金减去利息部分后的差额，因此，贷款的实际利率要高于名义利率，其计算公式为：

$$贴现贷款的有效利率 = 利息 \div (贷款面额 - 利息) \times 100\%$$

例3-2 假定某公司以贴现方式借入1年期贷款2万元，名义利率为12%。这时，该公司实际拿到的资金是1.76万元，利息是2400元。因此，贷款的有效利率为：

$$\begin{aligned}贴现贷款的有效利率 &= 利息 \div (贷款面额 - 利息) \times 100\% \\ &= 2400 \div (20000 - 2400) \times 100\% \\ &= 13.64\%\end{aligned}$$

有效利率比名义利率高出 1.64 个百分点。

3. 加息法

加息法是银行发放分期等额偿还贷款时采取的利息收取方法。在这种计息方式下，虽然借款公司可以利用的借款逐期减少，但是利息并不减少，故实际负担的利息费用较高，其计算公式为：

有效利率 = 利息 ÷（借款人收到的贷款金额 ÷ 2）× 100%

例3-3 某公司以分期付款方式借入 2 万元，名义利率为 12%，付款方式为 12 个月等额还款。因此，全年平均拥有的借款额为 10000 元（20000/2 = 10000 元）。按照 2400 元的利息，借款公司的实际成本为：

实际利率 = 利息 ÷（借款人收到的贷款金额 ÷ 2）× 100%
         = 2400 ÷（20000 ÷ 2）× 100% = 24%

（三）贷款银行选择

公司在短期银行借款筹资过程中，一项重要的工作就是选择银行。在金融市场越来越完善的情况下，选择合适的银行，对公司生产经营业务长期稳定的发展，具有特别重要的意义。公司应该注意银行间存在的重要区别，这些区别主要表现在以下几个方面：

（1）银行对待风险的基本政策。不同的银行对待风险的政策是不同的，一些银行偏好比较保守的信贷政策，另一些银行则喜欢开展一些"创新性业务"。这些政策一定程度上反映了银行管理者的个性和银行存款的特征。业务范围大、分支机构多的银行能够很好地分散风险，而一些专业化的小银行能够接受的信用风险要小得多。

（2）银行所能提供的咨询服务。一些银行提供咨询服务，某些银行甚至设有专门机构向客户提供建议和咨询。

（3）银行对待客户的忠诚度。财务管理学上所指的银行忠诚度是指在公司困难时期，银行支持借款人的行为。不同的银行对客户的忠诚度是不同的。一些银行要求公司无论遭受何种困难，都必须无条件地偿还其贷款。而另一些银行十分顾及"老交情"，即使自己遇到困难，也要千方百计地支持那些与自己有着多年业务关系的公司，帮助这些公司获得更有利的发展条件。

（4）银行贷款的专业化程度。银行在贷款专业化方面有着极大的差异。大银行有专门的部门负责不同类型的针对行业特征的专业化贷款。小银行则比较注重公司生产经营所处的经济环境。借款者可以从经营业务十分熟悉并且经验丰富的银行那里获得更主动的支持和更有创新性的合作。因此，理财者应该慎重选择银行。

除了以上方面外，银行的规模、对外汇的处理水平等都是公司需要考虑的因素。

(四) 短期借款筹资的基本程序

1. 企业提出申请

向银行借入短期借款时,必须在批准的资金计划占用额范围内,按生产经营的需要,逐笔向银行提出申请。企业在申请书上应写明借款种类、借款数额、借款用途、借款原因、还款日期。另外,还要详细写明流动资金的占用额、借款限额、预计销售额、销售收入资金率等有关内容。

2. 银行对企业申请的审查

银行接到企业提出的借款申请后,应对申请书进行认真的审查。审查的内容主要包括:(1) 审查借款的用途和原因,作出是否贷款的决策;(2) 审查企业的产品销售和物资保证情况,决定贷款的数额;(3) 审查企业的资金周转和物资耗用状况,确定贷款的期限。

3. 签订借款合同

为了维护借贷双方的合法权益,保证资金的合理使用,企业向银行借入流动资金时,双方签订借款合同。借款合同主要包括以下四个方面:(1) 基本条款。这是借款合同的基本内容,主要强调双方的权利和义务。具体包括借款数额、结款方式、借款发放的时间、还款期限、还款方式、利息的支付方式、利息率等。(2) 保证条款。这是保证款项能顺利归还的一系列条款。包括借款按规定的用途使用、有关的物资保证、抵押财产、保证人及其责任等内容。(3) 违约条款。这是对双方若有违约现象时应如何处理的条款。(4) 其他附属条款。这是与接待双方有关的其他一系列条款,如双方经办人、合同生效日期等条款。

4. 企业取得借款

企业合同签订后,若无特殊原因,银行应按合同规定的时间向企业提供贷款,企业便可取得借款。如果银行不按合同约定按期发放贷款,应偿付违约金。如果企业不按合同约定使用借款,也应偿付违约金。

5. 短期借款的归还

借款企业应按借款合同的规定按时、足额支付借款本息。

(五) 短期借款的优缺点

1. 短期借款的优点

(1) 银行资金充足,实力雄厚,能随时为企业提供比较多的短期贷款。对于季节性和临时性的资金需求,采用银行短期借款尤为方便。而那些规模大、信誉好的大企业,更可以比较低的利率借入资金。

(2) 银行短期借款具有较好的弹性,可在资金需要增加时借入,在资金需要减少时还款。

2. 短期借款的缺点

（1）资本成本较高。采用短期借款成本比较高，不仅不能与商业信用相比，与短期融资券相比也高出许多。而抵押借款因需要支付管理和服务费用，成本更高。

（2）限制较多。向银行借款，银行要对企业的经营和财务状况进行调查以后才能决定是否贷款，有些银行还要求对企业有一定的控制权，要企业把流动比率、负债比率维持在一定的范围之内，这些都会构成对企业的限制。

二、短期融资券

短期融资券是由企业发行的无担保短期本票。在中国，短期融资券是指企业依照《短期融资券管理办法》的条件和程序在银行间债券市场发行和交易并约定在一定期限内还本付息的有价证券，是企业筹措短期（1年以内）资金的直接融资方式。

20世纪80年代中后期，我国有些企业为解决流动资金的不足，开始采用短期融资券筹集资金。1989年，人民银行下发《关于发行短期融资券有关问题的通知》，肯定了各地为弥补短期流动资金贷款的不足而发行短期融资券的做法。其主要特征是：（1）实行规模管理，余额控制。（2）利率实行高限控制。（3）审批制，发行必须由人民银行批准。而与此政策对应的结果却是在1993—1994年间社会上出现了乱集资、乱提高利率、乱拆借的三乱现象，导致短期融资券暂时退市。

2005年5月24日，央行发布了《短期融资券管理办法》以及《短期融资券承销规程》《短期融资券信息披露规程》，再次允许符合条件的企业在银行间债券市场发行短期融资券。新制度的特征是：（1）采用备案制，摒弃审批制；（2）发行利率由市场决定；（3）不需要银行的强制担保，但必须按规定进行信息披露。以上三个显著特征都体现了市场化原则，满足了当时金融体制改革的迫切需求，意义重大；对企业而言，拓宽了融资渠道，改善了融资环境，降低了融资成本，规范了信息披露；对银行而言，推动了经营结构的转型，拓展了业务，实现了多样化，提高了承销银行的知名度；对经济而言，优化了金融资源配置，增加了财政收入和就业机会，促进了经济高速发展。

（一）短期融资券的种类

按发行方式，可将短期融资券分为经纪人代销的融资券和直接销售的融资券。按发行人的不同，可将短期融资券分为金融企业的融资券和非金融企业的融资券。按融资券的发行和流通范围，可将短期融资券分为国内融资券和国际融资券。

（二）短期融资券的发行条件

短期融资券的发行条件主要包括以下几点：

（1）发行人为非金融企业或者金融行业，发行企业均应经过在中国境内工商注册且具备债券评级能力的评级机构的信用评级，并将评级结果向银行间债券市场公示。

（2）发行和交易的对象是银行间债券市场的机构投资者，不向社会公众发行和交易。

（3）融资券的发行由符合条件的金融机构承销，企业不得自行销售融资券，发行融资券募集的资金用于本企业的生产经营。

（4）对企业发行融资券实行余额管理，待偿还融资券余额不超过企业净资产的40%。

（5）融资券采用实名记账方式在中央国债登记结算有限责任公司（简称中央结算公司）登记托管，中央结算公司负责提供有关服务。2013年5月之后，融资券的登记托管机构改为上海清算交易所。

（6）融资券在债权债务登记日的次一工作日，即可以在全国银行间债券市场的机构投资人之间流通转让。

（三）短期融资券的发行程序

（1）公司作出发行短期融资券的决策；

（2）办理发行短期融资券的信用评级；

（3）向有关审批机构提出发行申请；

（4）审批机关对企业提出的申请进行审查和批准；

（5）正式发行短期融资券，取得资金。

（四）短期融资券的成本与评级

1. 短期融资券的成本

短期融资券的成本也就是利息，其利息是在贴现的基础上支付的。短期融资券的成本（年度利率）的计算公式如下：

$$短期融资券资本成本率 = \frac{r}{1 - r \times \frac{n}{360}}$$

r表示票面利率；n表示票据期限。

例3-4 某公司发行了为期120天的优等短期融资券，票面利率是12%，则该短期融资券的成本率是多少？

解 $$短期融资券资本成本率 = \frac{r}{1 - r \times \frac{n}{360}} = \frac{12\%}{1 - 12\% \times \frac{120}{360}} = 12.5\%$$

如果有多个短期融资券的发行方案可供选择,那么应该选择年度利率最低的方案,以使成本最低。

2. 短期融资券的评级

与短期融资券成本相关的一个直接因素是短期融资券的信用质量。按资本市场当前的做法,短期融资券的信用质量一般由信用评级机构进行评价。

信用评级机构这种专门从事资信评级的中介机构是自1909年穆迪公司开创评级业务之后才发展起来的。美国主要的信用评级机构包括：穆迪投资服务公司(Moody's)、标准普尔公司(Standard & Poor's)、达夫与菲尔普斯公司(Duff & Phelps)以及菲奇投资者服务公司(Fitch),这些机构提供商业公司的财务信息并对各类债券进行信用评级,在协助证券发行者顺利发行证券、帮助投资者科学选择证券以及规范金融市场等方面都起到了十分重要的作用。随着资本市场的发展,我国的信用评级业务也得到了一定的发展,先后成立了中诚信国际、联合资信、大公国际等评级机构,对国内资本市场的各类证券进行信用评级。

通常,评级机构在分析、评定并形成评级结论的过程中,主要会考虑以下因素:(1)企业外部因素,如宏观经济状况、产业发展趋势、政策及监管环境等;(2)企业自身因素,如经营状况、管理水平、财务状况等,尤其是企业自身的流动性水平是信用评级机构关注的重点;(3)短期融资券自身的相关条款与保障措施,如发行规模、融资期限、债务保障措施等。

一般而言,不同的信用评级机构所确定的评级标准较为类似。例如,穆迪公司将短期融资券划分为两个基本的信用级别:"优等的"和"非优等的","优等的"这类又被分成P-1(质量最好)、P-2、P-3三小类。我国信用评级机构对短期融资券的评级也采用了类似的等级设定。以中诚信国际为例,短期融资券可以划分为A-1$^+$、A-1、A-2、A-3、B、C、D七类,如表3-1所示:

表3-1 中诚信国际短期融资券信用等级符号及定义

等级符号	定义
A-1$^+$	受评对象短期还本付息能力最强,安全性最高
A-1	受评对象短期还本付息能力很强,安全性很高
A-2	受评对象短期还本付息能力较强,但安全性不如A-1级
A-3	受评对象短期还本付息能力一般,但与A-1和A-2级相比,其安全性更易受不良环境的影响
B	受评对象短期还本付息的能力较低,安全性很易受不良环境的影响,有一定的违约风险
C	受评对象短期还本付息能力很低,违约风险较高
D	受评对象短期不能按期还本付息

（五）短期融资券的筹资特点

1. 短期融资券筹资的优点

（1）短期融资券的筹资成本较低；
（2）短期融资券的筹资数额比较大；
（3）发行短期融资券可以提高企业信誉和知名度。

2. 短期融资券筹资的缺点

（1）发行短期融资券的风险比较大；
（2）发行短期融资券的弹性比较小；
（3）发行短期融资券的条件比较严格。

三、商业信用

商业信用（commercial credit）是指在商品交易中通过延期付款或延期交货所形成的借贷关系，是企业之间的一种直接信用关系，也是企业短期资金的重要来源。商业信用产生于企业生产经营的商品、劳务交易之中，是一种"自动性筹资"。

（一）商业信用的形式

1. 应付账款

应付账款是供应商给企业提供的一种商业信用。由于购买者往往在到货一段时间后才付款，商业信用就成为企业短期资金的来源。如企业规定对所有账单均见票后若干日付款，商业信用就成为随生产周转而变化的一项内在的资金来源。当企业扩大生产规模，其进货和应付账款相应增长，商业信用就提供了增长需要的部分资金。

商业信用条件常包括以下两种：第一，有信用期，但无现金折扣。如"N/30"表示30天内按发票金额全数支付。第二，有信用期和现金折扣，如"2/10，N/30"表示10天内付款享受现金折扣2%，若买方放弃折扣，30天内必须付清款项。供应商在信用条件中规定有现金折扣，目的主要在于加速资金回收。企业在决定是否享受现金折扣时，应仔细考虑。通常，放弃现金折扣的成本是高昂的。

（1）商业信用成本的计算

倘若买方企业购买货物后在卖方规定的折扣期内付款，可以获得免费信用，这种情况下企业没有因为取得延期付款信用而付出代价。例如，某应付账款规定付款信用条件为"$1/10, n/30$"，是指买方在10天内付款，可获得1%的付款折扣；若在10天至30天内付款，则无折扣；允许买方付款期限最长为30天。如果销货单位提供现金折扣，购买单位应尽量争取获得此项折扣，因为丧失现金折扣的机会成本很高。可按下列公式计算：

$$\text{放弃现金折扣的信用成本率} = \frac{CD}{1-CD} \times \frac{360}{N}$$

CD 表示现金折扣的百分比；N 表示失去现金折扣后延期付款天数。

"放弃现金折扣的信用成本率"的含义是如果放弃现金折扣，则应该承担的信用成本，其实质是"借款年利息率"，实际上也可以理解为享受信用折扣的年收益率。

例 3-5 恒远公司按 3/10、n/30 的条件购入价值 10000 元的原材料。现计算不同情况下恒远公司所承受的商业信用成本。

解 如果公司在 10 天内付款，便享受了 10 天的免费信用期间，并获得 3% 的现金折扣，免费信用额为 9700 元（10000 - 10000×3% = 9700 元）。如果公司在 10 天后、30 天内付款，则将承受因放弃现金折扣而造成的机会成本，该成本也就是公司享受多占用 20 天资金的商业信用的信用成本，其年化信用成本率为：

放弃现金折扣的信用成本率

$$= \frac{CD}{1-CD} \times \frac{360}{N} = \frac{3\%}{1-3\%} \times \frac{360}{30-10} = 55.67\%$$

（2）商业信用条件选择

企业放弃应付账款现金折扣的原因，可能是企业资金暂时短缺，也可能是基于将应付的账款用于临时性短期投资，以获取更高的投资收益。如果企业将应付账款额用于短期投资，所获得的投资报酬率高于放弃折扣的信用成本率，则应当放弃现金折扣。

例 3-6 企业采购一批材料，供应商报价为 10000 元，付款条件为"3/10，2.5/30，1.8/50，n/90"。目前，企业用于支付账款的资金需要在 90 天时才能周转回来，在 90 天内付款，只能通过银行借款解决。如果银行利率为 12%，确定企业材料采购款的付款时间。

解 根据放弃折扣的资金成本率计算公式，10 天付款方案，放弃折扣的信用成本率为：

$$\text{放弃 3\% 现金折扣的信用成本率} = \frac{CD}{1-CD} \times \frac{360}{N} = \frac{3\%}{1-3\%} \times \frac{360}{90-10}$$
$$= 13.92\%$$

30 天付款方案，放弃折扣的信用成本率为：

$$\text{放弃 2.5\% 现金折扣的信用成本率} = \frac{CD}{1-CD} \times \frac{360}{N} = \frac{2.5\%}{1-2.5\%} \times \frac{360}{90-30}$$
$$= 15.38\%$$

50 天付款方案，放弃折扣的信用成本率为：

放弃 1.8% 现金折扣的信用成本率 $= \dfrac{CD}{1-CD} \times \dfrac{360}{N} = \dfrac{1.8\%}{1-1.8\%} \times \dfrac{360}{90-50} = 16.5\%$

由于各种方案放弃折扣的信用成本率均高于借款利息率 12%，因此初步结论是要享受现金折扣，借入银行借款以在折扣期内偿还货款。三个方案净收益分别如下所示：

10 天付款方案，取得折扣 300 元，用资 9700 元，借款 80 天，需要支付利息 258.67 元 $\left(9700 \times 12\% \times \dfrac{80}{360} = 258.67 \text{ 元}\right)$，获得净收益 41.33 元。

30 天付款方案，取得折扣 250 元，用资 9750 元，借款 60 天，需要支付利息 195 元 $\left(9750 \times 12\% \times \dfrac{60}{360} = 195 \text{ 元}\right)$，获得净收益 55 元。

50 天付款方案，取得折扣 180 元，用资 9820 元，借款 40 天，需要支付利息 130.93 元 $\left(9820 \times 12\% \times \dfrac{40}{360} = 130.93 \text{ 元}\right)$，获得净收益 49.07 元。

所以，比较得出，第 30 天付款净收益最大，应选择在第 30 天付款。

2. 应付票据

应付票据是指企业在商品购销活动和对工程价款进行结算过程中因采用商业汇票结算方式而发生的，由出票人出票，委托付款人在指定日期无条件支付确定的金额给收款人或者票据的持票人，它包括商业承兑汇票和银行承兑汇票。在我国，商业汇票的付款期限最长为 6 个月，因而应付票据即短期应付票据。应付票据按是否带息分为带息应付票据和不带息应付票据两种。

3. 预收货款

预收货款，是指销货单位按照合同和协议规定，在发出货物之前向购货单位预先收取部分或全部货款的信用条件。购买单位对于紧俏商品往往乐于采用这种方式购货；销货方对于生产周期长，造价较高的商品，往往采用预收货款方式销货，以缓和本企业资金占用过多的矛盾。

(二) 商业信用的控制

1. 信用系统的监督

商业信用的一般表现形式是应付账款。对应付账款进行有效管理需要一个健全、完整的信息系统。比如，当企业收到账单时，必须确认：该活动是否已经发生，企业是否已经收到货物，收到货物是否完好等情况。然后，将该账单与企业的订货单核对，同时还要查看运输和收货部门的记录。当这些情况确认完毕后，将该账单转入支付程序，确定支付时间。这时就要考虑是否取得现金折扣、是否按期付款、拖延多久支付等问题。

此外，信息反应必须迅速有效，特别是当企业希望获得现金折扣的时候，必须在短时间内作出决策。如果系统运行缓慢，则企业很可能错过获得现金折扣的机会。同时，这个系统还可以与其他活动产生联系，为其他活动提供数据资料。比如，当货款支付决定作出之后，这一信息可以传递给企业的现金预测系统，自动更新企业对未来期间的现金预测。

2. 应付账款余额控制

当公司的支付政策确定之后，对日常政策执行的监督就成为非常重要的环节，这里介绍两种控制支付状态的方法：考察应付账款周转率和分析应付账款余额百分比。

（1）考察应付账款周转率。控制企业商业信用的传统做法是考察其应付账款周转率。应付账款周转率等于采购成本除以同一期间的应付账款平均余额。有时，采购成本可以用销售成本替代，用公式表示为：

$$应付账款周转率 = \frac{采购成本}{同期应付账款平均余额}$$

在实践中，仅仅进行年度分析还远远不够，企业的财务人员需要掌握更短期间内应付账款的情况变化。只有这样，企业才能够保证享受到适当的现金折扣，并在对企业有利的时间内偿付款项。

（2）分析应付账款余额百分比。应付账款余额百分比是指采购当月发生的应付账款在当月月末以及随后的每一月末尚未支付的数额占采购当月应付账款总额的比例。通过应付账款余额百分比的分析，可以观察到企业支付应付账款的速度和程度，较为直观地反映企业的应付账款管理情况。

例 3-7 某公司 2014 年上半年采购成本（假设全为赊购）和应付账款余额情况如表 3-2 所示：

表 3-2 某公司 2014 年上半年采购成本和应付账款余额情况表　　　单位：万元

月份	采购成本	应付账款余额					
		1月	2月	3月	4月	5月	6月
1	100	50	10				
2	200		150	50			
3	150			60	30		
4	120				60	12	
5	100					60	20
6	60						30
合计	730	50	160	110	90	72	50

由表 3-2 可以看到,该公司 1 月的采购成本在当月有 50 万元没有支付,到 2 月尚有 10 万元没有支付,3 月份支付完毕。其他月份以此类推。

表 3-2 虽然能够在一定程度上反应该公司应收账款的周转情况,但是并不清晰、直观,所以需要对其进行百分比处理。以 1 月为例,当月未支付的应付账款为 50 万元,占当月采购成本的 50%,2 月时尚有 10 万元未支付,占 1 月采购成本的 10%。也就是说,如果一定期间内的应付账款在以后多个期间仍未支付,在计算余额百分比的时候就要以该应付账款发生月份的采购成本作为基础计算。这样计算得出该公司的应付账款余额百分比如表 3-3 所示:

表 3-3 某公司 2014 年上半年应付账款余额百分比情况表 单位:万元

月份	采购成本	应付账款余额百分比(%)					
		1 月	2 月	3 月	4 月	5 月	6 月
1	100	50	10				
2	200		75	25			
3	150			40	20		
4	120				50	10	
5	100					60	20
6	60						50

从表 3-3 可以看到,该公司的应付账款支付并不稳定,但一定月份的应付账款都保持在两个月的时间内支付完毕。财务人员需要进一步考察每笔应付账款的具体情况,力争保持一个稳定的应付账款支付比率,以避免支付比率波动给企业的现金等有关项目带来不良影响。

3. 道德控制

一般来讲,企业不应该拖欠应付账款,但当拖欠账款需要支付的代价小于公司的机会投资收益时,从理论上讲,按照成本报酬原则,企业可以选择推迟支付应付账款。但是,实际经济生活中不仅仅是成本报酬原则这么简单,而且现实中的成本和报酬也不是完全靠公式就可以计算清楚的,有很多隐性的成本和报酬,很重要的一个方面就是企业之间的商业道德(或者说信誉)评价。

图 3-2 反映了道德控制的三个层次。基础层衡量企业行为是否合法以及是否符合企业内部的规章制度;中间层是企业的经营原则,企业各项经营活动需要充足的理由;最高层是考虑伙伴企业的利益,达到双赢,甚至花费一定的成本来维护客户利益。

```
┌─────────────────────────────────────────────┐
│                  最高层                      │
│   更多地考虑合作伙伴的利益,即使需要作出一定牺牲  │
└─────────────────────────────────────────────┘

┌─────────────────────────────────────────────┐
│                  中间层                      │
│  所有的决策公开,考察利益相关者和无关者对企业行为的评价  │
└─────────────────────────────────────────────┘

┌─────────────────────────────────────────────┐
│                  基础层                      │
│  考察企业的经营行为是否符合法律规定,是否符合企业的内部规章制度等约束  │
└─────────────────────────────────────────────┘
```

图 3-2　道德控制的层次

（三）商业信用筹资的优缺点

1. 商业信用筹资优点

（1）商业信用容易获得。商业信用的载体是商品购销行为,企业总有一批既有供需关系又有相互信用基础的客户,所以对大多数企业而言,应付账款和预收账款是自然的、持续的信贷形式。商业信用的提供方一般不会对企业的经营状况和风险作严格的考量,企业无需办理像银行借款那样复杂的手续便可取得商业信用,有利于应对企业生产经营之急需。

（2）企业有较大的机动权。企业能够根据需要,选择决定筹资的金额大小和期限长短,同样要比银行借款等其他方式灵活得多。甚至如果在期限内不能付款或交货时,一般还可以通过与客户的协商,请求延长时限。

（3）企业一般不用提供担保。通常,商业信用筹资不需要第三方担保,也不会要求筹资企业用资产进行抵押。这样,在出现逾期付款或交货的情况时,可以避免像银行借款那样面临抵押资产被处置的风险,企业的生产经营能力在相当长的一段时间内不受限制。

2. 商业信用筹资缺点

（1）商业信用筹资成本高。在附有现金折扣条件的应付账款融资方式下,其筹资成本与银行信用相比较高。

（2）容易恶化企业的信用水平,商业信用的期限短,还款压力大,对于企业现金流量管理的要求很高。如果长期和经常性地拖欠账款,会造成企业的信誉恶化。

（3）受外部环境影响较大。商业信用筹资受外部环境影响较大,稳定性较差,即使不考虑机会成本,也是不能无限制利用的。① 是受商品市场的影响,如当求大于供时,卖方可能停止提供信用。② 是受资金市场的影响,当市场资金供应紧张或有更好的投资方向时,商业信用筹资就可能遇到障碍。

案例阅读及思考

珠海格力电器股份有限公司的短期负债管理

成立于1991年的珠海格力电器股份有限公司,是一家集研发、生产、销售、服务于一体的国际化家电企业,以"掌握核心科技"为经营理念,以"打造百年企业"为发展目标,格力凭借卓越的产品品质、领先的技术研发、独特的营销模式引领中国制造,旗下拥有格力、TOSOT、晶弘三大品牌,涵盖格力家用空调、中央空调、空气能热水器、TOSOT生活电器、晶弘冰箱等几大品类家电产品。

特别是旗下的格力空调,是中国空调业唯一的"世界名牌"产品,业务遍及全球160多个国家和地区。家用空调年产能超过6000万台(套),商用空调年产能550万台(套);2005年至今,格力空调产销量连续10年领跑全球,用户超过3亿。2015年5月,格力电器大步挺进全球500强企业阵营,位居"福布斯全球2000强"第385名,排名家用电器类全球第一位。

2014年公司总市值更超过了美的集团、青岛海尔、TCL集团等老牌家电品牌,达到了1146亿,2014年报营业收入1377.5亿,较上年同期增长16.63%,净利润141.55亿,同比增长30.22%。格力之所以能在短短的20年间取得如此斐然的成绩,很重要的一点就是它成功的负债管理。以下是格力空调2013、2014年的部分资产负债表:

表3-4 格力电器2013、2014部分资产负债表   单位:亿元

资产负债表	2014-12-31	2013-12-31
资产:货币资金	545	385
应收账款	26.6	18.5
其他应收款	3.81	3.46
存货	86.0	131
流动资产合计	1201	1037
负债:应付账款	268	274
预收账款	64.3	120
流动负债合计	1084	965
长期负债合计	27.1	18.4

要求:

请结合背景知识并根据以上信息分析格力电器的短期负债管理的特点以及由此带来的影响。

练 习 题

一、是非判断题

1. 信贷额度是银行从法律上承诺向企业提供不超过某一最高限额的贷款协议。（　　）
2. 补偿性余额的约束有助于降低银行贷款风险，但同时也减少了企业实际可动用借款数额，提高了借款的实际利率。（　　）
3. 现金折扣是企业为了鼓励客户多买商品而给予的价格优惠，每次购买的数量越多，价格也就越便宜。（　　）
4. 短期筹资的筹资成本比较低。（　　）
5. 票据贴现不属于短期筹资。（　　）
6. 商业信用主要包括赊购商品和预收货款两种形式。（　　）
7. 商业信用使用时间一般较短。（　　）
8. 在附加利率方式下，实际负担的利息费用较低。（　　）
9. 保守型筹资政策下，长期筹资支持非流动资产、永久性流动资产和部分临时性流动资产。（　　）
10. 激进型筹资政策资本成本较低，但是筹资和还债风险比较大。（　　）

二、单项选择题

1. 企业向银行取得一年期贷款 4000 万元，按 6% 计算全年利息，银行要求贷款本息分 12 个月等额偿还，则该项借款的实际利率为（　　）。
   A. 6%　　　　　B. 10%　　　　　C. 12%　　　　　D. 18%
2. （　　）的特点是：企业临时性负债不但满足临时性短期资产的需要，还要满足一部分永久性短期资产的需要。
   A. 配合型融资政策　　　　　B. 激进型融资政策
   C. 稳健型融资政策　　　　　D. 配合型或稳健型融资政策
3. 企业从银行借入短期借款，不会导致实际利率高于名义利率的利息支付方式是（　　）。
   A. 附加利率　　B. 贴现法　　C. 收款法　　D. 加息法
4. 某企业需借入资金 100 万元，由于银行要求将贷款数额的 20% 作为补偿性余额，故企业需向银行申请贷款的数额为（　　）。
   A. 80 万元　　B. 120 万元　　C. 125 万元　　D. 100 万元
5. 某企业向银行借款 400 万元，期限为 1 年，名义利率为 10%，利息 40 万元，按照贴现法付息，该项借款的实际利率为（　　）。

A. 10% B. 10.6% C. 11.11% D. 12.11%

6. 在配合型筹资策略下,临时性短期资产是由( )补偿的。
   A. 临时性短期负债 B. 自发性短期负债
   C. 长期负债 D. 股东资本

7. 营运资本筹资策略中,临时性负债占全部资金来源比例最小的是( )。
   A. 激进型筹资策略 B. 配合型筹资策略
   C. 稳健型筹资策略 D. 极端融资策略

8. 某企业拟以"2/30,N/60"的信用条件购进原料一批,假设一年有360天,则企业放弃现金折扣的信用成本率为( )。
   A. 12.24% B. 24.49% C. 36.36% D. 40.25%

9. 信用标准是客户获得企业商业信用所具备的最低条件,通常表示为( )。
   A. 预期的现金折扣率 B. 现金折扣期限
   C. 信用期限 D. 预期的坏账损失率

10. 在下列各项中,不属于商业信用融资内容的是( )。
    A. 预收货款 B. 办理应收票据贴现
    C. 赊购商品 D. 用商业汇票购货

三、多项选择题

1. 一般而言,与短期融资券和短期借款相比,商业信用融资的优点有( )。
   A. 融资数额较大 B. 融资条件宽松
   C. 融资限制少 D. 不需提供担保

2. 在确定因放弃现金折扣而发生的信用成本时,需要考虑的因素有( )。
   A. 数量折扣百分比 B. 现金折扣百分比
   C. 折扣期 D. 信用期

3. 短期筹资的优点包括( )。
   A. 弹性较好 B. 比较方便
   C. 成本比较高 D. 财务风险比较低

4. 以下属于商业信用的优点的是( )。
   A. 使用方便 B. 成本低
   C. 限制少 D. 放弃现金折扣的资本成本比较低

5. 短期负债筹资政策包括(　　)。
   A. 配合型筹资政策　　　　　　B. 保守型筹资政策
   C. 激进型筹资政策　　　　　　D. 宽松型筹资政策
6. 下列各项中,属于担保借款的是(　　)。
   A. 保证借款　　B. 抵押借款　　C. 质押借款　　D. 信用借款
7. 在短期借款的利息计算和偿还方法中,企业实际负担利率高于名义利率的有(　　)。
   A. 收款法　　　　　　　　　　B. 贴现利率
   C. 存在补偿性余额的信用条件　D. 加息法
8. 下列各项中属于商业信用的有(　　)。
   A. 商业银行贷款　　　　　　　B. 应付账款
   C. 应付职工薪酬　　　　　　　D. 融资租赁信用
9. 按短期筹资的形成情况,短期负债可以分为(　　)。
   A. 自然性短期负债　　　　　　B. 临时性短期负债
   C. 应付金额确定的短期负债　　D. 应付金额不确定的短期负债
10. 以下属于信用借款的是(　　)。
    A. 信用额度借款　　　　　　　B. 循环协议借款
    C. 保证借款　　　　　　　　　D. 质押借款

四、计算题

1. 某公司按"3/10,n/30"的条件购入价值10000元的原材料。请计算放弃该现金折扣的机会成本。
2. 某公司以贴现方式借入1年期贷款15万元,名义利率为10%,这笔贷款的有效利率是多少?
3. 某公司以分期付款方式借入2万元,名义利率为12%,付款方式为12个月等额还款,这笔贷款的实际利率为多少?
4. 某企业采购一批材料,供应商报价为10000元,付款条件为"3/10,2/20,1.5/30,n/60"。目前企业用于支付账款的资金需要在60天时才能周转回来,在60天内付款,只能通过银行借款解决。如果银行利率为10%,确定企业材料采购款的付款时间。

五、简答题

1. 短期筹资政策主要包括哪些类型?
2. 什么是商业信用以及它的优缺点有哪些?
3. 简述银行短期借款的种类。

第三章练习题参考答案

一、是非判断题

1. × 2. √ 3. × 4. √ 5. × 6. √ 7. √ 8. ×
9. √ 10. √

二、单项选择题

1. C 2. B 3. C 4. C 5. C 6. A 7. C 8. B
9. D 10. B

三、多项选择题

1. BCD 2. BCD 3. AB 4. ABC 5. ABC 6. ABC
7. BCD 8. BC 9. AB 10. AB

四、计算题

1. 放弃现金折扣的信用成本率 $= \dfrac{CD}{1-CD} \times \dfrac{360}{N} = \dfrac{3\%}{1-3\%} \times \dfrac{360}{30-10} = 55.67\%$

2. 贴现贷款的有效利率 $= \dfrac{15 \times 10\%}{15 - 15 \times 10\%} = 11.1\%$

3. 实际利率 $= \dfrac{2400}{20000 \div 2} \times 100\% = 24\%$

4. 根据放弃折扣的信用成本率计算公式,10 天付款方案,放弃折扣的信用成本率为:

放弃现金折扣的信用成本率
$= \dfrac{CD}{1-CD} \times \dfrac{360}{N} = \dfrac{3\%}{1-3\%} \times \dfrac{360}{60-10} = 22.27\%$

20 天付款方案,放弃折扣的信用成本率为:

放弃现金折扣的信用成本率
$= \dfrac{CD}{1-CD} \times \dfrac{360}{N} = \dfrac{2\%}{1-2\%} \times \dfrac{360}{60-20} = 18.37\%$

30 天付款方案,放弃折扣的信用成本率为:

放弃现金折扣的信用成本率
$= \dfrac{CD}{1-CD} \times \dfrac{360}{N} = \dfrac{1.5\%}{1-1.5\%} \times \dfrac{360}{60-30} = 18.27\%$

由于各种方案放弃折扣的信用成本率均高于借款利息率 10%,因此初步结论是要享受现金折扣,借入银行借款以在折扣期内偿还货款。三个方案净收益分别如下所示：

10 天付款方案,取得折扣 300 元,用资 9700 元,借款 50 天,需要支付利息 134.72 元 $\left(9700 \times 10\% \times \dfrac{50}{360} = 134.72 \text{ 元}\right)$,获得净收益 165.28 元。

20 天付款方案,取得折扣 200 元,用资 9800 元,借款 40 天,需要支付利息 108.89 元 $\left(9800 \times 10\% \times \dfrac{40}{360} = 108.89 \text{ 元}\right)$,获得净收益 91.11 元。

30 天付款方案,取得折扣 150 元,用资 9850 元,借款 30 天,需要支付利息 82.08 元 $\left(9850 \times 10\% \times \dfrac{30}{360} = 82.08 \text{ 元}\right)$,获得净收益 67.92 元。

所以,比较得出第 10 天付款净收益最大,应选择在第 10 天付款。

五、简答题(略)

第四章　长期筹资管理

第一节　长期筹资概述

一、长期筹资的概念及目的

长期筹资（long-term financing）是指企业作为筹资主体，根据其经营活动、投资活动和调整资本结构等长期需要，通过筹资渠道，运用各种筹资方式，经济有效地筹措和集中长期资本的活动。长期筹资是企业筹资的主要内容。

长期筹资的目的主要有以下几点：

（一）满足经营运转的资金需要

企业筹资，能够为企业生产经营活动的正常开展提供财务保障。筹集资金，作为企业资金周转运动的起点，决定着企业资金运动的规模和生产经营发展的程度。企业新建时，要按照企业战略所确定的生产经营规模核定长期资本需要量。在企业日常生产经营活动运行期间，需要维持一定数额的资金，以满足营业活动的正常波动需求。这些都需要筹措相应数额的资金，来满足生产经营活动的需要。

（二）满足投资发展的资金需要

企业在成长时期，往往因扩大生产经营规模或对外投资需要大量资金。企业生产经营规模的扩大有两种形式，一种是新建厂房、增加设备；另一种是引进技术、改进设备，提高固定资产的生产能力，提高劳动生产率。同时，企业由于战略发展和资本经营的需要，还会积极开拓有发展前途的投资领域，以联营投资、股权投资和债权投资等形式对外投资。经营规模扩张和对外产权投资，往往会产生大额的资金需求。

（三）调整资本结构的需要

企业根据内外部环境的变化，适时采取调整企业资本结构的策略。当资本结构不合理时，需要通过筹资进行调整。如为增加企业主权资本比例而增资，为使债务期限结构合理化而进行债务搭配等，这些行为都属于企业为改善资本结构而进行的筹资活动。

二、长期筹资的渠道与方式

企业长期筹资需要通过一定的渠道和方式。筹资渠道是指企业筹集资金的来源,而筹资方式是指采取何种途径将资金引入企业。筹资渠道主要由社会资本提供者的数量及分布所决定。我国社会资本提供者的数量众多,分布广泛。目前,我国企业的长期筹资渠道主要有以下几种:

(一) 国家财政资金

国家财政资金是国有企业主要的资金来源,特别是国有独资企业。现有国有企业的资金来源中,其资本多数是由国家财政以直接拨款方式形成的,国家财政资金雄厚,而国有经济命脉也应当由国家掌握,今后国家财政资金仍然是国有企业重要的筹资渠道。

(二) 银行信贷资金

银行对企业的各种贷款,是我国目前各类企业筹资的重要来源。我国银行一般分为商业银行和政策性银行。商业银行是以盈利为目的,从事信贷资金投放,为企业提供各种商业贷款;政策性银行主要为特定企业提供政策性贷款,盈利不是主要目的。银行信贷资金雄厚,贷款方式灵活,是企业重要的筹资渠道。

(三) 非银行金融机构资金

非银行金融机构是指除银行以外的各种金融机构及金融中介机构,主要有信托投资公司、保险公司、证券公司、租赁公司、企业集团财务公司等。它们所提供的各种金融服务,既包括信贷资金的投放,也包括物资的融通、承销证券等业务。非银行金融机构资金力量虽然比银行信贷资金要小,但其资金供应比较灵活方便,而且可提供其他方面的服务,具有广阔的发展前景。

(四) 其他企业资金

企业在生产经营过程中,往往形成部分暂时闲置资金,并为一定目的进行相互投资;另外,企业间的购销业务可以通过商业信用方式来完成,从而形成企业间的债权债务关系,形成债务人对债权人的短期信用资金占用。企业间的相互投资和商业信用,使其他企业资金也成为企业资金的重要来源。

(五) 企业内部资金

企业内部资金主要是指企业通过提取盈余公积和保留未分配利润而形成的资本。这是企业内部形成的筹资渠道,无需企业通过一定的方式去筹资,比较便捷。

(六) 民间资金

我国企事业单位的职工和广大城乡居民持有大量的货币资金,可以对一些企业直接进行投资,形成民间资金渠道。

（七）国外和我国港澳台地区资金

国外及我国香港、澳门和台湾地区的投资者持有的资本,亦可加以吸收,如进口货物延期付款、融资租赁、在国外发行企业债券等,从而形成境外的筹资渠道。

对我国企业而言,国家财政资金、其他企业资金、企业内部资金、民间资金、国外和我国港澳台地区资金,可以成为特定企业股权资本的筹资渠道;银行信贷资金、非银行金融机构资金、其他企业资金、民间资金、国外和我国港澳台地区资金,可以成为特定企业债务资本的长期筹资渠道。

筹资方式一般包括直接吸收、发行股票、利用留存收益、银行借款、发行债券、融资租赁等形式。资金筹资渠道与资金筹资方式有着密切的联系,筹资渠道解决的是资金来源问题,筹资方式则解决通过何种方式取得资金的问题。一定的筹资方式可能只适用于某一特定的资金来源,但同一渠道的资金大多可以采用不同的方式取得。二者之间的对应关系如表4-1所示。企业资金筹资管理的重要内容是如何针对资金筹资渠道,选择合理的资金筹资方式。具体的选择要结合企业实际情况,并不是一成不变的。

表4-1 筹资渠道与筹资方式的对应关系

筹资渠道 \ 筹资方式	吸收直接投资	发行股票	利用留存收益	发行债券	银行借款	融资租赁
国家财政资金	√	√				
银行信贷资金					√	
非银行金融机构资金	√	√		√	√	√
其他企业资金	√	√		√		√
企业内部资金			√			
民间资金	√	√		√		
国外和我国港澳台地区资金	√	√		√		√

三、长期筹资的原则

长期筹资是企业的基本财务活动,是企业扩大生产经营规模和调整资本结构所必须采取的行动。为了经济有效地筹集长期资本,必须遵循合法性、效益型、合理性和及时性等基本原则。

（一）合法性原则

企业的长期筹资活动影响社会资本及资源的流向,涉及相关主体的经济权益,为此,必须遵守国家有关法律法规,依法履行约定的责任,维护有关各方的合法权益,避免非法筹资。

（二）效益性原则

由于不同筹资渠道与筹资方式的资金成本、筹资风险及取得资金的难易程度不同，企业在筹集资金时，应综合考虑这些因素，以提高筹资效益。

（三）合理性原则

企业在筹资时，一方面必须使企业的权益资本与借入资金保持合理的结构关系，防止负债过多而增加财务风险，或未充分利用负债经营，使权益资本的收益水平降低；另一方面应权衡长期资金与短期资金的资金成本与资金短缺的风险，根据具体情况合理安排长期资金与短期资金的期限结构。

（四）及时性原则

企业筹集资金应根据资金的投放使用时间来合理安排筹资时机，使筹资和用资在时间上相衔接，避免超前筹资造成使用前的闲置，或因滞后筹资而影响投资。

四、长期筹资的分类

企业筹资可以按不同的标准进行分类。

（一）内部筹资与外部筹资

按资金的来源范围不同，企业筹资分为内部筹资和外部筹资两种类型。

内部筹资是指企业通过留存利润而形成的筹资来源。内部筹资数额的大小主要取决于企业可分配利润的多少和利润分配政策（股利政策），一般无需花费筹资费用，从而降低了资本成本。

外部筹资是指企业向外部筹措资金而形成的筹资来源。处于初创期的企业，内部筹资的可能性是有限的；处于成长期的企业，内部筹资往往难以满足需要。这就需要企业广泛地开展外部筹资，如发行股票、债券，取得商业信用，向银行借款等。企业向外部筹资大多需要花费一定的筹资费用，从而提高了筹资成本。

（二）直接筹资与间接筹资

按是否以金融机构为媒介，企业筹资分为直接筹资和间接筹资两种类型。

直接筹资，是企业直接与资金供应者协商融通资本的一种筹资活动。直接筹资方式主要有吸收直接投资、发行股票、发行债券等。通过直接筹资既可以筹集股权资金，也可以筹集债务资金。按法律规定，公司股票、公司债券等有价证券的发行需要通过证券公司等中介机构进行，但证券公司所起到的只是承销的作用，资金拥有者并未向证券公司让渡资金使用权，因此发行股票、债券属于直接向社会筹资。

间接筹资，是企业借助银行等金融机构融通资本的筹资活动。在间接筹资方式下,银行等金融机构发挥了中介的作用,预先集聚资金,资金拥有者首先向银行等金融机构让渡资金的使用权,然后由银行等金融机构将资金提供给企业。间接筹资的基本方式是向银行借款,此外还有融资租赁等筹资方式,间接筹资形成的主要是债务资金,主要用于满足企业资金周转的需要。

(三) 股权筹资、债务筹资及混合筹资

按企业所取得资金的权益特性不同,企业筹资分为股权筹资、债务筹资及混合筹资。

1. 股权筹资

股权筹资形成股权资本,是企业依法长期拥有、能够自主调配运用的资本。股权资本在企业持续经营期间,投资者不得抽回,因而也称为企业的自有资本、主权资本或权益资本。企业的股权资本通过吸收直接投资、发行股票、内部积累等方式取得。股权筹资项目,包括实收资本(股本)、资本公积、盈余公积和未分配利润等。

股权筹资具有以下特性:

(1) 股权资本的所有权归属于企业的所有者。企业所有者依法凭其所有权参与企业的经营管理和利润分配。

(2) 企业对股权资本依法享有经营权。在企业存续期间,企业有权调配使用股权资本,除依法转让其所有权外,不得以任何方式抽回其投入的资本。

2. 债务筹资

债务筹资是企业通过借款、发行债券、融资租赁以及赊销商品或服务等方式取得的资金形成在规定期限内需要清偿的债务。由于债务筹资到期要归还本金和支付利息,对企业的经营状况不承担责任,因而具有较大的财务风险,但付出的资本成本相对较低。从经济意义上来说,债务筹资也是债权人对企业的一种投资,也要依法享有企业使用债务所取得的经济利益,因而也可以称为债权人权益。

债务筹资具有以下特性:

(1) 企业的债权人享有按期索取本金和利息的权利,但无权参与企业管理和分配利润。

(2) 债务筹资获得的只是资金的使用权而不是所有权,企业的债务人要承担按期还本付息的义务。

3. 混合筹资

混合筹资是指兼具股权筹资和债务筹资双重属性的长期筹资类型,主要包括优先股筹资和可转换债券筹资。从筹资企业角度看,优先股股本属于企业的股权资本,但优先股股利同债券利率一样,通常是固定的,因此,优先股筹资归为混合筹资。可转换债券在持有者将其转换为发行公司股票之前,属于债务筹资,在持有者将其转换为发行公司股票之后,则属于股权筹资。

五、筹资数量的预测

资金筹资要以需定筹,资金的需要量是筹资的数量依据,必须科学合理地进行预测。筹资数量预测的基本目的,是保证筹集的资金既能满足生产经营的需要,又不会产生多余的闲置资金,从而促进企业财务管理目标的实现。常见的筹资数量预测方法包括因素分析法、回归分析法和销售百分比法。

(一)因素分析法

1. 基本原理

因素分析法又称分析调整法,是以有关资本项目上年度的实际平均资金需要量为基础,根据预测年度的生产经营任务和资金周转加速的要求,进行分析调整,来预测资金需要量的一种方法。

2. 基本步骤

采用这种方法,首先应在上年度资本平均占用额的基础上,剔除其中呆滞积压等不合理占用部分,然后根据预测期的生产经营任务和资金周转加速的要求进行测算。其计算公式如下:

资金需要量 =(上年度资金平均占用额 − 不合理资金占用额)×(1 ± 预测期销售增减百分比)×(1 ± 预测期资金周转速度变动率)

式中,如果预测期销售增加,则用(1 + 预测期销售增加率);反之用" − "。如果预测期资金周转速度加快,则用(1 − 预测期资金周转速度增长率);反之用" + "。

例 4-1 甲企业上年度资金实际平均占用额为 1100 万元,经分析,其中不合理部分 100 万元,预计本年度销售增长 5%,资金周转加快 1%。则:

预测年度资金需要量 =(1100 − 100)×(1 + 5%)×(1 − 1%)= 1039.5(万元)

3. 优缺点及注意的问题

因素分析法计算简便,容易掌握,但预测结果不太精确。它通常用于品种繁多、规格复杂、资金用量小、价格较低的项目资金预测。

运用因素分析法预测筹资需要量,应当注意以下问题:

(1)在运用因素分析法时,应当对决定资本需要额的众多因素进行充分的分析与研究,确定各种因素与资本需要额之间的关系,以提高预测的质量。

(2)因素分析法仅限于对企业经营业务资本需要额的预测,当企业存在新的投资项目时,应根据新投资项目的具体情况单独预测其资本需要额。

(3)运用因素分析法测算企业资本的需要额,只是对资本需要额的一个基本估计。在进行筹资预算时,还需要采用其他预测方法对资本需要额作出具体的预测。

(二) 销售百分比法

1. 基本原理

销售百分比法,是假设某些资产和负债与销售额存在稳定的百分比关系,根据这个假设预测未来资金需要量的方法。企业的销售规模扩大时,要相应增加资产。为取得扩大销售所需增加的资产,企业需要筹措资金。这些资金,一部分来自留存收益,另一部分通过外部筹资取得。通常,销售增长率较高时,仅靠留存收益不能满足资金需要。因此,企业需要预先知道企业的筹资需求,提前安排筹资计划,避免发生资金短缺。

销售百分比法,将反映生产经营规模的销售因素与反映资金占用的资产因素连接起来,根据销售与资产之间的数量比例关系,预计企业的外部筹资需要量。销售百分比法首先假设某些资产与销售额存在稳定的百分比关系,根据销售与资产的比例关系预计资产额,根据资产额预计相应的负债和所有者权益,进而确定筹资需要量。

2. 基本步骤

(1) 确定随销售额变动而变动的资产和负债项目

首先要将资产负债表各项目按短期内与销售额的关系划分为敏感性项目与非敏感性项目两类。所谓敏感性项目是指随销售额的变动而同步变动的项目,具体包括货币资金、应收账款、存货等敏感性资产和应付账款、应付票据、应交税费等敏感性负债;与敏感性项目相对的是非敏感性项目,如固定资产、长期负债、实收资本等,它们在短期内不会随销售规模的扩大而相应改变。

(2) 确定有关项目与销售额的稳定比例关系

如果企业资金周转的营运效率保持不变,敏感性资产和敏感性负债会随销售额的变动而呈正比例变动,保持稳定的百分比关系。企业应当根据历史资料和同业情况,剔除不合理的资金占用,寻找与销售额的稳定百分比关系。

(3) 确定需要增加的筹资数量

预计由于销售增长而需要的资金需求增长额,扣除利润留存后,即为所需要的外部筹资额。即有:

$$外部融资需求量 = \frac{A}{S_1} \times \Delta S - \frac{B}{S_1} \times \Delta S - P \times E \times S_2$$

式中,A 为随销售而变化的敏感性资产;B 为随销售而变化的敏感性负债;S_1 为基期销售额;S_2 为预测期销售额;ΔS 为销售变动额;P 为销售净利率;E 为利润留存率;A/S_1 为敏感资产与销售额的关系百分比;B/S_1 为敏感负债与销售额的关系百分比。

例 4-2 光华公司 20×2 年 12 月 31 日的简要资产负债表如表 4-2 所示。假定光华公司 20×2 年销售额 10000 万元,销售净利率为 10%,利润留存率 40%。20×3 年销售额预计增长 20%,公司有足够的生产能力,无需追加固定资产投资。

表 4-2 光华公司简要资产负债及相关信息表(20×2 年 12 月 31 日)   单位:万元

资产	金额	与销售关系(%)	负债及所有者权益	金额	与销售关系(%)
货币资金	500	5	短期借款	2500	N
应收账款	1500	15	应付账款	1000	10
存货	3000	30	应付票据	500	5
其他流动资产	500	N	应付债券	1000	N
固定资产	2000	N	实收资本	2000	N
无形资产	500	N	留存收益	1000	N
合计	8000	50	合计	8000	15

首先,确定有关项目及其与销售额的关系百分比。在表 4-2 中,N 表示不变动,是指该项目不随销售的变化而变化。

其次,确定需要增加的资金量。从表中可以看出,销售收入每增加 100 元,必须增加 50 元的资金占用,但同时自动增加 15 元的资金来源,两者差额 35%,产生了资金需求。销售额从 10000 万元增加到 12000 万元,增加了 2000 万元,按照 35% 的比率可预测将增加 700 万元的资金需求。

最后,确定外部融资需求的数量。20×3 年的净利润为 12000 万元(12000 ×10%),利润留存率 40%,则将有 480 万元利润被留存下来,还有 220 万元的资金必须从外部筹集。

根据光华公司的资料,可求得对外融资的需求量为:
外部融资需求量 = 50% × 2000 − 15% × 2000 − 10% × 40% × 12000 = 220(万元)

3. 优缺点及注意的问题

销售百分比法的优点,是能为筹资管理提供短期预计的财务报表,以适应外部筹资的需要,且易于使用。但这种方法也有缺点,倘若有关项目与销售收入的比例与实际不符,据以进行预测就会形成错误的结果。

运用因素分析法预测筹资需要量,应当注意以下问题:

(1) 非敏感资产、非敏感负债的项目构成以及数量的增减变动;

(2) 敏感资产、敏感负债的项目构成以及与销售收入比例的增减变动。

在上述因素发生变动的情况下,必须相应地调整原有的销售百分比。

(三) 回归分析法

1. 基本原理

回归分析法是根据资金需要量与业务量(如销售数量、销售收入)之间存在的一定关系,按照回归方法建立相关模型,然后根据历史有关资料,用回归直线方程确定参数,预测资金需要量的方法。其预测模型为:

$$Y = a + bX$$

式中,Y 表示资金需要量;a 表示不变资金总额;b 表示单位业务量所需要的变动资金;X 表示业务量。

运用这种方法,需要将企业的资金按其与业务量之间的关系,分为不变资金与变动资金两类。不变资金是指在一定的生产经营规模内,不随业务量变动而变动的资金,一般包括为维持正常生产经营而需要的最低数额的货币资金、原材料的保险储备、必要的产成品或商品储备以及固定资产等长期稳定资产占用的资金。变动资金是指随业务量变动而变动的资金,一般包括最低储备以外的货币资金、应收账款、存货等资产所占用的资金。

2. 基本步骤

(1) 根据历史资料整理相关数据,联立方程组计算不变资金总额 a 和单位业务量所需要的变动资金 b;

(2) 将计算得出的 a 和 b 代入得出资本需要量预测模型;

(3) 将预计业务量 X 代入预测模型得出资本需要总额 Y。

例 4-3 光华公司 20×4—20×8 年的产销数量和资金需要量详见表 4-3。假定 20×9 年预计产销数量为 7.8 万件,试预测该公司 20×9 年资金需要总量。

表 4-3 光华公司产销量与资金需要量统计表　　　　单位:万元

年度	产销量 X	资金需要量 Y
20×4 年	6.0	500
20×5 年	5.5	475
20×6 年	5.0	450
20×7 年	6.5	520
20×8 年	7.0	550

运用回归分析法进行筹资数量预测的过程如下:

(1) 根据表 4-3 的数据整理出表 4-4,将表 4-4 的数据代入下列联立方程

$$\begin{cases} \sum Y = na + b\sum X \\ \sum XY = a\sum X + b\sum X^2 \end{cases}$$

求得:
$$\begin{cases} a = 205 \\ b = 49 \end{cases}$$

表 4-4　回归方程数据计算表　　　　　　　　单位:万元

年度	产销量 X	资金需要量 Y	XY	X^2
20×4 年	6.0	500	3000	36
20×5 年	5.5	475	2612.5	30.25
20×6 年	5.0	450	2250	25
20×7 年	6.5	520	3380	42.25
20×8 年	7.0	550	3850	49
$n=5$	$\sum X = 30$	$\sum Y = 2495$	$\sum XY = 15092.5$	$\sum X^2 = 182.5$

(2) 将 $a = 205$, $b = 49$ 代入 $Y = a + bX$,得到预测模型为:
$$Y = 205 + 49X$$
(3) 将 20×9 年预计产销量 7.8 万件代入上式,测得资金的需要量为:
$$205 + 49 \times 7.8 = 587.2(万元)$$

3. 优缺点及注意的问题

回归分析法最大的优点是预测比较准确,但该方法计算比较复杂。

运用回归分析法必须注意以下几个问题:

(1) 资金需要量与营业业务量之间线性关系的假定应符合实际情况;

(2) 确定 a、b 数值,应利用连续若干年的历史资料,一般要有 3 年以上的资料才能取得比较可靠的参数;

(3) 应考虑价格等因素的变动情况。在预期原材料、人工等成本发生变动时,应相应调整有关预测参数,以取得比较准确的预测结果。

第二节　股权筹资

企业的股权筹资一般有投入资本筹资和发行普通股筹资。

一、吸收直接投资

吸收直接投资,是指企业以协议等形式吸收国家、法人、个人和外商等投入资金的一种筹资方式。它不以股票为媒介,是非股份制企业筹集权益资本的基本方式。吸收直接投资的实际出资额中,注册资本部分形成实收资本;超过注册资本的部分属于资本溢价,形成资本公积。

(一)吸收直接投资的出资方式

1. 以货币资产出资

以货币资产出资是吸收直接投资中最重要的出资方式。企业有了货币资产,便可以获取其他物质资源,支付各种费用,满足企业创建时的开支和随后的日常周转需要。我国《公司法》规定,公司全体股东或者发起人的货币出资金额不得低于公司注册资本的30%。

2. 以实物资产出资

实物出资是指投资者以房屋、建筑物、设备等固定资产和材料、燃料、产成品、在产品等流动资产所进行的投资。实物投资应符合以下条件:(1)适合企业生产、经营、研发等活动的需要;(2)技术性能良好;(3)作价公平合理。

实物出资中实物的作价,可以由出资各方协商确定,也可以聘请专业资产评估机构评估确定。国有及国有控股企业接受其他企业的非货币资产出资,需要委托有资格的资产评估机构进行资产评估。

3. 以土地使用权出资

土地使用权是指土地经营者对依法取得的土地在一定期限内有进行建筑、生产经营或其他活动的权利。土地使用权具有相对的独立性,在土地使用权存续期间,包括土地所有者在内的其他任何人和单位,不能任意收回土地和非法干预使用权人的经营活动。企业吸收土地使用权投资应符合以下条件:(1)适合企业科研、生产、经营、研发等活动的需要;(2)地理、交通条件适宜;(3)作价公平合理。

4. 以工业产权出资

工业产权是指人们依法对应用于商品生产和流通中的创造发明和显著标记等智力成果,在一定地区和期限内享有的专有权。常见的有商标权、专利权等无形资产。投资者以工业产权出资应符合以下条件:(1)有助于企业研究、开发和生产出新的高科技产品;(2)有助于企业提高生产效率,改进产品质量;(3)有助于企业降低生产消耗、能源消耗等各种消耗;(4)作价公平合理。

吸收工业产权等无形资产出资的风险较大。因为以工业产权投资,实际上是把技术转化为资本,使技术的价值固定化。而技术具有强烈的时效性,会因其不断老化落后而导致实际价值不断减少甚至完全丧失。

此外,对无形资产出资方式的限制,《公司法》规定,股东或发起人不得以劳务、信用、自然人姓名、商誉、特许经营权或者设定担保的财产等作价出资。对于非货币资产出资,需要满足三个条件:可以用货币估价;可以依法转让;法律不禁止。

《公司法》对无形资产出资的比例要求没有明确限制,但《外企企业法实施细则》另有规定,外资企业的工业产权、专有技术的作价应与国际上通常的作价原则相一致,且作价金额不得超过注册资本的20%。

(二)吸收直接投资的程序

1. 确定筹资数量

企业在新建或扩大经营时,首先确定资金的需要量。资金的需要量应根据企业的生产经营规模和供销条件等来核定,确保筹资数量与资金需要量相适应。

2. 寻找投资单位

企业既要广泛了解有关投资者的资信、财力和投资意向,又要通过信息交流和宣传,使出资方了解企业的经营能力、财务状况以及未来预期,以便于公司从中寻找最合适的合作伙伴。

3. 协商和签署投资协议

找到合适的投资伙伴后,双方进行具体协商,确定出资数额、出资方式和出资时间。企业应尽可能吸收货币投资,如果投资方确有先进而适合需要的固定资产和无形资产,亦可采取非货币投资方式。对实物投资、工业产权投资、土地使用权投资等非货币资产,双方应按公平合理的原则协商定价。当出资数额、资产作价确定后,双方须签署投资的协议或合同,以明确双方的权利和责任。

4. 取得所筹集的资金

签署投资协议后,企业应按规定或计划取得资金。如果采取现金投资方式,通常还要编制拨款计划,确定拨款期限、每期数额及划拨方式,有时投资者还要规定拨款的用途,如把拨款区分为固定资产投资拨款、流动资金拨款、专项拨款等。如为实物、工业产权、非专利技术、土地使用权投资,一个重要的问题就是核实财产。财产数量是否准确,特别是价格有无高估低估的情况,关系到投资各方的经济利益,必须认真处理,必要时可聘请专业资产评估机构来评定,然后办理产权的转移手续,取得资产。

(三)吸收直接投资的优缺点

吸收直接投资是我国企业筹资中最早采用的一种方式,也曾经是我国国有企业、集体企业、合资或联营企业普遍采用的筹资方式。它既有优点,也有缺点。

1. 吸收直接投资的优点

(1)能够尽快形成生产能力。吸收直接投资不仅可以取得一部分货币资金,而且能够直接获得所需的先进设备和技术,尽快形成生产经营能力。(2)与债务资本相比,能提高企业的资信和借款能力。(3)财务风险较低。

2. 吸收直接投资的缺点

（1）资本成本较高。相对于股票筹资来说，吸收直接投资的资本成本较高。当企业经营较好，盈利较多时，投资者往往要求将大部分盈余作为红利分配，因为企业向投资者支付的报酬是按其出资数额和企业实现利润的比率来计算的。（2）不利于产权交易。吸收投入资本由于没有证券为媒介，不利于产权交易，难以进行产权转让。

二、普通股筹资

（一）股票的含义和种类

股票（stock）是股份有限公司为筹措股权资本而发行的有价证券，是公司签发的证明股东持有公司股份的凭证。股票作为一种所有权凭证，代表着股东对发行公司净资产的所有权。股票持有人即为公司的股东。股东按投入公司的股份额，依法享有公司收益获取权、公司重大决策参与权和选择公司管理者的权利，并以其所持股份为限对公司承担责任。

股份有限公司根据筹资者和投资者的需要，发行各种不同的股票。股票的种类很多，可按不同的标准进行分类。

1. 按股东权利和义务，分为普通股股票和优先股股票

普通股股票简称"普通股"，是公司发行的代表着股东享有平等的权利、义务，不加特别限制的，股利不固定的股票。普通股是最基本的股票，股份有限公司通常只发行普通股。

优先股股票简称"优先股"，是公司发行的相对于普通股具有一定优先权的股票。其优先权利主要表现在股利分配优先权和分取剩余财产优先权上。优先股股东在股东大会上无表决权，在参与公司经营管理上受到一定限制。

2. 按股票有无记名，可分为记名股和不记名股

记名股是在股票票面上记载股东姓名或名称的股票。这种股票除了股票上所记载的股东外，其他人不得行使其股权，且股份的转让有严格的法律程序与手续，需办理过户。中国《公司法》规定，像发起人、国家授权投资的机构、法人发行的股票，应为记名股。

不记名股是票面上不记载股东姓名或名称的股票。这类股票的持有人即股份的所有人，具有股东资格，股票的转让也比较自由、方便，无需办理过户手续。

3. 按股票是否标明金额，可分为面值股票和无面值股票

面值股票是在票面上标有一定金额的股票。持有这种股票的股东，对公司享有的权利和承担的义务大小，依其所持有的股票票面金额占公司发行在外股

票总面值的比例而定。

无面值股票是不在票面上标出金额,只载明所占公司股本总额的比例或股份数的股票。无面值股票的价值随公司财产的增减而变动,而股东对公司享有的权利和承担义务的大小,直接依股票标明的比例而定。2012年,我国《公司法》不承认无面值股票,规定股票应记载股票的面额,并且其发行价格不得低于票面金额。

4. 按发行时间的先后,可分为始发股和新股

始发股是设立时发行的股票。新股是公司增资时发行的股票,又称增发股。始发股和新股的发行具体条件、目的、发行价格不尽相同,但股东的权利和义务是一致的。

5. 按发行对象和上市地区的不同,又可将股票分为A股、B股、H股、S股和N股等

A股是供我国大陆地区个人或法人买卖的,以人民币标明票面金额并以人民币认购和交易的股票。

B股、H股、S股和N股是专供外国和我国港澳台地区投资者、境内个人投资者买卖的,以人民币标明票面金额但以外币认购和交易的股票。其中,B股在上海、深圳上市;H股在香港上市;S股在新加坡上市;N股在纽约上市。

(二) 股票发行

股份有限公司在设立时要发行股票,即初次发行。股份的发行,实行公平、公正的原则,必须同股同权、同股同利。同次发行的股票,每股的发行条件和价格应当相同。任何单位或个人所认购的股份,每股应支付相同的价款。同时,发行股票还应接受国务院证券监督管理机构的管理和监督。股票发行具体应执行的管理规定主要包括股票发行条件、发行程序和方式、销售方式等。

1. 股票发行条件

(1) 公司的生产经营符合国家产业政策,具备健全且运行良好的组织机构;

(2) 最近三年持续盈利,财务状况良好;

(3) 最近三年财务会计文件无虚假记载,无其他重大违法行为;

(4) 公司募集资金的数额和使用符合规定;

(5) 经国务院批准的国务院证券监督管理机构规定的其他条件。

2. 股票首次发行程序

(1) 发起人认足股份、缴付股资。发起方式设立的公司,发起人认购公司的全部股份;募集方式设立的公司,发起人认购的股份不得少于公司股份总数的35%。发起人可以用货币出资,也可以用非货币资产作价出资。在发起设立

方式下,发起人缴付全部股资后,应选举董事会、监事会,由董事会办理公司设立的登记事项;在募集设立方式下,发起人认足其应认购的股份并缴付股资后,其余部分向社会公开募集。

(2) 提出公开募集股份的申请。以募集方式设立的公司,发起人向社会公开募集股份时,必须向国务院证券监督管理部门递交募股申请,并报送批准设立公司的相关文件,包括公司章程、招股说明书等。

(3) 公告招股说明书,签订承销协议。公开募集股份申请经国家批准后,应公告招股说明书。招股说明书应包括公司的章程、发起人认购的股份数、本次每股票面价值和发行价格、募集资金的用途等。同时,与证券公司等证券承销机构签订承销协议。

(4) 招认股份,缴纳股款。发行股票的公司或其承销机构一般用广告或书面通知的办法招募股份。认股者一旦填写了认股书,就要承担认股书中约定的缴纳股款义务。如果认股者的总股数超过发起人拟招募的总股数,可以采取抽签的方式确定哪些认股者有权认股。认股者应在规定的期限内向代收股款的银行缴纳股款,同时交付认股书。股款认足后,发起人应委托法定的机构验资,出具验资证明。

(5) 召开创立大会,选举董事会、监事会。发行股份的股款募足后,发起人应在规定期限内(法定30天)主持召开创立大会。创立大会由发起人、认股人组成,应有代表股份总数半数以上的认股人出席方可举行。创立大会通过公司章程,选举董事会和监事会成员,并有权对公司的设立费用进行审核,对发起人用于抵作股款的财产作价进行审核。

(6) 办理公司设立登记,交割股票。经创立大会选举的董事会,应在创立大会结束后30天内,办理申请公司设立的登记事项。登记成立后,即向股东正式交付股票。

3. 股票的发行方式和销售方式

(1) 股票的发行方式

股票的发行方式,指的是公司通过何种途径发行股票。可分为两种:

① 公开间接发行。公开间接发行是指通过中介机构,公开向社会公众发行股票。我国股份有限公司采用募集设立方式向社会公开发行新股时,须由证券经营机构承销,这种做法就属于股票的公开间接发行。此发行方式发行范围广,发行对象多,容易募集足额资金;股票的流通性好,变现能力强;同时有助于提高发行公司的知名度。但这种方式手续复杂,发行成本高。

② 不公开直接发行。不公开直接发行是指不公开对外发行股票,只向少数特定的对象直接发行,因而不需要经中介机构承销。我国股份有限公司采用发

起设立方式和以不向社会公开募集的方式发行新股,这种做法属于不公开直接发行。这种方式弹性较大,发行成本低,但发行范围小,股票变现能力差。

(2) 股票的销售方式

股票的销售方式,是指股份有限公司向社会公开发行股票时所采取的股票销售方式,有自销和承销两种。根据《上市公司证券发行管理办法》的规定,上市公司公开发行股票,应当由证券公司承销;不公开发行股票,发行对象均属于原前十名股东的,可以由上市公司自行销售。

① 自销方式。即发行公司自己将股票销售给购买者。这种销售方式可由发行公司直接控制发行过程,实现发行意图,节省发行费用;但筹资时间长,发行公司自行承担风险,并要求公司有较高的知名度。

② 承销方式。即发行公司将股票销售业务委托给证券经营机构代理。我国《公司法》规定,股份公司向社会公开发行股票,必须委托证券经营机构承销。具体分为包销和代销。所谓包销,是根据承销协议商定的价格,证券经营机构一次性全部发行公司公开募集的全部股份,然后再以较高价格出售给社会认购者。对发行公司来说,可以及时筹足资本,避免承担发行风险,但是损失部分溢价。所谓代销,是证券经营机构代替发行公司代售股票并收取佣金,但不承担股款未募足的风险。

4. 股票的发行价格

一般来说,股票发行价格通常有平价和溢价两种。平价发行是指以股票票面价值作为发行价格,即发行价格等于票面价值,所以又称等价发行或面值发行。溢价发行是指以超过股票票面价值的价格发行股票,发行价格超过票面价值的部分称为溢价。折价发行是指以低于票面价值的价格发行股票。根据我国《公司法》规定,公司发行股票不准折价发行。

股票发行价格决策属于财务决策范畴,发行人通常会参考公司经营业绩、净资产、发展潜力、发行数量、行业特点等,确定发行价格。

(三) 股票上市

股票上市是指股份有限公司公开发行股票,符合规定条件,经申请批准后在证券交易所作为挂牌交易的对象。经批准在证券交易所上市交易的股票,称为上市股票;股票上市的股份有限公司称为上市公司。

1. 股票上市的目的

股票上市的目的是多方面的,主要包括:(1) 便于筹措新资金。证券市场是资本商品的买卖市场,证券市场上有众多的资金供应者。同时,股票上市经过了政府机构的审查批准并接受严格的管理,执行股票上市和信息披露的规定,容易吸引社会资本投资者。公司上市后,还可以通过增发、配股、发行可转换债券等方式进行再融资。(2) 促进股权流通和转让。股票上市后便于投资者购买,提高了股权的流动性和股票的变现力,便于投资者认购和交易。(3) 促进股权分散化。上市公司拥有众多的股东,加之上市股票的流通性强,能够避免公司的股权集中,分散公司的控制权,有利于公司治理结构的完善。(4) 便于确定公司价值。股票上市后,公司股价有市价可循,便于确定公司的价值。对于上市公司来说,即时的股票交易行情,就是对公司价值的市场评价。同时,市场行情也能够为公司收购兼并等资本运作提供询价基础。

但股票上市也有对公司不利的一面,这主要有:上市成本较高,手续复杂严格;公司将负担较高的信息披露成本;信息公开的要求可能会暴露公司的商业机密;股价有时会歪曲公司的实际情况,影响公司声誉;可能会分散公司的控制权,造成管理上的困难。

2. 股票上市的条件

公司公开发行的股票进入证券交易所交易,必须受严格的条件限制。我国《证券法》规定,股份有限公司申请股票上市,应当符合下列条件:(1) 股票经国务院证券监督管理机构核准已公开发行。(2) 公司股本总额不少于人民币 3000 万元。(3) 公开发行的股份达到公司股份总数的 25% 以上;公司股本总额超过人民币 4 亿元的,公开发行股份的比例为 10% 以上。(4) 公司最近 3 年无严重违法行为,财务会计报告无虚假记载。

(四) 股权再融资

上市公司利用证券市场进行再融资是国际证券市场的通行做法,是其能够持续发展的重要动力源泉之一。再融资包含股权再融资、债权再融资和混合证券再融资等几种形式,其中股权再融资(seasoned equity offering)包括向现有股东配股和增发新股融资。

配股就是向原普通股股东按其持股比例,以低于市价的某一特定价格配售一定数量新发行股票的融资行为。增发新股指上市公司为了筹集权益资本而再次发行股票的融资行为,包括面向不特定对象的公开增发和面向特定对象的非公开增发,也称定向增发。其中,配股和公开增发属于公开发行,非公开增发属于非公开发行。

(五) 普通股筹资的优缺点

1. 普通股筹资的优点

(1) 没有固定利息负担。公司有盈利,并认为适合分配股利,可以分给股东;公司盈利较少,或虽有盈利但资本短缺或有更有利的投资机会,也可以少支付或者不支付股利。

(2) 没有固定到期日。利用普通股筹集的是公司的永久性资金,除非公司清算才需偿还。这对于保证公司最低的资金需求有重要意义。

(3) 筹资风险小。由于普通股股东没有固定的到期日,不用支付固定的股利,不存在还本付息的风险。

(4) 增加公司的信誉。普通股股本以及由此产生的资本公积金和盈余公积金,是公司筹措债务资本的基础。较多的股权资本,有利于提高公司的信用价值,同时也为债务资金的筹集提供了强有力的支持。

2. 普通股筹资的缺点

(1) 资金成本较高。一般而言,普通股筹资的成本要高于债务资本。首先,从投资者的角度讲,投资于普通股风险较高,相应地要求有较高的投资报酬率。其次,对于筹资公司来讲,普通股股利从净利润中支付,不像债务利息那样作为费用从税前支付,因而不具有抵税作用。此外,普通股的发行费用一般也高于其他证券。

(2) 可能会分散公司的控制权。普通股筹资会增加新股东,会削弱原有股东对公司的控制。同时,流通性强的股票交易,也增加公司被收购的风险。

第三节 长期债务筹资

债务筹资是指通过负债筹集资金。长期债务筹资主要是企业通过向银行借款、向社会发行公司债券、融资租赁等方式筹集和取得资金。本节分别介绍长期借款、发行债券和融资租赁三种筹资方式。

一、长期借款筹资

长期借款是指企业向银行等金融机构以及向其他单位借入的,期限在1年以上的各种借款。

(一) 长期借款的种类

1. 按提供贷款的机构,分为政策性银行贷款、商业银行贷款和其他金融机构贷款

政策性银行贷款是指执行国家政策性贷款业务的银行向企业发放的贷款,通常为长期贷款。如国家开发银行贷款,主要满足企业承建国家重点建设项目的资金需要;中国进出口银行贷款,主要为大型设备的进出口提供的买方信贷或卖方信贷;中国农业发展银行贷款,主要用于确保国家对粮、棉、油等政策性收购资金的供应。

商业性银行贷款是指由各商业银行,如中国工商银行、中国建设银行、中国农业银行、中国银行等,向工商企业提供的贷款,用以满足企业生产经营的资金

需要，包括短期贷款和长期贷款。

其他金融机构贷款，如从信托投资公司取得实物或货币形式的信托投资贷款，从财务公司取得的各种中长期贷款，从保险公司取得的贷款等。其他金融机构的贷款一般较商业银行贷款的期限要长，要求的利率较高，对借款企业的信用要求和担保的选择比较严格。

2. 按机构对贷款有无担保要求，分为信用贷款和担保贷款

信用贷款是指以借款人的信誉或保证人的信用为依据而获得的贷款。企业取得这种贷款，无需以财产作抵押。对于这种贷款，由于风险较高，银行通常要收取较高的利息，往往还附加一定的限制条件。

担保贷款是指由借款人或第三方依法提供担保而获得的贷款。担保包括保证责任、财务抵押、财产质押，由此，担保贷款包括保证贷款、抵押贷款和质押贷款。

3. 按企业取得贷款的用途，分为基本建设贷款、专项贷款和流动资金贷款

基本建设贷款是指企业因从事新建、改建、扩建等基本建设项目需要资金而向银行申请借入的款项。

专项贷款是指企业因为专门用途而向银行申请借入的款项，包括更新改造技改贷款、大修理贷款、研发和新产品研制贷款、小型技术措施贷款、出口专项贷款、引进技术转让费周转金贷款、进口设备外汇贷款、进口设备人民币贷款及国内配套设备贷款等。

流动资金贷款是指企业为满足流动资金的需求而向银行申请借入的款项，包括流动基金借款、生产周转借款、临时借款、结算借款和卖方信贷。

（二）长期借款的程序与保护性条款

1. 银行借款的程序

（1）提出申请。企业根据筹资需求向银行书面申请，按银行要求的条件和内容填报借款申请书。

（2）银行审批。银行按照有关政策和贷款条件，对借款企业进行信用审查，依据审批权限，核准公司申请的借款金额和用款计划。银行审查的主要内容有：公司的财务状况；信用情况；盈利的稳定性；发展前景；借款投资项目的可行性；抵押品和担保情况。

（3）签订合同。借款申请获批准后，银行与企业进一步协商贷款的具体条件，签订正式的借款合同，规定贷款的数额、利率、期限和一些约束性条款。

（4）取得借款。借款合同签订后，企业在核定的贷款指标范围内，根据用款计划和实际需要，一次或分次将贷款转入公司的存款结算户，以便使用。

2. 长期借款的保护性条款

由于银行等金融机构提供的长期贷款金额高、期限长、风险大，因此，除借款合同的基本条款之外，债权人通常还在借款合同中附加各种保护性条款，以确保企业按要求使用借款和按时足额偿还借款。保护性条款一般有以下三类：

（1）例行性保护条款。这类条款作为例行常规，在大多数借款合同中都会出现。主要包括：① 要求定期向提供贷款的金融机构提交财务报表，以使债权人随时掌握公司的财务状况和经营成果。② 不准在正常情况下出售较多的非产成品存货，以保持企业正常的生产经营能力。③ 如期清偿应缴纳税金和其他到期债务，以防被罚款而造成不必要的现金流失。④ 不准以资产作其他承诺的担保或抵押。⑤ 不准贴现应收票据或出售应收账款，以避免或有负债等。

（2）一般性保护条款。一般性保护条款是对企业资产的流动性及偿债能力等方面的要求条款，这类条款应用于大多数借款合同，主要包括：① 保持企业的资产流动性。要求企业持有一定最低限度的货币资金及其他流动资产，以保持企业资产的流动性和偿债能力，一般规定了企业必须保持的最低营运资金数额和最低流动比率数值。② 限制企业非经营性支出。如限制支付现金股利、购入股票和职工加薪的数额规模，以减少企业资金的过度外流。③ 限制企业资本支出的规模。控制企业资产结构中的长期性资产的比例，以减少公司日后不得不变卖固定资产以偿还贷款的可能性。④ 限制公司再举债规模。目的是防止其他债权人取得对公司资产的优先索偿权。⑤ 限制公司的长期投资。如规定公司不准投资于短期内不能收回资金的项目，不能未经银行等债权人同意而与其他公司合并等。

（3）特殊性保护条款。这类条款是针对某些特殊情况而出现在部分借款合同中的条款，只有在特殊情况下才能生效。主要包括：要求公司的主要领导人购买人身保险；借款的用途不得改变；违约惩罚条款，等等。

上述各项条款结合使用，将有利于全面保护银行等债权人的权益。但借款合同是经双方充分协商后决定的，其最终结果取决于双方谈判能力的大小，而不是完全取决于银行等债权人的主观愿望。

（三）长期借款筹资的优缺点

1. 长期借款的优点

（1）筹资速度快。企业利用长期借款筹资，一般所需时间较短，程序较为简单，可以快速获得现金。而发行股票、债券筹集长期资金，须做好发行前的各种工作，发行也需要一定时间，耗时较长，程序复杂。

（2）资本成本较低。利用银行借款筹资，比发行债券和融资租赁的利息负担要低，而且无须支付证券发行费用、租赁手续费用等筹资费用。

（3）筹资弹性较大。在借款之前，公司根据当时的资本需求与银行等贷款机构直接商定贷款的时间、数量和条件。在借款期间，若公司的财务状况发生某些变化，也可与债权人再协商，变更借款数量、时间和条件，或提前偿还本息。因此，公司对借款筹资具有较大的灵活性。

2. 长期借款的缺点

（1）财务风险较高。企业进行长期借款筹资，必须定期还本付息。在经营不利的情况下，可能会产生不能偿付的风险，甚至破产。

（2）限制条款多。与债券筹资相比较，银行借款合同对借款用途有明确规定，通过借款的保护性条款，对公司资本支出额度、再筹资、股利支付等行为有严格的约束，以后公司的生产经营活动和财务政策将受到一定程度的影响。

（3）筹资数额有限。银行借款的数额往往受到贷款机构资本实力的制约，不可能像发行债券、股票那样一次筹集到大笔资金，无法满足公司大规模筹资的需要。

二、长期债券筹资

债券是债务人为筹集债务资本而发行的，约定在一定期限内向债权人还本付息的有价证券。发行债券是企业筹集债务资本的重要方式。这里所介绍的债券，指的是期限超过 1 年的公司债券，其发行目的通常是为建设大型项目筹集大笔长期资金。

（一）公司债券的种类

1. 按是否记名，分为记名债券和无记名债券

记名公司债券，是指在券面上记载持券人的姓名或名称的债券。对于这种债券，公司只对记名人偿付本金，持券人凭印鉴支取利息。记名公司债券，由债券持有人以背书方式或者法律、行政法规规定的其他方式转让，转让后由公司将受让人的姓名或者名称及住所记载于公司债券存根簿。

无记名公司债券，是指在券面上不记载持券人的姓名或名称，还本付息以债券为凭证。无记名公司债券的转让，由债券持有人将该债券交付给受让人后即发生转让的效力。

2. 按是否能够转换成公司股权，分为可转换债券和不可转换债券

可转换债券，债券持有者可以在规定的时间内按规定的价格转换为发行公司的股票。这种债券在发行时，对债券转换为股票的价格和比率等都作了详细规定。《公司法》规定，可转换债券的发行主体是股份有限公司中的上市公司。

不可转换债券,是指不能转换为发债公司股票的债券,大多数公司债券属于这种类型。

3. 按有无特定财产担保,分为担保债券和信用债券

担保债权是指以抵押方式担保发行人按期还本付息的债券,主要是指抵押债券。抵押债券按其抵押品的不同,又分为不动产抵押债券、动产抵押债券和证券信托抵押债券。

信用债券是无担保债券,是仅凭公司自身的信用发行的、没有抵押品作抵押担保的债券。在公司清算时,信用债券的持有人因无特定的资产作担保品,只能作为一般债权人参与剩余财产的分配。

4. 按是否参与利润分配,可分为参与债券和非参与债券

参与债券的持有人除可获得预先规定的利息外,还享有一定程度参与发行公司收益分配的权利,其参与利润分配的方式与比例必须事先规定。实践中,这种债券一般很少。

非参与债券的持有人则没有参与利润分配的权利。公司债券大多为非参与债券。

(二) 发行债券的条件

在我国,根据《公司法》的规定,股份有限公司、国有独资公司和两个以上的国有公司或者两个以上的国有投资主体投资设立的有限责任公司,具有发行债券的资格。

根据《证券法》规定,公开发行公司债券,应当符合下列条件:(1) 股份有限公司的净资产不低于人民币 3000 万元,有限责任公司的净资产不低于人民币 6000 万元;(2) 累计债券余额不超过公司净资产的 40%;(3) 最近 3 年平均可分配利润足以支付公司债券 1 年的利息;(4) 筹集的资金投向符合国家产业政策;(5) 债券的利率不超过国务院限定的利率水平;(6) 经资信评级机构评级,债券信用级别良好;(7) 国务院规定的其他条件。

公开发行公司债券筹集的资金,必须用于核准的用途,不得用于弥补亏损和非生产性支出。

根据《证券法》规定,公司申请公司债券上市交易,应当符合下列条件:(1) 公司债券的期限为 1 年以上;(2) 公司债券实际发行额不少于人民币 5000 万元;(3) 公司申请债券上市时仍符合法定的公司债券发行条件。

(三) 发行债券的程序

(1) 作出决议。公司发行债券要由董事会制定方案,股东大会作出决议。

(2) 提出申请。我国规定,公司申请发行债券由国务院证券管理部门批准。证券管理部门按照国务院确定的公司债券发行规模,审批公司债券的发

行。公司申请应提交公司登记证明、公司章程、公司债券募集办法、资产评估报告和验资报告。

（3）公告募集办法。企业发行债券的申请经批准后，向社会公告债券募集办法。公司债券分私募发行和公募发行，私募发行是以特定的少数投资者为对象发行债券，而公募发行则是在证券市场上以非特定的广大投资者为对象公开发行债券。

（4）委托证券经营机构发售。公募间接发行是各国通行的公司债券发行方式，在这种发行方式下，发行公司与承销团签订承销协议。承销团由数家证券公司或投资银行组成，承销方式有代销和包销两种。代销是指承销机构代为推销债券，在约定期限内未售出的余额可退还发行公司，承销机构不承担发行风险。包销是由承销团先购入发行公司拟发行的全部债券，然后再售给社会上的投资者，如果约定期限内未能全部售出，余额要由承销团负责认购。

（5）交付债券，收缴债券款，登记债券存根簿。发行债券通常不需填写认购证，由债券购买人直接向承销机构付款购买，承销单位付给企业债券。然后，发行公司向承销机构收缴债券款并结算代理费及预付款项。

（四）债券的信用评级

公司公开发行债券通常需要由债券评信机构评定等级。债券的信用等级对于发行公司和购买人都有重要影响。这是因为：（1）债券评级是度量违约风险的一个重要指标，债券的等级对于债务融资的利率以及公司债务成本有着直接的影响。一般说来，资信等级高的债券，能够以较低的利率发行；资信等级低的债券，风险较大，只能以较高的利率发行。另外，许多机构投资者将投资范围限制在特定等级的债券之内；（2）债券评级方便投资者进行债券投资决策。对广大投资者尤其是中小投资者来说，由于受时间、知识和信息的限制，无法对众多债券进行分析和选择，因此需要专业机构对债券的还本付息的可靠程度进行客观、公正和权威的评定，为投资者决策提供参考。

国际上流行的债券等级是三等九级，即 A、B、C 三等，每一等中分为三级，共九级，以此来表明债券风险程度的高低。目前，国际上公认的最具权威性的信用评级机构，主要有美国标准普尔公司和穆迪投资服务公司。上述两家公司负责评级的债券很广泛，包括地方政府债券、公司债券、外国债券等，由于它们占有详尽的资料，采用先进科学的分析技术，又有丰富的实践经验和大量专门人才，因此它们所作出的信用评级具有很高的权威性。标准普尔公司信用等级标准从高到低可划分为：AAA级、AA级、A级、BBB级、BB级、B级、CCC级、CC级、C级。穆迪投资服务公司信用等级标准从高到低可划分为：Aaa级、Aa级、A级、Baa级、Ba级、B级、Caa级、Ca级、C级。两家机构信用等级划分大同小异。

前四个级别债券信誉高,风险小,是"投资级债券";第五级开始的债券信誉低,是"投机级债券"。

根据中国人民银行的有关规定,凡是向社会公开发行的企业债券,都需要由经中国人民银行认可的资信评级机构进行评信。这些机构对发行债券企业的财务质量、项目状况、项目前景、偿债能力和企业素质等进行评分,以此评定信用级别。

(五)债券筹资的优缺点

1. 债券筹资的优点

(1)资本成本较低。与股票的股利相比,债券的利息允许在所得税前支付,公司可享受税收上的利益,故公司实际负担的债券成本一般低于股票成本。

(2)可利用财务杠杆。无论发行公司盈利多少,持券者一般只收取固定的利息,若公司用资后收益丰厚,增加的收益大于支付的债息额,则会增加股东财富和公司价值。

(3)保障公司控制权。持券者一般无权参与发行公司的管理决策,因此发行债券一般不会分散公司控制权。

2. 债券筹资的缺点

(1)财务风险较高。债券通常有固定的到期日,需要定期还本付息,财务上始终有压力。在公司不景气时,还本付息将成为公司严重的财务负担,有可能导致公司破产。

(2)限制条件多。发行债券的限制条件较长期借款、融资租赁的限制条件多且严格,从而限制了公司对债券融资的使用,甚至会影响公司以后的筹资能力。

(3)筹资规模受制约。公司利用债券筹资一般受一定额度的限制。我国《公司法》规定,发行公司流通在外的债券累计总额不得超过公司净产值的40%。

三、融资租赁筹资

(一)融资租赁的概念

租赁(leasing),是指通过签订资产出让合同的方式,使用资产的一方(承租方)通过支付租金,向出让资产的一方(出租方)取得资产使用权的一种交易行为。租赁行为在实质上具有借贷属性,但其直接涉及的是物而不是钱。在租赁业务中,出租人主要是各种专业租赁公司,承租人主要是各类企业,租赁物大多为设备等固定资产。在租赁业务发达的条件下,它为企业所普遍采用,是企业筹资的一种特殊方式。租赁分为融资租赁和经营租赁。

经营租赁(operating leasing)是由租赁公司向承租单位在短期内提供设备,并提供维修、保养、人员培训等的一种服务性业务,又称服务性租赁。经营租赁的特点主要是:(1)出租的设备一般由租赁公司根据市场需要选定,然后再寻找承租企业。(2)租赁期较短,短于资产的有效使用期,在合理的限制条件内承租企业可以中途解约。(3)租赁设备的维修、保养由租赁公司负责。(4)租赁期满或合同中止以后,出租资产由租赁公司收回。经营租赁比较适用于租用技术过时较快的生产设备。

融资租赁(financing leasing)是由租赁公司按承租单位要求出资购买设备,在较长的合同期内提供给承租单位使用的融资信用业务,它是以融通资金为主要目的的租赁。融资租赁的主要特点是:(1)出租的设备由承租企业提出要求购买,或者由承租企业直接从制造商或销售商那里选定。(2)租赁期较长,接近于资产的有效使用期,在租赁期间双方无权取消合同。(3)由承租企业负责设备的维修、保养。(4)租赁期满,按事先约定的方法处理设备,包括退还租赁公司,或继续租赁,或企业留购。通常采用企业留购办法,即以很少的"名义价格"(相当于设备残值)买下设备。

(二)融资租赁的基本程序

(1)选择租赁公司,提出委托申请。当企业决定采用融资租赁方式以获取某项设备时,需要了解各个租赁公司的资信情况、融资条件和租赁费率等,分析比较,选定一家作为出租单位。然后,向租赁公司申请办理融资租赁。

(2)签订购货协议。由承租企业和租赁公司中的一方或双方,与选定的设备供应厂商进行购买设备的技术谈判和商务谈判,在此基础上与设备供应厂商签订购货协议。

(3)签订租赁合同。承租企业与租赁公司签订租赁设备的合同,如需要进口设备,还应办理设备进口手续。租赁合同是租赁业务的重要文件,具有法律效力。融资租赁合同的内容可分为一般条款和特殊条款两部分。

(4)交货验收。设备供应厂商将设备发运到指定地点,承租企业要办理验收手续。验收合格后签发交货及验收证书交给租赁公司,作为其支付货款的依据。

(5)定期交付租金。承租企业按租赁合同规定,分期交纳租金,这也就是承租企业对所筹资金的分期还款。

(6)合同期满处理设备。承租企业根据合同约定,对设备续租、退租或留购。

(三)融资租赁的基本形式

融资租赁按其业务的不同特点,可细分为三种具体方式:

(1) 直接租赁。直接租赁是融资租赁的主要形式,承租方提出租赁申请时,出租方按照承租方的要求选购,然后再出租给承租方。

(2) 售后回租。售后回租是指承租方由于急需资金等各种原因,将自己的资产售给出租方,然后以租赁的形式从出租方原封不动地租回资产的使用权。在这种租赁合同中,除资产所有者的名义改变之外,其余情况均无变化。

(3) 杠杆租赁。杠杆租赁是指涉及承租人、出租人和资金出借人三方的融资租赁业务。一般来说,当所涉及的资产价值昂贵时,出租方自己只投入部分资金,通常为资产价值的20%—40%,其余资金则通过将该资产抵押担保的方式,向第三方(通常为银行)申请贷款解决。然后,租赁公司将购进的设备出租给承租方,用收取的租金偿还贷款,该资产的所有权属于出租方。出租人既是债权人也是债务人,如果出租人不能按期偿还借款,资产所有权则转移给资金的出借者。

(四) 融资租赁筹资的优缺点

1. 融资租赁的优点

(1) 筹资速度较快。融资租赁一般比先筹措现金再购置设备来得更快,可使企业尽快形成生产能力。

(2) 限制条款较少。企业运用股票、债券、长期借款等筹资方式,都受到相当多的资格条件的限制,如足够的抵押品、银行贷款的信用标准、发行债券的政府管制等。相比之下,租赁筹资的限制条件很少。

(3) 免遭设备陈旧过时的风险。随着科学技术的不断进步,设备陈旧过时的风险很高,而多数租赁协议规定此种风险由出租人承担,承租企业可免受这种风险。

(4) 财务风险较小。融资租赁与购买的一次性支出相比,能够避免一次性支付的负担,而且租金支出是未来的、分期的,企业无需一次筹集大量资金偿还。

2. 融资租赁的缺点

融资租赁最主要的缺点是资金成本较高。其租金通常比举借银行借款或发行债券所负担的利息高得多,租金总额通常要高于设备价值的30%。尽管与借款方式比,融资租赁能够避免到期一次性集中偿还的财务压力,但高额的固定租金也给各期的经营带来了负担。另外,采用融资租赁方式如果不能享有设备残值,也是一种损失。

第四节　混合筹资

一、优先股筹资

我国《公司法》没有关于优先股的规定。国务院在 2013 年 11 月 30 日发布了《关于开展优先股试点的指导意见》，证监会在 2014 年 3 月 21 日发布了《优先股试点管理办法》，这两项规定是我国目前关于优先股筹资的主要规范。

（一）优先股的含义和性质

优先股是指依照《公司法》，在一般规定的普通种类股份之外，另行规定的其他种类股份，其股份持有人优先于普通股股东分配公司利润和剩余财产，但参与公司决策管理等权利受到限制。

优先股是一种具有双重性质的证券，它虽然属于自有资金，却兼有债券性质。从法律上讲，优先股是自有资金的一部分。优先股股东权利与普通股股东类似，股利也从净利润中扣除，但优先股有固定的股利，对盈利的分配和对剩余财产的求偿具有优先权，类似于债券。

公司的不同利益集团对优先股有不同的认识。普通股的股东一般把优先股看成是一种特殊的债券。从债券持有人的角度，优先股属于股票。投资人在购买普通股票时，则往往把优先股看作债券。从公司管理当局和财务人员的角度看，优先股有双重性质，因优先股虽没有固定的到期日，不用偿还本金，但往往需要支付固定的股利而成为财务上的负担。所以在用优先股筹资时，一定要考虑它两方面的特性。

（二）优先股的特点

（1）优先分配利润。优先股股东按照约定的票面股息率，优先于普通股股东分配公司利润。公司应当以现金的形式向优先股股东支付股息，在完全支付约定的股息之前，不得向普通股股东分配利润。

（2）优先分配剩余财产。公司因解散、破产等原因进行清算时，公司财产在按照《公司法》和《破产法》有关规定进行清偿后的剩余财产，应当优先向优先股股东支付未派发的股息和公司章程约定的清算金额，不足以支付的按照优先股股东持股比例分配。

（3）表决权限制。优先股股东一般不出席股东大会会议，所持股份没有表决权，也无权参与公司的经营管理，仅在涉及优先股股东权益问题时享有表决权。

（4）可由公司赎回。发行优先股的公司，按照公司章程的有关规定，根据公司的需要,可以一定方式将所发行的优先股回购。

(三) 上市公司发行优先股的一般条件

(1) 最近3个会计年度实现的年均可分配利润应当不少于优先股1年的股息。

(2) 最近3年现金分红情况应当符合公司章程及证监会的有关规定。

(3) 报告期不存在重大会计违规事项。公开发行优先股,最近3年财务报表被注册会计师出具的审计报告应当为标准审计报告或带强调事项段的无保留意见的审计报告;非公开发行优先股,最近1年财务报表被注册会计师出具的审计报告为非标准审计报告的,所涉及事项对公司无重大不利影响或在发行前重大不利影响已经消除。

(4) 公司已发行的优先股不得超过公司普通股股份总数的50%,且筹资金额不得超过发行前净资产的50%,已回购、转换的优先股不纳入计算。

(四) 上市公司公开发行优先股的特别规定

(1) 上市公司公开发行优先股,应当符合以下情形之一:

① 其普通股为上证50指数成分股;

② 以公开发行优先股作为支付手段收购或吸收合并其他上市公司;

③ 以减少注册资本为目的回购普通股的,可以公开发行优先股作为支付手段,或者在回购方案实施完毕后,可公开发行不超过回购减资总额的优先股。

(2) 上市公司最近3个会计年度应当连续盈利。扣除非经常性损益后的净利润与扣除前的净利润相比,以孰低者作为计算依据。

(3) 公开发行优先股的公司,必须在公司章程中规定以下事项:

① 采取固定股息率;

② 在有可分配税后利润的情况下必须向优先股股东分配股息;

③ 未向优先股股东足额派发股息的差额部分应当累积到下一会计年度;

④ 优先股股东按照约定股息率分配股息后,不再同普通股股东一起参加剩余利润分配。

商业银行发行优先股补充资本的,可就②和③项事项另行规定。

(4) 上市公司公开发行优先股的,可以向原股东优先配售。

(5) 上市公司最近36个月内因违反工商、税收、土地、环保、海关法律、行政法规或规章,受到行政处罚且情节严重的,不得公开发行优先股。

(6) 上市公司公开发行优先股,公司及其控股股东或实际控制人最近12个月内应当不存在违反向投资者作出的公开承诺的行为。

（五）优先股筹资的优缺点

1. 优先股筹资的优点

（1）优先股没有固定的到期日，多数又可根据需要收回。优先股本身无偿还本金的义务，也无需作再筹资计划，等于使用一笔无限期的贷款。但大多数优先股又附有收回条款，这就使得这种资金来源更有弹性。当财务状况较紧时发行，而财务状况较松时收回，有利于适应公司资金的需求，也能主动控制公司的资本结构。

（2）股利的支付既固定，又有一定弹性。优先股一般都采用固定股利，但固定股利的支付并不构成公司的法定义务。如果财务状况不佳，则可暂时不支付优先股股利，优先股股东不至于像债权人那样迫使公司破产。

（3）有利于增强公司信誉。从法律上讲，优先股属于自有资金，因而，优先股扩大了权益基础，可适当增加公司的信誉，加强公司的借款能力。

（4）能保持普通股股东的控制权。当公司既想向外界筹集主权资金，又不想丧失原有股东控制权时，利用优先股筹资是一个恰当的方式。

2. 优先股筹资的缺点

（1）优先股筹资的成本比债券高，这是由于其股息不能抵冲税前利润。

（2）可能形成较重的财务负担。优先股的股利支付虽然没有法律约束，但是经济上的约束使公司倾向于按时支付其股利。因此，优先股的股利通常被视为固定成本，与负债筹资没有什么差别，会增加公司的财务风险。

二、发行可转换债券

（一）可转换债券的含义及特征

1. 可转换债券的含义

可转换债券又称可转换公司债券，是指发行人依照法定程序发行，在一定期间内依据约定的条件可以转换成股份的公司债券。

按照转股权是否与可转换债券分离，可转换债券可以分为两类：一类是一般可转换债券，其转股权与债券不可分离，持有者直接按照债券面额和约定的转股价格，在约定的期限内将债券转换为股票；一类是可分离交易的可转换债券，这类债券在发行时附有认股权证，是认股权证和公司债券的组合，又被称为"可分离的附认股权证的公司债"，发行上市后公司债券和认股权证各自独立流通、交易。认股权证的持有者认购股票时，需要按照认购价（行权价）出资购买股票。

2. 可转换债券的特征

（1）固定利息。在换股之前，可转换债券与普通债券一样产生固定年息。

然而,其利息通常低于普通债券。

(2) 期满赎回。如果转换没有实现,可转换债券与普通债券一样在期满时将被赎回,投资者本金的安全由此得到保证(前提是公司仍有清偿能力)。如果发行公司的股价上升,投资者可将其债券转换为股票以获取股价长期上升之利。

(3) 换股溢价。可转换债券的换股溢价一般在 5%—20% 之间,具体多少则视债券期限、利息及发行地而定。换股溢价越低,投资者尽快将债券转换为股票的可能性越大。

(4) 发行人的期前回赎权。发行人多保留在债券最终期满之前赎回债券的权利。由于发行人支付低于普通债券的利息,因此它通常只会在股价大幅高于转换价情况下行使回赎权,以迫使投资者将债券转换为股本。

(5) 投资者的期前回售权。此权利使投资者有机会在债券到期之前,在某一指定日期将债券回售给发行人,通常是以一定溢价售出。投资者一般是在发行人股票表现欠佳时行使回售权。

(二) 可转换债券的转换

1. 转换价格

转换价格是指可转换债券在转换期间据以转换为普通股的折算价格,即将可转换债券转换为普通股的每股普通股的价格。如每股 30 元,即是指可转换债券到期时,将债券金额按每股 30 元转换为相应股数的股票。由于可转换债券在未来可以行权转换成股票,在债券发售时,所确定的转换价格一般比发售日股票市场价格高出一定比例,如高出 10%—30%。我国《可转换公司债券管理暂行办法》规定,上市公司发行可转换公司债券,以发行前 1 个月股票的平均价格为基准,上浮一定幅度作为转股价格。

2. 转换比率

转换比率是指每一份可转换债券在既定的转换价格下能转换为普通股股票的数量。在债券面值和转换价格确定的前提下,转换比率为债券面值与转换价格之商。

3. 转换期

转换期指的是可转换债券持有人能够行使转换权的有效期限。可转换债券的转换期可以与债券的期限相同,也可以短于债券的期限。转换期间的设定通常有四种情形:债券发行日至到期日;发行日至到期前;发行后某日至到期日;发行后某日至到期前。至于选择哪种,要看公司的资本使用状况、项目情况、投资者要求等。由于转换价格高于公司发债时股价,投资者一般不会在发行后立即行使转换权。根据我国《上市公司证券发行管理办法》规定,自发行结束之日起6个月后方可转换为公司股票。

(三)发行可转换债券的优缺点

1. 发行可转换债券的优点

(1)债券成本低。发行可转换债券可使公司在换股之前能够以低廉费用筹集额外资金。因为可转换债券使得公司能获得相对于普通债券而言利率较低且限制条款较不苛刻的负债。

(2)筹资灵活性。可转换债券将传统的债务筹资功能和股票筹资功能结合起来,筹资性质和时间上具有灵活性。债券发行企业先以债务方式取得资金,到了债券转换期,如果股票市价较高,债券持有人将会以约定的价格转换为股票,避免了企业还本付息之负担。如果公司股票长期低迷,投资者不愿意将债券转换为股票,企业及时还本付息清偿债务,也能避免未来长期的股权资本成本负担。

(3)筹资效率高。可转换债券在发行时,规定的转换价格往往高于当时本公司的股票价格。如果这些债券将来都转换成了股权,这相当于在债券发行之际,就以高于当时股票市价的价格新发行了股票,以较少的股份代价筹集了更多的股权资金。因此,在公司发行新股时机不佳时,可以先发行可转换债券,以期将来变相发行普通股。

2. 发行可转换债券的缺点

(1)转股后可转换债券筹资将失去利率较低的好处。

(2)存在不转换的财务压力。如果在转换期内公司股价处于恶化性的低位,持券者到期不转股,会造成公司的集中兑付债券本金的财务压力。

(3)存在回售的财务压力。若可转换债券发行后,公司股价长期低迷,在设计有回售条款的情况下,投资者集中在一段时间内将债券回售给发行公司,加大了公司的财务支付压力。

三、认股权证

(一)认股权证的特点

认股权证是由股份有限公司发行的可认购其股票的一种买入期权。它赋予持有者在一定期限内以事先约定的价格购买发行公司一定股份的权利。

对于筹资公司而言,发行认股权证是一种特殊的筹资手段。认股权证本身含有期权条款,其持有者在认购股份之前,对发行公司既不拥有债权也不拥有股权,而只是拥有股票认购权。尽管如此,发行公司可以通过发行认股权证筹得现金,还可用于公司成立时对承销商的一种补偿。

(二) 认股权证的种类

(1) 美式认股证与欧式认股证。美式认股证,指权证持有人在到期日前,可以随时提出履约要求,买进约定数量的标的股票。而欧式认股证,则是指权证持有人只能于到期日当天,才可买进标的股票。无论股证属欧式或美式,投资者均可在到期日前在市场出售或转让其持有的认股权证。事实上,只有小部分权证持有人会选择行权,大部分投资者均会在到期前沽出权证。

(2) 长期认股权证与短期认股权证。短期认股权证的认股期限一般在 90 天以内。认股权证期限超过 90 天的,为长期认股权证。

(3) 单独发行与附带发行的认股权证。单独发行的认股权证是指不依附于其他证券而独立发行的认股权证。附带发行的认股权证是指依附于债券、优先股、普通股或短期票据发行的认股权证。

(三) 认股权证筹资的优缺点

1. 认股权证筹资的优点

(1) 可以降低相应债券的利率。主要适用于高速增长的小公司,这些公司有较高的风险,直接发行债券需要较高的票面利率。通过发行附有认股权证的债券,以潜在的股权稀释为代价换取较低的利息。

(2) 促进其他筹资方式的运用。单独发行的认股权证有利于将来发售股票。附带发行的认股权证可促进其所依附证券发行的效率。

(3) 有助于改善上市公司的治理结构。采用认股权证进行融资,融资的实现是缓期分批实现的,上市公司及其大股东的利益和投资者是否在到期之前执行认股权证密切相关,因此,在认股权证有效期间,上市公司管理层及其大股东任何有损公司价值的行为,都可能降低上市公司的股价,从而降低投资者执行认股权证的可能性,这将损害上市公司管理层及其大股东的利益。因此,认股权证将有效约束上市公司的败德行为,并激励他们更加努力地提升上市公司的市场价值。

2. 认股权证筹资的缺点

(1) 灵活性较少。附带认股权证的债券发行者,主要目的是发行债券而不是股票,是为了发行债券而附带期权。认股权证的执行价格,一般比发行时的股价高出 20% 至 30%。如果将来公司发展良好,股票价格会大大超过执行价格,原有股东会蒙受较大损失。

(2) 附带认股权证债券的承销费用高于债务融资。

案例阅读及思考

中南整体橱柜公司的融资决策

中南整体橱柜公司是一家上市公司,专业生产、销售整体橱柜。近年来,我国经济快速发展,居民掀起购房和装修热,对公司生产的不同类型的整体橱柜需求旺盛,其销售收入增长迅速。公司预计在北京及其周边地区的市场潜力较为广阔,销售收入预计每年将增长50%—100%。为此,公司决定在2004年底前在北京郊区建成一座新厂。公司为此需要筹措资金5亿元,其中2000万元可以通过公司自有资金解决,剩余的4.8亿元需要从外部筹措。2003年8月31日,公司总经理周建召开总经理办公会议研究筹资方案,并要求财务经理陆华提出具体计划,以提交董事会会议讨论。

公司在2003年8月31日的有关财务数据如下:

1. 资产总额为27亿元,资产负债率为50%。
2. 公司有长期借款2.4亿元,年利率为5%,每年年末支付一次利息。其中6000万元将在2年内到期,其他借款的期限尚余5年。借款合同规定公司资产负债率不得超过60%。
3. 公司发行在外普通股3亿股。

另外,公司2002年完成净利润2亿元。2003年预计全年可完成净利润2.3亿元。公司适用的所得税税率为33%。假定公司一直采用固定股利率分配政策,年股利率为每股0.6元。

随后,公司财务经理陆华根据总经理办公会议的意见设计了两套筹资方案,具体如下:

方案一:以增发股票的方式筹资4.8亿元。

公司目前的普通股每股市价为10元。拟增发股票每股定价为8.3元,扣除发行费用后,预计净价为8元。为此,公司需要增发6000万股股票以筹集4.8亿元资金。为了给公司股东以稳定的回报,维护其良好的市场形象,公司仍将维持其设定的每股0.6元的固定股利率分配政策。

方案二:以发行公司债券的方式筹资4.8亿元。

鉴于目前银行存款利率较低,公司拟发行公司债券。设定债券年利率为4%,期限为10年,每年付息一次,到期一次还本,发行总额为4.9亿元,其中预计发行费用为1000万元。

思考:

假如你是负责人,试分析上述两种筹资方案的优缺点,并从中选出较佳的筹资方案。

练 习 题

一、是非判断题

1. 债务资本和股权资本性质不同,故两种资本不可以相互转换。(   )
2. 凡具有一定规模、经济状况好的企业均可发行债券。(   )
3. 股份公司无论面临什么财务状况,争取早日上市交易都是正确的。(   )
4. 优先股既具有债务筹资性质,又具有权益筹资性质。(   )
5. 同一筹资方式往往适用于不同的筹资渠道。(   )
6. 普通股股东的剩余求偿权在优先股股东之前。(   )
7. 尽管融资租赁比借款购置设备更迅速、更灵活,但租金也比借款利息高得多。(   )
8. 可转换债券的利率一般低于普通债券。(   )
9. 在所有资金来源中,一般来说,普通股的资金成本最高。(   )
10. 公司使用留用利润不花费任何成本。(   )

二、单项选择题

1. 下列各项中,(   )不属于吸收直接投资的优点。
 A. 有利于增强企业信誉　　　　B. 有利于尽快形成生产能力
 C. 资金成本较低　　　　　　　D. 有利于降低财务风险
2. 普通股和优先股筹资方式共有的缺点包括(   )。
 A. 财务风险大　　　　　　　　B. 筹资成本高
 C. 容易分散控制权　　　　　　D. 筹资限制多
3. 与其他负债资金筹集方式相比,下列各项属于融资租赁缺点的是(   )。
 A. 资金成本较高　　　　　　　B. 财务风险大
 C. 税收负担重　　　　　　　　D. 筹资速度慢
4. 间接筹资的基本方式是(   )。
 A. 发行股票筹资　　　　　　　B. 发行债券筹资
 C. 银行借款筹资　　　　　　　D. 投入资本筹资
5. 相对于负债融资方式而言,采用发行普通股方式筹措资金的优点是(   )。
 A. 有利于降低资金成本　　　　B. 有利于集中企业控制权
 C. 有利于降低财务风险　　　　D. 有利于发挥财务杠杆作用

6. 根据我国有关规定,股票不得(　　)。
A. 平价发行　　B. 溢价发行　　C. 时价发行　　D. 折价发行
7. 下列筹资方式中,资本成本最高的是(　　)。
A. 发行普通股　B. 发行债券　　C. 发行优先股　D. 长期借款
8. 筹资按照资本来源的范围不同,可分为(　　)。
A. 直接筹资和间接筹资　　　　B. 内部筹资和外部筹资
C. 权益筹资和负债筹资　　　　D. 短期筹资和长期筹资
9. 出租人既出租某项设备又以该项设备为担保借入资金的租赁方式是(　　)。
A. 杠杆租赁　　B. 经营租赁　　C. 直接租赁　　D. 售后租回
10. 下列筹资方式中不属于债务筹资的是(　　)。
A. 银行借款　　B. 发行债券　　C. 发行股票　　D. 融资租赁

三、多项选择题

1. 企业筹集长期资金的方式一般有(　　)。
A. 筹集投入资本　　　　　　　B. 发行股票
C. 发行债券　　　　　　　　　D. 长期借款
2. 长期借款筹资的优点包括(　　)。
A. 筹资速度快　　　　　　　　B. 筹资成本低
C. 限制条款少　　　　　　　　D. 借款弹性好
3. 相对权益资金的筹资方式而言,长期借款筹资的缺点主要有(　　)。
A. 财务风险较大　　　　　　　B. 资金成本较高
C. 筹资数额有限　　　　　　　D. 筹资速度较慢
4. 下列各项中,属于"吸收直接投资"与"发行普通股"筹资方式所共有缺点的有(　　)。
A. 限制条件多　　　　　　　　B. 财务风险大
C. 控制权分散　　　　　　　　D. 资金成本高
5. 债券与股票的区别在于(　　)。
A. 债券是债务凭证,股票是所有权凭证
B. 债券的投资风险大,股票的投资风险小
C. 债券的收入一般是固定的,股票的收入一般是不固定的
D. 股票在公司剩余财产分配中优先于债券
6. 普通股股东所享有的权利包括(　　)。
A. 优先分配股利　　　　　　　B. 优先认股权
C. 分享盈余权　　　　　　　　D. 经营管理权

7. 权益性资金的筹资方式有(　　)。
   A. 发行普通股　　　　　　　B. 吸收直接投资
   C. 融资租赁　　　　　　　　D. 发行债券
8. 与负债资金的筹集相比,普通股筹资的特点是(　　)。
   A. 筹资风险小　　　　　　　B. 筹资成本低
   C. 能增加公司信誉　　　　　D. 容易分散公司控制权
9. 影响债券发行价格的因素有(　　)。
   A. 债券面额　　B. 市场利率　　C. 票面利率　　D. 债券期限
10. 股票上市的不利之处有(　　)。
    A. 信息公开可能暴露商业秘密　B. 可能分散公司的控制权
    C. 不便于筹措资金　　　　　　D. 股权过于集中

四、简答题

1. 试分析股票上市对公司的利弊。
2. 试说明发行债券筹资的优缺点。
3. 试说明普通股筹资的优缺点。
4. 试说明优先股筹资的特点、条件及优缺点。

五、计算题

1. 某企业 20×4 年度资本实际平均额为 1000 万元,其中不合理部分 100 万元,预计 20×5 年度销售增长 5%,资金周转加快 2%。试在资本需要量与销售收入存在稳定比例的前提下,预测 20×5 年度资本需要量。

2. 某企业历年产销量和资金变化情况如表 4-5 所示,要求:(1) 按照回归模型建立资金需要量预测模型;(2) 20×9 年预计销售量 1500 万件,计算 20×9 年资金需要量。

表 4-5　产销量与资金变化情况表　　　　　　单位:万元

年度	产销量(X)	资金占用(Y)
20×3	1200	1000
20×4	1100	950
20×5	1000	900
20×6	1200	1000
20×7	1300	1050
20×8	1400	1100

第四章练习题参考答案

一、是非判断题

1. ×　2. ×　3. ×　4. √　5. √　6. ×　7. √　8. √
9. √　10. ×

二、单项选择题

1. C　2. B　3. A　4. C　5. C　6. D　7. A　8. B
9. A　10. C

三、多项选择题

1. ABCD　2. ABD　3. AC　4. CD　5. AC　6. BCD
7. AB　8. ACD　9. ABCD　10. AB

四、简答题（略）

五、计算题

1. 预测 20×5 年度资金需要量 = (1000 − 100) × (1 + 5%) × (1 − 2%) = 926.1(万元)

2. 根据表4-5的数据整理出表4-6：

表4-6　资金需要量预测表（按总额预测）　　　　　单位：万元

年度	产销量(X)	资金占用(Y)	XY	X^2
20×3	1200	1000	1200000	1440000
20×4	1100	950	1045000	1210000
20×5	1000	900	900000	1000000
20×6	1200	1000	1200000	1440000
20×7	1300	1050	1365000	1690000
20×8	1400	1100	1540000	1960000
$n=6$	$\sum X = 7200$	$\sum Y = 6000$	$\sum XY = 7250000$	$\sum X^2 = 8740000$

将表4-6的数据代入下列联立方程：

$$\begin{cases} \sum Y = na + b \sum X \\ \sum XY = a \sum X + b \sum X^2 \end{cases}$$

求得：

$$\begin{cases} a = 400 \\ b = 0.5 \end{cases}$$

解得，$Y = 400 + 0.5X$

把 20×9 年预计销售量 1500 万件代入上式，得出 20×9 年资金需要量为：

$400 + 0.5 \times 1500 = 1150(万元)$

第五章 资本成本与资本结构决策

第一节 资本成本

资本成本是财务管理的一个非常重要的概念,公司要达到股东财富最大化,必须使所有的投入成本最小化,其中包括资本成本的最小化,所以正确估计和合理降低资本成本是制定筹资决策的基础。

一、资本成本的概念

资本成本(cost of capital)是指企业为筹集和使用长期资金而付出的代价。资本成本包括筹资费用和用资费用。筹资费用是指企业在资本筹措过程中为获得资本而付出的代价,如向银行支付的借款手续费,因发行股票、公司债券而支付的发行费等。筹资费用通常在资本筹集时一次性发生,在资本使用过程中不再发生,因此,视为筹资数额的一项扣除。用资费用也称使用费,是指企业在资本使用过程中因使用资本而付出的代价,如向银行等债权人支付的利息,向股东支付的股利等。使用费用是因为使用了他人资金而必须支付的,是资本成本的主要内容。

二、资本成本率的种类

资本成本可以用绝对数表示,也可以用相对数表示。但是,为了便于分析和比较,一般用资本成本率这一相对数表示。资本成本率是企业资本使用费用与实际筹集资本的比率,也就是单位实筹资金的年度使用费,用公式表示如下:

$$K = \frac{D}{P-f} \times 100\% \quad \text{或} \quad K = \frac{D}{P \cdot (1-F)} \times 100\%$$

式中,K 表示资本成本率;D 表示用资费用额;P 表示筹资额;f 表示筹资费用额;F 表示筹资费用率,即筹资费用与筹资额的比率。

一般而言,资本成本率包括:(1)个别资本成本率。个别资本成本率是指企业各种长期资本的成本率。如股票资本成本率、债券资本成本率、长期借款资本成本率。企业在比较各种筹资方式时,需要使用个别资本成本率。(2)综合资本成本率。综合资本成本率是指企业全部长期资本的成本率。企业在进行长期资本结构决策时,可以利用综合资本成本率。(3)边际资本成本率。边际资本成本率是指企业追加长期资本的成本率。在追加筹资方案的选择中,需要运用边际资本成本率。

三、资本成本的作用

(一)资本成本是比较筹资方式、选择筹资方案的依据

各种资本的资本成本率,是比较、评价各种筹资方式的依据。在评价各种筹资方式时,一般会考虑的因素包括对企业控制权的影响、对投资者吸引力的大小、融资的难易和风险、资本成本的高低等,而资本成本是其中的重要因素。在其他条件相同时,企业筹资应选择资本成本最低的方式。

(二)资本成本是评价投资项目可行性的主要标准

资本成本通常用相对数表示,它是企业对投入资本所要求的报酬率(或收益率),即最低必要报酬率。任何投资项目,如果它预期的投资报酬率超过该项目使用资金的资本成本率,则该项目在经济上就是可行的。因此,资本成本率是企业用以确定项目要求达到的投资报酬率的最低标准。

(三)资本成本是评价企业整体业绩的重要依据

一定时期企业资本成本的高低,不仅反映企业筹资管理的水平,还可作为评价企业整体经营业绩的标准。企业的生产经营活动,实际上就是所筹集资本经过投放后形成的资产营运,企业的总资产报酬率应高于其平均资本成本率,才能带来剩余收益。

四、资本成本的计算

(一)个别资本成本

1. 长期借款成本

长期借款成本是指借款利息和筹资费用。由于借款利息一般允许在所得税前支付,因此企业实际负担的利息为:利息×(1-所得税税率),所以,一次还本、分期付息的借款成本为:

$$K_l = \frac{I_l(1-T)}{L(1-F_l)}$$

式中,K_l 表示长期借款资本成本率;I_l 表示长期借款年利息额;L 表示长期借款筹资额,即借款本金;F_l 表示长期借款筹资费用率;T 表示所得税税率。

当长期借款的筹资费用很小时,可以忽略不计。在长期借款附加补偿性余额的情况下,筹资总额应扣除补偿性余额,从而长期借款成本将会增加。

例 5-1 某公司欲从银行取得一笔长期借款 2000 万元,手续费率 1%,年利率 5%,期限 5 年,每年结息一次,到期一次还本。公司所得税税率为 25%,求这

笔借款的资本成本率。

解 这笔借款的资本成本率为：

$$K_l = \frac{2000 \times 5\% \times (1 - 25\%)}{2000 \times (1 - 1\%)} = 3.79\%$$

2. 长期债券成本

长期债券成本是指债券利息和筹资费用。债券利息的处理与长期借款利息的处理相同，应以税后的债务利息为计算依据。债券的筹资费用一般比较高，应予以考虑。按照一次还本、分期付息的方式，债券资本成本的计算公式为：

$$K_b = \frac{I_b(1-T)}{B(1-F_b)}$$

式中，K_b 表示长期债券资本成本率；I_b 表示长期借款年利息额；B 表示长期债券筹资额，按发行价格确定；F_b 表示长期借款筹资费用率；T 表示所得税税率。

例5-2 某公司拟平价发行面值100元，期限5年，票面利率8%的债券，每年结息一次，发行费用为发行价格的5%，公司所得税税率为25%，求该债券的资本成本率。

解 该债券的资本成本率为：

$$K_b = \frac{100 \times 8\% \times (1 - 25\%)}{100 \times (1 - 5\%)} = 6.32\%$$

例5-3 某公司发行总面额为400万元的债券，总价格450万元，票面利率10%，发行费用占发行价格的5%，公司所得税税率为25%，求该债券成本率。

解 该债券成本率为：

$$K_b = \frac{400 \times 10\% \times (1 - 25\%)}{450 \times (1 - 5\%)} = 7.02\%$$

3. 优先股成本

公式发行优先股需要支付筹资费用，且优先股的股息通常是固定的。但它与债券不同，股利在税后支付，因此优先股成本计算公式为：

$$K_p = \frac{D_p}{P(1 - F_p)}$$

式中，K_p 表示优先股资本成本率；D_p 表示优先股年股利；P 表示优先股筹资额；F_p 表示优先股筹资费用率。

例5-4 某公司准备发行一批优先股，每股发行价格20元，发行费用2元，预计每年股利1元，求该优先股的成本率。

解 该优先股的成本率为：

$$K_p = \frac{1}{20-2} \times 100\% = 5.56\%$$

4. 普通股成本

普通股成本同优先股的成本计算方法基本相同,但普通股的股利是不固定的,其股利率将随着企业经营状况的变动而变化,正常情况下是呈逐年增长趋势。当企业资不抵债时,普通股持有人参与剩余财产的分配在优先股持有人之后,因而其投资风险最大,资本成本也最高。

普通股成本的测算方法一般有四种:固定股利模型、固定股利增长率模型、资本资产定价模型和债券收益加风险溢价法。

(1) 固定股利模型

如果公司实行固定股利政策,每年分配现金股利 D 元,则资本成本率测算公式为:

$$K_c = \frac{D}{P_c}$$

式中,K_c 表示普通股资本成本率;D 表示普通股股利;P_c 表示普通股筹资净额,即筹资总额扣除筹资费用。

例 5-5 某公司拟发行一批普通股,发行价格 16 元/股,每股发行费用 1 元,预定每年分派现金股利每股 1.5 元,求该股票的资本成本率。

解 该股票的资本成本率为:

$$K_c = \frac{1.5}{16-1} \times 100\% = 10\%$$

(2) 固定股利增长率模型

如果公司实行固定增长股利政策,则普通股资本成本测算公式为:

$$K_c = \frac{D_1}{P_c} + G$$

式中,K_c 表示普通股资本成本率;D_1 表示普通股第一年的股利;P_c 表示普通股筹资净额,即筹资总额扣除筹资费用;G 表示股利增长率。

例 5-6 某公司准备增发普通股,每股的发行价格 16 元,发行费用 1 元,第一年分派现金股利每股 1.5 元,以后每年股利增长 5%。求该股票的资本成本率。

解 该股票的资本成本率为:

$$K_c = \frac{1.5}{16-1} \times 100\% + 5\% = 15\%$$

(3) 资本资产定价模型

按照资本资产定价模型,普通股成本的计算公式为:

$$K_c = R_F + \beta_i(R_m - R_F)$$

式中,β_i 表示第 i 种股票的 β 系数;R_m 为所有股票的平均收益率;R_F 为市场无风险收益率。

例 5-7 已知某股票的 β 值为 1.5,市场平均报酬率为 11%,无风险报酬率为 5%,求股票的资本成本率。

解 该股票的资本成本率为:
$$K_c = 5\% + 1.5 \times (11\% - 5\%) = 14\%$$

(4) 债券收益加风险溢价法

一般而言,从投资者角度,股票投资的风险高于债券,因此,股票投资的必要报酬率可以在债券利率的基础上加上一定的风险溢价。依照这一理论,普通股成本的计算公式为:

$$K_c = K_b + RP_c$$

式中,K_c 表示普通股资本成本率;K_b 表示债务成本;RP_c 表示股东比债权人承担更大风险所要求的风险溢价。

例 5-8 某公司已发行债券的投资报酬率为 10%。现准备发行一批股票,经分析,该股票投资高于债券的风险报酬率为 2%,求该股票的资本成本率。

解 该股票的资本成本率为:
$$K_c = 10\% + 2\% = 12\%$$

5. 留存收益成本

公司的留存收益是由公司税后利润形成的,属于股权资本。从表面上看,公司留存收益并不花费资本成本。实际上,股东愿意将其留在公司而不作为股利取出投资于别处,总是要求获得与普通股等价的报酬。因此,留存收益也有资本成本,是一种机会成本。留存收益的成本测算方法与普通股成本相似,只是不考虑筹资费用。

以上,我们分析了股份有限公司股权资本成本的确定。关于非股份有限公司,其股权资本主要由吸收直接投资和留存收益构成。它们的成本确定一般是按吸收投资协议或合同约定的固定分配比例计算,类似于优先股成本的计算。

(二) 综合资本成本

一般来说,一个企业几乎不可能采用单一的筹资方式,往往采用多种筹资方式进行筹资。因此,要全面衡量一个企业的筹资成本,必须计算企业全部资本的综合成本。所谓综合资本成本是指企业全部长期资本成本的总成本,通常以各种资本占全部资本的比重为权数,对个别资本成本进行加权平均确定,故也称为加权平均资本成本。其计算公式为:

$$K_w = \sum_{i=1}^{n} K_i W_i$$

式中,K_w 表示综合资本成本率;K_i 表示第 i 种长期资本的资本成本率;W_i 表示第 i 种长期资本的资本比例。其中:

$$\sum_{i=1}^{n} W_i = 1$$

例 5-9 某企业长期资本总额为 5000 万元。其中,长期借款 700 万元,长期债券 1000 万元,优先股 500 万元,普通股 1500 万元,留存收益 1300 万元;它们各自的资本成本分别为 5.5%,6.3%,10.25%,15%,14.5%,求企业的综合资本成本。

解 首先,计算各个别资本在资本总额中所占的比重。

长期借款:$W_1 = \dfrac{700}{5000} = 14\%$,长期债券:$W_2 = \dfrac{1000}{5000} = 20\%$

优先股:$W_3 = \dfrac{500}{5000} = 10\%$,普通股:$W_4 = \dfrac{1500}{5000} = 30\%$

留存收益:$W_5 = \dfrac{1300}{5000} = 26\%$

然后,计算综合资本成本:

$$\begin{aligned}K_w &= 5.5\% \times 14\% + 6.3\% \times 20\% + 10.25\% \times 10\% \\ &\quad + 15\% \times 30\% + 14.5\% \times 26\% \\ &= 11.33\%\end{aligned}$$

上述计算中的个别资本占全部资本的比重是按账面价值确定的。在测算企业综合资本成本时,存在着权数价值的选择问题,即各项个别资本按什么权数来确定资本比重。通常,可供选择的价值形式有账面价值、市场价值、目标价值等。

(1) 账面价值权数

账面价值权数即以各项个别资本的会计报表账面价值为基础来计算资本权数,确定各类资本占总资本的比重。其优点是,资料容易取得,可以直接从资产负债表中得到,而且计算结果比较稳定。其缺点是,当债券和股票的市价与账面价值差距较大时,导致按账面价值计算出来的资本成本,不能反映目前从资本市场上筹集资本的现时机会成本,不适合评价现时的资本结构。

(2) 市场价值权数

市场价值权数即以各项个别资本的现行市价为基础来计算资本权数,确定各类资本占总资本的比重。其优点是能够反映现时的资本成本水平,有利于进行资本结构决策。但现行市价处于经常变动之中,不容易取得,而且现行市价反映的只是现时的资本结构,不适用未来的筹资决策。

(3) 目标价值权数

目标价值权数即以各项个别资本预计的未来价值为基础来确定资本权数,确定各类资本占总资本的比重。目标价值是目标资本结构要求下的产物,是公司筹措和使用资金对资本结构的一种要求。对于公司筹措新资金,需要反映期望的资本结构来说,目标价值是有益的,适用于未来的筹资决策。

一般认为,以目标价值为基础计算资本权重,能体现决策的相关性。但目标价值的确定难免具有主观性。在企业筹资实务中,目标价值和市场价值虽然各有优点,但仍有不少公司宁可采用账面价值确定资本比例,因其易于使用。

(三) 边际资本成本

边际资本成本是企业追加筹资的资本成本。企业的个别资本成本和综合资本成本,是企业过去筹集的单项资本的成本或目前使用全部资本的成本。然而,企业在追加筹资时,不能仅仅考虑目前所使用资本的成本,还要考虑新筹集资金的成本,即边际资本成本。边际资本成本是企业进行追加筹资的决策依据。其计算的基本思路是:

首先,计算总筹资额突破点。任何一种筹资方式的筹资成本都不会是固定不变的,随着企业筹资额增加到一定程度,提供资金一方会感到所承担风险的加大,他们会要求更高的回报,从而增加企业筹资的成本。这就是说花费一定的资本成本率只能筹集到一定限度的资金,超过这一限度多筹集资金就要多花费资本成本,引起原资本成本的变化,于是就把在保持某资本成本的条件下可以筹集到的资金总限度称为现有资本结构下的总筹资额突破点。在筹资额突破点范围内筹资,原来的资本成本不会改变;一旦筹资额超过筹资额突破点,即使维持现有的资本结构,其资本成本也会增加。

显然,总筹资额突破点取决于各筹资方式个别筹资额的突破点,而个别筹资额突破点可以根据市场分析获得。具体计算公式为:

$$总筹资额突破点 = \frac{某种筹资方式的筹资额突破点}{该种筹资方式所筹资金在资本结构中所占的比重}$$

其次,将计算出来的总筹资额的突破点从小到大排序,得到企业对应各总筹资额突破点的若干组别的筹资范围,再依次计算各组的加权平均资本成本。

最后,将筹资总额作为横轴,综合资本成本作为纵轴,绘制各筹资组别的加权平均资本成本阶梯状图形,即构成边际资本成本全貌。

现举例说明边际资本成本的计算。

例 5-10 某企业拥有长期资金 400 万元,其中长期借款 60 万元,资本成本 3%;长期债券 100 万元,资本成本 10%;普通股 240 万元,资本成本 13%。平均资本成本为 10.75%。由于扩大经营规模的需要,拟筹集新资金。经分析,认为筹集新资金后仍应保持目前的资本结构,即长期借款占 15%,长期债券占 25%,普通股占 60%,并测算出了随筹资的增加各种资本成本的变化,见表 5-1。试计算企业的边际资本成本。

表 5-1 某公司筹资资料

资金种类	目标资本结构	个别筹资额突破点	资本成本
长期借款	15%	45000 元以内 45000—90000 元 90000 元以上	3% 5% 7%
长期债券	25%	200000 元以内 200000—400000 元 400000 元以上	10% 11% 12%
普通股	60%	300000 元以内 300000—600000 元 600000 元以上	13% 14% 15%

解 (1) 先根据各种筹资方式的突破点计算总筹资额突破点

长期借款筹资额突破点分别为 45000 元和 9000 元,而长期借款的比重为 15%,所以计算出总筹资额突破点分别为:

$$\frac{45000}{15\%} = 300000(元), \quad \frac{90000}{15\%} = 600000(元)$$

按此方法,例 5-10 中各种情况下的筹资额突破点的计算结果见表 5-2:

表 5-2 某公司筹资额突破点计算表

资金种类	目标资本结构	资本成本	某种方式筹资额突破点	筹资额突破点
长期借款	15%	3% 5% 7%	45000 元以内 45000—90000 元 90000 元以上	300000 元 600000 元
长期债券	25%	10% 11% 12%	200000 元以内 200000—400000 元 400000 元以上	800000 元 1600000 元
普通股	60%	13% 14% 15%	300000 元以内 300000—600000 元 600000 元以上	500000 元 1000000 元

(2) 将总筹资额突破点由小到大排序:30 万元、50 万元、60 万元、80 万元、

100万、160万元,并得到7组筹资总额范围:30万元以内;30—50万元;50—60万元;60—80万元;80—100万元;100—160万元;160万元以上。对以上7组筹资总额范围分别计算加权平均资本成本,即可得到各种筹资总额范围的边际资本成本,计算结果见表5-3:

表5-3 某公司边际资本成本计算表

筹资总额范围	资金种类	资本结构	资本成本	加权平均资本成本
300000元内	长期借款 长期债券 普通股	15% 25% 60%	3% 10% 13%	3%×15%=0.45% 10%×25%=2.5% 13%×60%=7.8% 10.75%
300000—500000元	长期借款 长期债券 普通股	15% 25% 60%	5% 10% 13%	5%×15%=0.75% 10%×25%=2.5% 13%×60%=7.8% 11.05%
500000—600000元	长期借款 长期债券 普通股	15% 25% 60%	5% 10% 14%	5%×15%=0.75% 10%×25%=2.5% 14%×60%=8.4% 11.65%
600000—800000元	长期借款 长期债券 普通股	15% 25% 60%	7% 10% 14%	7%×15%=1.05% 10%×25%=2.5% 14%×60%=8.4% 11.95%
800000—1000000元	长期借款 长期债券 普通股	15% 25% 60%	7% 11% 14%	7%×15%=1.05% 11%×25%=2.75% 14%×60%=8.4% 12.2%
1000000—1600000元	长期借款 长期债券 普通股	15% 25% 60%	7% 11% 15%	7%×15%=1.05% 11%×25%=2.75% 15%×60%=9% 12.8%
1600000元以上	长期借款 长期债券 普通股	15% 25% 60%	7% 12% 15%	7%×15%=1.05% 12%×25%=3% 15%×60%=9% 13.05%

(3)以上计算结果用图形表达,可以更形象地看出筹资总额增加时边际资本成本的变化(见图5-1),企业可依此作出追加筹资的规划。

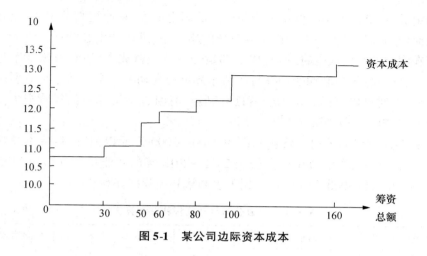

图 5-1 某公司边际资本成本

第二节 杠杆效应分析

物理学中的杠杆效应是指用较小的力量移动较重物体的现象。财务管理中存在着类似的杠杆效应,表现为:由于特定固定支出或费用的存在,导致当某一财务变量以较小幅度变动时,另一相关变量会以较大幅度变动。财务管理中的杠杆效应,包括经营杠杆、财务杠杆和总杠杆三种形式。杠杆效应既可以产生杠杆利益,也可能带来杠杆风险。了解这些杠杆原理,有助于企业合理规避风险,提高财务管理水平。

一、经营杠杆效应分析

(一)经营杠杆

经营杠杆(operating leverage),亦称营业杠杆,是指由于企业经营成本中固定成本的存在,而使得企业的息税前利润变动率大于业务量变动率的现象。经营杠杆反映了资产报酬的波动性,用以评价企业的经营风险。

息税前利润反映企业在扣除利息和所得税之前的利润,它代表企业全部资金(包括自有资金和负债资金)的盈利水平。

$$EBIT = S - V - F = (P - V_c)Q - F = M - F$$

式中,EBIT 为息税前利润;S 为销售额;V 为变动性经营成本;F 为固定性经营成本;Q 为销售数量;P 为销售单价;V_c 为单位变动成本;M 为边际贡献。

上式中,影响 EBIT 的因素包括产品售价、产品需求、产品成本等因素。当产品成本中存在固定成本时,如果其他条件不变,销售数量的增加虽然不会改变固定成本总额,但会降低单位产品分摊的固定成本,从而提高单位产品利润,使息税前利润的增长率大于产销业务量的增长率,进而产生经营杠杆效应。当不存在固定性经营成本时,所有成本都是变动性经营成本,边际贡献等于息税前利润,此时息税前利润变动率与产销业务量的变动率完全一致。企业利用经营杠杆,有时可以获得一定的经营杠杆利益,有时也承受相应的经营损失。可见,经营杠杆是一把"双刃剑"。

例 5-11 XYZ 公司在营业总额为 2400—3000 万元以内,固定成本总额为 800 万元,变动成本率为 60%。公司 2011—2013 年的营业总额分别为 2400 万元,2600 万元和 3000 万元。试根据下表测算其经营杠杆利益。

表 5-4 　XYZ 公司经营杠杆利益测算表　　　　　　　　　单位:万元

年份	营业额	营业额增长率	变动成本	固定成本	营业利润	利润增长率
2011	2400		1440	800	160	
2012	2600	8%	1560	800	240	50%
2013	3000	15%	1800	800	400	67%

解 XYZ 公司在营业总额为 2400—3000 万元的范围内,固定成本总额每年都是 800 万元,即保持不变,随着营业总额的增长,息税前利润以更快的速度增长。在上例中,XYZ 公司 2012 年与 2011 年相比,营业总额的增长率为 8%,同期息税前利润的增长率为 50%;2013 年与 2012 年相比,营业总额的增长率为 15%,同期息税前利润的增长率为 67%。由此可知,由于 XYZ 公司有效地利用了经营杠杆,获得了较高的经营杠杆利益,即息税前利润的增长幅度高于营业总额的增长幅度。

例 5-12 下面再分析下经营杠杆所带来的风险。假定 XYZ 公司 2011—2013 年的营业总额分别为 3000 万元,2600 万元和 2400 万元,每年的固定成本都是 800 万元,变动成本率为 60%。试以下表测算其经营风险。

表 5-5 　XYZ 公司经营风险测算表　　　　　　　　　单位:万元

年份	营业额	营业额降低率	变动成本	固定成本	营业利润	利润降低率
2011	3000		1800	800	400	
2012	2600	13%	1560	800	240	40%
2013	2400	8%	1440	800	160	33%

解 XYZ 公司,在营业总额为 2400—3000 万元的范围内,固定成本总额每年都是 800 万元,即保持不变,而随着营业总额的下降,息税前利润以更快的速度下降。例如,XYZ 公司 2012 年与 2011 年相比,营业总额的降低率为 13%,同

期息税前利润的降低率为40%;2013年与2012年相比,营业总额的降低率为8%,同期息税前利润的降低率为33%。由此可知,由于经营杠杆的作用,营业收入总额下降时,息税前利润下降得更快,从而给企业带来经营风险。

(二)经营杠杆系数

只要企业存在固定成本,就存在经营杠杆效应。但不同的产销业务量,其对应杠杆效应的大小程度是不一致的。测算经营杠杆效应程度,常用指标为经营杠杆系数。经营杠杆系数(DOL),是息税前利润变动率与产销业务量变动率的比,计算公式为:

$$\text{DOL} = \frac{\Delta \text{EBIT}/\text{EBIT}}{\Delta S/S} \text{ 或 } \text{DOL} = \frac{\Delta \text{EBIT}/\text{EBIT}}{\Delta Q/Q}$$

式中,DOL为经营杠杆系数;ΔEBIT为息税前利润变动额;EBIT为变动前息税前利润;ΔS为营业收入变动额;S为变动前营业收入;ΔQ为销售数量变动额;Q为变动前销售量。

为了便于应用,经营杠杆系数可通过销售额和成本来表示:

$$\text{DOL} = \frac{Q(P - V_c)}{Q(P - V_c) - F} \quad \text{(公式1)}$$

或

$$\text{DOL} = \frac{S - V}{S - V - F} = \frac{M}{\text{EBIT}} = \frac{\text{EBIT} + F}{\text{EBIT}} \quad \text{(公式2)}$$

式中,DOL为经营杠杆系数;Q为销售数量;P为销售单价;V_c为单位变动成本;S为销售额;V为变动性经营成本;F为固定性经营成本;M为边际贡献;EBIT为息税前利润。

在实际工作中,公式1可用于计算单一产品的经营杠杆系数;公式2除了用于单一产品外,还可用于计算多种产品的经营杠杆系数。从上述公式可以看出,如果固定成本等于0,则经营杠杆系数为1,即不存在经营杠杆效应。

例5-13 XYZ公司生产A产品,销量40000件,单位产品售价1000元,营业收入总额4000万元,固定成本总额为800万元,单位产品变动成本为600元,计算经营杠杆系数。

解 经营杠杆系数为:

$$\text{DOL} = \frac{40000 \times (1000 - 600)}{40000 \times (1000 - 600) - 8000000} = 2$$

在此例题中,经营杠杆系数2的意义在于:当营业收入增长10%时,息税前利润将增长20%,此时表现为经营杠杆利益;反之,当营业收入下降10%时,息税前利润将下降20%,此时表现为经营风险。一般而言,企业经营杠杆系数越大,经营杠杆利益和经营风险也越高。

例 5-14 XYZ 公司生产 A 产品,固定成本为 60 万元,变动成本率为 40%,当企业的营业收入分别为 400 万元、200 万元、100 万元时,求经营杠杆系数。

解 经营杠杆系数分别为:

$$DOL_{(1)} = \frac{400 - 400 \times 40\%}{400 - 400 \times 40\% - 60} = 1.33$$

$$DOL_{(2)} = \frac{200 - 200 \times 40\%}{200 - 200 \times 40\% - 60} = 2$$

$$DOL_{(3)} = \frac{100 - 100 \times 40\%}{100 - 100 \times 40\% - 60} = \infty$$

以上计算结果表明:

第一,在固定成本不变的情况下,经营杠杆系数说明了销售额增长(减少)所引起的息税前利润增长(减少)的幅度。

第二,经营杠杆系数越大,经营杠杆作用和经营风险越大。

第三,在固定成本不变的情况下,销售额越大,经营杠杆系数越小,经营风险越小;反之,则相反。

第四,当销售额达到盈亏临界点时(收入等于成本时),经营杠杆系数趋近于无穷大。此时企业经营只能保本,若销售额稍有增加便可出现盈利,若销售额稍有减少便会发生亏损。

企业一般可通过增加销售额,降低单位变动成本和降低固定成本等措施来降低经营杠杆系数和经营风险。

二、财务杠杆效应分析

(一) 财务杠杆

财务杠杆(financial leverage),是指由于企业债务资本中固定费用的存在,而使得企业的普通股每股收益变动率大于息税前利润变动率的现象。财务杠杆反映了股权资本报酬的波动性,用以评价企业的财务风险。用普通股每股收益表示普通股权益资本报酬,则:

$$EPS = \frac{(EBIT - I)(1 - T) - D}{N}$$

式中,EPS 表示每股收益;I 表示债务资本利息;T 表示所得税税率;D 表示优先股股利;N 表示普通股股数。

上式中,影响普通股收益的因素包括资产报酬、资本成本、所得税税率等因素。当有固定利息费用等资本成本存在时,如果其他条件不变,息税前利润的增加虽然不改变固定利息费用总额,但会降低每一元息税前利润分摊的利息费用,从而提高每股收益,使得普通股收益的增长率大于息税前利润的增长率,进而产生财务杠杆效应。当不存在固定利息等资本成本时,息税前利润就是利润总额,此时利润总额变动率与息税前利润变动率完全一致。如果两期所得税税率和普通股股数保持不变,每股收益的变动率与利润总额变动率也完全一致,进而与息税前利润变动率一致。

通过表5-6中的例子可以了解息税前利润变动率对每股收益变动率的影响程度。

例5-15 有A、B、C三个公司,资本总额均为1000万元,所得税税率均为30%,每股面值均为1元。A公司资本全部由普通股组成;B公司债务资本300万元(利率10%),普通股700万元;C公司债务资本500万元(利率10.8%),普通股500万元。三个公司2008年EBIT均为200万元,2009年EBIT均为300万元,EBIT增长了50%。有关财务指标如表5-6所示:

表5-6　A、B、C公司财务杠杆的测算　　　　　　　　　　单位:万元

利润项目		A公司	B公司	C公司
普通股股数		1000万股	700万股	500万股
利润总额	2008年	200	170	146
	2009年	300	270	246
	增长率	50%	58.82%	68.49%
净利润	2008年	140	119	102.2
	2009年	210	189	172.2
	增长率	50%	58.82%	68.49%
每股收益	2008年	0.14元	0.17元	0.20元
	2009年	0.21元	0.27元	0.34元
	增长率	50%	58.82%	68.49%
每股收益变动率/息税前利润变动率		1.000	1.176	1.370

试对企业的息税前利润与每股收益的变动进行分析。

解 通过对上表的分析,可以得出:

第一,完全没有负债融资的A公司相对于具有债务融资的B和C公司而言,在息税前利润增长50%的情况下,每股收益也增长了50%,说明每股收益与息税前利润同步变化,即没有显现出财务杠杆效应。而B和C公司每股收益的变化幅度均超过了息税前利润增长幅度,显示出财务杠杆效应。

第二,除A公司没有负债外,B、C公司的资产负债率分别为30%、50%。当各自的资产负债率保持不变时,在息税前利润增加均为50%的情况下,B、C公司每股收益的变化率分别为58.82%、68.49%,结果表明:资产负债率越高的公司显示出每股收益的变化程度越大,说明财务杠杆效应越明显。

(二) 财务杠杆系数

只要企业融资方式中存在固定利息费用,就存在财务杠杆效应。在同一固定的资本成本支付水平上,不同的息税前利润水平,对固定的资本成本的承受负担是不一样的,其财务杠杆效应的大小程度是不一致的。测算财务杠杆效应程度,常用指标为财务杠杆系数。财务杠杆系数(DFL),是每股收益变动率与息税前利润变动率的倍数,计算公式为:

$$DFL = \frac{\Delta EPS/EPS}{\Delta EBIT/EBIT}$$

式中,DFL 表示财务杠杆系数;ΔEPS 表示每股收益变动额;EPS 表示变动前每股收益;$\Delta EBIT$ 表示息税前利润变动额;EBIT 表示变动前息税前利润。

上述公式还可以推导为:

$$DFL = \frac{EBIT}{EBIT - I}$$

例 5-16 ABC 公司全部长期资本为 7500 万元,债务资本比例为 0.4,债务年利率为 8%,公司所得税税率为 25%,息税前利润为 800 万元,求财务杠杆系数。

解 ABC 公司财务杠杆系数为:

$$DFL = \frac{800}{800 - 7500 \times 0.4 \times 8\%} = 1.43$$

上例中财务杠杆系数为 1.43 的含义是:当息税前利润增长 10% 时,普通股每股收益将增长 14.3%;反之,当息税前利润下降 10% 时,普通股每股收益将下降 14.3%。前一种情形表现为财务杠杆利益,后一种情形表现为财务风险。一般而言,财务杠杆系数越大,企业财务杠杆利益和财务风险也越高。

关于财务杠杆需要注意以下几个问题:

第一,财务杠杆系数表明的是息税前利润增长所引起的每股收益增长幅度。比如,ABC 公司的息税前利润增长 1 倍,其每股收益增长 1.43 倍。

第二,一般而言,在其他因素不变的情况下,固定财务费用越高,财务杠杆系数越大,财务风险越大。如果固定财务费用为 0,则财务杠杆系数为 1,不存在财务杠杆效应。

第三,影响财务风险的因素主要有:资本规模的变动,债务资本比例,债务利率的变动,息税前利润的变动。固定性财务费用越高,息税前利润水平越低,财务杠杆效应越大,反之亦然。

第四,负债比率是可以控制的,即财务风险是可控的。企业可以通过合理安排资本结构,适度负债,使财务杠杆风险处于合适水平,以消除财务杠杆效应所带来的不利影响。

三、联合杠杆效应分析

(一) 联合杠杆

经营杠杆和财务杠杆可以独自发挥作用,也可以综合发挥作用,由于固定性经营成本的存在,产生经营杠杆效应,导致产销业务量变动对息税前利润变动有放大作用;同样,由于债务资本中固定利息费用的存在,产生财务杠杆效应,导致息税前利润变动对普通股收益有放大作用。两种杠杆共同作用,将导致产销业务量的变动引起普通股每股收益更大的变动。

通常把这两种杠杆的复合作用称为联合杠杆或总杠杆(total leverage)。联合杠杆,是指由于固定经营成本和固定财务费用的存在,导致普通股每股收益变动率大于产销业务量的变动率的现象。

(二) 联合杠杆系数

只要企业同时存在固定性经营成本和固定财务费用,就存在联合杠杆效应。产销量变动通过息税前利润的变动,传导至普通股收益,使得每股收益发生更大的变动。用联合杠杆系数(DTL)表示联合杠杆效应程度,可见,联合杠杆系数是经营杠杆系数和财务杠杆系数的乘积,是普通股每股收益变动率相当于产销量变动率的倍数,计算公式为:

$$DTL = DOL \times DFL = \frac{\Delta EPS/EPS}{\Delta S/S}$$

例 5-17 A 公司的经营杠杆系数为 2,财务杠杆系数为 1.5,求其财务杠杆系数。

解 该公司的联合杠杆系数为:

$$DTC = 2 \times 1.5 = 3$$

在此例中,联合杠杆系数为 3 的含义为:当公司营业收入或销售量增长 10% 时,普通股每股收益将增长 30%,具体反映为公司的联合杠杆利益;反之,当公司营业收入或销售量下降 10% 时,普通股每股收益将下降 30%,具体反映为公司的联合杠杆风险。

第三节 资本结构决策分析

资本结构及其管理是企业筹资管理的核心问题。企业应综合考虑有关影响因素,运用适当的方法确定最佳资本结构,提升企业价值。如果企业现有资本结构不合理,应通过筹资活动优化调整资本结构,使其趋于科学合理。

一、资本结构概述

(一) 资本结构的含义

资本结构(capital structure)是指企业资本总额中各种资本的构成及其比例关系。筹资管理中,资本结构有广义和狭义之分。广义的资本结构包括全部资金的来源构成及其比例关系,不但包括长期资本,还包括短期负债;狭义的资本结构则指长期资本的构成及其比例关系,尤其是长期负债与股东权益资本之间的构成及其比例关系。本书所指的资本结构通常是狭义的资本结构。

不同的资本结构会给企业带来不同的后果。企业利用债务资本进行举债经营具有双重作用,既可以发挥财务杠杆效应,也可能带来财务风险。因此企业必须权衡财务风险和资本成本的关系,确定最佳的资本结构。评价企业资本结构最佳状态的标准应该是能够提高股权收益或降低资本成本,最终目的是提升企业价值。股权收益,表现为净资产报酬率或普通股每股收益;资本成本,表现为企业的平均资本成本率。根据资本结构理论,当公司平均资本成本最低时,公司价值最大。所谓最佳资本结构,是指在一定条件下使企业平均资本成本率最低、企业价值最大的资本结构。资本结构优化的目标,是降低平均资本成本率或提高普通股每股收益。

从理论上讲,最佳资本结构是存在的,但由于企业内部条件和外部环境的经常性变化,动态地保持最佳资本结构十分困难。因此在实践中,目标资本结构通常是企业结合自身实际进行适度负债经营所确立的资本结构。

(二) 影响资本结构的因素

资本结构是一个产权结构问题,是社会资本在企业经济组织形式中的资源配置结果。资本结构的变化,将直接影响社会资本所有者的利益。

1. 企业经营状况的稳定性和成长率

企业产销业务量的稳定程度对资本结构有重要影响:如果产销业务量稳定,企业可较多地负担固定的财务费用;如果产销业务量和盈余有周期性,则要负担固定的财务费用,将承担较大的财务风险。经营发展能力表现为未来产销业务量的增长率,如果产销业务量能够以较高的水平增长,企业可以采用高负债的资本结构,以提升权益资本的报酬。

2. 企业的财务状况和信用等级

企业财务状况良好,信用等级高,债权人愿意向企业提供信用,企业容易获得债务资本。相反,如果企业财务情况欠佳,信用等级不高,债权人投资风险大,这样会降低企业获得信用的能力,加大债务资本筹资的资本成本。

3. 企业资产结构

资产结构是企业筹集资本后进行资源配置和使用后的资金占用结构,包括长短期资产构成和比例,以及长短期资产内部的构成和比例。资产结构对企业资本结构的影响主要包括:拥有大量固定资产的企业主要通过长期负债和发行股票筹集资金;拥有较多流动资产的企业更多地依赖流动负债筹集资金;资产适用于抵押贷款的企业负债较多;以技术研发为主的企业则负债较少。

4. 企业投资人和管理当局的态度

从企业所有者的角度看,如果企业股权分散,企业可能更多地采用权益资本筹资以分散企业风险。如果企业为少数股东控制,股东通常重视企业控股权问题,为防止控股权稀释,企业一般尽量避免普通股筹资,而是采用优先股或债务资本筹资。从企业管理当局的角度看,高负债资本结构的财务风险高,一旦经营失败或出现财务危机,管理当局将面临市场接管的威胁或者被董事会解聘。因此,稳健的管理当局偏好于选择低负债比例的资本结构。

5. 行业特征和企业发展周期

不同行业资本结构差异很大。产品市场稳定的成熟产业经营风险低,因此可提高债务资本比重,发挥财务杠杆作用。高新技术企业的产品、技术、市场尚不成熟,经营风险高,因此可降低债务资本比重,控制财务杠杆风险。在同一企业不同发展阶段,资本结构安排不同。企业初创阶段,经营风险高,在资本结构安排上应控制负债比例;企业发展成熟阶段,产品产销业务量稳定和持续增长,经营风险低,可适度增加债务资本比重,发挥财务杠杆效应;企业收缩阶段,产品市场占有率下降,经营风险逐步加大,应逐步降低债务资本比重,保证经营现金流量能够偿付到期债务,保持企业持续经营能力,减少破产风险。

6. 经济环境的税务政策和货币政策

资本结构决策必然要研究理财环境因素,特别是宏观经济状况。政府调控经济的手段包括财政税收政策和货币金融政策,当所得税税率较高时,债务资本的抵税作用大,企业可以充分利用这种作用来提高企业价值。货币金融政策影响资本供给,从而影响利率水平的变动,当国家执行紧缩的货币政策时,市场利率较高,企业债务资本成本增大。

二、资本结构决策分析方法

适当利用负债可以降低公司资本成本,但当债务比率过高时,杠杆利益会被债务成本抵消,公司面临较大财务风险。因此,企业应该确定其最佳的债务比率(资本结构)。由于每个公司处于不断变化的经营条件和外部经济环境中,使得确定最佳资本结构十分困难。资本结构决策分析有不同的方法,常用的方法有每股收益无差别点法和资本成本比较法。

(一) 每股收益无差别点法

可以用每股收益的变化来判断资本结构是否合理,即能够提高普通股每股收益的资本结构,就是合理的资本结构。在资本结构管理中,利用债务资本的目的之一,就在于债务资本能够提供财务杠杆效应,利用负债筹资的财务杠杆作用来增加股东财富。

每股收益受到经营利润水平、债务资本成本水平等因素的影响,分析每股收益与资本结构的关系,可以找到每股收益无差别点。所谓每股收益无差别点,是指不同筹资方式下每股收益都相等时的息税前利润。根据每股收益无差别点,可以分析判断在什么样的息税前利润水平下,适于采用何种筹资组合方式,进而确定企业的资本结构安排。

在每股收益无差别点上,无论是采用债务还是股权筹资方案,每股收益都是相等的。当预期息税前利润水平大于每股收益无差别点时,应当选择财务杠杆效应较大的筹资方案,反之亦然。在每股收益无差别点上,不同筹资方案的 EPS 是相等的,用公式表示如下:

$$\frac{(\text{EBIT}-I_1)(1-T)}{N_1}=\frac{(\text{EBIT}-I_2)(1-T)}{N_2}$$

式中,EBIT 表示息税前利润平衡点,即每股收益无差别点;I_1、I_2 表示两种筹资方式下的长期债务年利息;N_1、N_2 表示两种筹资方式下的普通股股数;T 表示所得税税率。

例 5-18 某公司目前拥有长期资本 8500 万元,其资本结构为:长期债务 1000 万元,年利率 9%,普通股权益 7500 万元(1000 万股)。假设,所得税税率为 25%。现准备追加筹资 1500 万元,其筹资方法有两种可供选择:(1) 全部发行普通股,增发 300 万股。(2) 全部筹措长期债务,利率为 12%。要求:计算普通股和长期债务筹资的无差异点以及在此点上的每股收益。

解 先计算无差异点:令

$$\frac{(\text{EBIT}-90)(1-25\%)}{1000+300}=\frac{(\text{EBIT}-90-180)(1-25\%)}{1000}$$

$$\text{EBIT}=870(\text{万元})$$

再计算在无差异的息税前利润水平上的每股收益水平:

$$\text{两种方式下的每股收益}=\frac{(870-90)(1-25\%)}{1000+300}=0.45(\text{元}/\text{股})$$

上述每股收益无差别分析,可描绘成如图 5-2 所示。从图 5-2 可以看出,当息税前利润大于 870 万元时,增加长期债务比增发普通股更有利;当息税前利润小于 870 万元时,增加长期债务则不利。

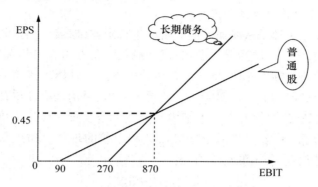

图 5-2 每股收益无差别点分析示意图

(二) 资本成本比较法

资本成本比较法,是通过计算和比较各种可能的筹资组合方案的综合资本成本,选择综合资本成本率最低的方案。即能够降低综合资本成本的资本结构,就是合理的资本结构。这种方法侧重于从资本投入的角度对筹资方案和资本结构进行优化分析。

例 5-19 长达公司需筹集 100 万元长期资本,可以用长期借款、发行债券、发行普通股三种方式筹集,其个别资本成本率已分别测定,有关资料如表 5-7 所示:

表 5-7 长达公司资本成本与资本结构数据表

筹资方式	资本结构			个别资本成本率
	A 方案	B 方案	C 方案	
借款	40%	30%	20%	6%
债券	10%	15%	20%	8%
普通股	50%	55%	60%	9%
合计	100%	100%	100%	

解 首先,分别计算三个方案的综合资本成本 K。

A 方案:$K = 40\% \times 6\% + 10\% \times 8\% + 50\% \times 9\% = 7.7\%$

B 方案:$K = 30\% \times 6\% + 15\% \times 8\% + 55\% \times 9\% = 7.95\%$

C 方案:$K = 20\% \times 6\% + 20\% \times 8\% + 60\% \times 9\% = 8.2\%$

其次,根据企业筹资评价的其他标准,考虑企业的其他因素,对各个方案进行修正之后,再选择其中成本最低的方案。本例中,我们假设其他因素对方案选择的影响甚小,则 A 方案的综合资本成本最低。这样,该公司的资本结构为长期借款 40 万元,发行债券 10 万元,发行普通股 50 万元。

(三) 企业价值测算法

以上两种方法都是从账面价值的角度进行资本结构优化分析,没有考虑市场反应,也没有考虑风险因素。公司价值测算法,是在考虑市场风险的基础上,以公司市场价值为标准,进行资本结构优化的方法。具体步骤如下:

(1) 公司价值的测算。对于一个公司的价值,目前尚有不同的认识及测算方法,主要有:① 公司价值等于未来净收益的贴现价值;② 公司价值是其股票的现行市场价值;③ 公司价值等于其债务和股票的现值。这里采用第三种观点。按照这种观点,公司的总价值为:

$$V = B + S$$

式中,V 表示公司的总价值;B 表示公司长期债务的折现价值;S 表示公司股票的折现价值。

其中,为简化起见,设长期债务(含长期债务和长期借款)现值等于其面值(或本金);S 按股票未来净收益贴现测算:

$$S = \frac{(\text{EBIT} - I)(1 - T)}{K_s}$$

式中,S 表示公司股票的折现价值;EBIT 表示息税前利润;I 表示两种筹资方式下的长期债务年利息;T 表示所得税税率;K_s 表示公司股票资本成本率。

(2) 公司资本成本的测算。按照上述情况,公司的全部长期资本由长期债务和普通股组成,则公司的全部资本成本率可按下面公式测算:

$$K_w = K_b \cdot \frac{B}{V} \cdot (1 - T) + K_s \cdot \frac{S}{V}$$

式中,K_w 表示公司综合资本成本率;K_b 表示公司长期债务税前资本成本率;K_s 表示公司股票资本成本率;其他符号含义同前。

在上述测算公式中,为了考虑公司财务风险的影响,股票资本成本率可运用资本资产定价模型来测算:

$$K_s = R_F + \beta_i (R_m - R_F)$$

式中,β_i 表示第 i 种股票的 β 系数;R_m 为所有股票的平均收益率;R_F 为市场无风险收益率。

(3) 公司最佳资本结构的测算及判断。根据上述公式,计算不同资本结构的企业价值和资本成本率,并以企业价值最大、综合资本成本率最低为标准比较确定公司最佳的资本结构。下面举例说明公司价值测算法的应用。

例 5-20 某公司息税前利润为 400 万元,资本总额账面价值 1000 万元。假设无风险报酬率为 8%,证券市场平均报酬率为 12%,所得税税率为 25%,不同债务水平下的利率水平如表 5-8 所示,采用企业价值测算法,确定最佳资本结构。

表 5-8　不同债务水平下的债务资本成本率和普通股资本成本率测算表

债务市场价值 B(万元)	税前债务利息率 $K_b(\%)$	股票 β 系数	普通股资本成本率 $K_s(\%)$
0		1.5	14.00%
200	8.00%	1.55	14.20%
400	8.50%	1.65	14.60%
600	9.00%	1.8	15.20%
800	10.00%	2	16.00%
1000	12.00%	2.3	17.20%
1200	15.00%	2.7	18.80%

解　根据上述关于股票资本成本率的测算公式,计算得到不同债务水平下的权益资本成本率,如表 5-8 所示。

在表 5-8 中,当 $B=200$ 万元,$\beta=1.55$,$R_F=12\%$,$R_m=8\%$ 时,普通股资本成本率 $K_S=8\%+1.55\times(12\%-8\%)=14.2\%$,其他同理计算。

根据表 5-8 的资料,运用前面所讲的测算方法,可计算出不同资本结构下的企业总价值和综合资本成本率,如表 5-9 所示:

表 5-9　公司价值和综合资本成本率测算表

债务市场价值 B(万元)	股票市场价值 S(万元)	公司总价值 V(万元)	债务税前资本成本 $K_b(\%)$	普通股资本成本率 $K_s(\%)$	综合资本成本率 $K_w(\%)$
0	2142.86	2142.86		14.00%	14.00%
200	2028.17	2228.17	8.00%	14.20%	13.46%
400	1880.14	2280.14	8.50%	14.60%	13.16%
600	1707.24	2307.24	9.00%	15.20%	13.00%
800	1500.00	2300.00	10.00%	16.00%	13.04%
1000	1220.93	2220.93	12.00%	17.20%	13.51%
1200	877.66	2077.66	15.00%	18.80%	14.44%

在表 5-9 中,当 $B=200$ 万元时,$K_b=8\%$,$K_s=14.2\%$,EBIT$=400$ 万元,则

$$S=\frac{(400-200\times8\%)(1-25\%)}{14.2\%}=2028.17$$

$$V=200+2028.17=2228.17$$

$$K_w=8\%\times\frac{200}{2228.17}\times(1-25\%)+14.2\%\times\frac{2028.17}{2228.17}=13.46\%$$

可以看出,在没有债务资本的情况下,公司的总价值等于股票的账面价值。当公司增加一部分债务时,财务杠杆开始发挥作用,公司总价值上升,综合资本成本率下降。在债务达到 600 万元时,公司总价值最高,平均资本成本率最低。债务超过 600 万元后,随着利息率的不断上升,财务杠杆作用逐步减弱甚至呈现副作用,公司总价值下降,平均资本成本率上升。因此,债务为 600 万元时的资本结构是该公司的最优资本结构。

(四) 三种分析法的优缺点及适用范围

每股收益无差别点分析法的测算原理比较容易理解,测算过程较为简单。它以普通股每股收益最高为决策标准,也没有具体测算财务风险因素,其决策目标实际上是股东财富最大化或股票价值最大化,而不是公司价值最大化,可用于资本规模不大、资本结构不太复杂的股份有限公司。

资本成本比较法的测算原理容易理解,测算过程简单。但该方法仅以资本成本率最低为决策标准,没有具体测算财务风险因素,其决策目标实质上是利润最大化而不是公司价值最大化。资本成本比较法一般适用于资本规模较小、资本结构较为简单的非股份制企业。

公司价值测算法,考虑了公司财务风险和资本成本等因素的影响,进行资本结构的决策以公司价值最大为标准,更符合公司价值最大化的财务目标。但其测试原理及测算过程较为复杂,适用于资本规模较大的上市公司。

案例阅读及思考

大宇资本结构的神话

韩国第二大企业集团大宇集团 1999 年 11 月 1 日向新闻界正式宣布,该集团董事长金宇中以及 14 名下属公司的总经理决定辞职,以表示"对大宇的债务危机负责,并为推行结构调整创造条件"。韩国媒体认为,这意味着"大宇集团解体进程已经完成","大宇集团已经消失"。大宇集团于 1967 年开始奠基立厂,其创办人金宇中当时是一名纺织品推销员。经过 30 年的发展,通过政府的政策支持、银行的信贷支持和在海内外的大力购并,大宇成为直逼韩国最大企业——现代集团的庞大商业帝国:1998 年底,总资产高达 640 亿美元,营业额占韩国 GDP 的 5%;业务涉及贸易、汽车、电子、通用设备、重型机械、化纤、造船等众多行业;国内所属企业曾多达 41 家,海外公司数量创下过 600 家的记录,鼎盛时期,海外雇员多达几十万,大宇成为国际知名品牌。大宇是"章鱼足式"扩张模式的积极推行者,认为企业规模越大,就越能立于不败之地,即所谓的"大马不死"。据报道,1993 年,金宇中提出"世界化经营"战略时,大宇在海外的企业只有15家,而到1998年底已增至600多家,"等于每3天增加一个企业"。更让韩国人着迷的是:在韩国陷入金融危机的1997年,大宇不仅没有被危机困倒,反而在国内的集团排名中由第4位上升到第2位,金宇中本人也被美国《幸福》杂志评为亚洲风云人物。

  1997年底,韩国发生金融危机后,其他企业集团都开始收缩,但大宇仍然我行我素,结果债务越背越重。尤其是1998年初,韩国政府提出"五大企业集团进行自律结构调整"方针后,其他集团把结构调整的重点放在改善财务结构方面,努力减轻债务负担。大宇却认为,只要提高开工率,增加销售额和出口就能躲过这场危机。因此,它继续大量发行债券,进行"借贷式经营"。1998年,大宇发行的公司债券达7万亿韩元(约58.33亿美元)。1998年第4季度,大宇的债务危机已初露端倪,在各方援助下才避过债务灾难。此后,在严峻的债务压力下,大梦方醒的大宇虽作出了种种努力,但为时已晚。1999年7月中旬,大宇向韩国政府发出求救信号;7月27日,大宇因"延迟重组",被韩国4家债权银行接管;8月11日,大宇在压力下屈服,割价出售两家财务出现问题的公司;8月16日,大宇与债权人达成协议,在1999年底前,将出售盈利最佳的大宇证券公司,以及大宇电器、大宇造船、大宇建筑公司等,大宇的汽车项目资产免遭处理。"8月16日协议"的达成,表明大宇已处于破产清算前夕,遭遇"存"或"亡"的险境。由于在此后的几个月中,经营依然不善,资产负债率仍然居高,大宇最终不得不走向本文开头所述的那一幕。

  大宇集团为什么会倒下?在其轰然坍塌的背后,存在的问题固然是多方面的,但不可否认有财务杠杆的消极作用在作怪。大宇集团在政府政策和银行信贷的支持下,走上了一条"举债经营"之路,试图通过大规模举债,达到大规模扩张的目的,最后实现"市场占有率至上"的目标。但是,大宇集团的举债经营所产生的财务杠杆效应是消极的,不仅难以提高企业的盈利能力,反而因巨大的偿付压力使企业陷于难以自拔的财务困境。从根本上说,大宇集团的解散,是其财务杠杆消极作用影响的结果。

  要求:

  1. 试对财务杠杆进行界定,并对"财务杠杆效应是一把'双刃剑'"这句话进行评述。

  2. 试分析大宇集团破产的原因。

  3. 我国资本市场上大批ST、PT上市公司以及大批靠国家政策和信贷支持发展起来而又债务累累的企业,从"大宇神话"中应吸取哪些教训?

练 习 题

一、是非判断题

1. 资金成本包括用资费用和筹资费用两部分,一般使用相对数表示,即表示为筹资费用和用资费用之和与筹资额的比率。（　　）

2. 某企业发行股利固定增长的普通股,市价为10元/股,预计第一年的股利为2元,筹资费率4%,已知该股票资金成本为23.83%,则股利的年增长率为2.5%。（　　）

3. 负债的规模越小,企业的资本结构就越合理。（　　）

4. 若营业杠杆系数和财务杠杆系数均为1.5,则联合杠杆系数必等于3。（　　）

5. 综合资本成本率指各个个别资本成本率的算术平均数。（　　）

6. 由于财务杠杆作用,当息税前利润下降时,税后利润下降得更快,从而给企业带来财务风险。（　　）

7. 只要企业存在固定成本,就存在营业杠杆作用。（　　）

8. 由于营业杠杆的作用,当息税前盈余下降时,普通股每股盈余会下降得更快。（　　）

9. 当预期的息税前利润大于每股利润无差别点息税前利润时,采取股权筹资方式增资比较有利。（　　）

10. 最佳资本结构是使企业筹资能力最强、财务风险最小的资本结构。（　　）

二、单项选择题

1. 普通股每股税后利润变动率相当于息税前利润变动率的倍数表示的是（　　）。
   A. 营业杠杆系数　　　　　　B. 财务杠杆系数
   C. 联合杠杆系数　　　　　　D. 以上均错

2. 普通股价格10.50元,筹资费用每股0.50元,第一年支付股利1.50元,股利增长5%,则该普通股成本为（　　）。
   A. 10.5%　　　B. 20%　　　C. 19%　　　D. 15%

3. 财务杠杆的作用程度,通常用（　　）来衡量。
   A. 资金结构　　　　　　B. 财务风险
   C. 资金成本　　　　　　D. 财务杠杆系数

4. 企业最基本的资本结构是指（　　）的比例。

A. 固定资金与流动资金　　　　B. 货币资金与其他资金
C. 生产资金与成品资金　　　　D. 负债资金与所有者权益资金

5. 企业在经营决策时对经营成本中固定成本的利用称为(　　)。
   A. 财务杠杆　　B. 总杠杆　　C. 联合杠杆　　D. 营业杠杆

6. 某企业的息税前利润为3000万元,本期利息费用为1000万元,则企业的财务杠杆系数为(　　)。
   A. 3　　　　　B. 2　　　　　C. 0.33　　　　D. 1.5

7. 下列各项中,不影响营业杠杆系数的是(　　)。
   A. 产品销量　　B. 产品售价　　C. 固定成本　　D. 利息费用

8. 某厂营业杠杆系数为2,预计息税前利润增长10%,在其他条件不变的情况下,销售量增长率应为(　　)。
   A. 5%　　　　B. 10%　　　　C. 15%　　　　D. 20%

9. 下列关于资本结构的叙述中,正确的是(　　)。
   A. 资本结构是指企业各种短期资金来源的数量构成比例
   B. 保持经济合理的资本结构是企业财务管理的目标之一
   C. 资本结构在企业建立后一成不变
   D. 资本结构与资金成本没有关系

10. 若企业无负债,则财务杠杆利益将(　　)。
    A. 存在　　　　B. 不存在　　　　C. 增加　　　　D. 减少

三、多项选择题

1. 联合杠杆系数(　　)。
   A. 指每股利润变动率相当于业务量变动率的倍数
   B. 等于经营杠杆系数与财务杠杆系数之积
   C. 反映息税前利润随业务量变动的剧烈程度
   D. 反映每股利润随息税前利润变动的剧烈程度

2. 在个别资金成本中,须考虑所得税因素的是(　　)。
   A. 债券成本　　　　　　　　B. 银行借款成本
   C. 优先股成本　　　　　　　D. 普通股成本

3. 加权平均资金成本的权数,可有三种选择,即(　　)。
   A. 票面价值　　B. 账面价值　　C. 市场价值　　D. 目标价值

4. 资金成本的作用在于(　　)。
   A. 可以作为评价经营业绩的依据
   B. 是选择资金来源、拟定筹资方案的依据
   C. 可以反映企业运用资金的情况

D. 是评价投资项目可行性的主要经济指标

5. 影响企业综合资金成本大小的因素主要有（　　）。
   A. 所得税税率　　　　　　　B. 资本结构
   C. 个别资金成本　　　　　　D. 筹资费用

6. 资金成本包括用资费用和筹资费用两部分，其中属于用资费用的是（　　）。
   A. 向股东支付的股利　　　　B. 向债权人支付的利息
   C. 借款手续费　　　　　　　D. 债券发行费

7. 资金成本并不是企业筹资决策中所要考虑的唯一因素，企业筹资还需要考虑（　　）。
   A. 财务风险　　B. 资金期限　　C. 偿还方式　　D. 限制条件

8. 最佳资金结构是指（　　）的资金结构。
   A. 企业价值最大　　　　　　B. 加权平均资金成本最低
   C. 每股收益最大　　　　　　D. 净资产值最大

9. 影响资金结构的因素包括（　　）。
   A. 企业财务状况　　　　　　B. 企业资产结构
   C. 投资者和管理人员的态度　D. 贷款人和信用评级机构的影响

10. 权益资金成本包括（　　）。
    A. 债券成本　　　　　　　　B. 优先股成本
    C. 普通股成本　　　　　　　D. 留存收益成本

四、简答题

1. 试分析广义资本结构与狭义资本结构的区别。
2. 试分析资本成本对企业的作用。
3. 试说明联合杠杆的基本原理和联合杠杆系数的测算方法。
4. 试说明每股收益无差别点分析法的基本原理和决策标准。

五、计算题

1. 某公司发行总面额为400万元的债务，总价格450万元，票面利率10%，发行费用占发行价格的5%，公司所得税税率为40%，则该债券成本为多少？

2. 某公司发行优先股总股数为100万股，总价为1200万元，筹资费用率5%，规定年股利为每股1.4元，则优先股成本为多少？

3. 某公司发行普通股总价600万元，筹资费用率为5%，第一年股利率为10%，以后每年增长5%，普通股成本为多少？

4. 某公司拟筹资1000万元，现有甲、乙两个备选方案，有关资料如下：

筹资方式	甲方案		乙方案	
	筹资额(万元)	资本成本	筹资额(万元)	资本成本
长期借款	150	9%	200	9%
债券	350	10%	200	10%
普通股	500	12%	600	12%
合计	1000		1000	

要求:确定该公司的最佳资本结构。

5. 某公司2007年销售产品100万件,单价60元,单位变动成本40元,固定成本总额为1000万元,公司资产总额1000万元,资产负债率50%,负债平均年利息率为10%,所得税税率为25%。计算2007年营业杠杆系数、财务杠杆系数和联合杠杆系数。

6. 某公司现有资本总额500万元,全作为普通股股本,流通在外的普通股股数为100万股。为扩大经营规模,公司拟筹资500万元,现有两个方案可供选择:一是以每股市价10元发行普通股股票;二是发行利率为6%的公司债券。

要求:(1)计算两方案的每股收益无差别点(假设所得税税率25%)和无差别点的每股收益。(2)假设企业息税前利润为100万元,采用哪种筹资方案?

第五章练习题参考答案

一、是非判断题

1. × 2. × 3. × 4. × 5. × 6. × 7. √ 8. ×
9. × 10. ×

二、单项选择题

1. B 2. B 3. D 4. D 5. D 6. D 7. D 8. A
9. B 10. B

三、多项选择题

1. AB 2. AB 3. BCD 4. ABD 5. ABCD 6. AB
7. ABCD 8. AB 9. ABCD 10. BCD

四、简答题(略)

五、计算题

1. $\dfrac{400 \times 10\% \times (1-40\%)}{450 \times (1-5\%)} = 5.61\%$

2. $\dfrac{1.4 \times 100}{1200 \times (1-5\%)} = 12.28\%$

3. $\dfrac{600 \times 10\%}{600 \times (1-5\%)} + 5\% = 15.53\%$

4. 甲方案综合资本成本 $= 9\% \times 15\% + 10\% \times 35\% + 12\% \times 50\% = 10.85\%$

   乙方案综合资本成本 $= 9\% \times 20\% + 10\% \times 20\% + 12\% \times 60\% = 11\%$

5. 营业杠杆系数 $= \dfrac{100 \times (60-40)}{100 \times (60-40) - 1000} = 2$

   财务杠杆系数 $= \dfrac{100 \times (60-40) - 1000}{100 \times (60-40) - 1000 - 1000 \times 50\% \times 10\%} = 1.05$

   联合杠杆系数 $= 2 \times 1.05 = 2.1$

6. (1) $\dfrac{(\text{EBIT} - 0) \times (1-25\%)}{150} = \dfrac{(\text{EBIT} - 500 \times 6\%) \times (1-25\%)}{100}$

   EBIT $= 90$(万元)

   无差别点的每股收益 $= 90(1-25\%)/150 = 0.45$(元)

   (2) 当 EBIT $= 100 > 90$,选择债券筹资。

第六章　证券投资

证券投资不同于项目投资,项目投资的对象是实体性经营资产,经营资产是直接为企业生产经营服务的资产,如固定资产、无形资产等,它们往往是一种服务能力递减的消耗性资产。而证券投资的对象是金融资产,金融资产是一种以凭证、票据或者合同合约形式存在的权利性资产,如股票、债券及其衍生证券等。

企业进行证券投资的主要目的体现在以下三方面:其一,利用闲置资金,增加企业收益。即通过投资于股票、债券等有价证券,获得证券买卖差价、股利收入和利息收入等。其二,分散资金投向,降低投资风险。当某个项目经营不景气而利润下降甚至导致亏损时,其他项目可能会获取较高的收益。将企业的资金分成内部经营投资和对外证券投资两个部分,实现了企业投资的多元化。其三,稳定客户关系,保障生产经营。为了保持与供销客户稳定的业务关系,可以对业务关系链的供销企业进行投资,保持对它们一定的债权或股权,甚至控股,以保障本企业的生产经营顺利进行。其四,提高资产的流动性,增强偿债能力。除现金等货币资产外,有价证券投资是企业流动性最强的资产,是企业速动资产的主要构成部分。在企业需要支付大量现金,而现有现金储备又不足时,可以通过变卖有价证券迅速取得大量现金,保证企业的及时支付。

因此,企业的证券投资不能盲目进行。无论是投资者还是筹资者都需要对有价证券进行估值,从而决定投资行为和筹资行为的合理性。即投资者应该买入市场价值被低估的证券,对市场价值被高估的证券则应避而远之或及时抛出。所以,证券估值是财务管理中非常重要的环节。本章仅阐述债券和股票在投资决策中的关键问题。

第一节　债券投资

一、债券要素

债券是依照法定程序发行的约定在一定期限内还本付息的有价证券,它反映证券发行者与持有者之间的债权债务关系。通俗来说,债券是一种标准化的"借条"。债券一般包含以下几个基本要素:

(一) 债券面值

债券面值是指债券设定的票面金额,它代表发行人借入并且承诺于未来某一特定日偿付债券持有人的金额,具有借款"本金"的性质。债券面值包括两方面的内容:(1) 票面币种;(2) 票面金额。

(二) 债券票面利率

债券票面利率,是指债券发行者预计一年内向持有者支付的利息占票面金额的比率。

票面利率不同于实际利率,实际利率是指按复利计算的一年期的利率,债券的计息和付息方式有多种,可以使用单利或复利计算,利息支付可以半年一次、一年一次或到期一次还本付息,这使得票面利率可能与实际利率发生差异。

(三) 债券到期日

债券到期日,是指偿还债券本金的日期,债券一般都规定到期日,以便到期时归还本金。

二、债券的特征

债券作为一种债权债务凭证,与其他有价证券一样,也是一种虚拟资本,而非真实的资本,它是经济运行中实际运用的真实资本的证书。从投资者的角度看,债券具有以下四个特征:

(一) 偿还性

偿还性是指债券有规定的偿还期限,债务人必须按约定条件向债权人支付利息和偿还本金。但是在历史上,英国等国家在战争期间为了筹措经费发行过的无期公债或者统一公债是例外,这种公债不规定到期时间,债权人也不能要求清偿,只能按期获得利息支付。当然,这只是个别现象,不能因此而否定债券具有偿还性的一般特性。

(二) 流动性

流动性是指债券持有人可按自己的需要和市场的实际状况灵活地转让债券,以提前收回本金和实现投资收益。债券一般都可以在流通市场上自由转让,具有较强的流动性,但是债券的流动性一般与发行者的信誉和债券的期限紧密相关。如短期国库券具有高度流动性,由于其风险低、信誉高,工商企业、金融机构、个人都乐于将短期资金投资到短期国债上,并以此来调节自己的流动资产结构,为短期国库券创造了十分便利和发达的二级市场。

(三) 安全性

安全性是指债券持有人的收益相对固定。债券通常规定固定的利率,与企业绩效没有直接联系,收益比较稳定;同时,在企业破产时,债券持有者享有优先于股票持有者的企业剩余资产索取权。因此,与股票相比,债券的风险较小。但这种安全性是相对的,并不是说债券绝对安全、没有风险。事实上,债券的价格也会因各种因素(如债券信用等级下降、市场利率上升等)的影响而下跌。

（四）收益性

收益性是指债券能为投资者带来一定的收入。这种收入主要表现在两个方面:一是投资债券可以给投资者定期或不定期地带来利息收入;二是投资者可以利用债券价格的变动,买卖债券赚取差价。

三、普通债券估值方法

所谓债券估值就是将在债券投资上未来收取的利息和收回的本金折为现值。作为投资者,只有债券价值大于其购买价格时,该债券才值得投资。

典型的债券类型,是有固定的票面利率、每期支付利息、到期归还本金的债券,这种债券模式下债券价值计量的基本模型是:

$$V_b = \frac{I}{(1+i)^1} + \frac{I}{(1+i)^2} + \cdots + \frac{I}{(1+i)^n} + \frac{M}{(1+i)^n}$$

$$= I(P/A, R, n) + M(P/F, R, n)$$

式中,V_b 表示债券的价值,I 表示债券各期的利息,M 表示债券的面值,R 表示债券价值评估时所采用的贴现率即所期望的最低投资报酬率。一般来说,经常采用市场利率作为评估债券价值时所期望的最低投资报酬率。

从债券价值基本计量模型中可以看出,债券面值、债券期限、票面利率、市场利率是影响债券价值的基本因素。

例6-1 某公司拟于 20×5 年 1 月 1 日发行面额为 10000 元的债券,其票面利率为 6%,每年 1 月 1 日计算并支付一次利息,5 年后到期。同等风险投资的必要报酬率为 10%,则债券的价值为:

$$V_b = \frac{600}{(1+10\%)^1} + \frac{600}{(1+10\%)^2} + \cdots + \frac{600}{(1+10\%)^5} + \frac{10000}{(1+10\%)^5}$$

$$= 600 \times (P/A, 10\%, 5) + 10000 \times (P/F, 10\%, 5)$$

$$= 600 \times 3.79 + 10000 \times 0.6$$

$$= 8274(元)$$

四、几种特定债券的估价

（一）每年付息多次的债券(又称平息债券)

普通债券的利息支付频率是一年一次,如果债券的利息是每半年一次、每季度一次或其他频率,债券的估价模型应调整为:

$$V_b = I\left(P/A, \frac{R}{m}, mn\right) + M\left(P/F, \frac{R}{m}, mn\right)$$

上式中，V_b 表示债券的价值，I 表示债券各期的利息，M 表示债券的面值，R 表示债券价值评估时所采用的贴现率，m 表示年付息次数，n 表示债券到期的年数。

例 6-2 延续例 6-1，利息支付方式改为每半年支付一次利息，其他条件保持不变。

根据所学知识，票面利率为债券按年计算的报价利率，每半年计息时按票面利率的 1/2 计算利息，即按 3% 计息，每次支付 300 元。年折现率为市场按年计算的报价利率，每半年的折现利率按 5% 确定。该债券的价值为：

$$\begin{aligned}V_b &= \frac{300}{(1+5\%)^1} + \frac{300}{(1+5\%)^2} + \cdots + \frac{300}{(1+5\%)^{10}} + \frac{10000}{(1+5\%)^{10}}\\ &= 300 \times (P/A, 5\%, 10) + 10000 \times (P/F, 5\%, 10)\\ &= 300 \times 7.721 + 10000 \times 0.613\\ &= 8446.3(元)\end{aligned}$$

该债券的价值比每年付息一次时的价值（8474 元）降低了。债券付息期越短价值越低的现象，仅出现在折价出售的状态。如果债券溢价出售，则情况正好相反。

（二）到期一次还本（或还本付息）的债券（又称纯贴现债券）

到期一次还本付息是指承诺在未来某一确定日期作为某一单笔支付的债券，这种债券在到期日前购买人不能得到任何现金支付。它有两种形式：

（1）没有利息，到期还本；

（2）到期一次还本付息，到期将全部利息和本金一起作为单笔支付，一般，全部利息按照单利计算。

$$V_b = \frac{F}{(1+i)^n} = F(P/F, i, n)$$

例 6-3 有一债券，面值为 10000 元，20 年期，到期一次还本。假设年折现率为 10%，其价值为多少？

解 $V_b = \dfrac{10000}{(1+10\%)^{20}} = 10000 \times (P/F, 10\%, 20)$

$\qquad = 10000 \times 0.148 = 1480(元)$

上例中，将到期一次还本改为到期一次还本付息，并采用单利计息，票面利率为 8%，其他条件保持不变。

$$V_b = \frac{10000 + 10000 \times 8\% \times 20}{(1+10\%)^{20}}$$
$$= 26000 \times (P/F, 10\%, 20) = 26000 \times 0.148 = 3848(元)$$

（三）永久债券

永久债券是指没有到期日，永不停止定期支付利息的债券。优先股通常也被看作永久债券。永久债券的估价模型如下：

$$V_b = \frac{利息额}{折现率} = \frac{I}{r_d}$$

例 6-4 有一永久债券，每年付息 400 元，假定年折现率为 10%，计算其价值。

解 $V_b = \frac{400}{10\%} = 4000(元)$

五、债券投资的收益率

对于债券，个别投资者在现实中面对的并不都是估价问题，因为债券的价格很可能是市场给定的。很多时候，投资者要考虑如果以某一价格购买某种债券，其投资收益率是多少，从而确定能否接受这一投资。债券的收益水平通常用到期收益率（yield to maturity）来衡量。求到期收益率实质是求解内含报酬率，即能够使未来现金流量现值减去投资额（或债券购入价格）等于 0 时的折现率。

$$P = I(P/A, R, n) + M(P/F, R, n)$$

式中，P 为债券的买价，I 为每年的利息，M 为债券的面值，n 为债券到期年数。

求解 R，即为到期年收益率。

实务中，由于无法直接计算收益率，通常采用逐步测试法及内插法来求解。

例 6-5 某公司于 2015 年 9 月 8 日以 1100 元溢价买入一张面值为 1000 元的债券，期限为 5 年，票面利率为 7%，利息于每年 9 月 8 日计算并支付一次利息，2020 年 9 月 8 日偿还本金并支付最后一次利息。计算该债券的到期收益率。

解 $1100 = 1000 \times 7\% \times (P/A, R, 5) + 1000 \times (P/F, R, n)$

采用逐步测试法求出到期收益率：

（1）通过比较购入价格和债券面值的关系，可以判断该债券的到期收益率一定低于 7%，先用 $R_1 = 6\%$ 进行测试：

$1000 \times 7\% \times (P/A, 6\%, 5) + 1000 \times (P/F, 6\%, 5) \approx 1041.84(元)$

（2）由于贴现结果比 1100 小，说明应进一步降低贴现率，用 $R_2 = 5\%$ 进行测试：

$1000 \times 7\% \times (P/A, 5\%, 5) + 1000 \times (P/F, 5\%, 5) \approx 1086.03(元)$

继续降低贴现率，用 $R_3 = 4\%$ 进行测试：

$1000 \times 7\% \times (P/A, 4\%, 5) + 1000 \times (P/F, 4\%, 5) \approx 1132.57(元)$

贴现结果大于购入价格1100。因此，到期收益率介于4%和5%之间，用内插法计算近似值。

$$\frac{R - 5\%}{4\% - 5\%} = \frac{1100 - 1086.03}{1132.57 - 1086.03}$$

$$R = 4.7\%$$

逐步测试法相对较繁琐，可采用下面的简便算法求得近似结果：

$$R = \frac{I + (P_n - P_0)/n}{(P_n + P_0)/2} \times 100\%$$

上式中，分母是债券投资的平均资金占用额，分子则是每年平均收益。利用到期收益率计算的简便算法计算 D 公司债券的到期收益率，结果如下：

$$R = \frac{70 + (1000 - 1100)/5}{(1000 + 1100)/2} \times 100\% = 4.76\%$$

可见，利用简便计算法求得的债券收益率和逐步测试法求得的结果接近。在对结果不要求精确的情况下，可以采用此方法。

六、债券投资决策

债券投资决策是指作为投资人的企业根据现有的可支配资金，在风险与收益均衡原则的指导下，通过对债券市场状况的分析研究，对投资时机、投资期限、拟购入的债券等作出选择的过程。

债券投资决策包括三项内容，即对应否买进某种债券的选择、对应否继续持有某种债券的选择、对应否立即售出某种债券的选择。但关键问题共有两个：其一是债券理论价格的估计问题；其二是实际收益率的计算问题。

对于投资者而言，当市场价值（买价）低于内在价值时，投资者会选择买入债券；当市场价值（买价）高于内在价值时，投资者会选择不购买。另外，如果到期收益率高于某个投资者承担同样风险所要求的报酬率，则他会购买此债券，否则他会拒绝购买。

例 6-6 续例 6-1，假设债券的市场价为 8800 元。显然，债券价值 8474 元小于其购买价格 8800 时，该债券不值得投资。

续例 6-5，假设 5 年期银行存款利率为 6%，则理性的投资者都不会选择购买债券，而会将资金存入银行。

七、债券投资的优缺点

投资于债券市场有其固有的优势。一般情况下,债券投资者可以获得比银行储蓄存款更高的收益率,也不必承担股票市场起伏跌落的风险。债券投资的优缺点总结如下:

(一) 债券投资的优点

1. 本金安全性高

与股票相比,债券投资风险比较小。其中,政府发行的债券,由于有国家财力作保证,其本金的安全性非常高,通常被视为无风险债券。企业债券的持有者拥有优先求偿权,即当公司破产时,债券投资者优先于股东分得企业资产。因此,其本金损失的可能性较小。

2. 收入稳定性强

债券票面一般都标有固定利息率,债券的发行人有按时支付利息的法定义务。因此,在正常情况下,债券投资者都能获得比较稳定的收入。

3. 市场流动性好

许多债券都具有较好的流动性,政府及大企业发行的债券一般都可在金融市场上迅速出售,流动性很好。

(二) 债券投资的缺点

1. 购买力风险比较大

债券的面值和票面利率在发行时就已确定。如果投资期间的通货膨胀率比较高,则本金和利息的购买力将不同程度地受到侵蚀。在通货膨胀非常高时,投资者虽然名义上有报酬,实际上却遭受了损失。

2. 没有经营管理权

投资于债券只是获得报酬的一种手段,无权对债券发行单位的经营活动施以影响和控制。

3. 需要承受利率风险

市场利率会随时间上下波动,市场利率的上升会导致流通在外的债券价格下降。此种风险称为利率风险。假如以 1000 元的价格购买面值为 1000 元的某公司债券,期限为 5 年,票面利率为 5%,第二年市场利率升至 8%,则债券的价格会下跌到 900.6 元[①]。因此,每张债券将损失 99.4 元,上升的市场利率导致了债券持有者的损失。

---

① $P = 1000 \times 5\% \times \text{PVIFA}_{8\%,4} + 1000 \times \text{PVIF}_{8\%,4} = 900.6$

第二节 股票投资

一、股票的要素

股票是股份有限公司发给股东的所有权凭证，是股东借以取得股利的一种有价证券。股票有两种基本类型，分别是普通股和优先股。人们平时所谈及的股票一般是指普通股股票。

所谓普通股（common shares）指的是在公司的经营管理和盈利及财产的分配上享有普通权利的股份，代表满足所有债权偿付要求及优先股东的收益权与求偿权要求后对企业盈利和剩余财产的索取权。普通股是随着企业利润变动而变动的一种股份，是股份公司资本构成中最普通、最基本的股份，是股份企业资金的基础部分。

优先股（preference share or preferred stock）是相对于普通股（common share）而言的，主要指在利润分红及剩余财产分配的权利方面，优先于普通股。优先股股东没有选举及被选举权，一般来说对公司的经营没有参与权，优先股股东不能退股，股份只能通过优先股的赎回条款被公司赎回，但是能稳定分红。股票一般包含以下几个要素：

（一）股票价值

投资于股票预期获得的未来现金流量的现值，即为股票的价值或内在价值、理论价格。股票未来的现金流入量包括股利、转让股票获得的价差收益、股份公司的清算收益等。

（二）股票价格

股票价格是指在市场上的交易价格，它分为开盘价、收盘价、最高价和最低价等。由于资本市场的有效性并非充分，所以股票的价格不仅受供求关系的影响，还受到整个经济环境变化和投资者心理等复杂因素的影响。

（三）股利

股利是股份有限公司以现金的形式从公司净利润中分配给股东的投资报酬，也称"红利""股息"。但也只是当公司有利润并且管理层愿意将利润分给股东而不是将其进行再投资时，股东才有可能获得股利。

二、股票的特征

股票作为一种权益性证券，一般具有以下特点：

（一）永久性

永久性（也称为稳定性）是指股票所载有权利的有效性是始终不变的，因为它是一种无期限的法律凭证。股票是一种无偿还期限的有价证券，投资者认购了股票后，就不能再退股，只能到二级市场卖给第三者。股票的转让只意味着公司股东的改变，并不减少公司资本。从期限上看，只要公司存在，它所发行的股票就存在，股票的期限等于公司存续的期限。

（二）收益性

收益性是指股票可以为持有人带来收益的特性。它是股票最基本的特征。即股东凭其持有的股票，有权从公司领取股息或红利，获取投资的收益。股息或红利的大小，主要取决于公司的盈利水平和公司的盈利分配政策。股票的收益性，还表现在股票投资者可以获得价差收入或实现资产保值增值。通过低价买入和高价卖出股票，投资者可以赚取价差利润。

（三）参与性

参与性是指股票持有人有权参与公司重大决策的特性。股东有权出席股东大会，选举公司董事会，参与公司重大决策。股票持有者的投资意志和享有的经济利益，通常是通过行使股东参与权来实现的。股东参与公司决策的权利大小，取决于其所持有股份的多少。从实践中看，只要股东持有的股票数量达到左右决策结果所需的实际多数时，就能掌握公司的决策控制权。

（四）流通性

股票的流通性是指股票在不同投资者之间的可交易性。流通性通常以可流通的股票数量、股票成交量以及股价对交易量的敏感程度来衡量。可流通股数越多，成交量越大，价格对成交量越不敏感，股票的流通性就越好，反之就越差。股票的流通，使投资者可以在市场上卖出所持有的股票，取得现金。通过股票的流通和股价的变动，可以看出人们对于相关行业和上市公司的发展前景和盈利潜力的判断。那些在流通市场上吸引大量投资者、股价不断上涨的行业和公司，可以通过增发股票，不断吸收大量资本进入生产经营活动，收到了优化资源配置的效果。

（五）价格波动性和风险性

价格波动性和风险性是指股票价格的不稳定性导致预期收益的不确定性。股票在交易市场上作为交易对象，同商品一样，有自己的市场行情和市场价格。由于股票价格要受到诸如公司经营状况、供求关系、银行利率、大众心理等多种因素的影响，其波动有很大的不确定性。正是这种不确定性，有可能使股票投资者遭受损失。价格波动的不确定性越大，投资风险也越大。因此，股票是一种高风险的金融产品。

三、股票价值的估价模型

（一）股票估价基本模型

由于股票的股息和红利都不固定，即未来现金流量是不确定的，所以其价值估算方法和债券的估算方法存在差异。根据股票的估价原理，股票的价值就是股票预期获得的未来现金流量的现值。假定某股票未来各期股利为 D_t（t 为期数），R_s 为估价所采用的贴现率即所期望的最低收益率，则股票的估价模型为：

$$V_S = \frac{D_1}{(1+R_S)^1} + \frac{D_2}{(1+R_S)^2} + \cdots + \frac{D_t}{(1+R_S)^t} + \cdots = \sum_{t=1}^{\infty} \frac{D_t}{(1+R_S)^t}$$

但对于个别投资者而言，持有股票的现金流入包括两部分：股利收入和出售时的股价。其他假定条件保持不变，P_n 为股票转让价格。则股票的估价模型为：

$$V_S = \frac{D_1}{(1+R_S)^1} + \frac{D_2}{(1+R_S)^2} + \cdots + \frac{D_n}{(1+R_S)^n} + \frac{P_n}{(1+R_S)^n}$$

$$= \sum_{t=1}^{n} \frac{D_t}{(1+R_S)^t} + \frac{P_n}{(1+R_S)^n}$$

优先股是特殊的股票，优先股股东每期在固定的时点上收到相等的股利，优先股没有到期日，未来的现金流量是一种永续年金，其价值计算为：

$$V_S = \frac{D}{R_S}$$

（二）常用的股票估价模式

1. 固定增长模式

一般来说，公司并没有把每年的盈余全部作为股利分出去，留存的收益扩大了公司的资本额，不断增长的资本会创造更多的盈余，进一步又引起下期股利的增长。如果公司本期的股利为 D_0，未来各期的股利按上期股利的 g 速度呈几何级数增长，根据股票估价基本模型，股票价值 V_S 为：

$$V_S = \sum_{t=1}^{\infty} \frac{D_0(1+g)^t}{(1+R_S)^t} = \frac{D_0(1+g)}{R_S - g}$$

因为 g 是一个固定的常数，上式可以化简为：

$$V_S = \frac{D_1}{R_S - g}$$

例6-7 假定某投资者准备购买甲公司的股票，并且准备长期持有，要求达到12%的收益率，该公司去年每股股利 1.2 元，预计未来股利会以 6% 的速度

增长,则甲公司股票的价值为:

$$V_s = \frac{D_0(1+g)}{R_s - g} = \frac{1.2(1+6\%)}{12\% - 6\%} = 21.2(元)$$

如果甲公司股票目前的购买价格低于 21.2 元,该公司的股票是值得购买的。

2. 零增长模式

如果公司未来各期发放的股利都相等,并且投资者准备永久持有,那么这种股票与优先股是相类似的。或者说,当固定增长模式中 $g = 0$ 时,有:

$$V_s = \frac{D}{R_s}$$

例 6-7 中,如果 $g = 0$,甲公司股票的价值为: $V_s = 1.2/12\% = 10$(元)

3. 阶段性增长模式

许多公司的股利在某一阶段有一个超常的增长率,这段期间的增长率 g 可能大于 R_s,而后阶段公司的股利固定不变或正常增长。对于阶段性增长的股票,需要分段计算,才能确定股票的价值。

例 6-8 假定某投资者准备购买乙公司的股票,打算长期持有,要求达到 12% 的收益率。乙公司今年每股股利 0.8 元,预计未来 3 年股利以 15% 的速度高速增长,而后以 8% 的速度转入正常增长,则乙公司股票的价值分两段计算:

首先,计算高速增长期股利的现值:

年份	股利	现值系数	股利现值
1	$0.8 \times (1+15\%) = 0.92$	0.893	0.8216
2	$0.92 \times (1+15\%) = 1.058$	0.797	0.8432
3	$1.058 \times (1+15\%) = 1.2167$	0.712	0.8663
		合计	2.5311

其次,计算正常增长期股利在第三年末的现值:

$$V_3 = \frac{D_4}{R_s - g} = \frac{1.2167(1+8\%)}{12\% - 8\%} = 32.8509(元/股)$$

最后,计算该股票的价值:

$$V_0 = 32.8509 \times 0.712 + 2.5311 = 25.9209(元/股)$$

四、股票投资的收益率

股票投资的收益由股利收益、股利再投资收益、转让价差收益三部分构成。并且只要按货币时间价值的原理计算股票投资收益,就无需单独考虑再投资收益的因素。

股票投资收益率,是使得股票未来现金流量贴现值等于目前的购买价格时的贴现率,也就是股票投资项目的内含报酬率。股票的内部收益率高于投资者所要求的最低报酬率时,投资者才愿意购买该股票。在固定增长股票估价模型中,用股票的购买价格 P_0 代替内在价值 V_s,则有:

$$R_s = \frac{D_1}{P_0} + g$$

从上式可以看出,股票投资内部收益率由两部分构成:一部分是预期股利收益 $\frac{D_1}{P_0}$,另一部分是股利增长率 g。

如果投资者不打算长期持有股票,而将股票转让出去,则股票投资的收益由股利收益和资本利得(转让价差收益)构成。这时,股票内部收益率 R_s 是使股票投资净现值为零时的贴现率,计算公式为:

$$NPV = \sum_{t=1}^{n} \frac{D_t}{(1+R)^t} + \frac{P_n}{(1+R_s)^n} - P_0 = 0$$

例 6-9　某投资者于 2011 年 9 月购入浦发银行(股票代码 600000)股票 1000 股,每股价格 8.9 元;公司 2012 年、2013 年、2014 年分别派分现金股利 0.3 元/股、0.55 元/股、0.66 元/股;假定该投资者 2014 年 10 月以每股 15.5 元的价格出售该股票,则该股票内部收益率的计算为:

$$NPV = \frac{0.3}{(1+R)} + \frac{0.55}{(1+R)^2} + \frac{0.66}{(1+R)^3} + \frac{15.5}{(1+R)^3} - 8.9 = 0$$

当 $R=20\%$ 时,$NPV = 1.07208$

当 $R=25\%$ 时,$NPV = -0.03408$

用插值法计算:$R = 20\% + 5\% \times \frac{1.07208}{0.03408 + 1.07208} = 24.85\%$

五、股票投资决策

股票投资决策是指企业作为投资人根据现有的可支配的资金,在风险与收益均衡原则的指导下,通过对国民经济形势和金融市场状况以及发行企业经营环境、经营状况和财务状况的分析和研究,以对股票投资的具体对象、投资的时机、投资的期限等作出选择的过程。

对于普通投资者而言,购买股票的目的有两个:一是分享股利;二是在将来出售股票时获得资本利得(即价差)。当然,入市有风险,资本利得也可能是资本损失。所以,当市场价值(买价)低于股票的内在价值或者内部收益率高于投资者预期的最低报酬率时，投资者会选择买入股票；反之，则会拒绝购买。

例 6-10 （1）续例 6-8，如果当前股票市价为 28 元，请问你会买入这只股票吗？

（2）续例 6-9，如果该投资者的预期最低报酬率为 15%，请问该买入这只股票吗？

解 （1）股票市价 28 元大于其内在价值 24.19，理性的投资者会选择慎买。

（2）股票的内部报酬率为 24.85%，大于预期最低报酬率 15%，所以投资者会选择购买。

六、股票投资的优缺点

股票投资是一种具有挑战性的投资行为，相对于债券投资，其报酬和风险都比较高。股票投资的优缺点总结如下：

（一）股票投资的优点

1. 投资收益高

虽然普通股票的价格变动频繁，但优质股票的价格总是上涨的居多。随着股份公司的发展，股东获得的股利也会不断增加。只要投资决策正确，股票投资收益是比较高的。

2. 能降低购买力的损失

普通股票的股利是不固定的。在通货膨胀时期，由于物价普遍上涨，股份公司的盈利增长率一般大于通货膨胀率，股利的支付也随之增加。因此，股东获得的股利可全部或部分抵消通货膨胀带来的购买力损失。

3. 流动性很强

上市股票的流动性很强，投资者有闲散资金可随时买入，需要资金时又可随时卖出。这既有利于增强资产的流动性，又有利于提高其收益水平。

4. 拥有一定的经营控制权。投资者是股份公司的股东，有权参与或监督公司的生产经营活动。当投资者的投资额达到公司股本一定比例时，就能实现控制公司的目的。

（二）股票投资的缺点

1. 高风险

股票投资的缺点主要是风险大。长期投资股票的平均年报酬率约为 10%—15%，报酬率比其他投资工具高。但是当股票大跌时，很有可能会因此被套牢，风险性也很高。

2. 价格不稳定

普通股价格受众多因素影响,很不稳定。政治因素、经济因素、投资人心理因素、企业的盈利情况、风险情况都会影响股票价格,这也使股票投资具有较高的风险。

3. 求偿权居后

普通股对公司资产和盈利的求偿权均居最后。企业破产清算后,股东按持股比例分配剩余资产。股东原来的投资可能得不到全数补偿,甚至可能血本无归。

4. 收入不稳定

普通股的收入不稳定。普通股股利的多少,视企业经营状况和财务状况而定。其有无、多寡均无法律上的保证,其收入的风险也远远大于固定收益证券。

案例阅读及思考

债券发行案例

2015年4月9日,国家电网公司发行公司债券(15 国网 01),该债券于2015年7月23日在上海证券交易所上市。债券为7年期固定利率债券,票面利率为4.9%。该债券按年付息,到期一次还本,最后一期利息随本金的兑付一起支付。债券的面值为100元,平价发行,发行总额为人民币80亿元。对于该债券的发行,你认为确定平价发行的理由是什么?若该债券上市时,投资者认为该债券票面利率高于或低于同等风险的市场利率,那么债券的市场价格将如何变化?

股票投资案例

张伟是东方咨询公司的一名财务分析师,应邀评估百兴商业集团建设新商场项目对公司股票价值的影响。张伟根据公司情况作了以下估计:

(1) 公司本年度净收益为500万元,每股支付现金股利2元,新建商场开业后,净收益第1年、第2年均增长15%,第3年增长10%,第4年及以后将保持这一水平。

(2) 该公司一直采用固定支付率的股利政策,并打算今后继续实行该政策。

(3) 公司的 β 系数为1,如果将新项目考虑进去,β 系数将提高到1.5。

(4) 无风险收益率(国库券)为4%,市场要求的收益率为8%。

(5) 公司股票目前市价为23.6元。张伟打算利用股利贴现模型,同时考虑风险因素进行股票价值的评估。百兴商业集团的一位董事提出,如果采用股利贴现模型,则股利越高,股价越高,所以公司应改变原有的股利政策提高股利支付率。

请你协助张伟解答以下几个问题:
(1) 参考固定股利增长贴现模型,分析这位董事的观点是否正确?
(2) 如果股利增加,对持续增长率和股票的账面价值有何影响?
(3) 评估新建商场项目对公司股票价值的影响。

练 习 题

一、是非判断题
1. 债券面值就是债券的发行价格。( )
2. 债券的票面利率只是名义利率,没有什么作用。( )
3. 若投资者的必要报酬率高于债券的到期收益率,则投资者应该购买该债券。( )
4. 债券到期时间越长,其风险越大,债券的票面利率也越高。( )
5. 如果债券的票面利率与市场利率相等,则债券的价值与其面值就相等。( )
6. 股票的价值是指其实际股利所得和资本利得所形成的现金流入量的现值总和。( )
7. 股票价格主要由预期股利和当时的市场利率决定,此外还受到整个经济环境变化和投资者心理等复杂因素的影响。( )
8. 零增长企业股票的内在价值相当于永续年金的现值。( )
9. 固定增长企业股票的内在价值相当于用于增长年金的现值。( )
10. 投资者购买股票的目的是为了获得企业的所有权。( )

二、单项选择题
1. 对证券进行财务估价,主要估计证券的( )。
   A. 价格   B. 市场价值   C. 账面价值   D. 内在价值
2. 在票面利率及其他条件相同的情况下,半年付息一次的债券和一年付息一次的债券,其价格的关系为( )。
   A. 前者价格高 B. 后者价格高 C. 两者价格相同 D. 不可比较
3. 预计某公司明年每股将发放股利2元,假定该公司的股利年增长率为2%,市场平均报酬率为10%,则利用固定股利增长模型所测定的该公司股票价值为( )元。

A. 12　　　　　B. 18　　　　　C. 20　　　　　D. 25

4. 若债券面值为100元,票面利率为7.2%,每半年计算并支付一次利息,则每次支付的利息为(　　)元。

A. 100　　　　B. 7.2　　　　C. 3.6　　　　D. 107.2

5. 零息债券的发行方式一定是(　　)。

A. 零价发行　　B. 平价发行　　C. 折价发行　　D. 溢价发行

6. 甲公司准备投资购买某信托股份有限公司的股票,该股票刚刚支付的股利为每股3元,预计以后每年以2%的增长率增长,该公司期望投资报酬率10%,则该股票的市场价格(　　)元时才值得购买。

A. 大于等于30元　　　　　　B. 大于等于25.45元
C. 小于等于40元　　　　　　D. 小于等于38.25元

7. 下列选项中,流动性风险最小的是(　　)。

A. 公司债券　　B. 公司股票　　C. 国库券　　D. 地方政府债券

8. 某股票当前的市场价格是50元/股,每股股利是2元,预期股利增长率为5%,则其市场决定的预期收益率为(　　)。

A. 5%　　　　B. 5.2%　　　　C. 10%　　　　D. 9.2%

9. 下列项目中一般不直接影响股票预期市场价格的是(　　)。

A. 年股利　　　　　　　　　B. 股利增长率
C. 股票的市场资本化利率　　D. 股利支付率

10. 投资者在购买债券时,可以接受的最高价格是(　　)。

A. 市场的平均价格　　　　　B. 债券的风险收益
C. 债券的内在价值　　　　　D. 债券的票面价格

三、多项选择题

1. 债券的发行方式包括(　　)。

A. 平价发行　　　　　　　　B. 差别定价发行
C. 折价发行　　　　　　　　D. 溢价发行

2. 在债券估价时,涉及的未来的现金流量包括(　　)。

A. 债券的面值　　　　　　　B. 债券的利息
C. 债券利息的所得税　　　　D. 债券的购入价格

3. 下列各项中,能够影响债券内在价值的因素有(　　)。

A. 债券持有期　　　　　　　B. 债券的付息方式
C. 当前的市场利率　　　　　D. 票面利率

4. 下列有关债券到期收益率的说法中正确的是(　　)。

A. 平价发行的债券,其到期收益率等于票面利率

B. 如果债券的价格不等于面值,其实际收益率与票面利率不同

C. 如果债券到期收益率高于投资人要求的报酬率,该债券应买入

D. 如果债券不是定期付息,那么即使平价发行,到期收益率也可能与票面利率不同

5. 某普通债券面值 100 元,当其票面利率大于市场利率时,下面可能出现的发行价格包括(　　)。

A. 100　　　　　B. 102.5　　　　　C. 88　　　　　D. 103.6

6. 股票投资可在预期的未来获得的收入包括(　　)。

A. 到期按面值返还的本金　　　　B. 每期预期的股利

C. 出售时得到的价格收入　　　　D. 预期股利的增长率

7. 下列属于市场风险的是(　　)。

A. 通货膨胀　　　　　　　　　　B. 市场利率波动

C. 新产品开发失败　　　　　　　D. 社会经济衰退

8. 有关永久债券,下列说法中正确的包括(　　)。

A. 永久债券没有到期日

B. 永久债券的价值主要受面值、票面利率、贴现率等影响

C. 永久债券的价值相当于永续年金的现值

D. 永久债券每年的利息等于面值乘以票面利率

9. 关于股票估价,下列说法正确的是(　　)。

A. 股票的价值就是股票预期获得的未来现金流量的现值

B. 公司未来各期发放的股利都相等,并且投资者准备永久持有可采用固定增长模式估值

C. 公司未来各期发放的股利都相等,并且投资者准备永久持有可采用阶段性增长模式估值

D. 公司未来各期发放的股利都相等,并且投资者准备永久持有可采用零增长模式估值

10. 股票投资的收益由(　　)部分构成。

A. 股利收益　　　　　　　　　　B. 股利再投资收益

C. 利息　　　　　　　　　　　　D. 转让价差收益

四、简答题

1. 债券估值的影响因素有哪些?

2. 股票估值的影响因素有哪些?

3. 债券的特征有哪些?股票的特征有哪些?

五、计算题

1. 有一债券面值为1000元,票面利率为8%,5年到期。假设必要报酬率为10%。

(1) 若每半年支付一次利息,到期还本,请计算该债券的价值。

(2) 若单利计息,到期时一次还本付息,请计算该债券的价值。

2. 某国债为固定利率附息债,期限为15年,面值为100元,其票面利率为4%,利息每半年支付一次;假定折现率为6%,则债券的预期市场价值是多少?

3. 某种股票为固定成长股票,股利年增长率6%,预计第一年的股利为8元/股,无风险收益率为6%,市场上所有股票的平均收益率为16%,而该股票的β系数为1.5,则该股票的内在价值为多少元?

4. A公司股票的β系数为2.0,无风险利率为6%,平均股票的必要报酬率为10%。要求:

(1) 若该股票为固定成长股票,投资人要求的必要报酬率一直不变,股利成长率为4%,预计一年后的股利为1.5元,则该股票的价值为多少?

(2) 若股票未来三年股利为零成长,每年股利额为1.5元,预计从第4年起转为正常增长,增长率为6%,同时β系数变为1.5,其他条件不变,则该股票的价值为多少?

(3) 若目前的股价为25元,预计股票未来两年股利每年增长10%,预计第1年股利额为1.5元,从第4年起转为稳定增长,增长率为6%,则该股票的投资收益率为多少?

5. 某投资者准备从证券市场购买A、B、C、D四种股票组成投资组合。已知A、B、C、D四种股票的β系数分别为0.5、1.5、1.8、2.5。现行国库券的收益率为5%,市场平均股票的必要收益率为10%。

要求:(1) 采用资本资产定价模型分别计算这四种股票的预期收益率。

(2) 假设该投资者准备长期持有A股票。A股票去年的每股股利为2元,预计年股利增长率为3%,当前每股市价为35元。投资A股票是否合算?

(3) 若该投资者按5:2:3的比例分别购买了A、B、C三种股票,计算该投资组合的β系数和预期收益率。

(4) 若该投资者按3:2:5的比例分别购买了B、C、D三种股票,计算该投资组合的β系数和预期收益率。

(5) 根据上述(3)和(4)的结果,如果该投资者想降低风险,他应选择哪一投资组合?

第七章练习题参考答案

一、是非判断题

1. × 2. × 3. × 4. √ 5. √ 6. √ 7. √ 8. √
9. √ 10. ×

二、单项选择题

1. D 2. D 3. D 4. C 5. C 6. D 7. C 8. D
9. D 10. C

三、多项选择题

1. ACD 2. ABC 3. ABCD 4. ABCD 5. BD 6. BCD
7. ABD 8. ABCD 9. AD 10. ABD

四、简答题(略)

五、计算题

1. （1）若每半年支付一次利息,到期还本

   债券的价值 $= 1000 \times 4\% \times (P/A,5\%,10) + 1000 \times (P/F,5\%,10)$
   $= 40 \times 7.721 + 1000 \times 0.6139 = 922.74$ 元

   （2）若单利计息,到期时一次还本付息

   债券的价值 $= 1000 * (1 + 8\% \times 5) \times (P/F,10\%,5)$
   $= 1000 \times 1.4 \times 0.62 = 868$ 元

2. $100 \times 2\% \times (P/A,3\%,30) + 100 \times (P/F,3\%,30)$
   $= 2 \times 19.6 + 100 \times 0.411 = 80.3$ 元

3. 必要报酬率 $= 6\% + 1.5(16\% - 6\%) = 21\%$

   该股票的内在价值 $= 8/(21\% - 6\%) = 53.33$ 元

4. （1）必要报酬率 $= 6\% + 2 \times (10\% - 6\%) = 14\%$

   股票内在价值 $= 1.5/(14\% - 4\%) = 15$ 元

   （2）必要报酬率 $= 6\% + 1.5 \times (10\% - 6\%) = 12\%$

   股票内在价值 $= 1.5 \times (P/A,12\%,3) + 1.5 \times (1 + 6\%)$
   $\times (P/F,12\%,3)/(12\% - 6\%)$
   $= 22.47$ 元

   （3）$25 = 1.5 \times (P/F,k,1) + 1.5 \times (1 + 10\%) \times (P/F,k,2)$
   $+ 1.5 \times (1 + 10\%)^2 \times (P/F,k,3) + 1.5 \times (1 + 10\%)^2$
   $\times (1 + 6\%) \times (P/F,K,3)/(K - 6\%)$

   用试算法计算出 K。

5. (1) 预期报酬率分别为：

A：$5\% + 0.5 \times (10\% - 5\%) = 7.5\%$

B：$5\% + 1.5 \times (10\% - 5\%) = 12.5\%$

C：$5\% + 1.8 \times (10\% - 5\%) = 14\%$

D：$5\% + 2.5 \times (10\% - 5\%) = 17.5\%$

(2) 内在价值 $= 2 \times (1 + 3\%)/(7.5\% - 3\%) = 45.78$

而当前每股市价为 35 元，投资 A 股票合算。

(3) ABC 组合的贝塔系数 $= 50\% \times 0.5 + 20\% \times 1.5 + 30\% \times 1.8 = 1.09$

　　ABC 组合的风险报酬率 $= 1.09 \times (10\% - 5\%) = 5.45\%$

　　ABC 组合的预期报酬率 $= 5\% + 5.45\% = 10.45\%$

(4) BCD 组合的贝塔系数 $= 30\% \times 1.5 + 20\% \times 1.8 + 50\% \times 2.5 = 2.06$

　　BCD 组合的预期报酬率 $= 5\% + 2.06 \times (10\% - 5\%) = 15.3\%$

(5) 该投资者为降低投资风险，应选择 ABC 投资组合。

第七章 固定资产投资管理

第一节 固定资产投资管理的基础

一、固定资产投资的概念与特征

固定资产投资是指企业为满足自身生产经营活动的需要,而垫支货币购置厂房、办公楼、各类设备和机器等生产资料的活动。显然,固定资产投资属于长期投资,这不仅是因为固定资产的建设期往往超过1年,更重要的是因为固定资产的使用期也长达若干年,其初始投资是通过每年计提折旧费逐步回收,需要若干年之后才能完全回笼资金。固定资产投资也属于直接投资,这是因为固定资产是企业自用的生产资料,把资金投放到固定资产上,就是把资金直接投放到了实业上,通过所生产出来的实物产品的销售收入或劳务服务收入来实现投资收益。作为长期的直接投资,固定资产投资具有以下特征:

(一)初始投资金额巨大

房屋建筑、机器设备等都是具有很高专门使用价值,可以使用相当长时间的贵重物品,购置它们所需要的一次性初始投资一般都比较巨大。正是因为固定资产投资的资金量大,影响时间长,所以固定资产的投资决策属于企业的战略型决策,它对企业经营活动的方向产生重大影响。

(二)资金回收期长,变现慢

固定资产的特点就是资金一次性投入,而资金的回收则是在未来漫长的使用期内通过折旧来逐步实现。同时,由于其属于生产经营必须的生产资料,一般不会被作为商品出售,即使由于转产或其他原因需要出售,也会因其功能的专用性等各方面的特性而难以及时寻找到合适的买家,所以其变现能力较差。

(三)投资风险大

固定资产投资的风险一般包括期限风险、规模风险、融资风险、价值贬值风险等。期限风险是指固定资产的投资期限长,涉及的不确定因素多,相对于短期投资来说风险较大。规模风险是指由于固定资产的投资必然会增加折旧费,生产经营的固定成本上升,可能由于盲目增加投资规模致企业经营风险增加;融资风险是指由于企业为了购置固定资产往往会增加负债融资,这将带来还本付息的风险的增加;价值贬值风险是指固定资产投资往往同时伴随着与之配套的专利、技术等无形资产的投资,知识技术的更新非常快,这样可能带来固定资产使用价值发生贬值的风险。

二、固定资产投资管理的关键

（一）做好可行性研究,把好固定资产的投资决策关

由于固定资产投资需求量大,使用期长,又大多具有功能上的专用性,所以一旦决策失误就会造成难以挽回的巨大经济损失,甚至使企业面临破产危机,所以必须在固定资产投资的前期,进行科学的可行性研究,选择真正具有盈利能力和偿还能力的固定资产投资项目或方案进行投资,这样才能保证企业持续发展。

固定资产投资决策的一般步骤包括投资项目的提出、投资项目的可行性研究、投资项目的决策三个阶段。项目的提出是根据市场的行情和企业生产经营的需要确定投资的具体对象;项目可行性研究是根据国家现行的税收政策和价格体系,以预测的项目未来现金流量为基础,计算投资决策相关评价指标,并运用其评价标准进行评价和比较;投资决策是依据投资决策指标的评价结果,判断是否投资该项目或者在若干可行的投资项目中选出相对最优的投资项目的过程。

（二）做好投资结构的平衡与协调,实现资源的最佳配置

一个项目的投资绝不是孤立进行的,它既受到企业整体资源条件的限制,又反过来会影响其他资源的利用效率。所以在投资管理中首先要处理好短期投资与长期投资的比例关系,既要满足长期投资的需要,又要满足流动资产投资的需要,既不能出现资金的缺口,也不能有任何资源的闲置与浪费;其次要处理好主要设备与辅助设备的关系,资金投放要配套进行,合理布局,各项投资相得益彰,相互补充和促进;最后要处理好发展性投资与维护性投资的关系,不仅要追求新建等外延的扩张,更要关注对已投资项目后期内涵性的技术改进和功能维护。总之,通过投资结构平衡管理,真正做到固定资产与流动资产配套、生产能力与经营规模配套、发展性投资和维持性投资配套、直接投资与间接投资配套、投资进度和资金供应配套等,使资源得到最佳的配置,使有限的资金发挥最大的效用。

（三）全面评价风险,做好投资项目风险与效益的动态监控

投资都是逐利的,但投资又都是有风险的,投资管理的目标就是确保投资能够获得与所承担的风险相匹配的投资收益。这有两层含义,其一,既然投资承担了风险,就一定要有风险回报,承担了高风险,就要有高风险回报,绝不投资风险大而收益小的项目;其二,即使是在有效投资组合边界上的投资项目,也

有不同的选择,是选择风险较大、收益也较大的项目,还是选择风险较小、收益也较小的项目?这取决于企业自身实力和外部环境条件具体特征,同时也受到决策者风险偏好的影响。

由于企业外部环境的变化和自身条件的改变,使得企业投资所面临的风险和收益始终处在不断的变化之中,因此投资管理必须跟踪整个投资过程,适时加以监督和控制,确保收益风险的匹配关系的合理程度。

三、固定资产折旧计提的方法

固定资产折旧是指在约定的折旧年限(税法有规定)内,根据会计核算的权责发生制原则,对固定资产的初始资本性支出按照选定的方法进行分摊,以确定每一会计期间所承担的折旧费用。由于计入到成本中的折旧费能够通过当期收入给予补偿,所以计提固定资产折旧的过程既是其初始投资的摊销过程,也是其初始投资的回收过程。累计折旧反映固定资产使用中累计已经消耗掉的价值,也反映已经回收的资金,固定资产原值减去累计折旧就等于固定资产的账面净值,也反映尚未回收的资金。假设固定资产的原值(即原始投资额)为 C,估计最终残值为 S,估计折旧年限为 n 年,那么固定资产使用期的总折旧额就应该是 C-S。

所得税支出是固定资产投资项目在营业活动中发生的一笔现金流出,它是根据投资项目营运的应税所得额与相适用的所得税率的乘积计算而得。应税所得额是在利润总额的基础上,根据税法与会计核算方法上的相关差异进行相关项目的调整后计算而得,但为了方便,本书省去相应的调整步骤,直接以利润总额代表应税所得额来计算所得税。由于利润总额的计算涉及折旧额的大小,所以不同的折旧方法将带来不同的折旧额,也带来不同的所得税支出。

固定资产折旧方法大致分为直线法和加速法两类,加速折旧中用得较多的是年数总和法和双倍余额折旧法两种。

直线折旧是传统的固定资产折旧方法,将全部折旧额在其使用年限内平均分摊,计算简单,也基本符合权责发生制的原则,绝大多数固定资产都采用这一方法计提折旧。加速折旧是在固定资产的前期多计提折旧,而在固定资产的后期相应少计提折旧,使固定资产折旧的速度得到加快。加速折旧方法对于企业来说具有以下几方面的好处:首先,按加速法计提折旧更符合会计核算所要求的配比原则,因为固定资产使用的前期效益不错,修理维护费用也少,这时多承担一些折旧费用使收益与费用更为配比;而在固定资产使用的后期,使用效益会打折扣,同时维修养护费用也增加了,这时少承担一些折旧费也使收益与费用更为配比。其次,加速折旧可以使企业取得前期节税所产生的时间价值。前期多折旧,多冲减利润,少交所得税,虽然后期少折旧,会少冲减利润,多交所得税,但比起平均折旧来说却争取了前期节税资金的时间价值。最后,加速折旧可以在固定资产提前报废时减少固定资产的净值,也就是减少尚未回收的资金额,从而减少可能发生的固定资产清理净损失,更符合稳健性原则。当然,并非所有的固定资产都可以随意选择加速折旧方法,国家出于对税收的考虑,仅对那些具有较大减值风险和提前报废风险的固定资产允许企业选择加速折旧,而一般固定资产大多都采用直线法折旧。

(一) 直线法

直线法的基本思路就是将全部应计提的折旧总额(C-S)在折旧年限内平摊。即:

$$直线法下的年折旧额\ D_年 = (C - S)/n$$

$$直线法下的年折旧率\ r_年 = 1/n$$

(二) 年数总和法

年数总和法的基本思路是将全部应计提的折旧总额($C-S$),按照逐年减少的年折旧率分配到各使用年限内。

年数总和法下第 t 年的折旧率 $r_t = [n - (t-1)]/S_n$

式中,$S_n = 1 + 2 + \cdots + n = n(n+1)/2$

年数总和法下第 t 年的折旧额 $D_年 = (C - S) \cdot r_t, t = 1, 2, \cdots, n$

(三) 双倍余额递减法

双倍余额递减法的基本思路是以固定的年折旧率,乘以逐年递减的账面净值,从而使每年的折旧额呈现出前面多、后面少的分布态势。但是采用双倍余额递减法不能保证账面最后的残值为税法规定的残值 S,所以,在使用年限的最后 2 年必须改双倍余额递减法为直线法,以保证最后的账面残值为 S。

双倍余额递减法下的第 t 年的折旧率 $r_t = 2/n$,其中 $t = 1, 2, \cdots, n$

双倍余额递减法下的第 t 年的折旧额 $2/n \times$ 第 t 年年初的账面净值

双倍余额递减法最后两年的年平均折旧额(第 $n-1$ 年年初的净值 $-S$)/2

例 7-1 假设某项固定资产的原值为 65500 元,估计使用年限为 5 年,估计残值为 500 元,分别按照直线法、年数总和法和双倍余额递减法计算各年的折旧额。

解 (1) 先计算直线法下的年折旧额:

$$直线法下年折旧额 = (原值 - 估计残值) \div 折旧年限$$
$$= (65500 - 500) \div 5$$
$$= 13000(元)$$

(2) 再计算年数总和法下的年折旧额：

折旧年限的年数总和 $S_n = 1 + 2 + 3 + 4 + 5 = 15$

年数总和法下各年的折旧率和折旧额如表7-1所示：

表7-1 年数总和法下各年折旧率和折旧额　　　　　　　　　单位：元

年份	年折旧率	原值—估计残值	年折旧额	年末账面净值
1	5/15	65000	21667	43833
2	4/15	65000	17333	26500
3	3/15	65000	13000	13500
4	2/15	65000	8667	4833
5	1/15	65000	4333	500

(3) 最后计算双倍余额递减法下的年折旧额：

双倍余额递减法下各年的折旧率和折旧额如表7-2所示：

表7-2 双倍余额递减法下各年折旧率和折旧额　　　　　　　单位：元

年份	年初账面余额	年折旧率	年折旧额	年末账面余额
1	65500	2/5	26200	39300
2	39300	2/5	15720	23580
3	23580	2/5	9432	14148
4	14148	—	6824	7324
5	7324	—	6824	500

在双倍余额递减法下，第4年和第5年的年折旧额改变了折旧方法，采用2年平均分摊剩余折旧额的直线法思路。即最后两年的年折旧额都为：

$$(14148 - 500) \div 2 = 6824(元)$$

第二节　固定资产投资决策的现金流量分析

一、投资项目现金流量的概念与构成

项目现金流量是指项目在整个计算期内各年将要发生的现金流出与现金流入。一般项目的现金流出包括项目的初始投资、项目在营业过程中发生的经营成本和相关税费，以及项目在终结时发生的清理费用及相关税费等；项目的现金流入包括项目在营业活动中发生的产品销售收入、资产出租收入、劳务服务流入，以及项目在终结时发生的固定资产残值的回收收入和流动资金的回收等。

项目净现金流量是指投资项目在计算期内各年发生的现金流入与同一时

点发生的现金流出相互抵销后的净流量。项目在整个计算期各年的净现金流量是项目进行投资决策的依据。项目的整个计算期包括初始建设期、投产后的营业期和项目终止期三个阶段。

(一) 项目初始现金流量

项目初始现金流量就是项目在建设期发生的现金流量,主要包括建设投资和流动资金的垫支两部分。

建设投资具体包括:

(1) 前期费用,包括在项目正式投资前的勘探设计费、技术资料费、土地购置费等。

(2) 设备购置费,指项目购买所需要的设备的采购成本,包括买价、增值税、进口关税和运杂费等。

(3) 设备安装费用,是指将所购置的设备安装到可以直接使用状态所需要花费的费用。

(4) 建筑工程费,是指项目进行土建工程的造价。

(5) 不可预见费,是指为了应对不确定因素而准备的部分投资额,例如涨价预备费或预防及应对自然灾害可能带来的费用等。

(6) 项目原有固定资产继续使用的机会成本。如果项目是在原有固定资产的基础上进行改扩建、大修或技术改造,其原有固定资产的原始投资额是沉没成本,与当前投资决策无关,但原有固定资产的变卖收入扣除相关税费支出后的净现金流量却应作为继续占用原有固定资产的机会成本,即作为初始投资的现金流量来确认。

流动资金的垫支是指项目建设或购置完成后投入使用时,为了日常营运费用开支,例如支付人工费、材料费、能源费、管理费等而投入的流动资金,不同的固定资产投资规模,决定不同的流动资金投资规模,具体测算过程本书省略。由于所投入的流动资金在被支取后会及时通过销售收入得到回补,所以我们可以假设该流动资金量一直在营业期内循环周转,直至项目结束。

(二) 营业活动的现金流量

营业活动的现金流量是指营业期限内各年的营业收入扣除经营成本和相关税费后的净现金流量。

营业收入是指项目在营运过程中产生的产品销售收入、劳务服务收入、资产出租收入、材料销售收入等;经营成本是指项目在营运过程中为了营业收入的实现而发生的需要支付现金的代价,包括发生的人工费用、材料费用、维修养护费用、能源费用、办公费用、广告宣传费用、差旅费用等,它等于总成本费用扣除折旧费、摊销费、预提费和借款利息费用后的剩余;相关税费主要包括在商品流转过程中发生的各种经营税金及附加、所得税等。为了简化分析,往往会忽略经营税金及附加等其他税费,仅考虑所得税。

应该提醒的是要明确经营成本与总成本费用之间的区别,不能将二者混为一谈,二者之间的关系是:

经营成本 = 总成本费用 − 非付现成本(折旧费、摊销费、预提费) − 利息费用

经营成本反映的是项目在营业过程中发生的现金流出,自然应该从总成本费用中扣除在当期不需要支付现金的折旧费、摊销费和预提费等非付现成本,但为什么还要扣除需要支付现金的利息费用呢?这主要是因为投资决策往往是站在全投资(包括自有资金和负债资金)的角度来进行的,此时利息费用应该是全投资收益中的一部分,只不过把它划分给了债权人,就像股利分配划分给投资人一样,所以应该将利息费用从总成本费用中扣除。当然,如果特定要考察项目自有资金投资的盈利水平,则营业活动中借款的还本付息都必须作为现金流出。

在实际分析中,往往忽略摊销费和预提费,此时非付现成本就只剩下折旧费了,即:

经营成本 = 总成本费用 − 折旧费 − 利息费用

(三)终结的现金流量

终结现金流量是指项目终止时将项目形成的固定资产清理后回收的净残值以及回收的流动资金。这里,净残值是指固定资产的处理往往会发生清理费用,也可能带来相关税费,固定资产变卖后的净残值应该是变卖收入扣除清理费用和相关税费后的净现金流量。当然,专门为该项目而占用的土地,在项目终止时的变卖收入也应作为该项目终结的现金流量。流动资金的回收量取决于初始的投资量,前期投入多少,终结时点就回收多少。

二、投资项目投资现金流量的测算

(一)初始现金流量的测算

对于初始现金流量的测算主要就是对建设投资额的估算,可以采用逐步测算法、单位投资估算法和生产能力指数法。

1. 逐步测算法

逐步测算法是根据项目投资的构成项目逐项估计其投资额,然后再汇总成总投资额的方法。基本公式是:

项目投资额 = $\sum$ 单项投资额

例7-2 某企业准备建一条生产流水线,经过调研分析预计各项投入如下:

前期投资费用2万元;设备购置费用60万元;设备安装费用8万元;建筑工程费用100万元;需要垫支的流动资金25万元;不可预见费按照上述费用之和的6%计算,试预计该生产流水线的全部初始投资额。

解 按照逐步测算法,

该生产流水线的初始投资总额

= 前期工程费 + 设备购置费 + 设备安装费 + 建筑工程费

+ 流动资金垫支 + 不可预见费

= (2 + 60 + 8 + 100 + 25)(1 + 6%)

= 206.6(万元)

2. 生产能力指数法

生产能力指数法是指根据以往不同投资规模的类似投资项目的投资额,运用规模指数参数来考虑不同规模对投资额的影响,以及物价上涨对投资额的影响,从而估计拟建项目的投资额的方法。基本公式是:

$$C_2 = C_0 \times (Q_2/Q_0)^n \times \emptyset$$

上式中,C_0 为已建项目的投资额,C_2 为拟建项目的投资额,Q_0 为已建项目的生产规模,Q_2 为拟建项目的生产规模,n 为生产规模指数,Φ 为物价调节系数。

当然,如果已建项目和拟建项目在投资规模上一样,只是建成时间不同,则上述公式可以简化为:

$$C_2 = C_0 \times \emptyset$$

例7-3 某企业5年前建成的装备能力为20万吨的生产装置,当时的总投资额为4200万元,现在企业准备建设一个装备能力为35万吨的同类生产装置,建设期2年,生产规模指数为0.72,近年间物价平均上涨率为2.5%,试估计拟建生产装置的总投资额。

解 拟建项目的总投资额 = $4200 \times (35/20)^{0.72} \times (1 + 2.5\%)^7$

= 7469.7100(万元)

(二) 营业活动净现金流量的测算

营业活动净现金流量的测算可以采用三种不同的思路。

(1) 直接根据营业活动发生的现金流量计算得出,公式为:

项目营业活动的年税后净现金流量

= 年营业收入 − 年经营成本 − 年所得税

(2) 根据税后净利润调整得出经营活动的税后净现金流量,公式为:

项目营业活动的年税后净现金流量 = 年净利润 + 年折旧

(3) 将税前营业活动的现金流量分项推算到税后得出,公式为:

项目营业活动的年税后净现金流量
= (年营业收入 – 年经营成本)(1 – 所得税率)
+ 年折旧 × 所得税率

如果不考虑所得税,则项目营业活动的净现金流量将简化为:
项目营业活动的税前年净现金流量
= 年营业收入 – 年经营成本
= 年利润总额 + 年折旧

上述三种思路可以相互推导,具体使用哪种思路应根据具体条件不同来决定。一般,如果直接告知了所得税支出,则可以采用第 1 种思路;如果没有直接给出所得税支出,但告知了营业收入、经营成本和折旧,则可以采用第 2 种思路;如果题目只告知部分现金流入或流出,有条件能够计算出折旧额,则可采用第 3 种思路。

(三) 终结净现金流量的测算

终结现金流量的测算主要是指固定资产的市场残值的测算。这里必须了解固定资产的账面残值与市场残值两个概念。所谓账面残值是根据税费规定的残值率,在固定资产折旧完毕后留在账面的价值,而市场残值是指固定资产在项目终结时在市场上可以卖出的净收益。

(1) 当市场残值大于账面残值时,高出账面残值的部分将作为营业外收入计入利润,从而增加利润要多交所得税,所以此时项目终结的税后净现金流量为:

项目终结的税后净现金流量 = 固定资产的市场残值
– (固定资产的市场残值 – 固定资产的账面残值) × 所得税率

(2) 当市场残值小于账面残值时,低于账面残值的部分将作为营业外支出冲减利润,从而减少利润,产生节税的好处,所以此时项目终结的税后净现金流量为:

项目终结的税后净现金流量 = 固定资产的变卖净收入
– (固定资产的市场残值 – 固定资产的账面残值) × 所得税率

(3) 当市场残值等于账面残值时,清理固定资产既不产生营业外收入,也不产生经营外支出,与所得税没有关系,所以此时项目终结的税后净现金流量为:

项目终结的税后净现金流量 = 固定资产的市场残值

例 7-4 某企业有一旧设备,原值为 65000 元,已使用 4 年,如果要继续使用需要一次大修理,估计需要投入 20000 万元,估计还可以使用 5 年,按税法估计最终残值为 2000 元,每年营业收入为 11000 万元,日常维护费 2000 元,所得税税率为25%,直线法折旧,若现在将该设备在市场上卖掉可获得17000元,5年后在市场上卖掉可以获得3000元。试预测旧设备继续使用方案在整个计算期内的净现金流量。

解 根据题意,旧设备的原值65000元,估计使用年限为9年,估计最终残值为2000元,则年折旧额为(65000 − 2000) ÷ 9 = 7000元,从现在算起,旧设备继续使用方案的计算期为5年。

方案的初始现金包括大修理费用和机会成本,由于大修理费用全部作为当年的经营成本,可以冲减利润少交税,所以税后的大修理费用为:

$$20000(1 − 25\%) = 15000 \text{元},$$

机会成本是继续使用旧设备而失去的将其卖掉可以得到的税后变卖净收入,即:

$$17000 − [17000 − (65000 − 7000 × 4)] × 25\% = 22000 \text{元}$$

所以,继续使用旧设备方案的初始净现金流量

$$= 15000 + 22000 = 37000(\text{元})$$

继续使用旧设备方案在营业活动的税后净现金流量

$$= (11000 − 2000 − 7000)(1 − 25\%) + 7000 = 8500(\text{元})$$

继续使用旧设备方案终结的净现金流量

$$= 3000 − (3000 − 2000) × 25\% = 2750(\text{元})$$

三、项目现金流量作为投资决策分析对象的原因

进行固定资产投资决策为什么选择项目现金流量,而不是传统的利润作为分析对象,其原因主要包括以下几方面:

(一) 采用现金流量有利于科学地考虑货币的时间价值因素

科学的投资决策必须考虑货币的时间价值,这就要求决策者一定要明确每笔收入与支出发生的具体时间点。现金流量是客观存在的流入与流出,它具有明确的发生时点,方便计算货币的时间价值,而利润是根据权责发生制得到的会计核算结果,是一定会计期间的累计,没有收入与支出发生的具体时点。所以采用现金流量作为分析对象,才能更好地按照资金的时间价值把不同时间点上的现金流量换算到同一时点,在此基础上进行加减乘除,并比较资金的大小,进行投资决策。

(二) 采用现金流量使项目投资决策更符合客观实际,避免受人为因素的影响

现金的流入量与流出量是真实发生的数字,有原始凭证可查,不允许被随意篡改,但利润作为会计核算的产物会随着会计核算方法的不同而改变,也可

能会随着不同会计人员对于收入费用确认标准的掌握不同而有区别,甚至会被人恶意操作,所以以现金流量作为投资决策分析的对象可以使投资分析更符合客观实际,投资决策也更可靠。

（三）采用现金流量考虑了项目投资的逐步回收问题

固定资产每年计提的固定资产折旧不仅是对固定资产初始投资按照权责发生制原理在整个使用期内摊销,而且也是固定资产初始投资逐步回收的实现过程。因为每年计提的折旧费计入成本通过营业收入而弥补,但当年却并不需要为折旧费支付现金,折旧等于回收了相应资金。前面营业活动净现金流量测算中使用的净利润＋折旧的公式正好说明以现金流量作为投资分析的对象考虑了固定资产的回收。而利润中由于将折旧费与其他付现成本一样都扣除了,所以不能反映固定资产的回收问题。

（四）采用现金流量考虑了流动资金的垫支与回收

流动资金的垫支是企业营业活动得以正常进行的基本条件之一,是投资决策不应忽略的内容。在以现金流量作为分析对象时,将流动资金的垫支确认在项目投入营运的时点,而将流动资金的回收确认在终结时点,这就完整地考虑了流动资金的垫支与回收,有利于更全面地进行投资分析与决策。但由于流动资金的垫支与回收从总量上看完全抵消,没有在利润中有任何体现,所以如果以利润为投资分析对象,那就忽略了流动资金的垫支与回收,投资决策难免片面。

第三节　固定资产投资决策评价指标

进行固定资产投资决策,一般要选择科学的评价指标,通过计算相应评价指标的水平,再进行比较判断,从而选择满足投资者要求的相对最优的投资项目。按照评价指标的计算过程中是否考虑货币的时间价值,可以把评价指标分为静态指标和动态指标两大类。

一、静态评价指标

静态评价指标是不考虑货币时间价值条件下的评价指标,主要包括投资回收期、简单投资收益率和会计利润率。

（一）投资回收期（investment payback period）

投资回收期是指用未来营业活动产生的净现金流量回收全部初始投资所需要的时间,以 P_t 表示。

（1）如果未来营业活动中产生的年现金净流量相等,均为 A,项目的初始投

资为 C,则有：

$$P_t = \frac{C}{A}$$

（2）如果未来营业活动中产生的年现金净流量不相等,假设 m 是累计各年净现金流量首次变正的年份,NCF_t 为第 t 年的净现金流量,$t=0,1,2\cdots n$,则有：

$$P_t = (m-1) + \left(\left|\sum_{t=0}^{m-1}\text{NCF}_t\right|\right) \div \text{NCF}_m$$

当计算出投资项目的回收期以后,应与事先设定的基准投资回收期比较,如果项目的投资回收期小于等于基准投资回收期,则说明项目值得投资,否则项目应该被拒绝。

当然,由于投资回收期没有考虑货币的时间价值,且只考虑了初始投资回收完以前各年的净现金流量,并没有完整考虑整个计算期各年的净现金流量,所给出的信息主要是投资回收的速度和所可能承担风险的大小,因此一般不将其作为独立判断项目取舍的依据,而多作为辅助参考指标,如果投资所隐含的未来风险有明显增加的趋势,那么投资回收期的辅助参考作用将大大增强,此时不排除可以作为独立评价项目可行与否的决策指标来使用。

（二）简单投资收益率(simple return on investment)

简单投资收益率就是未来营业活动的年平均净现金流量与初始投资总额的比值,它反映单位初始投资产生的年净现金流量的水平,用 R 表示。

（1）如果未来营业活动中产生的年现金净流量相等,均为 A,初始投资为 C,则有：

$$R = \frac{A}{C}$$

（2）如果未来营业活动中产生的年现金净流量不相等,假设 NCF_t 为第 t 年的净现金流量,初始投资总额为 C,则有：

$$R = \frac{\sum_{1}^{n}\text{NCF}_t}{n} \div C$$

当计算出投资项目的简单投资收益率后,与事先设定的基准简单投资收益率比较,如果简单投资收益率大于等于基准简单投资收益率,则说明项目值得投资,否则项目应该被拒绝。

简单投资收益率计算简单,但由于没有考虑货币的时间价值,往往放大项目本身的盈利,一般只在初步可行性研究中使用。

例 7-5 某公司准备投资一项目,需要投资 5000 万元(4520 万元用于购买设备,480万元用于追加流动资金)。预期该项目可使企业销售收入增加:第一年为2500万元,第二年为4000万元,第三年为5200万元;经营成本增加:第一年为500万元,第二年为1000万元,第三年为1200万元。第三年年末项目结束,收回流动资金480万元,固定资产按3年用直线法折旧,残值20万元。假设公司适用的所得税税率为25%,要求:(1)计算确定该项目各年的税后净现金流量,填入表7-3;(2)计算该项目的简单投资收益率;(3)计算该项目的回收期。

解 (1)计算税后各年的净现金流量

表7-3 项目在计算期内各年的净现金流量表　　　　　　　　单位:万元

时间	0	1	2	3
原始投资额	−5000			
销售收入		2500	4000	5200
经营成本		500	1000	1200
折旧		1500	1500	1500
利润		500	1500	2500
税后利润		375	1125	1875
经营现金净流量		1875	2625	3375
回收额				500
各年净现金流量	−5000	1875	2625	3875
各年累计净现金流量	−5000	−3125	−500	3375

(2)计算项目的简单投资收益率 = 年平均净现金流量/初始投资
$$= [(1875 + 2625 + 3875)/3]/5000$$
$$= 55.83\%$$

(3)计算回收期

根据各年累计净现金流量,3是首次累计净现金流量变正的年份,所以,

投资回收期 = 3 − 1 + |−500|/3875 = 2.13(年)

二、动态评价指标

动态评价指标是在考虑货币时间价值的前提下计算的评价指标,主要包括动态投资回收期、净现值、内含报酬率、报酬指数等指标。

(一)动态投资回收期(the dynamic payback period of investment)

动态投资回收期是在投资回收期指标的基础上考虑货币时间价值而形成的。它反映用未来营业活动净现金流量的现值回收初始投资现值所需要的

时间。

（1）如果未来营业活动中产生的年现金净流量相等，设初始投资的现值为 C，未来各年营业活动的净现金流量为 A，动态投资回收期为 T，基准贴现率为 i_c，则有：

$$C = A(P/A, i_c, T)$$

通过查表，可以查出动态投资回收期 T。

（2）如果未来营业活动中产生的年现金净流量不相等，假设 M 是累计各年净现金流量现值首次变正的年份，NCF_t 为第 t 年的净现金流量，$t = 1, 2 \cdots, n$，则有：

$$T = (m-1) + \left\{ \left| \sum_{t=0}^{m-1} NCF_t(P/F, i_c, t) \right| \right\} \div \left[NCF_m(P/F, i_c, m) \right]$$

就例 7-5 而言，假设代表货币时间价值的基准贴现率为 10%，则可以计算出计算期内各年净现金流量的现值及累计净现金流量现值，如表 7-4 所示：

表 7-4 项目在计算期内各年的净现金流量现值表 单位：万元

项目	0	1	2	3
年净现金流量	-5000	1875	2625	3875
复利现值系数	1	0.9091	0.8264	0.7513
年净现金流量现值	-5000	1704.5625	2169.3	2911.2875
累计净现金流量现值	-5000	-3295.4375	-1126.1375	1785.15

可以看出，第 3 年是首次累计净现金流量现值变正的年份，所以，

项目的动态投资回收期 $T = 3 - 1 + |-1126.1375|/2911.2875 = 2.4$（年）

当计算出投资项目的动态投资回收期以后，与事先设定的基准动态投资回收期比较，如果项目的动态投资回收期小于等于基准动态投资回收期，则说明项目值得投资，否则项目应该被拒绝。

虽然动态的投资回收期考虑了货币的时间价值，但由于它仍然没有完整地考虑整个计算期各年的净现金流量，不能准确地表示项目的盈利水平，所以一般仍然不作为独立判断项目可行与否的依据，而只作为辅助参考指标，随着未来风险的增加，其对决策的辅助参考价值也增加。

（二）净现值(NPV)

净现值是项目在整个计算期内各年净现金流量，按照给定的基准贴现率计算的现值之和。换句话说，净现值是在事先设定的基准贴现率下，项目在计算期内未来各年营业活动的净现金流量的现值之和与初始投资现值的差。其基

本公式是：

$$NPV = \sum_{t=0}^{n} NCF_t((P/F, i_c, t))$$

这里，NCF_t 是第 t 年的净现金流量，$(P/F, i_c, t)$ 是复利现值系数，$t = 0, 1, \cdots, n$，i_c 为基准贴现率。

当计算得出的项目净现值等于零时，说明项目的盈利水平正好等于基准贴现率；当计算得出的项目净现值大于零时，说明项目的盈利水平大于基准贴现率；当计算得出的项目净现值小于零时，说明项目的盈利水平小于基准贴现率。由于基准贴现率一般用行业基准收益率或项目资本成本率来表示，它就是投资者最低要求的收益率，所以当净现值大于等于零时，说明项目的盈利水平达到或超过了投资最低要求的收益水平，项目值得投资；当净现值小于零时，则说明项目盈利水平没有达到投资要求的最低收益水平，应该被拒绝。

对于任何现金流量分布，只要事先设定好基准贴现率，都能够计算出唯一确定的净现值，都能够根据净现值的判定标准判断项目是否可行；而且当初始投资相同，计算期相等时，净现值越大，说明项目的盈利水平越大，对企业价值提升的贡献越大，此时净现值大者为优。

对于互斥方案的比选而言，只要计算期相等，无论初始投资是否相等，都可以用净现值大者为优进行选择。

净年值是与净现值等效的年金，当用来比选的投资项目计算期不等时，不能按照净现值越大越好来选择，但可以按照净年值越大越好来选择。

例7-6 某公司投资 126000 元购入一台设备。该设备预计残值为 6000 元，可使用 3 年，折旧按直线法计算。设备投产后每年销售收入增加额分别为 90000 元、96000 元、104000 元，经营成本增加额分别为 24000 元、26000 元、20000 元。企业适用的所得税税率为 25%，要求的最低投资报酬率为 10%，目前年税后利润为 50000 元。要求：(1) 假设企业经营无其他变化，预测未来 3 年每年的税后利润；(2) 计算该投资方案的净现值，并进行可行与否判断。

解 (1) 设备年折旧额 = (126000 - 6000) ÷ 3 = 40000(元)

未来第 1 年增加税后利润 = (90000 - 24000 - 40000)(1 - 25%)
= 19500(元)

未来第 2 年增加税后利润 = (96000 - 26000 - 40000)(1 - 25%)
= 22500(元)

未来第 3 年增加税后利润 = (104000 - 20000 - 40000)(1 - 25%)
= 33000(元)

由于当前企业的税后利润为 50000,所以未来 3 年企业的税后利润分别为企业当前净利润加项目各年的净利润,即:69500 元、72500 元、83000 元。

(2) 投资方案未来 3 年的年营业税后净现金流量为项目各年净利润加折旧,即:59500 元、62500 元、73000 元。

投资方案的净现值,即:

$$
\begin{aligned}
NPV &= 未来报酬的现值 - 初始投资的现值 \\
&= 59500(P/F,10\%,1) + 62500(P/F,10\%,2) \\
&\quad + 73000(P/F,10\%,3) + 6000(P/F,10\%,3) - 126000 \\
&= 160590 + 4507.8 - 126000 = 165097.8 - 126000 \\
&= 39097.8(元)
\end{aligned}
$$

由于项目净现值大于零,说明项目的盈利水平超过了投资人最低要求的收益水平,所以项目可行。

(三) 报酬指数(PI)

报酬指数也称获利指数,它是在事先设定的基准贴现率下,项目在计算期内未来各年营业活动的净现金流量的现值之和与初始投资现值的比值。它代表单位初始投资现值的未来报酬现值,能够反映单位投资的盈利能力。

显然报酬指数大于 1 的充分必要条件就是净现值大于零,报酬指数等于 1 的充分必要条件就是净现值等于零,报酬指数小于 1 的充分必要条件就是净现值小于零,所以,当报酬指数大于等于 1 时,项目可行,当报酬指数小于 1 时,项目应被拒绝。

当计算期相同,但初始投资不同的多个独立投资项目进行比选时,净现值不具有可比性,但报酬指数却具有可比性,此时可以考虑用报酬指数来排列优先顺序。

就例 7-6 而言,根据每年净现金流量和基准贴现率,可以计算得到:

$$
\begin{aligned}
投资方案的获利指数 PI &= 未来报酬的现值 / 初始投资的现值 \\
&= 165097.8 \div 126000 \\
&= 1.31
\end{aligned}
$$

由于获利指数大于 1,所以该项目可行。

(四) 内含报酬率(IRR)

内含报酬率又称内部收益率,是指投资项目在项目计算期内各年现金净流量的现值之和等于零时的贴现率,也就是能使投资项目的净现值等于零时的贴现率。内含报酬率用大家熟悉的收益率形式反映项目占用资金的盈利水平,弥补了净现值不能准确反映项目自身盈利水平的局限。其基本公式是：

$$\sum_{t=0}^{n} \text{NCF}_t \times (P/F, \text{IRR}, t) = 0$$

这里，NCF_t 是第 t 年的净现金流量，$(P/F, \text{IRR}, t)$ 是复利现值系数，$t = 0, 1, \cdots, n$，IRR 为项目的内含报酬率。

直接根据上述公式解高次方程，计算很复杂，手工难以完成，一般只能采取近似公式计算。

（1）如果未来营业活动中产生的年现金净流量相等，设初始投资的现值为 C，未来各年营业活动的净现金流量为 A，计算期为 n，内含报酬率为 IRR，则有

$$C = A(P/A, \text{IRR}, t)$$

可以通过年金现值表通过直接查表，或者通过查表插值法来计算内含报酬率。

例 7-7 某公司拟购置一新设备，需投资 500 万元，可以使用 5 年，期末残值为零，采用直线法计提折旧。投产以后，预计每年的营业收入为 280 万元，营业成本为 150 万元。所得税税率为 25%。分别计算该公司投资计算期各年的净现金流量，计算项目的内含报酬率，假设基准贴现率为 15%。

解 该固定资产的年折旧 = (500 − 0) ÷ 5 = 100（万元）

项目在营业活动的各年的税后年净现金流量 = 净利润 + 折旧 = (280 − 150)(1 − 25%) + 100 = 197.5（万元），

令　　　　项目净现值 = − 500 + 197.5(P/A, IRR, 5) = 0

则有 (P/A, IRR, 5) = 2.5316

查年金现值系数表，得到 (25%, 2.681)、(30%, 2.435)、(IRR, 2.5316) 三点，假设这三点在同一直线上，具有线性关系，则根据线性插值法，有：

(IRR − 25%) ÷ (2.5316 − 2.681)
　　= (30% − 25%) ÷ (2.435 − 2.681)

即 IRR = 28.04%

由于项目的内含报酬率大于基准贴现率，说明项目的盈利水平超过了投资者的最低要求水平，所以项目可行。

（2）如果未来营业活动中产生的年现金净流量不相等，则要利用插值法来计算内含报酬率。具体步骤是：

第一步，找出满足 $i_2 − i_1 \leqslant 5\%$ 的 i_1、i_2 两个利率，使 $\text{NPV}(i_1) > 0$，$\text{NPV}(i_2) < 0$。

第二步，根据以下公式计算内含报酬率：
$$IRR = i_1 + \{NPV(i_1)/[NPV(i_1) + |NPV(i_2)|]\}(i_2 - i_1)$$
插值法的基本原理是相似三角形对应边成比例。

就例7-7而言，如果项目最终残值为50万元，那么就使得第5年的净现金流量不同于前4年的净现金流量，此时就无法使用查表插值法来计算内含报酬率了，而只能直接使用插值法。其计算过程如下：

找到 $i_1 = 24\%$，$i_2 = 28\%$，计算得到：
$$NPV(i_1) = -500 + 187.5(P/A,24\%,4) + 237.5(P/F,24\%,5)$$
$$= 31.8175(万元)$$
$$NPV(i_2) = -500 + 187.5(P/A,28\%,4) + 237.5(P/F,28\%,5)$$
$$= -10.7(万元)$$

所以，
$$IRR = 24\% + [31.8175 \div (31.8175 + 10.7)](28\% - 24\%)$$
$$= 27\%$$

由于项目内含报酬率为27%，大于基准收益率15%，所以项目可行。

对于多个独立的投资项目比选而言，内含收益率与报酬指数一样都反映单位资金的盈利水平，可以考虑用来排列项目优劣的顺序进行投资决策。但由于二者所用贴现率的代表性不同，报酬指数的贴现率是行业基准收益率，代表该行业资金的平均盈利水平，具有较好的代表性；而内含报酬率的贴现率只代表各项目各自占用资金的盈利水平，基本不具有代表性，因此可能导致按照获利指数和内含报酬率排列的大小顺序会有不同，但理论上说获利指数的排序应该更可靠一些。

对于计算期相同的互斥方案一般都采用净现值大者为优，而不采用获利指数或内含报酬率选优，因为单位投资的盈利大并不代表整个投资的盈利大。

三、评价指标的比较

（一）动态指标与静态指标的比较

动态评价指标相对于静态评价指标而言，由于考虑了货币的时间价值，所以具有理论上更严谨、更科学的优点，但也出现了指标意义相对含糊，较难理解，计算比较复杂等问题。在初步可行性研究中，可以选择静态评价指标，发挥静态指标计算简单、易于理解的优势，以较少的研究费用对投资项目进行初步筛选，筛选合格的进入详细可行性研究。对于详细的可行性研究，则要求使用动态的指标,由经过专业培训,具有相应资格的人员进行,并需要根据具体情况选择合适的动态评价指标进行评价。

（二）动态指标内部的比较

净现值、年值、内含报酬率、报酬指数、动态投资回收期这些动态指标的特点如表7-5、表7-6所示：

表 7-5　几种主要动态评价指标的优缺点和适用性

指标	优点	缺点
净现值 NPV(PW)	(1) 适应性强,能基本满足项目年限相同的互斥投资方案的决策 (2) 能灵活考虑项目投资风险	(1) 贴现率难以确定 (2) 初始投资不同的独立方案不具有可比性 (3) 计算期不等的独立方案不具有可比性
年值 AW	(1) 当计算期不等时,可以用年值的大小比较选择相对优的投资方案 (2) 互斥方案中等效于净现值 (3) 能灵活考虑项目承受的风险	(1) 初始投资不同的独立方案不具有可比性 (2) 贴现率难以确定
内含报酬率 IRR	(1) 反映了投资项目占用资金能达到的盈利率 (2) 对于初始投资不等的独立方案的比较决策,可以通过IRR,并结合报酬指数,进行项目盈利能力的判断	(1) 计算复杂 (2) 不易直接考虑风险的大小 (3) 在互斥方案决策中,如果各方案的原始投资额不等,或者现金流量分布明显不同,有时无法作出正确决策
报酬指数 PI	(1) 当初始投资不等时,可以根据报酬指数的大小选择相对优的投资方案 (2) 能灵活考虑项目的风险	(1) 计算期不等的独立方案不具有可比性 (2) 贴现率难以确定
动态投资回收期 T	(1) 可以反映投资回收的速度快慢 (2) 能灵活反映项目所承受风险的大小	(1) 没有完整地考虑整个计算期各年的净现金流量,不能准确反映项目盈利水平 (2) 贴现率难以确定

表 7-6　几种主要动态评价指标(除动态投资回收期外)的相同点与不同点

相同点	(1) 都考虑了货币的时间价值 (2) 都考虑了项目计算期全部的净现金流量 (3) 在评价单一方案可行与否时,结论相同				
不同点	指标	净现值	年值	报酬指数	内含报酬率
	指标反映的收益特征	衡量投资的效益	衡量投资的效益	衡量投资的效率	衡量投资的效率
	是否受设定贴现率的影响	是	是	是	否
	是否能对初始投资不等的独立方案进行决策	否	否	是	是
	是否反映项目本身的投资报酬	否	否	否	是
	是否直接考虑投资风险的大小	是	是	是	否
	是否适合互斥方案投资决策	寿命期相等的互斥方案选优	互斥方案选优	有时无法作出正确选择	有时无法作出正确选择

第四节　固定资产投资决策指标应用

一、单一投资方案可行与否决策

单一投资方案可行与否决策一般首选净现值、获利指数等评价指标,而如果要选择内含报酬率来判断,则要求投资方案属于常规投资方案,它应同时满足以下三个条件:(1) 第 1 笔净现金流量为负;(2) 计算期各年的净现金流量的代数和大于零;(3) 各年净现金流量的符号由负变正,只变一次。因为如果是非常规投资方案,则会出现有多个内含报酬率或者不存在内含报酬率的情形,此时无法应用判断准则来进行判断。

单一投资方案决策所依靠的净现金流量可以用缴纳所得税前的净现金流量,也可以用缴纳所得税后的净现金流量来分析,理论上说前者更符合逻辑,但一般却习惯用税后的净现金流量来进行分析。

例 7-8　某公司拟新建一条生产流水线,需投资 500 万元,一年建成,该流水线可以使用 5 年,期末有 50 万元的净残值,采用直线法计提折旧。投产以后,预计每年的营业收入为 280 万元,营业成本为 120 万元。投产期初要垫支流动资金 20 万元,可在项目终结时一次收回。所得税税率为 25%。分别计算该公司投资计算期各年的净现金流量,并且判断是否应当新建这条生产流水线。假设投资要求的必要收益率为 15%。

解 该固定资产的年折旧 = $(500-50) \div 5 = 90$(万元)

项目在营业活动的各年的税后年净现金流量

$$= 净利润 + 折旧 = (280-120)(1-25\%) + 90 = 210(万元)$$

$$项目净现值 NPV = -500 - 20(P/F,15\%,1)$$
$$+ 210(P/A,15\%,5)(P/F,15\%,1) + 70(P/F,15\%,6)$$
$$= 362.7485(万元)$$

由于净现值大于零,所以项目可行。

二、多个互斥投资方案投资决策

互斥投资方案是指投资方案之间相互排斥,只能从中选择一个方案进行投资。在固定资产的投资决策中,往往面临是买新的还是继续使用旧的、是租赁还是购买等选择,这都属于互斥投资方案的选择。一般,如果用来比较的投资方案的计算期相等,首选净现值进行判断,选择净现值大者为优;如果计算期不等,则首选与净现值等效的净年值进行判断,选择净年值大者为优。当然,如果用来比较的是费用现值或费用年值,则选择小者为优。

(一)计算期相等的多个互斥方案的投资决策

例 7-9 某公司需要使用某种小型计算机,可以在市场上花费 30000 元购置一台,服务期 4 年,直线法折旧,4 年末估计残值为 400 元,平均运行费用每天 60 元,年维修费 1600 元。这种计算机也可以租到,每天租赁费为 50 元,运行费用每天依然是 60 元。如果公司每年需要使用计算机的天数为 280 天,所得税税率为 25%,问公司是租还是购?假设行业基准贴现率为 10%,项目产生的收益相同。

解 由于租赁和购买两种不同方案下,设备的使用年限相等,都是 4 年,且使用所产生的营业收入相同,所以本题可以采用费用年值进行比较,也可以采用费用现值进行比较。

如果购买计算机,则:

$$年折旧额 = (30000-400) \div 4 = 7400(元)$$

先采用费用年值进行比较:

租赁计算机的税后费用年值 $= -(50+60) \times 280(1-25\%)$
$$= -23100(元)$$

购买计算机的税后费用年值 $= -(60 \times 280 + 1600)(1-25\%)$
$$= +7400 \times 25\% - 30000(A/P,10\%,4)$$
$$+ 400(A/F,10\%,4)$$
$$= -21331(元)$$

比较得到,自行购买计算机更合算。

再采用费用现值进行比较:

租赁计算机的税后费用现值 = (50 + 60) × 280(1 - 25%)(P/A,10%,4)
$$= -73225(元)$$

购买计算机的税后费用现值 = -[(60 × 280 + 1600)(1 - 25%)
$$-7400 × 25\%](P/A,10\%,4)$$
$$-30000 + 400(P/F,10\%,4)$$
$$= -67596(元)$$

可见,比较得到的结果仍然是自行购买计算机更合算。

当计算期相等时,也可以采用差额净现值法进行判断,以简化计算过程。

例 7-10 某公司正考虑用一台效率更高的新机器取代现有的旧机器。旧机器的账面折余价值为 12 万元,在市场上出售可以得到 7 万元;预计尚可使用 5 年(与税法规定相同),预计 5 年后清理的净残值为零(与税法规定相同);购买和安装新机器需要 48 万元,预计可使用 5 年,预计清理净残值为 1.2 万元。新机器属于新型环保设备,按税法规定可分 4 年折旧并采用双倍余额递减法计算应纳税所得额,法定残值为原值的 1/12。由于该机器效率很高,每年可以节约经营成本 14 万元,公司的所得税税率 25%。假定公司投资本项目的必要报酬率为 10%,要求计算上述机器更新方案的差额净现值,并判断方案的优劣。

解 (1) 计算新旧机器的年折旧

旧机器未来 5 年各年的折旧额 = 12/5 = 2.4(万元)

新机器采用双倍余额折旧法,未来 5 年的各年折旧额如表 7-7 所示:

表 7-7 折旧额计算表 单位:万元

年份	年初价值	折旧率	折旧额	年末价值
1	48	2/4	24	24
2	24	2/4	12	12
3	12		4	8
4	8		4	4
5	4		0	4

各年折旧额增量带来的增量节税效果如表 7-8 所示:

表 7-8　新旧机器各年折旧增量的节税效果　　　　　单位：万元

年份	1	2	3	4	5
新旧机器年折旧增量	21.6	9.6	1.6	1.6	-2.4
新旧机器年折旧节税增量	5.4	2.4	0.4	0.4	-0.6

（2）计算新旧机器各年的净现金流量

旧机器继续使用的初始税后现金流量 = 7 - (7 - 12) × 25% = 8.25(万元)

旧机器继续使用的终结税后现金流量 = 0(万元)

新机器继续使用的初始税后现金流量 = 48(万元)

新机器继续使用的终结税后现金流量 = 1.2 - (1.2 - 4) × 25% = 1.9(万元)

（3）计算新旧机器的差额净现金流量

相对于旧机器，使用新机器各年节约的税后经营成本为 14 × (1 - 25%) = 9.8 万元，考虑各年折旧额增量的节税增量，各年带来的营业活动的税后增量现金流量如表 7-9 所示：

表 7-9　新旧机器的差额净现金流量　　　　　单位：万元

年份	0	1	2	3	4	5
差额净现金流量	-39.75	15.9	12.9	10.9	10.9	11.8

新机器相对于旧机器带来的差额净现值

$$= -39.75 + 15.9(P/F,10\%,1) + 12.9(P/F,10\%,2)$$
$$+ 10.9(P/F,10\%,3) + 10.9(P/F,10\%,4) + 11.8(P/F,10\%,5)$$
$$= 8.3257(万元)$$

由于差额净现值大于零，说明追加投资更新机器是值得的，所以应选择使用新机器。

（二）计算期不等的多个互斥方案的投资决策

例 7-11　某企业有一旧设备，原值为 65000 元，已使用 3 年，最终残值为 2000 元，如果继续使用需要大修，预计修理费 20000 元，修理后可使用 6 年，每年日常维护费 2000 元。若将该设备在市场上卖掉可获得 15000 元，而市场上有可替代的新型设备，每台价格为 100000 元，可使用 15 年，每年日常维修费 1500 元，最终残值为 12000 元。若企业的平均资金成本率为 10%，所得税税率为 25%，税法上规定的残值率为 10%。问企业是大修原设备，还是购买新型设备？假设项目产生的收益相同，设备采用直线法折旧。

解　由于计算期不等，所以本题只能采用费用年值进行比较。

如果继续使用旧设备：

$$旧设备的年折旧 = (65000 - 65000 \times 10\%) \div 9$$
$$= 6500(元)$$
$$当前旧设备的账面净值 = 65000 - 3 \times 6500$$
$$= 45500(元)$$
$$旧设备产生的机会成本 = 15000 - (15000 - 45500) \times 25\%$$
$$= 22625(元)$$
$$旧设备的当前初始投入 = 税后修理费用 + 机会成本$$
$$= 20000(1 - 25\%) + 22625$$
$$= 37625(元)$$
$$旧设备的税后日常维护费用 = 2000(1 - 25\%)$$
$$= 1500(元)$$
$$旧设备6年末回收的税后残值 = 2000 - (2000 - 6500) \times 25\%$$
$$= 3125(元)$$
$$旧设备的年度费用 = -37625(A/P,10\%,6) - 1500$$
$$+ 6500 \times 25\% + 3125(A/F,10\%,6)$$
$$= -8109(元)$$

如果更换使用新设备:
$$新设备的年折旧 = (100000 - 100000 \times 10\%)/15$$
$$= 6000(元)$$
$$新设备的税后日常维护费用 = 1500(1 - 25\%)$$
$$= 1125(元)$$
$$新设备15年末回收的税后残值 = 12000 - (12000 - 10000) \times 25\%$$
$$= 11500(元)$$
$$新设备的年度费用 = -100000(A/P,10\%,15) - 1125$$
$$+ 6000 \times 25\% + 11500(A/F,10\%,15)$$
$$= -12240(元)$$

比较得到,应继续使用旧设备比较合算。

三、资金限额下独立投资方案决策

独立方案是指投资方案之间互不干扰,互不排斥,各自自行决定是否可行。如果资金没有限额,可以把所有可行的方案都选入投资组合。如果资金有限额,则可以按照获利指数或内含报酬率的大小排序,在符合不超过资金限额的条件下,优先选入获利指数或内含报酬率大者。

例 7-12 某企业有 5 个投资项目,有关投资额、获利指数和净现值的资料如表 7-10 所示,如果资金没有限额,或者资金限额为 2000 万元,请进行最优投资组合决策(不同指标下项目的优劣顺序见表中括号所示)。

表 7-10　各项目初始投资、净现值及获利指数表

项目	初始投资(万元)	获利指数	净现值(万元)
A	850	2.1(1)	260(2)
B	600	1.3(4)	125(3)
C	550	0.9	−20
D	750	1.9(2)	270(1)
E	400	1.4(3)	120(4)

解　由于 C 方案的获利指数小于 1,该方案不可行,应该拒绝,所以在资金没有限额的情况下,应将 A、B、D、E 四个方案的组合作为最优的投资组合。在资金限额为 2000 万元的情况下,所有满足资金限额的可能的投资组合有 AB、AC、AE、BD、BE、DE、ABE、BDE,各组合的净现值之和如表 7-11 所示。根据净现值之和的排序,应选择净现值之和最大者,即选择 AD 为最优的投资组合。

表 7-11　各投资组合初始投资的初始投资及净现值之和

投资项目组合	初始投资之和(万元)	净现值之和(万元)
AB	1450	385
AD	1600	530
AE	1250	380
BD	1350	395
BE	1000	245
DE	1150	390
ABE	1850	505
BDE	1750	515

第五节　固定资产投资的风险分析与决策

固定资产的投资存在各种风险,包括系统性风险和非系统性风险。所谓系统性风险是指由宏观因素引起的,市场上所有投资人都得承受的,投资者无法控制的风险,例如通货膨胀风险、政策风险、经济危机风险、自然灾害风险等;而非系统性风险是指由个别因素引起的,市场上部分或个别投资人承受的,投资者可以控制的风险,例如负债过高的风险、投资延误的风险、官员腐败的风险等。面对各种风险,投资方案计算期各年的净现金流量就可能出现多种表现,

所测算的评价指标也就会随着发生变化,那么应如何进行投资决策呢?

风险决策的方法有很多,本书采用两种基本思路介绍风险决策方法,一种思路是根据风险程度调高贴现率,另一种思路是根据风险程度调低各年净现金流量。如果根据调高后的贴现率或者调低后的年净现金流量计算出来的评价指标依然可行,则说明项目考虑风险仍然可行。

一、根据风险程度调高贴现率进行风险决策

根据第二章所学内容,风险的度量指标有标准离差率、贝塔系数等。假设某投资方案的标准离差率为 V,无风险投资收益率为 R_f,风险报酬系数为 b,则根据风险程度调高后的贴现率为:

$$R = R_f + bV$$

需要指出的是,这里的标准差代表的是每一年各种可能的净现金流量的波动程度,而在项目整个计算期内,各年净现金流量的波动不一定相同,所以不能用某一年的标准离差率代表整个项目计算期内的风险,需要进行相应的测算。具体步骤是:

(1)分别计算出各年净现金流量的期望值 E_t、标准差 d_t 和标准离差率 q_t。

(2)根据各年净现金流量的期望值,按照无风险收益率 R_f 求出项目整体的期望净现值 EPV

$$\text{EPV} = \sum E_t(P/F, R_f, t)$$

(3)根据各年的标准差和无风险收益率,运用特定的公式计算出项目整体的综合标准差 D

$$D = \{d_1^2/(1+R_f)^2 + d_2^2/(1+R_f)^2 + \cdots + d_n^2/(1+R_f)^2\}^{1/2}$$

(4)将综合标准差除以期望净现值得出综合标准离差率 Q,以此表示项目整体风险的大小

$$Q = D/\text{EPV}$$

(5)根据项目整体风险程度计算调高后的贴现率 R

调高后的贴现率 = 考虑风险后的必要投资收益率 = $R_f + bQ$

(6)根据调高后的贴现率,参照没有考虑风险条件下预测的净现金流量计算净现值,并进行风险投资决策。

例7-13 某公司有一个投资 300 万元的项目,无风险报酬率为 6%,风险报酬率斜率为 0.1,有关资料如表 7-12 所示:

第七章 固定资产投资管理

表 7-12 投资项目各年净现金流量及概率表

年(t)	现金流量(万元)	概率(P_i)
0	−300	1
1	0	0
2	250	0.3
	200	0.4
	150	0.3
3	300	0.2
	250	0.6
	200	0.2

要求：采用风险调整贴现率法判定该投资项目是否可行。

解 先计算该项目的风险程度
第 2 年期望现金流量为：

$$E_2 = 250 \times 0.3 + 200 \times 0.4 + 150 \times 0.3 = 200(万元)$$

第 2 年期望现金流量标准差为：

$$d_2 = \{(250-200)^2 \times 0.3 + (150-200)^2 \times 0.3\}^{1/2} = 38.73(万元)$$

第 3 年期望现金流量为：

$$E_3 = 300 \times 0.2 + 250 \times 0.6 + 200 \times 0.2 = 250(万元)$$

第 3 年期望现金流量标准差为：

$$d_3 = \{(300-250)^2 \times 0.2 + (200-250)^2 \times 0.2\}^{1/2} = 31.62(万元)$$

项目未来 3 年期望净现金流量的现值之和为：

$$EPV = 200(P/F,6\%,2) + 250(P/F,6\%,3) = 387.90(万元)$$

项目的综合标准差为：

$$D = \{38.73^2/1.06^4 + 31.62^2/1.06^6\}^{1/2} = 43.51(万元)$$

项目的综合标准离差率为：

$$Q = 43.51/387.9 = 0.1122$$

这即为项目的风险度量。
再计算考虑风险下项目的必要收益率，即：

$$6\% + 0.1 \times 0.1122 = 7.12\%$$

按照项目必要收益率计算的净现值为：

$$NPV = -300 + 200(P/S,7.12\%,2) + 250(P/S,7.12\%,3)$$
$$= 77.69(万元)$$

由于按照调高后的贴现率计算的净现值依然为正，所以考虑风险项目依然可行。

当然,调高贴现率的方法还可以根据资本资产定价模型来测算,也可以根据决策者的经验来判断。

二、根据风险程度调低年净现金流量进行风险决策

该方法也称约当现金流量法。其具体步骤为:
(1) 计算项目在计算期各年净现金流量的标准差。
(2) 根据标准差大小确定各年净现金流量的约当系数,标准如表 7-13 所示:

表 7-13 标准离差率与约当系数对应关系表

标准离差率	约当系数
0.00—0.07	1
0.08—0.15	0.9
0.16—0.23	0.8
0.24—0.32	0.7
0.33—0.42	0.6
0.43—0.54	0.5
0.55—0.70	0.4

(3) 根据约当系数计算各年的约当净现金流量。
(4) 根据各年约当净现金流量,按照无风险收益率计算净现值,并进行风险投资决策。

仍以例 7-13 为例:
计算第 2 年的标准离差率,即:
$$q_2 = d_2/E_2 = 38.73/200 = 0.19$$
计算第 3 年的标准离差率,即:
$$q_3 = d_3/E_3 = 31.62/250 = 0.13$$
根据表 7-13,得知第 2、3 年的约当系数分别为 0.9、0.8,由此计算出各年的约当净现金流量,如表 7-14 所示:

表 7-14 项目计算期各年约当净现金流量计算表

年份	0	1	2	3
期望净现金流量	-300	0	200	250
约当系数	1	k	0.9	0.8
约当期望净现金流量	-300		180	200

根据约当净现金流量,按照无风险收益率求出净现值,即:

$$NPV = -300 + 180(P/F,6\%,2) + 200(P/F,6\%,3) = 28.1232(万元)$$

由于按照约当净现金流量计算的净现值仍然大于零,说明项目考虑风险仍然可行。

三、根据预测收益率与必要收益率比较进行投资决策

如果假设投资项目未来各年的净现金流量及其所面临的风险都相同,则可以根据该项目所承受的风险程度计算出项目的必要风险报酬或必要投资报酬,再与预测的风险报酬或预测的投资报酬比较,判断该项目是否可行;如果有多个类似的投资可供选择,则可以根据其各自风险收益的配比关系选择出风险收益最优匹配的投资项目。基本步骤是:

(1) 计算各项目的期望收益;
(2) 计算各项目的收益标准差;
(3) 计算各项目的标准离差率;
(4) 计算各项目必要的风险报酬;
(5) 在已知无风险报酬率的条件下,计算各项目的必要投资报酬;
(6) 在已知初始投资额的条件下,计算预测的投资报酬率;
(7) 将预测的收益率与必要的收益率比较,如果预测的收益率大于等于必要的收益率,则项目可接受,否则应拒绝。

例7-14 某工厂准备拿出500万元来扩大生产规模,根据市场预测,预计每年可获得收益及其概率分布如表7-15所示,国库券利率为8%。

表7-15 年收益与概率对应表

市场情况	预计每年收益(万元)	概率
良好	120	0.2
一般	100	0.5
较差	60	0.3

要求:(1) 假设本行业风险与收益之间的比例关系为6%,计算该方案要求的风险报酬;

(2) 计算该方案预测的风险报酬,评价该投资方案是否可行。

解 方案的年期望收益为:

$$E = 0.2 \times 120 + 0.5 \times 100 + 0.3 \times 60 = 92(万元)$$

方案的年收益标准差为:

$$\sigma = \{0.2 \times (120-92)^2 + 0.5 \times (100-92)^2 + 0.3 \times (60-92)^2\}^{1/2}$$
$$= 22.27(万元)$$

方案的年收益标准离差率

$$V = 22.27/92 = 24.21\%$$

(1) 该方案的必要风险报酬率 $= 6\% \times 24.21\% = 1.45\%$

该方案的必要投资报酬率 $= 8\% + 1.45\% = 9.45\%$

(2) 该方案的预测投资报酬率 $= 92/500 = 18.4\%$

由于预测的投资报酬率远大于必要的投资风险报酬,所以投资方案可以接受。

例 7-15 某企业集团准备对外投资,现有甲、乙、丙三家公司可供选择,这三家公司的年预期收益及其概率分布如表 7-16 所示:

表 7-16 各公司收益与概率对应表

市场状况	概率	甲公司	乙公司	丙公司
良好	0.3	40	50	80
一般	0.5	20	20	20
较差	0.2	5	5	30

要求:(1) 计算各公司的收益期望值;

(2) 计算各公司收益期望值的标准离差;

(3) 计算各公司收益期望值的标准离差率;

(4) 如果你是该企业集团的稳健性决策者,请根据风险与收益原理作出选择。

解 (1) $E_甲 = 0.3 \times 40 + 0.5 \times 20 + 0.2 \times 5 = 23$(万元)

$E_乙 = 0.3 \times 50 + 0.5 \times 20 + 0.2 \times (-5) = 24$(万元)

$E_丙 = 0.3 \times 80 + 0.5 \times (-20) \times 0.2 \times (-30) = 8$(万元)

(2) $\sigma_甲 = \{0.3 \times (40-23)^2 + 0.5 \times (20-23)^2 + 0.2 \times (5-23)^2\}^{1/2}$

$= 12.49$(万元)

$\sigma_乙 = \{0.3 \times (50-24)^2 + 0.5 \times (20-24)^2 + 0.2 \times (-5-24)^2\}^{1/2}$

$= 19.47$(万元)

$\sigma_丙 = \{0.3 \times (80-8)^2 + 0.5 \times (-20-8)^2 + 0.2 \times (-30-8)^2\}^{1/2}$

$= 47.29$(万元)

(3) $V_甲 = 12.49/23 = 54.3\%$

$V_乙 = 19.47/24 = 81.13\%$

$V_丙 = 47.29/8 = 591.2\%$

(4) 作为稳健的决策者,应选择甲方案投资。

案例阅读及思考

绿远公司芦荟开发投资项目

某进出口总公司和云南某生物制品公司合作开发芦荟生产项目，共同投资成立绿远公司经营。该项目是一个芦荟深加工项目，属于农产品或生物资源的开发利用，符合国家生物资源产业发展方向，是政府鼓励投资的项目。

一、市场相关信息

芦荟是百合科草本植物，具有护肤、保湿、抗菌、防辐射、提高免疫力等多种功效。在世界范围内，芦荟产业的兴起，迎合了化妆品朝高雅、自然、温和无刺激、保湿、防衰老发展的趋势，食品工业朝绿色无污染、改善饮食结构、注重健康发展的趋势。开发和利用芦荟植物资源，符合国家生物资源产业发展方向，是新兴的朝阳产业。美国和日本的芦荟产业发展已进入较成熟阶段，需求量将随着化妆品和保健品市场规模的扩大而增长。我国经过几十年的改革开放，经济高速增长，经济发达地区和中心城市的居民已步入小康生活。伴随着人们收入的增加和生活水平的提高，化妆品和保健品的市场需求也迅速增加。

我国20世纪90年代化妆品工业销售额平均年增长率为27%—35%，即使在受到东南亚经济危机的影响和国内经济通货紧缩的情况下，仍以高于国民经济增长的速度发展。据化妆品工业协会与国际咨询公司预测，中国化妆品市场今后几年仍将以10%—20%的年增长率增长，其中作为化妆品新生力量的芦荟化妆品将以更高的速度增长。以我国化妆品工业的发展变化和今后5年的增长趋势的预测为基础来估计芦荟化妆品1999—2005年的年递增和届时的市场规模是比较科学的。若以此估计，则1999—2005年，我国化妆品工业平均递增10%—20%，2005年的年销售额达到535—985亿元，如果芦荟化妆品与行业同步增长，届时芦荟化妆品的销售额为3.9—4.4亿元，生产所需要芦荟工业原料折合冻干粉约为29—94吨，预测结果如表7-17所示。保健食品工业若以8%的速度递增，则2005年保健食品工业所需的芦荟工业原料折合冻干粉约8吨。

表7-17 2005年芦荟化妆品年增长速度和芦荟原料需求量预测

年均增长(%)	10	15	20	25	30
芦荟化妆品销售额(亿元)	3.9	5.3	7.1	9.5	12.5
芦荟原料需求量(折合冻干粉)(吨)	29	40	54	72	94

根据上述分析，专家预测：芦荟工业原料在化妆品工业中的增长速度为

15%—25%的概率较大,在保健品中将稳定发展。据此估计,2005年芦荟工业原料的需求折合冻干粉约为48—80吨。

从国际市场分析,1999年世界芦荟种植面积为12万亩,折合芦荟工业原料冻干粉1000—15000吨。由于芦荟种植受自然气候条件和生长期限制,预计在3—5年内,芦荟种植业不会高速发展。芦荟工业原料的应用已从单一的化妆品工业,扩展到保健品工业、软饮料工业和非处方药品工业。目前,芦荟研究的重点是单体提取、芦荟成分对人体的作用及医药应用。一旦芦荟药品通过FDA检测,芦荟工业原料的应用将更为广阔。

从芦荟市场分析来看,目前芦荟市场分布在美国、欧洲、日本等少数发达国家和地区,芦荟产业的发展是不平衡的,尚未开发和潜在的市场巨大。

二、项目生产能力设计

从上面的市场分析可以看出,芦荟工业原料冻干粉的市场需求是很大的。目前,我国芦荟工业原料的规模生产还处在空白阶段,仅有2—3家中式车间生产芦荟原料,芦荟终端产品所需要的高级芦荟工业原料主要依靠进口,而且未来几年芦荟工业原料市场将形成怎样的格局,到底是几家工业分割市场,难以确定,但通过双变量不确定性因素分析方法进行生产规模的研究使我们知道:选择年产40吨芦荟干粉的生产规模面积是比较妥当的,具体生产方案为:(1)芦荟浓液800吨(折合冻干粉40吨),建成芦荟浓缩液生产线一条,400吨供应冻干粉生产线作为原料,其余400吨无菌包装后外销。(2)年产冻干粉20吨,建成芦荟冻干粉生产线一条。

三、厂址选择

我国芦荟种植面积约10200亩,主要集中在云南、海南、福建、四川、广东、东北等地区,其中云南元江种植面积最大。云南元江有独特的自然气候条件,特别适宜芦荟的生长,是我国野生芦荟发源地之一。元江县政府已将芦荟产业作为县支柱产业扶持,鼓励、规范农民种植芦荟,全县芦荟种植面积达4500亩,占全国芦荟种植面积的44%,预计2000年10月进入收获高峰期。经检测,元江地区种植的芦荟含有芦荟的特征化合物芦荟素、芦荟多糖、L—苹果酸,以及营养成分氨基酸、维生素C及微量元素,其定性成分和定量数量级与美国库拉索芦荟差别不大,由其鲜叶加工制得的芦荟浓缩液和芦荟冻干粉完全能成为化妆品、保健食品、饮料工业、医药品工业的加工原料。丰富的芦荟种植资源和具竞争力的鲜叶价格,为芦荟大规模工业化生产提供了可靠的保证。

该项目拟建于云南元江城郊,距县城3公里,在元江县供销社农资公司仓库南侧征地20亩,新建加工厂区,元江县供销社为该项目股东之一,对其原有仓库、办公楼等建筑物进行统一规划,留作安装芦荟终端产品生产线。该地区地处云南中南部,气候炎热,终年无霜,年均气温23.8℃,在方圆20公里范围内均有大量的芦荟种植基地,原料供应相当丰富。该地区常年主导风向为东南风,年均风速2.8 m/s,年均降雨786.22 mm,基本地震为7度。该地区距玉溪市130公里,距昆明210公里,国道213线由北向西穿境尔过,厂区前道路为出入县城主要公路之一,交通方便。

四、生产工艺方案

该项目生产工艺先进,技术成熟可靠,芦荟稳定化关键技术达到国际先进水平,生产线关键设备以引进国外知名品牌为主,设备综合利用率高,配套性好,生产线设备先进的在线监测能力和产品化验设备将确保产品标准化生产。此外,该套生产线还用于水果汁生产。

五、项目总投资估算

项目总投资3931.16万元,其中:建设投资3450.16万元,占总投资的87.76%;流动资金481.00万元,占总投资的12.24%,具体构成如表7-18所示:

表7-18 投资总分析表

投资内容	金额(万元)	占总投资百分比(%)
总投资	3931.16	100
建设投资	3450.16	87.76
工期费用	2710.1	68.94
其中:设备购置	2197.5	55.9
建设工程	512.6	13.04
其他费用	469.05	11.93
预备费用	271.01	6.89
流动资金	481	12.24

以上工程费用和其他费用形成固定资产,其中芦荟浓缩液车间、冻干粉车间和管理部门使用的固定资产分别为1914.38万元、1197.38万元、67.39万元。

六、资金的筹集与使用

该项目总投资3931.16万元,其中1572.46万元向商业银行贷款,贷款利率10%,其余2358.7万元自筹,投资者期望的最低报酬率为22%。这一资本结构也是该企业目标资本结构。

该项目建设期1年,在项目总投资中,建设性投资3450.16万元应在建设期初一次性投入使用,流动资金481.00在投产第1年初一次性投入,项目生产期为15年。

七、财务成本测算

(一) 产品成本估算

1. 材料消耗

材料消耗按工艺定额和目前价格估算如表7-19、表7-20所示：

表 7-19　芦荟浓缩液消耗定额及价格表

项目	规格	单位	单价(元)	单位消耗定额 (吨)	单位直接材料 成本(元)
原材料					22488.91
原料					21668.38
鲜芦荟	0.8~1.2kg	吨	1080	20	21600
添加剂		Kg	136.75	0.5	68.38
包装材料					820.53
无菌袋		个	42.74	5	213.7
铁桶		个	119.66	5	598.3
塑料桶		个	1.71	5	8.53
燃料及动力					832.3
水		吨	1	60	60
电		度	0.28	1000	280
煤		吨	136.75	3.6	492.3
合计					23321.21

表 7-20　芦荟干冻粉消耗定额及价格表

项目	规格	单位	单价(元)	单位消耗定额 (吨)	单位直接材料 成本(元)
原材料					528612.5
原料					527586.5
浓缩液	10:01	吨	26379.33	20	527586.5
包装材料					1026
复合膜	25kg	个	8.55	40	342
包装桶	25kg	个	17.1	40	684
燃料及动力					29209.2
水		吨	1	2600	2600
电		度	0.28	88000	24640
煤		吨	136.75	14.4	1969.2
合计					557821.7

2. 工资及福利费

工资按定额与岗位工资标准估算,总定额 120 人,人均年工资 6420 元,福利费按工资总额的 14% 计提。根据全厂劳动定员,计入芦荟浓缩液、冻干粉成本中的工资福利费分别为 321480 元和 116280 元,其余部分计入管理费用和销售费用。

3. 制造费用

预计芦荟浓缩液、冻干粉的年制造费用分别为 2125012.94 元和 1375747.94 元,其中包含折旧费。折旧费按 15 年、残值率 5%、直线法计算,除此以外,其余都为变动成本。

4. 管理费用

开办费按 5 年摊销;折旧费按 15 年、残值率 5%、直线法计算,其他管理费用估算为 80 万元/年(含工资),其中 60 万元为固定成本。

5. 销售费用

销售费用估计为 288 万元,包括人工费及福利费、广告费、展览费、运输费、销售网络点费等,其中 200 万元为固定成本。

该项目总成本费用汇总如表 7-21 所示:

表 7-21 总成本费用　　　　　　　　　　单位:万元

项目	2～6 年	7～16 年
(1) 原材料	1801.16	1801.16
(2) 燃料与动力	125	125
(3) 直接人工	43.78	43.78
(4) 制造费用	350.08	350.08
其中:折旧费	197.08	197.08
(5) 生产费用合计[(1)+(2)+(3)+(4)]	2320.02	2320.02
(6) 管理费用	138.47	84.27
其中:折旧费	4.27	4.27
摊销费	54.2	
(7) 销售费用	288	288
(8) 总成本	2746.49	2692.29
(9) 固定成本	515.55	461.35
(10) 可变成本[(8)-(9)]	2230.94	2230.94

(二) 销售价格预测

国外报价:10X 浓缩液折合人民币 1215550 元/吨,200X 冻干粉折合人民币

2340000 元/吨。国内报价:10X 浓缩液折合人民币 1600000 元/吨,200X 冻干粉折合人民币 2400000 元/吨。该项目的销售价格按国外报价的 50% 计算,即 10X 浓缩液折合人民币 600000 元/吨,200X 冻干粉折合人民币 1200000 元/吨。

(三) 相关税费

为简单起见,该项目假设没有增值税,城市建设维护税和教育费附加已考虑在相关费用中,所得税税率按 33% 计算。

八、项目财务可行性分析

根据上述资料,绿远公司在进行了技术工艺可行性研究的基础上,根据确定的生产方案进行了财务可行性分析。

(一) 现金流量测算

1. 投资期现金流量

$$NCF_0 = -3450.16 \text{ 万元,}$$
$$NCF_1 = -481.16 \text{ 万元}$$

2. 经营期现金流量

$$浓缩液总成本 = 23321.21800 + 321480 + 2125012.94$$
$$= 21103460.94(元)$$
$$浓缩液单位成本 = 21103460.94 \div 800$$
$$= 26379.33(元/吨)$$
$$冻干粉总成本 = 557821.720 + 116280 + 1375747.94$$
$$= 12648461.94(元)$$
$$冻干粉单位成本 = 12648461.94 \div 20$$
$$= 632423.1(元/吨)$$

经营期现金流量表测算如表 7-22 所示:

表 7-22　经营期现金流量测算表　　　　　　　单位:万元

项目	2~6 年	7~16 年
销售收入	4800	4800
减:总成本	2746.49	2692.29
利润总额	2053.51	2107.71
减:所得税(33%)	677.66	695.54
净利润	1375.85	1412.17
加:折旧等非付现成本	255.55	201.35
经营净现金流量	1631.4	1613.52

3. 终结现金流量

$$NCF15 = 481 + (1914.38 + 1197.38)5\%$$
$$= 3179.15 \text{ 万元}$$

(二) 基准贴现率的确定(见表7-23)

表7-23 基准贴现率测算表

项目	资本成本	资本结构	综合资本成本
负债	10%(1−33%)=6.67%	1572.46/3931.16=40%	6.67%×40%=2.67%
股权	22%	60%	22%×60%=13.2%
合计			2.67%+13.2%=16%

该项目选择基准贴现率为16%,为项目最低要求的投资收益率。

(三) 固定资产投资决策评价指标计算

1. 简单投资收益率 = [(1631.405 + 1613.5210) ÷ 15]/3931.16 = 41.19%
2. 投资回收期 = 3 + 668.36/1631.40 = 3.41(年)(见表7-24)

表7-24 投资回收期测算表   单位:万元

年份	净现金流量	累计净现金流量
0	−3450.16	−3450.16
1	−481	−3931.16
2	1631.4	−2299.76
3	1631.4	−668.36
4	1631.4	963.04

3. 净现值 NPV = −3450.16 − 481(P/F,16%,1) + 1631.40(P/A,16%,5)(P/F,16%,1) + 1613.52(P/A,16%,10)(P/F,16%,6) + 3179.15(P/F,15%,15) = 4237.54(万元)

4. 内含报酬率 IRR = 32% + [14.65/(445.05 + 14.65)](36% − 32%)
$$= 32.14\%$$

其中, $i_1 = 32\%$, $NPV(i_1) = 14.65$ 万元, $i_2 = 36\%$, $NPV(i_2) = -445.05$ 万元

由于净现值大于零,内含报酬率大于基准贴现率,所以项目可行。

(资料来源:王化成、汤谷良主编:《财务案例》,浙江省人民出版社2003年版)

思考:

(1) 了解公司资产财务可行性分析的过程。

(2) 固定资产项目财务分析的基准收益率是如何确定的?

（3）本项目中提到，本套生产线不仅可用于芦荟浓缩液的生产，还可以用于水果汁的生产，这对于项目评价有何作用？

练 习 题

一、是非判断题

1. 如果项目的全部投资均在建设起点一次性投入，且无建设期，营运期每年的净现金流量相等，则计算内含报酬率所使用的年金现值系数等于该项目投资回收期期数。（　　）
2. 企业的投资活动先于经营活动，并对企业的经营活动的方向产生重大影响。（　　）
3. 对内投资都是直接投资，对外投资都是间接投资。（　　）
4. 一般情况下，使某投资方案的净现值小于零的贴现率，一定高于该投资方案的内含报酬率。（　　）
5. 某一投资方案的年金净现金流量等于该方案的净现值与相关的资本回收系数的乘积。（　　）
6. 如果把原始投资看成是按预定贴现率借入的，那么在净现值为正时说明还本付息后该项目还有剩余收益。（　　）
7. 若A、B、C三个方案是相互独立的关系，但投资规模不同，此时应采用年金净现金流量来判断项目优劣顺序。（　　）
8. 在互斥方案的投资决策中，根据净现值指标可能作出错误的决策，而根据内含报酬率指标则始终能得到正确的结论。（　　）
9. 如果某备选方案的净现值较小，则该方案的内含报酬率也会较低。（　　）
10. 由于获利指数是相对数，所以在作出计划性投资决策时，获利指数要优于净现值。（　　）
11. 5年前购买的固定资产的取得成本是进行该固定资产更新决策的相关成本。（　　）
12. 营业收入与营业成本分别作为现金流入量和现金流出量。（　　）
13. 只有常规投资项目才能用内部收益率进行可行与否的判断。（　　）
14. 如果项目净现值为负，说明项目亏损。（　　）
15. 沉没成本和机会成本都不是进行投资决策的相关现金流量。（　　）

二、单项选择题

1. 某投资项目各年预计的净现金流量分别为：−200、−50、100、250、150、则该项目的静态投资回收期为(　　)。

A. 2 年　　B. 2.6 年　　C. 3.2 年　　D. 4 年

2. 下列各项中,其计算结果等于项目投资方案年净现金流量的是该方案的(　　)。

A. 净现值年金现值系数

B. 净现值年金现值系数的倒数

C. 相等的年净现金流量×年金现值系数

D. 相等年净现金流量×年金现值系数的倒数

3. 下列各项中,不属于静态投资回收期优点的是(　　)。

A. 计算简单

B. 便于理解

C. 准确反映项目的盈利能力

D. 直接反映回收本金的期限

4. 某公司拟进行一项固定资产投资决策,设定贴现率为10%,有四个方案可供选择,其中甲方案的净现值为 -0.12 万元,乙方案的内含报酬率为9%,丙方案的计算期为10 年,净现值为960 万元,丁方案的计算期为11 年,年净现金流量为136.23 万元,最优的方案是(　　)。((P/A,10%,10) = 6.1446)

A. 甲方案　　B. 乙方案　　C. 丙方案　　D. 丁方案

5. 某企业拟购买一套设备,初始支付400 万元,设备寿命期为4 年,无残值,采用直线法折旧,预计每年可产生税前利润140 万元,所得税税率25%,则回收期为(　　)年。

A. 2 年　　B. 1.6 年　　C. 2.8 年　　D. 3.8

6. 当内含报酬率与基准贴现率相等时,该方案的净现值(　　)。

A. 小于零　　B. 等于零　　C. 大于零　　D. 不一定

7. 某企业原有一套6 年前投资500 万完工的产品生产设备,装配能力为年产2 万吨,现在该企业拟建一套生产能力为3 万吨的同类生产设备,生产能力指数为0.8,物价调整系数为1.3,则该套生产设备的投资额为(　　)万元。

A. 975　　B. 470　　C. 899　　D. 678

8. 下列各项中不属于终结现金流量范畴的是(　　)。

A. 固定资产折旧　　　　B. 固定资产残值收入

C. 回收的流动资金　　　D. 停止使用土地的变卖收入

9. 对于互斥的投资方案,最好的评价指标是(　　)。

A. 获利指数　　　　　　B. 内含报酬率

C. 简单投资收益率 D. 净现值

10. 下列各项中,不影响项目内含报酬率的是(　　)。
A. 投资项目的计算期
B. 投资项目的营业净现金流量
C. 投资人要求的必要投资收益率
D. 投资项目的初始投资额

11. 营业活动现金流量是指投资项目投入营运后,在其寿命期内由于生产经营业务产生的现金流入或流出,这里现金流出包括(　　)。
A. 营业现金支出 B. 缴纳的税金
C. 付现成本 D. 营业现金支出和缴纳的税金

12. 某投资方案,当贴现率为16%时,净现值为338元,当贴现率为18%时,净现值为-22元,该方案的内含报酬率为(　　)。
A. 15.88% B. 16.12% C. 17.88% D. 18.14%

13. 已知某投资项目计算期是8年,资金于建设起点一次投入,建设期为零,若投产后年营业活动的净现金流量相等,投资回收期为2.5年,则按内含报酬率确定的年金现值系数是(　　)。
A. 3.2 B. 5.5 C. 2.5 D. 4

14. 下列不适合作为计算财务净现值的贴现率的是(　　)。
A. 市场利率 B. 投资者最低要求的报酬率
C. 企业平均资本成本率 D. 项目内含报酬率

15. 有两个投资方案,初始投资不同,彼此相互排斥,计算期也不同,则应采用(　　)评价指标进行选优。
A. 年金净现金流量 B. 净现值
C. 内含报酬率 D. 获利指数

三、多项选择题

1. 对于同一常规投资方案,下列说法正确的有(　　)。
A. 行业基准贴现率越高,所求净现值越低
B. 行业基准贴现率等于内含报酬率时,净现值为零
C. 净现值等于零时,报酬指数大于1
D. 净现值等于零时,报酬指数等于1
E. 净现值与内含报酬率可行与否的判定结论总是一致的

2. 当某投资方案的净现值等于零时,该方案的(　　)。

A. 内含报酬率等于零

B. 内含报酬率等于行业基准收益率

C. 获利指数等于1

D. 获利指数大于1

E. 净年值等于零

3. 下列关于内含报酬率的指标说法正确的有( )。

A. 内含报酬率能反映投资项目占用资金的盈利水平

B. 内部收益率是项目本身的盈利水平

C. 内含报酬率是项目净现值等于零时的贴现率

D. 内含报酬率只反映初始投资的盈利水平,不反映回收资金再投资的盈利水平

E. 内含报酬率是使项目未来净现金流入的现值等于项目初始现金流出现值的贴现率

4. 在下列选项中哪些是终结的现金流量的构成？( )

A. 建设投资支出　　　　　　B. 垫支流动资金

C. 营业现金流入　　　　　　D. 净残值收入

E. 回收流动资金

5. 下列关于净现值法、内含报酬率法和获利指数法正确的有( )。

A. 在多数情况下,采用净现值法与内含报酬率法评价的结论是相同的

B. 在互斥方案选择中,采用净现值法会得出错误的结论

C. 这三种方法中净现值是最好的评价指标

D. 一般来说,内含报酬率法只能用于资本有限量的情形

E. 这三种方法在可行与否的判断中结论都是正确的。

6. 利润与现金流量的差异主要表现在( )。

A. 购置固定资产付出大量现金时不计入成本

B. 将固定资产折旧费计入成本时,不需要支付现金

C. 现金流量一般大于利润

D. 计算利润时不考虑垫支的流动资金的数量和回收的时间

E. 只要销售行为已经确定,就应计入当期的销售收入

7. 投资决策中使用的动态投资指标包括( )。

A. 简单投资收益率　　　　　B. 投资回收期

C. 净现值　　　　　　　　　D. 获利指数

E. 内含报酬率

8. 维持性投资是在现有投资规模下的保持或提高固定资产使用功能的投资,包括( )。
   A. 更新替换旧设备　　　　　　B. 生产技术革新
   C. 配套流动资金投资　　　　　D. 开发新产品

9. 下列关于投资项目评价方法的表述中,正确的有( )。
   A. 获利指数克服了净现值不能比较初始投资不等的项目优劣的局限
   B. 动态评价指标克服了静态投资回收期没有考虑货币时间价值的局限
   C. 内含报酬率是项目本身的盈利率,不随投资项目预期现金流量的变化而变化
   D. 内含报酬率不能直接评价两个投资规模不同的互斥项目的优劣
   E. 动态回收期仍然不测准确测度项目的盈利,只能作为辅助评价指标

10. 项目营业活动的税后净现金流量的计算公式正确的有( )。
    A. 营业收入－经营成本－所得税
    B. 营业收入－营业成本－所得税
    C. 净利润＋折旧
    D. 利润总额＋折旧
    E. (营业收入－经营成本)(1－所得税税率)＋折旧所得税税率

四、简答题

1. 固定资产投资决策为什么要以现金流量为分析对象?
2. 简述固定资产折旧的意义。
3. 加速折旧方法对企业有哪些好处?
4. 相对于静态评价指标来说,动态评价指标有哪些优势?
5. 一个投资项目的现金流量的构成有哪些?

五、计算题

1. D生产设备原始价值为620000元,残余价值为18000元,使用年限为4年。要求:(1)按双倍余额递减法计算D设备的折旧率和各年应计提折旧额。
   (2)按年数总和法计算各年折旧率和各年的应计提折旧额。

2. 某企业投资120万元,投资期限4年,每年利润10万元,折旧30万元,求投资回收期。

   如果初始投资不变,投资期不变,但第一、二年的利润均为15万元,第三、四年的利润均为5万元,求投资回收期。计算上述两种情况下的简单投资报酬率。

3. 某企业投资一项设备,投资额为180万元,垫付流动资金60万元,每年增加销售收入180万元,每年增加的付现成本24万元,该设备使用期3年,用直线法计提折旧,预计期末无残值,垫付的流动资金于期满时收回,资金成本率为10%,所得税税率为25%。要求:计算该项投资的净现值,并说明是否值得投资。

4. 某公司拟新建一条生产流水线,需投资100万元,一年建成,该流水线可以使用5年,期末有10万元的净残值,采用直线法计提折旧。投产以后,预计每年的营业收入为50万元,营业成本为35万元。可在项目终结时一次收回。所得税税率为25%。分别计算该公司投资计算期各年的净现金流量,并且判断是否应当新建这条生产流水线。假设公司要求的最低收益率为15%。

5. 某项目初始投资10000元,在第一年年末现金流入3000元,第二年年末流入现金4000元,第三年年末流入现金4000元,如果资金成本为5%,该项目是否值得投资?计算上题的报酬指数,并用4%和6%贴现率计算内部报酬率。

6. 某公司原有流水线一条,购置成本为150万元,预计使用10年,已使用5年,预计残值为购置成本的10%(与税法规定相同),该公司用直线法计提折旧,现该公司拟购买新流水线替换原流水线,以提高生产效率。新设备购置成本为200万元,使用年限为5年,同样用直线法计提折旧,预计残值为购置成本的10%(与税法规定相同)。使用新设备后公司每年的销售额可以从1500万元上升到1650万元,每年付现成本将从1100万元上升到1150万元,公司如购置新设备,旧设备出售可得收入100万元。该企业的所得税税率为33%,资金成本为10%。要求:通过计算说明该设备应否更新。

7. 某企业有已使用2年的设备一台需要大修,该设备原值为50000元,最终残值为零。预计修理费10000元,还可使用6年,每年日常维护费2600元。若现在将该设备在市场上卖掉可获得25000元。而市场上有可替代的新型设备,每台价格为80000元,可使用10年,每年日常维修费1200元,最后的残值为4000元(与税法规定相同)。若企业的平均资金成本率为8%,企业是大修原设备,还是购买新型设备?如果所得税税率为25%,折旧均采用直线法,则考虑所得税后又应如何决策?

8. 某企业使用现有生产设备每年销售收入6000万元,每年付现成本2400万元,现有设备尚可使用8年,期满预计无残值。该企业欲购入新设备替换,买价为850万元,购得新设备每年销售收入预计增加到8000万元,每年付现成本增加到 3800 万元。根据市场预测,企业所生产产品尚可在市场销售 8 年,8 年拟转产,转产时新设备残值预计 23 万元,如现决定更新设备,现有设备可以作价 100 万元出售,企业要求的投资报酬率为 10%。要求:请用净现值法分析评价此项更新方案是否有利。

第七章练习题参考答案

一、是非判断题

1. T 2. T 3. F 4. T 5. T 6. T 7. F 8. F
9. F 10. F 11. F 12. F 13. T 14. F 15. F

二、单项选择题

1. B 2. B 3. C 4. C 5. A 6. B 7. C 8. A
9. D 10. C 11. D 12. C 13. C 14. D 15. A

三、多项选择题

1. ABDE 2. BCE 3. ABCE 4. DE 5. AC 6. ABDE
7. CDE 8. ABC 9. ABDE 10 ACE

四、简答题(略)

五、计算题

1. 解:

(1)　　　　　　　双倍余额递减法下各年折旧率和折旧额　　　　　　单位:元

年份	年初账面余额	年折旧率	年折旧额	年末账面余额
1	620000	2/4	310000	310000
2	310000	2/4	155000	155000
3	155000	—	68500	86500
4	86500	—	68500	18000

第 3 年、第 4 年的年折旧额 =(155000 - 18000)/2 = 685000(元)

(2)　　　　　　　年数总和法下各年折旧率和折旧额　　　　　　单位:元

年份	年折旧率	原值—估计残值	年折旧额	年末账面净值
1	4/10	602000	240800	379200
2	3/10	602000	180600	198600
3	2/10	602000	120400	78200
4	1/10	602000	60200	18000

2. 解 当营业活动各年的利润均为 10 万元时,则营业活动各年的净现金流量均为 40 万元,此时:

投资回收期 = 120/40 = 3(年)

简单投资报酬率 = 40/120 = 33.33%

当各年的利润不等时,先计算各年的累计净现金流量,如下表所示:

年份	0	1	2	3	4
初始投资	-120				
年利润		15	15	5	5
年净现金流量	-120	45	45	35	35
年累计净现金流量	-120	-75	-30	5	40

投资回收期 = 3 - 30/35 = 3.86(年)

简单投资报酬率 = [(45 + 45 + 35 + 35)/4]/120 = 33.33%

3. 解 项目年折旧额 = (180 - 0)/3 = 60(万元)

项目营业活动缴纳的所得税 = (180 - 24 - 60) × 25% = 24(万元)

项目营业活动的净现金流量 = 180 - 24 - 24 = 132(万元)

项目在整个计算期各年的净现金流量如下表所示:

年份	0	1	2	3
年净现金流量	-240	132	132	192

项目的净现值 = -240 + 132(P/A,10%,2) + 192(P/F,10%,3)
           = -240 + 1321.7355 + 192 × 0.7513
           = 133.3356(万元)

由于净现值大于零,说明该设备值得投资。

4. 解 项目年折旧额 = (100 - 10)/5 = 18(万元)

项目营业活动缴纳的所得税 = (50 - 35) × 25% = 3.75(万元)

项目营业活动的净现金流量 = 50 - (35 - 18) - 3.75 = 29.25(万元)

项目在整个计算期各年的净现金流量如下表所示:

年份	0	1	2—4	5
年净现金流量	-100	29.25	29.25	39.25

项目的净现值 = $-100 + 29.25(P/A,15\%,4) + 39.25(P/F,15\%,5)$
$\qquad = -100 + 29.25 \times 2.8550 + 39.250.4972$
$\qquad = 3.0239(万元)$

由于净现值大于零,说明该设备值得投资。

5. 解 项目的净现值
$\qquad = -10000 + 3000(P/F,5\%,1) + 4000(P/A,5\%,2)(P/F,5\%,1)$
$\qquad = -10000 + 3000 \times 0.9524 + 40001.8594 \times 0.9524$
$\qquad = -59.2298(万元)$

由于净现值小于零,说明项目不值得投资。

项目的报酬指数 = $(-59.2298 + 10000)/10000 = 0.99$

由于

$NPV(4\%) = -10000 + 3000(P/F,4\%,1) + 4000(P/A,4\%,2)(P/F,4\%,1)$
$\qquad = 138.44(万元)$
$NPV(6\%) = -10000 + 3000(P/F,6\%,1) + 4000(P/A,6\%,2)(P/F,6\%,1)$
$\qquad = -251.2818(万元)$

所以,项目的内含报酬率 = $4\% + (6\% - 4\%)138.44/(138.44 + 251.2818)$
$\qquad = 4.71\%$

6. 解 原生产流水线年折旧额 = $150(1-10\%)/10 = 13.5(万元)$
新生产流水线年折旧额 = $200(1-10\%)/5 = 36(万元)$
旧设备账面净值 = $15 - 13.5 \times 5 = 82.5(万元)$
旧设备初始投资 = $100 - (100 - 82.5) \times 33\% = 94.225(万元)$
原生产流水线年营业税后净现金流量
$\qquad = (1500 - 1100 - 13.5)(1 - 33\%) + 13.5 = 272.455(万元)$
新生产流水线年营业税后净现金流量
$\qquad = (1650 - 1150 - 36)(1 - 33\%) + 36 = 346.88(万元)$
原生产流水线净现值
$\qquad = -100 + 274.455(P/A,10\%.5) + 15(P/S,10\%,5)$
$\qquad = 949.7178(万元)$
新生产流水线净现值
$\qquad = -200 + 346.88(P/A,10\%.5) + 20(P/S,10\%,5)$
$\qquad = 1127.3711(万元)$

比较得到,应选用新的生产流水线,即设备应更新。

7. **解** （1）不考虑所得税的情况

大修方案各年的费用现金流量如下表所示：

年份	0	1—6
年费用现金流量	-35000	-2600

$$其费用年值 = -2600 - 35000(A/P,8\%,6) = -2600 - 35000/4.6229$$
$$= -10171(元)$$

购新方案各年的费用现金流量如下表所示：

年份	0	1—14	15
年费用现金流量	-80000	-1200	-1200+4000

$$其费用年值 = -1200 - 80000(A/P,8\%,10) + 4000(A/F,8\%,10)$$
$$= -1200 - 80000/6.1446 + 4000/14.487$$
$$= -13943(元)$$

比较得到,应选择大修方案更加合理。

（2）考虑所得税的情况

旧设备的年折旧额 = 50000/8 = 6250（元），当前净值 = 50000 - 6250×2 = 37500（元）

如果当前卖掉旧设备,会产生处理固定资产净损失 = 25000 - 37500 = -12500（元），而该损失会冲减利润,产生节税的好处。

所以,继续使用旧设备的税后机会成本 = -25000 - 12500×25% = -28125（元）

假设大修理费用一次性在当年冲减利润,则大修方案的税后初始现金流量 = -28125 - 10000(1-25%) = -35625（元）

大修方案的各年税后费用现金流量如下表所示：

年份	0	1—6
年费用现金流量	-35625	-2600(1-25%)+6250×25% = -387.5

$$其税后费用年值 = -387.5 - 35625(A/P,8\%,6)$$
$$= -387.5 - 32500/4.6229$$
$$= -7418(元)$$

新设备的年折旧额 = 80000(1 − 5%)/10
= 7600(元)

购新方案各年的税后费用现金流量如下表所示：

年份	0	1 − 10	10
年费用现金流量	−80000	−1200(1 − 25%) + 7600 × 25% = 1000	4000

其税后费用年值 = 1000 − 80000(A/P,8%,10) + 4000(A/F,8%,10)
= 1000 − 80000/6.1446 + 4000/14.487
= 11743(元)

所以,考虑所得税依然还是大修方案更合理。

8. **解** 采用增量分析进行决策

如果更新设备,则相对于继续使用旧设备所产生的净现金流量增量如下表所示：

年份	0	1—8	8
初始投资增量	−(850 − 100) = −750		
营业收入增量		8000 − 6000 = 2000	
付现成本增量		−(3800 − 2400) = −1400	
营业现金流量增量		600	
终结现金流量增量			23 − 0 = 23
各年净现金流量增量	−750	600	23

增量净现值 = −750 + 600(P/A,10%,8) + 23(P/F,10%,8)
= −750 + 600 × 5.3349 + 23 × 0.4665
= 2461.6695(万元)

由于增量净现值大于零,说明追加 750 万元投资的更新方案更好,所以应选择更新方案。

第八章 营运资金管理

由于竞争的加剧和环境的变化,营运资金对于企业盈利能力以及生存能力的影响越来越大,因此营运资金管理越来越受到重视。营运资金管理涉及企业的所有部门,尤其需要采购、生产、销售以及信息处理等部门的协调和配合。

第一节 营运资金概述

一、营运资金的概念

营运资金(working capital)是指在企业生产经营活动中占用在流动资产上的资金。营运资金有广义和狭义之分,广义的营运资金是指一个企业流动资产的总额;狭义的营运资金是指流动资产减去流动负债后的余额。通常所说的营运资金多指狭义的概念。

营运资金管理既包括流动资产的管理,也包括流动负债的管理,主要解决两方面的问题:一是如何确定短期资产的最佳持有量;二是如何筹措短期资金。通过对营运资金的分析,我们可以了解短期资产流动性、短期资产变现能力与短期偿债能力等。

(一) 流动资产

流动资产(current assets)又称短期资产,是指可以在1年以内或者超过1年的一个营业周期内变现或运用的资产。流动资产具有占用时间短、周转快、易变现等特点。企业拥有比较多的流动资产,可以在一定程度上降低财务风险。按照不同的标准,可以将流动资产分为不同的类别:

(1) 按照事物形态,可以将流动资产分为现金、应收账款及预付款项和存货等。现金是指可以立即用来购买物品、支付各项费用或用来偿还债务的交换媒介或支付手段,主要包括库存现金和银行活期存款,有时候也可以将即将到期的票据看作现金。现金是短期资产中流动性最强的资产,可直接用于支出,也可以立即投入流通。拥有大量现金的企业具有较强的偿债能力和承担风险的能力,但同时现金的收益较低,故拥有大量现金会降低流动资产的收益。应收及预付款项是指企业在生产经营过程中形成的应收或预先支付的款项,包括应收账款、应收票据、其他应收款和预付款项。企业拥有一定数量的应收或预收款项,在市场经济中为了加强自身的竞争力是不可避免的,企业应加强应收及预付款项的回收,以减少坏账损失。存货是指企业在生产经营过程中为了销售或耗用而储备的各种资产,包括商品、产成品、半成品、在产品、原材料、辅助材料、低值易耗品、包装物等。对于存货在资产中所占比例比较大的企业,加强存货的管理与控制,是财务管理的一项重要内容。

(2) 按照在生产经营过程中所处的环节不同,流动资产可以分为生产领域中的流动资产、流通领域中的流动资产以及生息领域中的流动资产等。生产领域中的流动资产,是指在产品生产过程中发挥作用的流动资产,包括原材料、辅料、低值易耗品等。流通领域中的流动资产,是指在商品流通过程中发挥作用的短期资产,包括产成品、外购商品等。生息领域中的流动资产,是指为了获取利息收入而持有的流动资产,包括定期存款、短期有价证券等短期金融资产。

(二) 流动负债

流动负债(current liabilities)又称短期负债,是指需要在 1 年或者超过 1 年的一个营业周期内偿还的债务。流动负债具有成本较低、偿还期限较短等特点。流动负债按照不同的标准可作不同分类,最常见的有两种:

(1) 以流动负债的形成情况为标准,可以分成自然形成的流动负债和主动形成的流动负债。自然形成的流动负债是指不需要正式安排,由于结算程序或有关法律法规的规定而自然形成的流动负债。主动形成的流动负债是指根据企业对短期资金的需求情况,通过人为安排而形成的流动负债,如短期银行借款等。

(2) 以是否支付利息为标准,可以分为有息流动负债和无息流动负债。

关于流动负债的筹集已经在第三章展开,故本章不再赘述。本章对于流动负债的介绍,主要集中在流动负债和流动资产的关系上。

我们可借助图 8-1 现金周转图,了解营运资金的周转过程。

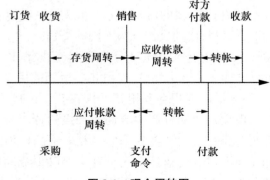

图 8-1 现金周转图

二、营运资金管理原则

营运资金管理是企业财务管理工作的重要内容,如何既满足生产经营的需要,又提高资金的使用效率等,应遵循以下原则:

(一)估计资金的合理需求

企业营运资金的需求量与企业的生产经营活动有直接关系,取决于生产经营规模和周转速度,以及受市场需求和供给的影响,企业应认真分析生产经营状况,合理确定营运资金的需求数量。营运资金管理的首要任务是满足正常合理的资金需求。

(二)提高资金的使用效率

如图8-1所示,营运资金的周转是从现金投入生产经营开始,最终又转化为现金的一个循环过程。当企业的生产经营规模一定时,流动资产的周转速度与流动资金的需要量是成反向关系,因此缩短现金周期、加快资金周转可有效提高营运资金的使用效率。关键措施可采取缩短营业周期,加快存货的周转,缩短应收账款的回收期,延长应付款项的付款期等,使得有限的营运资金投入于更大的产业规模,从而提高资金的使用效率。

(三)节约资金的使用成本

如何平衡生产经营的需要和节约资金的使用成本,是营运资金管理不得不面对的问题。因此,企业在满足生产经营需求的前提下,应尽量降低营运资金的成本,积极拓展融资渠道,筹集低成本资金。同时,资产的流动性与其收益性是成反比的,流动资产的流动性普遍较强,故其收益性普遍较低,尽量控制流动资金所占的比例,也能达到节约使用资金的目的。

(四)保持短期的偿债能力

偿债能力是企业财务风险高低的标志之一。企业在追求提高资金使用效率、节约资金使用成本的过程中,需要合理安排流动资产与流动负债的结构比,保持流动资产和流动负债的匹配性,从而保证企业拥有足够的短期偿债能力,以降低短期财务风险。

三、营运资金管理策略

财务人员在营运资金管理方面需要作出流动资产的持有策略和流动资产的融资策略两方面决策,前者解决资金持有量问题,后者解决资金来源问题。企业如何权衡制定流动资产的持有策略和融资策略,需要综合考虑风险与报酬、企业规模、所处行业、筹资环境等因素。

（一）流动资产的持有策略

流动资产通常随着销售额的变化而变化，销售额越不稳定，流动资产的保有量就应越多。企业管理者的风险忍受程度也会影响流动资产的量，趋于保守的管理偏好，将会选择高水平的流动资产；反之，则保持低水平的流动资产以追求更高的盈利能力，从而承担较高的风险。不同的行业，流动资产的占用往往不相同，制造业的流动资产占用往往比服务业的高。

根据流动资产和销售额之间的数量关系，可以将企业的流动资产持有政策分为三种，如图8-2所示：

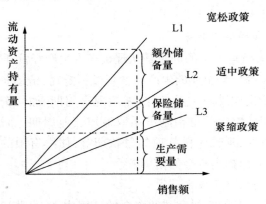

图8-2 流动资产持有政策

1. 宽松的持有政策

宽松的持有政策要求企业在一定的销售水平上保持较多的短期资产，这种政策的特点是报酬低、风险小。在此政策下，企业拥有较多的现金、应收账款、存货等短期资产，能及时偿还到期债务，并且可以保留大量资金以支付应付金额不确定的情况，大大降低了支付风险。但是，由于上述流动资产的投资报酬率相对长期资产的收益率低，从而降低了企业的盈利水平，因此这种政策的特点是报酬低、风险小。

2. 适中的持有政策

适中的持有政策要求企业在一定的销售水平上保持适中的流动资产，既不过高也不过低，现金刚好满足支付的需要，存货的采购量也刚好满足生产和销售的需求。若企业能够比较准确地预测未来经济状况，则可采用该政策。这种政策的特点是报酬和风险平衡。

3. 紧缩的持有政策

紧缩的持有政策要求企业在一定的销售水平上保持较低的流动资产，把现金、存货、应收账款等流动资产降到最低限度，降低了资金的占用成本，增加了企业的收益。但同时也可能发生由于资金不足而造成货款的拖欠或者到期债务的不能偿还等情况,增加了企业的风险。若外部环境相对稳定,企业对于未来情况能非常准确地预测,可采用该政策。这种政策的特点是报酬高、风险大。

实际经济生活中往往存在很多不确定性,内外部环境不断发生变化,因此很难准确估计适中政策的流动资产持有量。在财务管理实践中,企业往往结合其风险偏好,根据自身的具体情况,对未来前景进行合理预测,尽量确定一个较为适当的流动资产持有量。保守的管理者更倾向于宽松的流动资产持有策略,而风险承受能力较强的管理者更倾向于紧缩的流动资产持有策略。

(二) 流动资产的融资策略

企业对流动资产的需求数量,一般会随着产品销售的变化而变化。例如季节性比较强的企业,在销售旺季时流动资产的需求比较高,甚至高出平时的几倍;在销售淡季时流动资产的需求则比较低,可能只有平时的几分之一。但无论如何,流动资产存在最基本的需求,即使在销售处于最低水平时。由于流动资产最基本的刚性需求和相对稳定性,我们将其称为永久性流动资产。随着季节变动而发生波动的流动资产则在永久性水平的基础上相应波动增加。因此,流动资产包含两部分,即永久性流动资产和临时性流动资产。永久性流动资产是满足企业长期最低需求的流动资产,该部分占有量通常较稳定。临时性流动资产是那些由于季节性或临时性原因而形成的流动资产。长期资产和永久性流动资产,可看作是稳定性资产。

与流动资产的分类相对应,流动负债也可分为临时性负债和自发性负债。临时性负债是指为了满足临时性资金需求而发生的负债,一般短期使用。自发性负债是指直接产生于企业持续经营中的负债,如应付账款、其他应付款、应付职工薪酬、应交税费等,可以长期使用。

根据资产和资金的匹配性,可将流动资产的融资策略分为三种:配合型融资策略、保守型融资策略和激进型融资策略(详见第三章)。

第二节 现 金 管 理

保持合理的现金水平是企业现金管理的重要内容。我们这里所说的现金是广义的现金。现金的变现能力最强,代表直接的支付能力和应变能力,可以满足生产经营的各种开支需求。但是现金的收益性最弱,因此其持有量不是越多越好,现金存量过多会降低企业的收益水平。所以,现金管理的重点在于平衡现金的流动性和收益性,即在保证正常生产经营需要的同时,尽可能降低现金的占用量,并从闲置现金中获得最大的收益。

一、持有现金的动机

企业持有现金的动机往往有以下三种:交易性动机、预防性动机和投机性动机。

(一) 交易性动机

企业的交易性需求是指企业为了维持日常周转及正常生产经营活动所需要持有的现金金额。很多时候,企业从供应商那里获得的信用条件和其向客户提供的商业信用条件往往不同,也就是说应收款项的收回和应付款项的支付在时间上往往并不匹配,销售商品的款项需要 60 天才能收回,而对供应商的原材料采购款则需在 45 天内支付。因此,企业必须保持一定量的现金,来满足采购、生产、销售、支付工资税费等方面的需求。

(二) 预防性动机

预防性动机是指企业需要持有一定数量的现金,以应付社会经济环境的变化、合同违约等突发事件的发生而需要进行的偿付。

确定预防性动机的现金数额时,需要考虑以下因素:其一,企业预测现金收支的可靠程度;其二,企业临时融资的能力;其三,企业愿冒现金短缺风险的程度。现金收支预测能力较强、信誉良好、与金融机构关系良好的企业,因预防性动机持有的现金量一般较低。而希望尽可能降低风险的企业为了应付其交易性需求,则会倾向于保留较大量的预防性现金余额。

(三) 投机性动机

企业通常会在保证生产经营的基础上,持有一定量的现金以进行短期的获利行为,这就是投机性动机。例如,进行短期的证券投资,以获得较高的回报率。

企业现金的持有量一般是基于以上三个方面的综合考虑,每一种动机的现金需求数量是很难确定的,一种动机的余额也可以用于满足其他的动机需求。

二、现金收支管理

现金收支管理的目的在于提高现金使用效率,为达到这一目的,应当注意做好以下几方面工作:

(1) 力争现金流量同步。如果企业能尽量使它的现金流入与现金流出发生的时间趋于一致,就可以使其所持有的交易性动机现金余额降到最低水平,这就是所谓现金流量同步。

(2) 使用现金浮游量。从企业开出支票,收票人收到支票并存入银行,到银行将款项划出企业账户,中间需要一定的时间,现金在这段时间的占用称为现金浮游量。在这段时间里,企业仍可运用账户上的这笔资金。在使用现金浮游量时,注意控制好使用的时间,以免发生银行存款的透支。

(3) 加速收款。主要是指缩短应收账款的时间。发生应收账款会增加企业资金的占用,但它可以扩大销售规模,增加营业额。关键在于如何通过提供赊销吸引客户,同时又缩短收款时间,并实施妥善的收款策略。

(4) 推迟应付账款的支付。推迟应付账款的支付,是指企业在不影响自身信誉的情况下,尽可能推迟应付款的支付,充分利用供应商所提供的信用优惠。

三、现金最佳持有量决策

现金管理工作除了做好日常收支、加速现金流转速度外,还需确定适当的现金持有量,控制好现金持有规模。当前应用较为广泛的现金最佳持有量的决策方法主要包括成本分析模型、存货模型和随机模型。

(一) 成本分析模型(cost analysis model)

成本分析模型是根据现金有关成本因素,分析预测其总成本最低时现金持有量的一种方法。企业持有现金,至少包含三种成本:

1. 管理成本

现金的管理成本,是指企业因持有一定数量的现金而发生的管理费用。如管理人员工资、安全措施费等。现金的管理成本是一种固定成本,在一定范围内与现金持有量之间并没有明显的比例关系。

2. 机会成本

现金作为企业的一项资金占用,机会成本则是它的代价,也就是指企业因保留一定的现金余额而增加的管理成本,以及不能将这些现金进行其他投资而丧失的收益。现金的机会成本与现金持有量成正比:

机会成本 = 现金持有量 × 有价证券利率

3. 短缺成本

现金的短缺成本,是因缺乏必要的现金,不能应付业务开支所需而使企业蒙受的损失或为此付出的代价。现金的短缺成本与现金持有量成反比关系,随现金持有量的增加而下降,随现金持有量的减少而上升。

图 8-3 对现金的三种持有成本与现金持有量的关系进行了描述。上述三项成本之和最小的现金持有量,就是最佳现金持有量。

最佳现金持有量下的现金相关成本 = min(管理成本 + 机会成本 + 短缺成本)

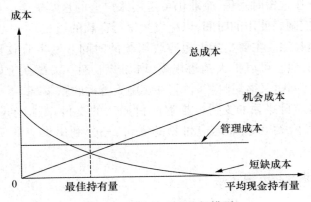

图 8-3 现金的成本分析模型

在实际工作中,运用成本分析模型确定最佳现金持有量的计算步骤为:

(1) 根据不同现金持有量测算各备选方案的有关成本数值;
(2) 按照不同现金持有量及其相关成本资料编制最佳现金持有量测算表;
(3) 在测算表中找出总成本最低时的现金持有量,即最佳现金持有量。

例 8-1 某企业有四种现金持有方案,它们各自的机会成本、管理成本、短缺成本如表 8-1 所示:

表 8-1 现金持有方案　　　　　　　　　　　　单位:元

方案项目	A	B	C	D
现金平均持有量	100000	200000	300000	400000
机会成本	10000	20000	30000	40000
管理成本	30000	30000	30000	30000
短缺成本	30000	18000	5000	0
总成本	70000	68000	65000	70000

注:机会成本率即该企业的资本收益率为 10%。

将以上各方案的总成本加以比较可知,C 方案的总成本最低,也就是说当企业平均持有 300000 元现金时,各方面的总成本最低为 65000,对企业最合算,故 300000 元是该企业的最佳现金持有量。

(二) 存货模型(inventory model)

美国学者鲍默尔(W. J. Baumol)于 1952 年提出了关于存货的经济批量模型[①],确定现金最佳余额的存货模型及来源于鲍默尔的存货经济批量模型。

---

① William J. Baumol , The Transactions Demand for Cash: An Inventory Theoretic Approach, *The Quarterly Journal of Economics*(November 1952)。

根据上述分析可知,企业持有较多的现金,可降低现金的短缺成本,但也会增加现金占用的机会成本;而平时持有较少的现金,则会增加现金的短缺成本,但能减少现金的机会成本。如果企业在需要时可以通过出价有价证券换回现金(或从银行借入现金),便既能满足现金的需要,避免短缺成本,又能减少机会成本。因此,适当的现金与有价证券之间的转换,是企业提高资金使用效率的有效途径。

有价证券的转换需要支付手续费用等交易成本,与现金的转换次数、转换量相关。假定现金每次交易成本是固定的,若企业一定时期现金使用量确定,每次以有价证券转换的现金额越大,转换的次数就越少,交易成本就越低。反之,交换的次数越多,交易成本就越高。可见,现金交易成本与现金的持有量成反比。

在现金的存货模型下,对现金的持有成本需考虑两个方面:一是机会成本;二是交易成本。若平时现金持有量大,则机会成本大,交易成本低;若平时现金持有量小,则机会成本降低,但交易成本上升。存货模型中,现金的机会成本和交易成本呈现不同的发展方向,两条曲线相交的位置所代表的现金持有量,即是相关总成本最低的现金持有量。具体见图8-4:

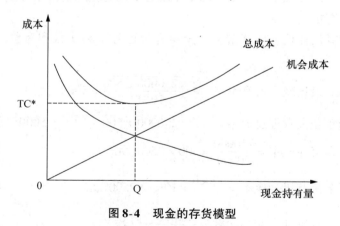

图8-4 现金的存货模型

企业可以合理量化现金持有量 C,使得现金的相关总成本最低。解决这一问题,需要明确以下几个问题:

(1)一定期间内的现金需求量,用 T 表示。

(2)持有现金的机会成本,用 K 表示。一定时期内持有现金的总机会成本为:

$$机会成本 = \frac{T}{C}gK$$

(3) 每次出售有价证券的交易成本,用 F 表示。一定时期内出售有价证券的总交易成本为：

$$交易成本 = \frac{T}{C} \cdot F$$

综上,持有现金的相关总成本 = 机会成本 + 交易成本 = $\frac{C}{2} \cdot K + \frac{T}{C} \cdot F$

根据图 8-4 可知,最佳现金持有量 C^* 是机会成本线与交易成本线交叉点所对应的现金持有量,因此最佳现金持有量 C^* 满足的条件为:机会成本 = 交易成本,也就是 $\frac{C}{2} \cdot K = \frac{T}{C} \cdot F$,整理可得：

$$最佳现金持有量 \ C^* = \sqrt{\frac{2 \cdot T \cdot F}{K}}$$

$$最小相关总成本 = \sqrt{2 \cdot T \cdot F \cdot K}$$

例 8-2 某公司现金收支平衡,预计全年(按 360 天计算)现金需要量为 250000 元,现金与有价证券的转换成本为每次 500 元,有价证券年利率为 10%。

要求：(1) 计算最佳现金持有量。

(2) 计算最佳现金持有量下的全年现金管理总成本、全年现金交易成本和全年现金持有机会成本。

(3) 计算最佳现金持有量下的全年有价证券交易次数和有价证券交易间隔期。

解 (1) 最佳现金持有量 = $\sqrt{\frac{2 \times 250000 \times 500}{10\%}}$ = 50000(元)

(2) 全年现金管理总成本 = $\sqrt{2 \times 250000 \times 500 \times 10\%}$ = 5000(元)

全年现金交易成本 = $\frac{250000}{50000} \times 500$ = 2500(元)

全年现金持有机会成本 = $\frac{50000}{2} \times 10\%$ = 2500(元)

(3) 全年有价证券交易次数 = $\frac{250000}{50000}$ = 5(次)

有价证券交易间隔期 = $\frac{360}{5}$ = 72(天)

(三) 随机模型(the miller-orr model)

随机模型又称为米勒—欧尔模型[1],由默顿·米勒(Merton Miller)和丹尼

---

[1] Merton Miller and Daniel Orr, A Model of the demand for Money by Firms, *The Quarterly Journal of E-conomics* (August 1996).

尔·欧尔(Daniel Orr)创建,是一种基于不确定性的现金管理模型。实际工作中企业的现金流量往往具有很大的不确定性,无法确切地预测每日的现金实际收支状况。该模型假定现金流量服从正态分布,在上限(U)和下限(L)之间随机波动。当现金余额达到上限时,企业将部分现金转换为有价证券。而当现金余额降到下限水平时,企业则卖出部分证券以补充现金。

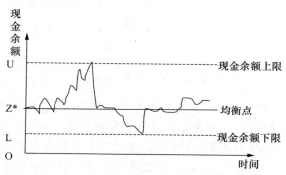

图 8-5 现金的随机模型

上图为现金的随机模型,模型中的现金余额下限 L 取决于模型之外的因素,其数额是由企业综合考虑现金的短缺风险、企业借款能力、企业日常周转所需资金、银行要求的补偿性余额等因素确定的。均衡点 Z^* 和现金上限余额分别可按以下公式计算:

$$Z = \sqrt[3]{\frac{3b \times \delta^2}{4i}} + L$$

$$U = 3Z - 2L$$

式中,b 为每次有价证券的固定转换成本;i 为有价证券的日利息率;δ 为预期每日现金余额变化的标准差(可根据历史资料测算)。

下限 L 的确定,则要受到企业每日的最低现金需要、管理人员的风险承受倾向等因素的影响。

例 8-3 假设 ASY 公司根据现金流动性要求和有关补偿性余额的协议,该公司的最低现金持有量为 5000 元,每日现金流量的标准差为 900 元,有价证券年利率为 10%,每次证券转换的交易成本为 72 元,如果一年按 360 天计算。

要求:计算随机模式下该公司现金均衡点(Z)、现金余额上限(U)。

解

$$Z = \sqrt[3]{\frac{3 \times 72 \times 900^2}{4 \times (10\% \div 360)}} + 5000 = 5400 + 5000 = 10400(元)$$

$$U = 3 \times 10400 - 2 \times 5000 = 21200(元)$$

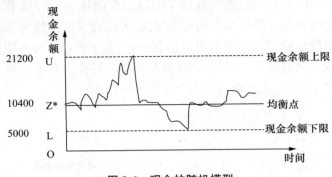

图 8-6　现金的随机模型

随机模式与存货模式相比较,两者既有相同之处,也有不同之处。两者相同之处在于,考虑的持有现金的相关成本均为机会成本和交易成本。两者不同之处在于:(1)适用的范围不一样:存货模式中未来的现金需要量恒定,而随机模式建立在企业的未来现金需求总量和收支不可预测的前提下,因此计算出来的现金持有量比较保守。(2)现金安全储备考虑不一样:存货模式不考虑现金的安全储备量,而随机模式则需要考虑最低储备 L 的现金。

第三节　应收账款管理

应收账款(accounts receivable)是指因对外销售产品、材料、供应劳务或其他原因,应向购货单位或接受劳务的单位及其他单位收取的款项,包括应收销售款、其他应收款、应收票据等。

应收账款管理的基本目标,就是在充分发挥应收账款功能的基础上,降低应收账款的成本,即提供商业信用、扩大销售所增加的收益、扣除相应增加的各项费用后能给企业带来更多的利益。

一、应收账款的功能

应收账款的功能指的是其在生产经营中的作用,主要有以下两个方面:

(一)增加销售

在激烈的市场竞争中,通过提供赊销可以有效促进销售。企业提供赊销,一方面是向客户销售了产品,另外一个方面是在一定时间内向客户提供了资金。虽然赊销并不是影响销售的唯一因素,但是赊销给企业带来的销售收入的增加是明显的,尤其是在银根紧缩、市场疲软、资金匮乏或者开拓新市场、开发新产品的情况下。

提供赊销而增加的产品一般不会增加固定成本,故赊销所增加的收益取决于增加的销售量和单位边际贡献的大小,计算公式如下:

增加的收益 = 销售量的增加 × 单位边际贡献

（二）减少存货

企业持有存货可以及时满足生产销售的需要,但同时也会增加仓储费用、管理费用与保险费用等资金占用。因此,无论是季节性生产企业还是非季节性生产企业,当库存产成品较多时,一般可以通过提供信用政策而赊销,将存货转化为应收账款,减少库存,从而降低存货仓储、管理等方面的资金占用支出。

二、应收账款的成本

持有应收账款也是有一定成本的,主要包括:

（一）应收账款的机会成本

若把应收账款所占用的企业资金投放于其他投资并获得收益,这就是应收账款的机会成本。这里,应收账款所占用资金应是企业为应收账款而发生的变动成本,因为在短期内,投资规模不变,不需要为应收账款而增加固定成本。应收账款所占用的企业资金的机会成本一般按证券的资本成本水平来测算,即:

机会成本 = 应收账款占用资金 × 资本成本率
　　　　 = 应收账款平均余额 × 变动成本率 × 资本成本率
　　　　 = 日销售额 × 平均收现期 × 变动成本率 × 资本成本率

（二）应收账款的管理成本

应收账款的管理成本主要是指因管理应收账款而增加的费用。主要包括:客户信用状况的调查费用、各种信息的收集费用、账簿的记录费用、应收账款的收账费用、其他费用等。

（三）应收账款的坏账成本

赊销所形成的应收账款可能由于债务人的种种原因而无力偿还,债权人因此无法收回部分或者全部款项而发生损失,这种损失就是应收账款的坏账成本。该成本一般与应收账款的数量成正比,一般可按下列公式测算:

应收账款的坏账成本 = 赊销额 × 预计坏账损失率

根据上述分析,企业的管理重点在于通过应收账款管理发挥其强化商业竞争、扩大销售的功能,同时尽可能地降低应收账款的机会成本、管理成本和坏账损失。

三、应收账款的信用政策

应收账款赊销的效果依赖于企业的信用政策。信用政策包括:信用标准、信用条件和收账政策。

（一）信用标准

信用标准(credit standard)是指公司决定授予客户信用所要求的最低标准，代表公司愿意承担的最大的付款风险的金额。如果客户达不到该项信用标准，就不能享受公司按商业信用赋予的各种优惠，或只能享受较低的信用优惠。如果公司执行的信用标准过于严格，可能会降低对符合信用风险标准客户的赊销额，因此会限制公司的销售机会。如果公司执行的信用标准过于宽松，可能会对不符合可接受信用风险标准的客户提供赊销，因此会增加随后还款的风险并增加坏账费用。

企业在制定某一顾客的信用标准时，往往先要评估其赖账的可能性，需要对顾客进行"质"方面的分析。常用的分析方法是"5C"信用评价系统，即评估顾客信用品质的五个方面：品质(character)、能力(capacity)、资本(capital)、抵押(collateral)和条件(condition)。

品质(character)指的是顾客的信誉，即履行偿债义务的可能性。因此，企业必须设法了解顾客过去的付款记录，看其是否有按期如数付款的一贯做法，及与其他供货企业的关系是否良好，这一点经常被视为评价顾客信用的首要要素。

能力(capacity)是指顾客的偿债能力，即其流动（或速动）资产的数量和质量以及与流动负债的比例。顾客的流动资产越多，其转换为现金支付款项的能力越强。同时，还应注意顾客流动资产的质量，看是否有存货过多、过时或质量下降，影响其变现能力和支付能力的情况。

资本(capital)指顾客的财务实力和财务状况，表明顾客可能偿还债务的背景。管理者通过对方企业的财务比率所反映的企业资产构成状况进行判断，其中有形资产在总资产中所占比率是非常重要的指标。

抵押(collateral)是指顾客拒付款项或无力支付款项时能被用作抵押的资产。这对于不知底细或信用状况有争议的顾客尤其重要。一旦收不到这些顾客的款项，便以抵押品抵补。如果这些顾客提供足够的抵押，就可以考虑向他们提供相应的信用。

条件(condition)是指可能影响顾客付款能力的经济环境。比如，万一出现经济不景气，会对顾客的付款产生什么影响，顾客会如何做等，这需要了解顾客在过去困难时期的付款历史。

例 8-4 某公司准备对信用标准进行修订，提出甲和乙两个方案，甲方案相比当前方案偏紧，乙方案相比当前方案偏松，预计两个方案的变化情况如下：

表 8-2　当前信用标准方案和两个备用方案

项目	当前信用标准	甲方案(偏紧)	乙方案(偏松)
年销售额	1000 万元	900 万元	1200 万元
销售利润率	20%	20%	20%
变动成本率	80%	80%	80%
平均收账期	45 天	40 天	销售收入增加部分的平均收账期为 72 天,原 1000 万的平均收账期为 45 天
平均坏账损失率	5%	4%	销售收入增加部分的坏账损失率为 10%,原 1000 万的平均坏账损失率为仍为 5%
应收账款占用资金的机会成本率	10%	10%	10%

为了评价备选的两种信用标准的优劣,需要计算两个方案各自的收益和成本,并进行比较。现分别对两个方案进行测算,详见下表:

表 8-3　不同的信用标准方案测算表　　　　　　　　　　单位:万元

项目	当前信用标准	甲方案(偏紧)	乙方案(偏松)
销售利润	1000×20% = 200	900×20% = 180	1200×20% = 240
应收账款机会成本	1000/360×45×80%×10% = 10	900/360×40×80%×10% = 8	(1000/360×45 + 200/360×72)×80%×10% = 13
坏账损失	1000×5% = 50	900×4% = 36	1000×5% + 200×10% = 70
边际收益	140	136	157

根据测算结果,可见该公司应该采取更为宽松的信用标准,也就是乙方案,能为公司带来更多的收益。

(二) 信用条件

信用条件(credit terms)是销货企业要求赊购客户支付货款的条件,包括信用期限、折扣期限和现金折扣。信用期限是企业为顾客规定的最长付款时间,折扣期限是为顾客规定的可享受现金折扣的付款时间,现金折扣是在顾客提前付款时给予的优惠。

例如,账单中的"1/10, n/30"是一个信用条件,它规定如果在发票开出后 10 天内付款,可享受 1% 的现金折扣;如果在 10 天之后,30 天之前付款,则享受不到现金折扣。在这里,30 天是信用期限;10 天是折扣期限;1% 是现金折扣。

信用期限确定客户在赊购货物后多少天之内支付货款,是企业为客户规定的最长的付款时间界限,并在赊销合同中取得了客户的正式承诺。确定适宜的信用期限是企业制订信用管理政策时首先要解决的问题。较长的信用期限,会刺激客户的购货热情,吸引更多的客户,给企业带来扩大市场份额和增加销售额的好处,但同时也会给企业带来风险。相反,较短的信用期限,虽然减少了持有应收账款相关的成本,但是直接影响到企业的赊销规模,增加了库存压力,同时降低了企业在市场中的竞争力。所以,合理的信用期限应当着眼于使企业的总收益达到最大,理论上,最低限度是损益平衡。通常,信用期限取决于交易传统,同行业企业经常采用类似的信用期限,但不同行业间的信用期限则可能差别很大,信用期限在 30 天到 70 天不等。

一般来说,企业的信用条件是遵循本行业的惯例给出的,它是基于一定的外部经济环境,在充分考虑到本企业自身资金实力的情况下,本着提高最终效益和增强竞争力思想确定的。给客户的信用条件如何,直接影响着企业应收账款的持有水平和规模。

例 8-5 某公司目前采用 30 天按发票金额付款的信用政策,拟将信用期放宽至 60 天,为了吸引顾客尽早付款,提出了 (1/30,n/60) 的现金折扣条件,估计会有一半的顾客(按 60 天信用期所能实现的销售量计)将享受现金折扣优惠。假设企业资金的最低报酬率为 10%,一年按 360 天计,其他有关的数据如表 8-4 所示:

表 8-4 某公司信用政策变化情况

项目 \ 信用期限	30 天	1/30、N/60
销售量(件)	1000000	1200000
销售额(元)(单价 5 元)	5000000	6000000
销售成本(元)		
变动成本(每件 4 元)	4000000	4800000
固定成本(元)	500000	500000
毛利(元)	500000	700000
可能发生的坏账损失(元)	50000	90000

我们可以通过总额分析法和差额分析法对改变信用政策是否合适作出

1. 总额分析法

表 8-5　总额分析法计算

信用政策	30 天	1/30、$N/60$
（1）计算各个方案的收益 方案的收益 = 销售收入 − 变动成本 − 固定成本 （2）计算各个方案实施信用政策的成本 ① 计算应收账款占用资金的机会成本 ② 计算收账费用和坏账损失 ③ 计算折扣成本（若提供现金折扣） 折扣成本 = 赊销额 × 折扣率 × 享受折扣的客户比率 （3）计算各方案税前损益 方案税前损益 = 收益 − 成本费用	（1）方案的收益 = 5000000 − 4000000 − 500000 = 500000 （2）方案实施信用政策的成本： ① 应收账款占用资金的机会成本 = 5000000/360 × 30 × 80% × 10% = 33333 ② 坏账损失 = 50000 ③ 现金折扣成本 = 0 （3）方案的税前损益 = 500000 − （33333 + 50000 + 0）= 416667	（1）方案的收益 = 6000000 − 4800000 − 500000 = 700000 （2）方案实施信用政策的成本 ① 应收账款占用资金的机会成本 = 6000000/360 × 45 × 80% × 10% = 60000 其中：平均收现期 = 30 × 50% + 60 × 50% = 45 ② 坏账损失 = 90000 ③ 现金折扣成本 = 6000000 × 1% × 50% = 30000 （3）方案的税前损益 = 700000 − （60000 + 90000 + 30000）= 520000
决策原则：选择税前损益最大的方案为优		较优方案，税前损益增加了 103333，故可选择采用新的信用政策

2. 差额分析法

表 8-6　差额分析法计算

信用政策	1/30、$N/60$ VS 30 天
（1）计算收益的增加 收益的增加 = 增加的销售收入 − 增加的变动成本 − 增加的固定成本 （2）计算实施信用政策时成本的增加 ① 计算应收账款占用资金的机会成本的增加 ② 计算坏账损失的增加 ③ 计算折扣成本的增加（若提供现金折扣） （3）计算改变信用期时增加的税前损益 增加的税前损益 = 收益的增加 − 成本费用的增加	（1）收益的增加 = （6000000 − 5000000）− 800000 = 200000 （2）计算实施信用政策时成本的增加 ① 应收账款占用资金的机会成本的增加 = （6000000/360 × 45 − 5000000/360 × 30）× 80% × 10% = 26667 ② 坏账损失的增加 = 90000 − 50000 = 40000 ③ 现金折扣成本的增加 = 6000000 × 1% × 50% − 5000000 × 0 × 0 = 30000
决策原则：如果改变信用期增加的税前损益大于 0，可以改变	如果改变信用期，增加的税前损益 = 200000 − （26667 + 40000 + 30000）= 103333 > 0，故可选择采用新的信用政策

(三) 收账政策

收账政策(account policy)是指信用条件被违反时,企业采取的收账策略。企业如果采用积极的收账政策,可能会减少应收账款投资,减少坏账损失,但会增加收账成本。如果采用较消极的收账政策,则可能会增加应收账款投资,增加坏账损失,但会减少收账费用。在实际工作中,可参照测算信用标准、信用条件的方法来制定收账政策。

收账费用和坏账损失之间的关系可查看图 8-7。由图可知,虽然收账费用支出越多,坏账损失越少,但是这两者之间并不存在线性关系。通常情况下,收账费用支出后,坏账损失开始下降。但是当收账费用支出达到某一限度 F 之后,坏账损失就不再明显减少了,这个限度称为饱和点。因此,实际工作中需要权衡收账费用的增加与应收账款机会成本和坏账损失直接的得失。

例 8-6 天华公司作为一家商业企业。目前的收账政策比较严厉,不利于扩大销售,且收账费用较高,该公司正在研究修改现行的收账政策。现有甲和乙两个放宽收账政策的备选方案,有关数据如表 8-7 所示:

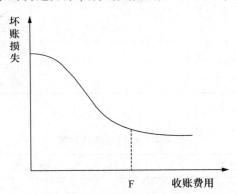

图 8-7 收账费用与坏账损失的关系图

表 8-7 天华收账政策

项目	现行收账政策	甲方案	乙方案
年销售额(万元/年)	2400	3000	3600
收账费用(万元/年)	40	30	20
平均收账期	60 天	90 天	120 天
平均坏账损失率	1%	2%	5%

已知 A 公司的销售毛利率为 20%,变动成本率 80%,应收账款投资要求的最低报酬率为 10%。假设不考虑所得税的影响。

要求:通过计算分析,回答应否改变现行的收账政策?如果要改变,应选择甲方案还是乙方案？

表 8-8　天华新旧收账政策测算结果　　　　　　　　单位：万元

项目	现行收账政策	方案甲	方案乙
销售额	2400	3000	3600
毛利	2400×20%=480	3000×20%=600	3600×20%=720
应收账款机会成本	2400/360×60×80%×10%=32	3000/360×90×80%×10%=60	3600/360×120×80%×10%=96
坏账损失	2400×1%=24	3000×2%=60	3600×5%=180
收账费用	40	30	20
净收益	384	450	424

根据测算结果，天华公司拟采用甲方案。

四、应收账款的监控

企业在实施信用政策时，会产生一些相应的问题，如公司的信用标准太高还是太低？评估制度是否需要根据环境相应调整？应收账款的总体规模是否恰当？因此，对应收账款的监控就相当重要。

（一）应收账款的账龄分析

通过账龄分析可以跟进应收账款的变化，可以及时了解应收账款的规模大小、收回情况、客户的拖欠情况等。

表 8-9　某公司账龄分析表

账龄（天）	账户数量	金额（万元）	百分比（%）
0—30	200	1500	57.69
30—60	100	500	19.23
60—180	50	300	11.54
180—360	20	200	7.69
360 以上	5	100	3.85
合计	375	2600	100

账龄分析表是对全部的应收账款按照时间进行划分，显示每一类账龄的应收账款的金额和所占百分比的应收账款信息。通过账龄分析，可以反映出企业所提供的信用条件、客户的付款习惯等信息。甚至可以把实行新的信用政策后的账龄分析表与原来的账龄分析表进行比较，考察各账龄的应收账款金额及其所占百分比、坏账比率等，以确定现行的信用政策是否合理，是否需要调整。

同时，利用账龄分析表，可以简化计算应收账款平均账龄。应收账款加权平均账龄，是指企业的所有未得到清偿的应收账款的平均账龄。

例 8-7 根据表 8-9，测算该公司的平均账龄。

各账龄段取中值，即 0—30 天的所有应收账款账龄为 15 天，30—60 天的所有应收账款账龄为 45 天，60—180 天的所有应收账款账龄为 120 天，180—360 天的所有应收账款账龄为 270 天，360 天以上的所有应收账款账龄为 360 天。

解 应收账款平均账龄 = $15 \times 57.69\% + 45 \times 19.23\% + 120 \times 11.54\%$
$+ 270 \times 7.69\% + 360 \times 3.85\%$
$= 8.6535 + 8.6535 + 13.85 + 20.76 + 13.86$
$= 65.78(天)$

（二）应收账款的催收

对超过信用期的应收账款进行催收之前，需要先将所有欠款顾客按其金额的多少进行分类排序，采取"抓重点、照顾一般"的管理方法，对不同的拖欠款采取不同的收账策略，这种方法也称为 ABC 分析法。

下表为 ABC 分析法的原理。应收账款逾期金额占应收账款逾期总金额的百分比大的为 A 类客户，该类客户是应收账款管理的重点对象，可以寄发措辞较为严厉的催收信函、派专人催收、委托收款代理机构甚至走法律诉讼。应收账款逾期金额占应收账款逾期总金额的百分比适中的为 B 类客户，对 B 类客户可以打电话催款或者多发几封催款信函即可。应收账款逾期金额占应收账款逾期总金额的百分比最小的为 C 类客户，针对 C 类客户则不需要采取积极的收款措施，只需发出通知其付款的信函。

表 8-10　ABC 分析法

分类	特点	管理办法
A 类客户	应收账款逾期金额占应收账款逾期金额总额的比重大	作为重点对象 寄发措辞较为严厉的催收信件 派专人催收 委托收款代理机构 法律诉讼
B 类客户	应收账款逾期金额占应收账款逾期金额总额的比重居中	多发几封催款信 打电话催收
C 类客户	应收账款逾期金额占应收账款逾期金额总额的比重较小	只需发出通知其付款的信函

第四节 存货管理

存货(inventories)是指企业在生产经营过程中为销售或者耗用而储备的物资,包括材料、燃料、低值易耗品、在产品、半成品、产成品、协作件、商品等。

一、存货管理的目标

存货管理就是对企业的存货进行管理,主要包括存货的信息管理和在此基础上的决策分析,最后进行有效控制,达到存货管理的最终目的,提高经济效益。

通常,企业持有存货一方面是为了保证生产或销售的经营需要,另一方面是出自价格的考虑,零购物资的价格往往较高,而整批购买在价格上有优惠。但是,过多的存货要占用较多资金,并且会增加包括仓储费、保险费、维护费、管理人员工资在内的各项开支,因此,进行存货管理的目标就是尽力在各种成本与存货效益之间作出权衡,达到两者的最佳结合,这就是存货管理的目标。

(一) 满足正常生产经营的需要

为保障生产的正常进行,必须要储备一定量的原材料,避免发生生产中断、停工待料等状况。虽然有计算机信息系统的帮助,企业的自动化程度大大提高,甚至提出了"零库存"的管理目标,但是这个目标很难完全达到。

(二) 满足销售的需要

当市场需求增加时,如果没有足够的库存产品去销售,则会失去销售时机。通常,企业为了节约采购成本和其他费用,一般采取批量采购、批量运输、批量生产,因此为了能够加强对市场需求的反应能力,需要持有一定量的存货。

(三) 维持均衡生产,降低产品成本

有些企业的产品属于季节性产品或者需求波动较大,如果根据波动的需求状况组织生产,有时生产能力会得不到充分利用,有时又会出现超负荷生产,这样的状况会造成产品生产成本的上升。为了降低生产成本,实现均衡生产,需要储备一定的产成品存货,也需要保持一定的原材料存货。

(四) 防止意外事件造成的损失

企业在采购、运输、生产和销售过程中,可能会发生意外事故,保持必要的存货保险储备可防止或减少意外事件造成的损失。

二、存货的成本

与储备存货有关的成本,包括以下三种:取得成本、储存成本和缺货成本。

(一) 取得成本

取得成本指为取得某种存货而支出的成本。它又分为订货成本和购置成本。

1. 订货成本

订货成本指取得订单的成本,如办公费、差旅费、邮资、电报电话费等支出。订货成本中有一部分与订货次数无关,如常设采购机构的基本开支等,称为订货的固定成本;另一部分与订货次数有关,如差旅费、邮资等,称为订货的变动成本。

$$订货成本 = 订货的固定成本 + 订货的变动成本$$
$$= 订货的固定成本 + 订货次数 \times 每次订货成本$$

2. 购置成本

购置成本指存货本身的价值,由年需要量与单价的乘积来确定。

$$购置成本 = 年需要量 \times 单价$$

综上可得:
$$取得成本 = 订货成本 + 购置成本$$
$$= 订货的固定成本 + 订货的变动成本 + 购置成本$$

(二) 储存成本

储存成本是指为保持存货而发生的成本,包括存货占用资金所应计的利息、仓储费用、保险费用、存货变质或破损损失等。

储存成本也分为固定成本和变动成本。固定成本与存货数量的多少无关,如仓库折旧、仓库职工的固定月工资等。变动成本与存货的数量有关,如存货资金的应计利息、存货的保险费用、存货变质或破损损失等。

$$储存成本 = 储存的固定成本 + 储存的变动成本$$

(三) 缺货成本

缺货成本指由于存货供应中断而造成的损失,包括材料供应中断造成的停工损失、产成品库存缺货造成的拖欠发货损失和丧失销售机会的损失;如果生产企业采取紧急采购,一般情况下紧急采购的开支会大于正常采购的开支。

三、存货决策

存货决策主要解决以下几个主要问题:订货时间和订货批量问题。根据存货管理的目的,需要通过合理的订货批量和订货时间,使得存货的总成本最低,这个批量就是经济订货量,有了经济订货量,可以比较容易地找出最适宜的进货时间。

(一) 经济订货量基本模型(economic order quantity,简称 EOQ)

由于影响存货成本的因素较多,为了简化问题,先建立一些假设,在此基础上建立经济订货量的基本模型。

经济订货量基本模型建立在以下假设基础上:

(1) 能及时补充存货,即存货可瞬时补充;
(2) 能集中到货,即不是陆续入库;
(3) 不允许缺货,即无缺货成本;
(4) 需求量稳定,并能预测;
(5) 存货单价不变;
(6) 企业现金充足,不会因现金短缺而影响进货;
(7) 所需存货市场供应充足,可以随时买到,这样短缺成本为零。

从以上存货的成本构成可以发现,每次订货批量越大,企业储存的存货量就越多,储存成本就会越高;但同时订货次数就会相应减少,从而订货成本降低。反之,每次订货批量越小,存货储备量就越小,储存成本降低,而订货成本则随着订货次数的增加而提高。从图 8-8 可以清楚看出两者之间的关系,两种成本此消彼长。最佳经济订货量就是这两项成本之和最小的订货量。

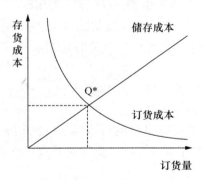

图 8-8　存货成本与订货量

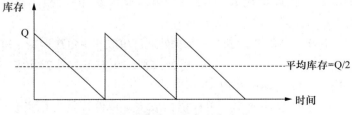

图 8-9　存货库存水平与订货

在上述假设的基础上,令 D 代表全年需要量,U 代表单价,Q 代表每批订货量，K 代表每批订货成本，$F1$ 代表订货的固定成本，$F2$ 代表储存的固定成本，C 代表每件存货的年储存成本。企业存货的总成本公式可以简化为：

$$总成本 = 订货成本 + 储存成本$$
$$= (订货的固定成本 + 订货的变动成本)$$
$$+ (储存的固定成本 + 储存的变动成本)$$
$$总成本\ TC = (F1 + D/Q \times K) + (F2 + C \times Q/2)$$

令上述公式的一阶导数为 0，即：

$$T' = \left(F1 + \frac{D}{Q} \times K + F2 + \frac{Q}{2} \times C\right)'$$
$$= -\frac{DK}{Q^2} + \frac{C}{2} = 0$$

可得：

$$经济批量\ Q = \sqrt{\frac{2DK}{C}}$$

$$经济订货次数\ \frac{D}{Q} = \sqrt{\frac{DC}{2K}}$$

$$总成本\ TC(Q) = \sqrt{2DKC}$$

例 8-8 甲公司是一个汽车挡风玻璃批发商，为 5 家汽车制造商提供挡风玻璃。该公司总经理为了降低与存货有关的总成本，请你帮助他确定最佳的采购批量。有关资料如下：

（1）挡风玻璃的单位进货成本为 1300 元。

（2）全年需求预计为 9900 块。

（3）每次订货发出与处理订单的成本为 38.2 元；每次订货需要支付运费 68 元；每次收到挡风玻璃后需要验货，验货时外聘一名工程师，验货需要 6 小时，每小时支付工资 12 元。

（4）为存储挡风玻璃需要租用公共仓库。仓库租金每年 2800 元，另外按平均存量加收每块挡风玻璃 12 元/年；挡风玻璃为易碎品，损坏成本为年平均存货价值的 1%；公司的年资金成本为 5%。

解 （1）每次订货的变动成本 = 每次处理订单成本 + 每次运费 + 每次验货费
$$= 38.2 + 68 + 6 \times 12 = 178.2(元)$$

（2）每块玻璃的变动储存成本
$$= 单件仓储成本 + 单件损毁成本 + 单件存货占用资金成本$$
$$= 12 + 1300 \times 1\% + 1300 \times 5\% = 90(元)$$

(3) 经济订货批量 = $\sqrt{\dfrac{2 \times 9900 \times 178.2}{90}}$ = 198(块)

(4) 与经济订货批量有关的存货总成本 = $\sqrt{2 \times 9900 \times 178.2 \times 90}$
= 17820(元)

(二) 经济订货量基本模型的扩展

1. 存在数量折扣的经济订货量模型

经济订货量基本模型假设存货采购单价是不变的,不随批量而变动。但实际工作中,很多企业在销售时存在数量折扣,采购批量越大,价格折扣的优惠就越大。在这种情况下,存货的成本除了考虑订货成本和储存成本之外,还需要考虑采购成本。

例 8-9 承例 8-8 资料,假设甲公司一次订购超过 200 块,可享受 2% 的批量折扣,请问甲公司是该享受数量折扣还是按原经济订货量采购?

解 (1) 按经济订货量采购,不享受数量折扣,总成本为:

总成本 = 订货成本 + 储存成本 + 购置成本

$= \dfrac{9900}{198} \times 178.2 + \dfrac{198}{2} \times 90 + 9900 \times 1300$

= 8910 + 8910 + 12870000

= 12887820(元)

(2) 不按经济订货量采购,享受数量折扣,每批至少应采购 200 块,此时的总成本为:

总成本 = 订货成本 + 储存成本 + 购置成本

$= \dfrac{9900}{200} \times 178.2 + \dfrac{200}{2} \times 90 + 9900 \times 1300 \times (1 - 2\%)$

= 8820.9 + 9000 + 12612600

= 12630420.9(元)

将以上两种情况的总成本进行比较,可见订购量为 200 块时总成本最低。

2. 再订货点

经济订货量基本模型假设存货可瞬时补充,能及时补充存货。但是一般情况下,企业的存货不能做到随用随时补充,因此需要在没有用完时提前订货。

再订货点 R,就是在提前订货的情况下,为确保存货用完时订货刚好到达,企业再次发出订货单时应保持的存货库存量。它的数量取决于:

(1) 从发出订单到货物验收完毕所用的时间 L;

(2) 平均每天耗用量 d。

再订货点 = 从发出订单到货物验收完毕所用的时间 × 平均每天耗用量

$$R = L \times d$$

例8-10 承例8-8资料,假设甲公司从订货至挡风玻璃到货,需要6个工作日。在进行有关计算时,每年按300个工作日计算。

解 平均每天玻璃耗用量 $= \dfrac{9900}{300} = 33$(块)

从发出订单到货物验收完毕所用的时间 $= 6$(天)

再订货点 $= 6 \times 33 = 198$(件)

因此,甲公司应在玻璃的储备量降到198件时,开始进行玻璃的采购工作。

再订货点模型下,经济订货量的确定与基本模型是一致的,也即订货提前期对经济订货量并无影响。

3. 存货陆续供应和使用模型

经济订货量基本模型假设存货能集中到货,而不是陆续入库。事实上,各批存货一般都是陆续入库,存货库存量陆续增加。

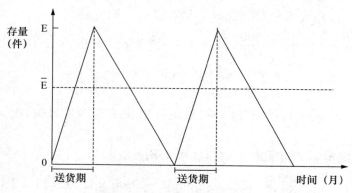

图8-10 存货陆续供应和使用

设每批订货数为 Q,每日送货量为 P,每日耗用量为 d。

送货期 $= \dfrac{Q}{P}$

送货期内的耗用量 $= \dfrac{Q}{P} \times d$

送货期内的平均库存量 $= \dfrac{1}{2} \times \left(Q - \dfrac{Q}{P} \times d \right)$

与批量相关的变动总成本为:

$$\text{TC} = \dfrac{D}{Q} \times K + \dfrac{1}{2} \times \left(Q - \dfrac{Q}{P} \times d \right) \times C$$

同理可得:

存货陆续供应和使用的经济订货量为：

$$Q = \sqrt{\frac{2DK}{C} \times \frac{P}{P-d}}$$

存货陆续供应和使用的经济订货量总成本公式为：

$$TC(Q) = \sqrt{2DKC \times \left(1 - \frac{d}{P}\right)}$$

例 8-11 某企业生产中使用的 A 标准件既可自制，也可外购。若自制，单位成本为 6 元，每次生产准备成本 500 元，每日产量 40 件；若外购，购入价格是单位自制成本的 1.5 倍，一次订货成本 20 元。A 标准件全年共需耗用 7200 件，储存变动成本为标准件价值的 10%，假设一年有 360 天。

要求：（1）若企业自制，经济生产批量为多少？
（2）若企业外购存货，经济订货量为多少？
（3）若不考虑缺货的影响，判断企业应自制还是外购 A 标准件？

解 根据分析，可知是存货陆续供应和使用的模型。
（1）自制：

$$Q = \sqrt{\frac{2 \times 500 \times 7200}{6 \times 10\%} \times \frac{40}{40-20}} = 4899 \text{（件）}$$

（2）外购：

$$Q = \sqrt{\frac{2 \times 20 \times 7200}{6 \times 1.5 \times 10\%}} = 566 \text{（件）}$$

（3）自制

$$TC(Q) = \sqrt{2 \times 500 \times 7200 \times 6 \times 10\% \times \frac{40-20}{40}} = 1470 \text{（元）}$$

$$TC = 7200 \times 6 + 1470 = 44670 \text{（元）}$$

外购：

$$TC(Q) = \sqrt{2 \times 20 \times 7200 \times 6 \times 1.5 \times 10\%} = 509 \text{（元）}$$

$$TC = 7200 \times 6 \times 1.5 + 509 = 65309 \text{（元）}$$

因为外购总成本大于自制总成本，所以企业应自制 A 标准件。

4. 保险储备

经济订货量基本模型假设存货的供需是稳定的，可以随时买到需要的存货，不会缺货。但实际经济生活中，企业对存货的需求量可能存在不确定性，可能出现交货延误、缺货等情况，为了防止缺货损失，企业应有一定的保险储备。

企业的保险储备应为多少，这取决于存货缺货的概率和存货缺货的损失。较高的保险储备可以降低缺货成本，但同时会增加存货的储存成本。存货的最优决策是要权衡各成本,研究保险储备的目的,就是要找出合理的保险储备量,使缺货或供应中断损失和储备成本之和最小。具体可先计算出各不同保险储备量的总成本,然后再对总成本进行比较,选定其中最低的。

例 8-12 某企业 2013 年计划全年的 A 种材料的需求量为 1800 公斤,材料单价为 20 元,预计一次采购费用为 50 元,单位材料的年持有成本为材料进价成本的 10%,单位材料缺货损失为 4 元,交货时间为 10 天。一年按 360 天计算。交货期内的材料需要量及其概率分布如下表所示:

表 8-11 交货期内的材料需要量及其概率分布表

需要量(公斤)	20	30	40	50	60	70	80
概率	0.01	0.04	0.20	0.50	0.20	0.04	0.01

解 （1）$Q = \sqrt{\dfrac{2 \times 1800 \times 50}{20 \times 10\%}} = 300(公斤)$

（2）$TC = \sqrt{2 \times 50 \times 1800 \times 20 \times 10\%} = 600(元)$

（3）全年最佳订货次数 = 1800/300 = 6(次)

（4）平均每天的耗用量 = 1800/360 = 5(公斤)

① 当保险储备量 = 0 时,则再订货点 = 10×5 = 50(公斤),当交货期内的材料需要量小于等于 50 公斤时,不会发生缺货,只有当交货期内的材料需要量大于 50 公斤时,才会发生缺货。

缺货量的期望值 = (60 − 50)×0.2 + (70 − 50)×0.04 + (80 − 50)×0.01 = 3.1(公斤)

与保险储备量相关的总成本 = 全年持有成本 + 全年缺货损失
= 0×20×10% + 6×3.1×4 = 74.4(元)

② 当保险储备量 = 10 公斤时,则再订货点 = 10×5 + 10 = 60(公斤),当交货期内的材料需要量小于等于 60 公斤时,不会发生缺货,只有当交货期内的材料需要量大于 60 公斤时,才会发生缺货。

缺货量的期望值 = (70 − 60)×0.04 + (80 − 60)×0.01 = 0.6(公斤)

与保险储备量相关的总成本 = 10×20×10% + 6×0.6×4 = 34.4(元)

③ 当保险储备量 = 20 公斤时,则再订货点 = 10×5 + 20 = 70(公斤),当交货期内的材料需要量小于等于 70 公斤时,不会发生缺货,只有当交货期内的材料需要量大于 70 公斤时,才会发生缺货。

缺货量的期望值 = (80 − 70)×0.01 = 0.1(公斤)

与保险储备量相关的总成本 = 20×20×10% + 6×0.1×4 = 42.4(元)

④ 当保险储备量 = 30 公斤时,则再订货点 = 10×5 + 30 = 80(公斤),当交

货期内的材料需要量小于等于 80 公斤时,不会发生缺货,只有当交货期内的材料需要量大于 80 公斤时,才会发生缺货。

缺货量的期望值 = 0

与保险储备量相关的总成本 = 30 × 20 × 10% + 6 × 0 × 4 = 60(元)

当保险储备量为 10 公斤时,与保险储备量相关的总成本最低,所以可以确定保险储备量为 10 公斤,或者说应确定以 60 公斤为再订货点。

四、存货控制

存货控制是指在日常生产经营过程中,按照存货计划的要求,对存货的采购、使用、周转和储存情况进行组织、调节和管理。

(一) ABC 分类控制法

ABC 分类法就是对企业生产经营所需的存货按重要、较重要、次要原则进行分类,并根据重要程度实行不同控制的库存管理方法。ABC 分类法的基本原理是对企业库存物品按其重要程度、价值高低、资金占用或存货消耗用量等进行分类排序,以分清主次、抓住重点,并分别采用不同的控制方法。对 A 类物料一般采用连续控制方式进行重点控制,随时跟进库存情况,一旦库存量下降到订货点时,就要及时订货,把库存补充到目标水平。对 C 类物料可采用次要的定量控制方式。B 类介于 A 类和 C 类之间,可视具体情况采用 A 类或 C 类的控制方法,一般采用定期控制方式,并按经济订货批量进行订货。运用 ABC 分类法管理存货可以在保证企业生产、经营需求的前提下,使库存量经常保持在合理的水平上;有利于动态掌握库存量,避免过量储存或缺货,并减少库存空间占用,降低库存总费用,控制资金占用,加速资金周转。

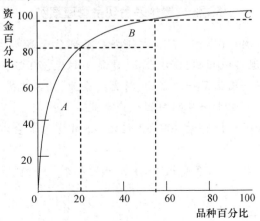

图 8-11 ABC 分类控制法

(二) JIT 采购模式

JIT 采购模式(即 just in time,准时制模式),也就是零库存的生产模式,即从供应商那里频繁地收到物料以满足即时需求。JIT 生产模式是日本丰田汽车公司根据自身的特点,逐步创立的一种独特的多品种、高质量、小批量和低消耗制造模式的生产方式。JIT 生产模式的基本原理来源于超级市场中以需求来确定供应量的管理方式,在规定的时间将货品配送到需要的地点。也就是只在需要的时间,供应所需要的品质和数量的产品。

因此,JIT 生产模式是指在生产组织的各个环节上,采用通用性强的机器设备,由供应商管理原材料、以无废品和零库存为目标的一种生产方式。目前,丰田汽车公司的精益生产,实行 JIT 生产模式,是很多企业管理者追求的目标。由于这种 JIT 生产模式受客观条件的限制,很少有企业能做到,所以大多企业将它作为一种理想模式或者说是一种目标管理模式。

例如,海马集团,占地非常大,但是在它的周围几乎看不到一家它的供应商,这说明作为生产马自达的海马集团,它的价值链管理成本是非常高的。或者说是某些历史原因让它无法以供应商和客户立场考虑。所以,一般的企业是无法做到 JIT 生产模式的,其必然的后果就是如果存货管理不善,就将导致存货的增加,从而导致管理成本和企业原料成本的上升。在王氏电子厂,年销售额接近 30 亿港币,但是它的存货价值就超过 1 亿港币,在一个利润不到 10%的企业中,如果存货占了 4%,这说明股东的利润是非常微薄的。所以作为企业管理层,做好存货管理控制至关重要。[①]

案例阅读及思考

案例一:贵州茅台现金管理案例

中国贵州茅台酒厂(集团)有限责任公司总部位于贵州省北部风光旖旎的赤水河畔茅台镇,现占地面积 5000 余亩,建筑面积近 300 万平方米,员工近 2 万人。公司是全国唯一集国家一级企业、特大型企业、国家优秀企业(金马奖)、全国质量效益型先进企业于一身的白酒生产企业。

贵州茅台现金实际持有量 209.82 亿元,公司货币资金以一般现金和银行存款的方式存在。

贵州茅台基于我国上市公司平均水平的相对最佳现金持有量为 93.97 亿元。

---

① 参见王锋华:《企业存货内部控制研究》,华中科技大学 2013 年硕士学位论文。

贵州茅台基于酿酒板块上市公司平均水平的相对最佳现金持有量为117.46亿元。

贵州茅台根据存货模型计算最佳现金持有量如下:现金总需求量为34.68亿元;每次出售有价证券的交易成本为0.28亿元;持有现金的机会成本用有价证券收益率代表,值为3.78%。则最佳现金持有量为:

$$\sqrt{\frac{2 \times 0.28 \times 34.68}{3.78\%}} = 22.74 亿元。$$

贵州茅台根据随机模型计算最佳现金持有量如下:最低现金持有量为18.64亿元;贵州茅台在以3个月为周期的长期时间内现金余额的波动率为58.08亿元;每次交易的成本为0.17亿元;3个月内有价证券的日利息率为1.89%。则最佳现金持有量为:

$$\sqrt[3]{\frac{3 \times 0.17 \times 58.08^2}{4 \times 1.89\%}} + 18.64 = 47.21 亿元。$$

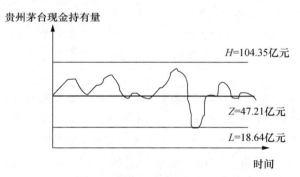

图8-12　贵州茅台现金的随机模型

茅台的实际现金持有状况与上述计算出的各最佳现金持有状况对比情况如下表所示:

表8-12　茅台的现金持有量测算　　　　　　　　　　　　　单位:亿元

方法	实际持有量	最佳现金持有量	现金持有量对比
参照我国上市公司的现金持有量	209.82	93.97	超额115.84
参照酿酒板块上市公司的现金持有量		117.46	超额92.36
基于存货模型的计算		22.74	超额187.07
基于随机模型的计算		47.21	超额162.61

(资料来源:杨阳:《贵州茅台现金管理案例研究》,贵州财经大学2013年硕士学位论文。)

思考：

(1) 贵州茅台的现金管理存在哪些问题？

(2) 请给贵州茅台提出改善的建议。

案例二：三一重工应收账款管理案例

三一集团创办于1989年，是以"工程机械"为主业的装备制造企业，凭借企业自主创新能力，不断推动"中国制造"走向世界一流。其主要产品为混凝土机械、桩工机械和挖掘机械，其中混凝土泵车销量常居世界首位；挖掘机械销量也居国内首位。2011年7月入围Finance Times，为全球市值500强企业，成为中国工程机械行业唯一上榜企业。三一重工在国内外共拥有十余个大型研发、生产基地，其中国内6个，国外4个，业务覆盖范围广泛。

2012年以来，随着国内经济刺激计划的逐步退出，基础设施建设步伐的放慢，以及世界经济疲软等因素的影响，工程机械市场面临严峻挑战：一是产量继续下降；二是进出口双双下降；三是主营业务收入继续下滑。尽管受工程机械行业热度逐渐变冷，行业下游企业产品需求大幅下降影响，三一重工营业收入和利润也有所下降，但相较于行业内其他企业，三一重工的利润总额依然较高。

三一重工采取较为激进的销售策略，在带来企业营收和利润总额上升的同时，也导致了企业应收账款的激增。2013年年末，应收账款总额(187亿元)约占企业流动资产(388.7亿元)的47%，远超发达国家20%的平均水平。三一应收账款水平不断升高，由2010年三季度的57亿元，一路上涨到2011年的113亿元。2012年一季度，三一重工应收账款水平突破200亿元，年末有所下降，为149.7亿元；2013年初上升至225亿元，年末降至187亿元，但仍维持高位。

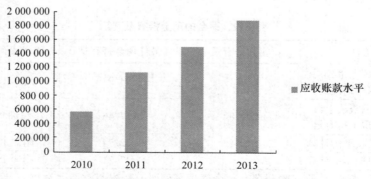

图8-13 三一重工2010—2013年的应收账款水平

三一应收账款总额占流动资产总额比率也不断升高,且增速较快。在 2007 年底,应收账款占比为 25%,之后一路上涨,到了 2013 年底,该比率逼近 50%,约占流动资产比例一半,造成企业资金面相对紧张,资产流动性及短期偿债能力都大幅下降,在很大程度上影响了企业日常资金的运转。

过高的应收账款水平,也使三一重工营运资金出现偏紧的状况,主要体现为存货周转率偏高、应收账款周转期偏长及营运资金不足。

三一重工应收账款始终居高不下与其激进的销售策略以及宽松的信贷政策有着密不可分的关系。有数据称,2011 年 7 月份以前,三一重工的首付款比例大约为 30%,而 2012 年初则降低至 10%,甚至有零首付的传闻。但三一重工却一直坚称,公司始终要求在销售活动中保证首付款比例达到 20%。不过据相关人士透漏,三一重工也对部分无法付足首付的客户,给予适当的延期或是分期付款。这其实是一种变相降低首付比例的信用政策。2011 年 10 月三一集团发布的《2011 年度第二期中期票据募集说明书》披露:"目前,本公司产品销售的结算方式分为分期付款、按揭贷款或融资租赁和全额付款等四种。其中,10% 左右为全额付款,30% 左右为分期付款,60% 左右为按揭贷款或融资租赁"。即在所有结算方式中,约有一半以上都选用按揭贷款,又有 1/3 左右的选用分期付款,剩下的全额付款和融资租赁方式各占一半,约为 10%。与三一重工形成鲜明对比的,是其在国内市场的主要竞争对手、同处湖南的中联重科。2010 年,中联重科的所有结算方式中按揭仅占两成,分期约 1.6 成,而全额付款和融资租赁均超过 30%,全额付款比例比融资租赁略高。过于激进的销售策略,使得三一重工流动负债额激增,应收账款总额也居高不下。

表 8-13 三一重工不同账龄应收账款坏账计提比例表

账龄	应收账款计提比例
1 年以内(含 1 年及未到合同收款日应收款)	1%
1—2 年	6%
2—3 年	15%
3—4 年	40%
4—5 年	70%
5 年以上	100%

表 8-14 三一重工应收账款及坏账准备金额表　　　　（单位：万元）

账龄	期末数 账面金额 金额	期末数 账面金额 比例	坏账准备	期初数 账面金额 金额	期初数 账面金额 比例	坏账准备
1年以内	20386836	86.35%	203868	13080536	85.33%	130805
1—2年	1724419	7.31%	103465	1117631	7.29%	67058
2—3年	885652	3.76%	132998	683607	4.46%	102541
3—4年	343798	1.46%	137519	230304	1.50%	92122
4—5年	155745	0.66%	109022	123000	0.8%	86100
5年以上	107406	0.46%	107406	95817	0.62%	95817
合计	23604856	100%	794278	15330895	100%	574443

当前，三一重工缺少一个独立的信用管理部门，账款催收责任不清。尽管从财报上看，三一重工账龄状况相对较好，但从频繁见报的三一起诉客户要求其归还款项的消息，可见三一的账款催收也存在一些问题。

表 8-15 不同账龄应收账款催收方法表

账龄	分类	负责部门	催收策略
信用期内	未到期应收账款	销售部门	通过短信、邮件方式提前通知付款期
逾期0—3个月	逾期应收账款	信用部门 销售部门	采取不同等级催收方法
逾期3—6个月	逾期应收账款		
逾期6—12个月	逾期应收账款		
逾期12—24个月	逾期应收账款	信用及法律部门	法律诉讼
逾期24个月以上	坏账	信用及财务部门	账务处理、持续关注

三一重工应收账款过高，为企业带来了一定的资金紧张状况，三一重工其他的应收账款管理手段也有待完善。

（资料来源：苏苑秋：《三一重工应收账款管理案例研究》，贵州财经大学2014年硕士学位论文。）

思考：

（1）三一重工的应收账款管理存在哪些问题？

（2）你觉得三一重工可以采取哪些措施来提高其应收账款的管理水平？

案例三：美特斯邦威存货管理案例

美特斯邦威（以下简称"美邦"）服装品牌创建于1995年，经营范围主要为休闲服饰类，包括男女休闲装、鞋包等，品牌以流行的设计款式、大众化的价格为竞争优势。美邦通过"虚拟经营"的商业模式,以品牌软实力作为虚拟经营基点,将自身做成了一个轻资产服装企业,并具备高度的关键资源管理能力,在销售环节方面,美邦采用"直营+加盟"复合型销售模式,最初主要以拓展加盟店的方式快速提升了销售业绩,获利颇丰,短时间内美邦加盟店覆盖了全国大部分重点省市,并在某些地区占据了市场主导地位,为美邦现如今的发展奠定了坚实的基础。而随着美邦上市,发展规模逐年壮大,盲目追求拓展的战略也产生了消化不良的后果,一直被忽略的存货管理问题浮出水面,特别是针对加盟商方面的存货管理问题受到业内外广泛关注。

品牌创始人周成建坚持公司要走规模扩张的道路,需要储备更多的存货,一方面支持销量的增长,另一方面实现规模经济。2010年,美邦大力拓展网络销售渠道,在线上专供品牌AMPM成立之初,网站渠道还没有完全布局好,这个新品牌就生产了3亿的货品,美邦的存货量增长了接近40%,最终市场销售情况反应了美邦供过于求,积压了大批新产品;同年,受暖冬季节影响,服装行业秋冬市场需求紧缩,在毫无防备之下,美邦对市场的过度乐观,造成当年生产严重过剩。

为消化库存,加速旧货周转,2012年,美邦全国各地的直营店大打促销战,但效果甚微,除此之外,美邦采取的措施就是继续向加盟商施加硬性订货指标,试图将库存压力转移到加盟商身上,结果并不理想。而为保障股市融资,周成建走向另一种极端。多名核心知情人士证实,美邦2012年上半年财务报表消化8亿库存的数据确实有人为调节之嫌。与此同时,美邦还发生了大规模人事变动,40名核心人员离职,直接导火索正是美邦以激进方式处理库存危机。结果于2012年10月15日,美邦受媒体披露陷入库存高压的影响,股市停牌一天,至此,美邦的存货管理问题受到了业内外的广泛关注。

表8-16 美邦与森马存货资产及存货增长率

年份	美邦服饰		森马服饰	
	资产(万元)	增长率(%)	资产(万元)	增长率(%)
2008	66407	14.85%	54263	—
2009	90199	35.83%	58066	7%
2010	254838	182.53%	90691	26.18%
2011	255984	0.45%	90268	-0.47%
2012	200595	-21.64%	108487	20.18%

据2012年年报显示,美邦总资产为70亿,存货占比28%,森马总资产为

93 亿，存货占比 11%，比较来看，美邦存货资产显然处于高位运行中。从表 8-16 中也可看出，美邦从 2010 年开始积压了大量存货，截至 2012 年期末时，美邦存货量虽然较 2011 年减少了 21%，但仍高于森马 85%，接近一倍的存货量。显然，美邦持有的存货已经超过了安全存货量，而那些多余的存货势必占用大量仓储费用，机会成本增加，存货还会不断贬值，也就是说存货成本在不断增加，这完全不符合存货管理应当达到的目标。

表 8-17 美邦和森马存货周转天数及周转率

年份	美邦服饰		森马服饰	
	天数	周转率（次）	天数	周转率（次）
2008	80	4.5	64	5.6
2009	97	3.7	72	5
2010	151	2.3	72	4.6
2011	165	2.1	79	4.6
2012	156	2.3	84	4.2

表中列举了美邦和森马的存货周转天数和周转率，2008 年美邦刚上市时，同森马都处于行业正常水平，甚至美邦当年比森马的存货周转更快，但从 2010 年开始，美邦存货周转天数大幅度上升，存货周转率较 2008 年慢了接近一倍，而同时期森马服饰仍保持正常的周转率。直至 2012 年美邦大力清减库存，存货周转率才出现了好转，但与森马相比已经拉开了很大的差距。

（资料来源：高超：《美特斯邦威存货管理案例研究》，辽宁大学 2014 年硕士学位论文。）

思考：
美邦的存货管理出了什么问题？

练 习 题

一、是非判断题

1. 在利用成本模型和随机模型确定最佳现金持有量时，都考虑了管理成本。（　　）

2. 应收账款周转期是指原材料进行加工成产成品并售出到收到顾客支付货款的时间。（　　）

3. 信用期间越长，应收账款的机会成本越低。（　　）

4. 信用标准是指顾客获得企业的交易信用所应具备的条件,如果顾客达不到信用标准,便不能享受企业的信用或只能享受较低的信用优惠。(   )

5. "5C"系统中的能力指顾客的财务实力和财务状况,表明顾客可能偿还债务的背景。(   )

6. 在存货的 ABC 控制法下,应当重点管理的是虽然品种数量较少,但金额较大的存货。(   )

7. 在确定再订货点时,需要综合考虑保险储备量、原材料的日消耗量、预计交货时间和每次订货成本。(   )

8. 仓库折旧属于存货的变动储存成本。(   )

9. 经济订货批量的假设前提之一为需求量稳定,并且能预测存货全年需要量。(   )

10. 存货的变动储存成本 = 年平均库存量 × 单位存货的年储存成本。(   )

二、单项选择题

1. 营运资金管理的首要任务是(   )。
   A. 满足合理的资金需求 B. 提高资金使用效率
   C. 节约资金使用成本   D. 保持足够的短期偿债能力

2. 某企业保持高水平的现金和有价证券、高水平的应收账款和存货,则该企业采取的投资战略是(   )。
   A. 紧缩的流动资产投资战略 B. 宽松的流动资产投资战略
   C. 适中的流动资产投资战略 D. 保守的流动资产筹资战略

3. 企业为了维持日常周转及正常商业活动所需要持有的现金额的动机是(   )。
   A. 弥补性需求 B. 预防性需求
   C. 投机性需求 D. 交易性需求

4. 成本分析模式分析预测其总成本最低时的现金持有量是(   )。
   A. 最佳现金持有量 = min(管理成本 + 机会成本 + 短缺成本)
   B. 最佳现金持有量 = min(管理成本 + 机会成本 + 交易成本)
   C. 最佳现金持有量 = min(机会成本 + 短缺成本)
   D. 最佳现金持有量 = min(管理成本 + 交易成本 + 短缺成本)

5. F 公司现金部经理决定采用随机模型进行现金余额管理,确定 L 值应为 18000 元,估计公司现金流量标准差 δ 为 2000 元,持有现金的年机会成本为 10.8%,转换成本 b 为 210 元,一年按 360 天计算。则该公司最优回归线 R 应为(   )元。

A. 12805.79　　　　　　　　B. 30805.79
C. 1449137.68　　　　　　　D. 1467137.68

6. 企业在进行现金管理时,可利用的现金浮游量是指(　　)。
   A. 企业账户所记存款余额
   B. 银行账户所记企业存款余额
   C. 企业账户与银行账户所记存款余额之间的差额
   D. 企业实际现金余额超过最佳现金持有量的差额

7. 企业决定是否为某客户提供赊销的依据是(　　)。
   A. 信用标准　　　　　　　　B. 收账政策
   C. 信用条件　　　　　　　　D. 信用政策

8. 乙公司主营 A 产品,该产品的单价为 12 元,变动成本率为 60%。原有信用期为 20 天,全年销售 15 万件,现将信用期延长至 30 天,全年的销售量增至 20 万件,固定成本为 15 万元,信用期政策的改变不影响变动成本率,则改变信用期后,乙公司的收益增加(　　)万元。
   A. 9　　　　B. 15　　　　C. 24　　　　D. 30

9. 某企业使用的零件需要外购,全年需要量是 10000 件,单位订货成本是 420 元,单位储存成本是 52.5 元,那么该企业订货的经济批量是(　　)件。
   A. 400　　　B. 50　　　　C. 100　　　　D. 250

10. 乙公司生产所需的零件全部通过外购取得,公司根据扩展的经济订货量模型确定进货批量。下列情形中,能够导致零件经济订货量增加的是(　　)。
    A. 订货提前期延长　　　　　B. 每次订货的变动成本减少
    C. 供货单位每天的送货量减少　D. 供货单位延迟交货的概率增加

三、多项选择题

1. 企业流动资产投资政策有(　　)。
   A. 适中的流动资产投资政策　　B. 保守型流动资产投资政策
   C. 激进型流动资产投资政策　　D. 加速的流动资产投资政策

2. 企业置存现金的原因,主要是满足(　　)。
   A. 交易性需要　　　　　　　　B. 预防性需要
   C. 投机性需要　　　　　　　　D. 偿债性需要

3. 为了提高现金使用效率,企业应当(　　)。
   A. 力争现金流量同步　　　　　B. 使用现金浮游量
   C. 加速收款　　　　　　　　　D. 推迟应付账款的支付

4. 某企业采用随机模式控制现金的持有量。下列各项中,能够使最优现金返回线降低的有（　　）。

　　A. 有价证券的收益率提高

　　B. 管理人员对风险的偏好程度提高

　　C. 企业每日的最低现金需要量提高

　　D. 企业每日现金余额变化的标准差增加

5. 某企业每次转换有价证券的固定成本为 100 元，有价证券的年利率为 9%，日现金净流量的标准差为 900 元，现金余额下限为 2000 元。若一年以 360 天计算，该企业的现金余额上限和最优返回线分别为（　　）元。

　　A. 20100　　　　B. 20720　　　　C. 8240　　　　D. 35640

6. 下列各项中，属于应收账款成本的有（　　）。

　　A. 机会成本　　　　　　　　B. 坏账成本

　　C. 管理费用　　　　　　　　D. 短缺成本

7. 在生产经营过程中存货管理的目标主要有（　　）。

　　A. 有利于销售　　　　　　　B. 降低存货取得成本

　　C. 降低产品成本　　　　　　D. 防止意外事件的发生

8. 与储备存货有关的成本，包括（　　）。

　　A. 订货成本　　　　　　　　B. 购置成本

　　C. 储存成本　　　　　　　　D. 缺货成本

9. 下列各项中，属于建立存货经济订货批量基本模型假设前提的有（　　）。

　　A. 订货提前期是常数

　　B. 有批量折扣

　　C. 货物一次性入库

　　D. 库存持有成本与库存水平呈线性关系

10. 下列成本中，与建立保险储备量有关的有（　　）。

　　A. 缺货成本　　　　　　　　B. 储存成本

　　C. 购置成本　　　　　　　　D. 订货成本

四、简答题

1. 什么是营运资金？简述营运资金管理的原则。
2. 简述现金管理的目标和内容。
3. 简述应收账款信用政策制定的影响因素。
4. 简述存货 ABC 分类管理的原则。

五、计算题

1. 已知：某公司现金收支平衡，预计全年（按 360 天计算）现金需要量为

250000元,现金与有价证券的转换成本为每次500元,有价证券年利率为10%。

要求:(1) 计算最佳现金持有量。

(2) 计算最佳现金持有量下的全年现金管理总成本、全年现金转换成本和全年现金持有机会成本。

(3) 计算最佳现金持有量下的全年有价证券交易次数和有价证券交易间隔期。

2. 假设某公司现金最低余额为50000元,有价证券年利率为12%,每次证券转换的交易成本为500元。公司每日现金余额波动的可能情况见下表:

表8-18 某公司每日现金余额波动的可能情况

概率	现金余额(元)
0.2	10000
0.5	40000
0.3	100000

一年按360天计算,利用随机模型。

要求:(1) 计算最优现金返回线和现金存量的上限(结果保留整数)。

(2) 若此时现金余额为35万元,应如何调整现金?

(3) 若此时现金余额为40万元,应如何调整现金?

3. 某公司预计的2014年度赊销收入为6000万元,信用条件是(2/10,1/20,n/45),其变动成本率为40%,资本成本为10%,收账费用为150万元。预计占赊销额60%的客户会利用2%的现金折扣,占赊销额30%的客户会利用1%的现金折扣,其余客户在信用期内付款。一年按360天计算。

要求:(1) 计算平均收账期;

(2) 计算应收账款平均余额;

(3) 计算应收账款机会成本;

(4) 计算现金折扣成本;

(5) 计算该信用政策下的税前损益。

4. 某企业只生产销售一种产品,每年赊销额为240万元,该企业产品变动成本率为60%,资金利润率为25%。企业现有A、B两种收账政策可供选用。有关资料如下表所示:

表 8-19　A、B 两种收账政策相关资料

项目	A 政策	B 政策
平均收账期(天)	60	45
坏账损失率(%)	4	3
应收账款平均余额(万元)		
收账成本：		
应收账款占用资金应计利息(万元)		
坏账损失(万元)		
年收账费用(万元)	1.8	7
收账成本合计		

要求：(1) 计算并填列表中的空白部分(一年按 360 天计算)。

(2) 对上述收账政策进行决策。

(3) 若企业倾向于选择 B 政策，判断在其他条件不变的情况下，B 政策的收账费用上限。

5. 某公司在生产经营过程中需要使用零件 A，全年共需耗用 3600 件，购入单价为 10 元，从发出订单到货物到达需要 8 天时间，一次订货成本 72 元。外购零件时可能发生延迟交货，延迟的时间和概率如下：

到货延迟天数	0	1	2	3
概率	0.5	0.3	0.1	0.1

假设该零件的单位年储存变动成本为 4 元，单位缺货成本为 3 元，一年按 360 天计算。建立保险储备时，最小增量为 10 件。

要求：(1) 假设不考虑缺货的影响，确定该公司外购零件的经济订货批量和最低存货相关总成本。

(2) 假设考虑缺货的影响，确定合理的保险储备以及此时的再订货点。

第八章练习题参考答案

一、是非判断题

1. ×　2. ×　3. ×　4. √　5. ×　6. √　7. ×　8. ×
9. √　10. √

二、单项选择题

1. A 2. B 3. D 4. A 5. B 6. C 7. A 8. C
9. A 10. C

三、多项选择题

1. ABC 2. ABC 3. ABCD 4. AB 5. BC 6. ABC
7. ABCD 8. ABCD 9. ACD 10. AB

四、简答题(略)

五、计算题

1. （1）最佳现金持有量 $=\sqrt{\dfrac{2\times 250000\times 500}{10\%}}=50000$（元）

（2）全年现金管理总成本 $=\sqrt{2\times 250000\times 500\times 10\%}=5000$（元）

全年现金转换成本 $=(250000/50000)\times 500=2500$（元）

全年现金持有机会成本 $=(50000/2)\times 10\%=2500$（元）

（3）交易次数 $=250000/50000=5$（次）

有价证券交易间隔期 $=360/5=72$（天）。

2. （1）现金余额期望值 $=0.2\times 10000+0.5\times 40000+0.3\times 100000=52000$（元）

每日现金流量标准差为：

$\delta=\sqrt{(10000-52000)^2\times 0.2+(40000-52000)^2\times 0.5+(100000-52000)^2\times 0.3}$
$=33407$

现金最优返回线为：

$$R=\sqrt[3]{\dfrac{3b\delta^2}{4i}}+L$$

$$=\sqrt[3]{\dfrac{3\times 500\times 33407^2}{4\times (12\%/360)}}+50000$$

$$=157880（元）$$

现金存量上限 $=3R-2L=3\times 157880.39-2\times 50000=373640$（元）

（2）当现金余额为 35 万元时，不进行现金调整。

（3）当现金余额为 40 万元时，应投资 242120 元（400000 − 157880 = 242120 元）于有价证券。

3. （1）平均收账期 $=60\%\times 10+30\%\times 20+10\%\times 45=16.5$（天）

（2）应收账款平均余额 $=6000/360\times 16.5=275$（万元）

（3）应收账款机会成本 $=275\times 40\%\times 10\%=11$（万元）

（4）现金折扣成本 $=6000\times 60\%\times 2\%+6000\times 30\%\times 1\%=90$（万元）

(5) 税前收益 = 6000 - (6000×40% + 11 + 150 + 90) = 3349(万元)。

4. (1)

项目	A 政策	B 政策
平均收账期(天)	60	45
坏账损失率(%)	4	3
应收账款平均余额(万元)	(240×60)/360 = 40	(240×45)/360 = 30
收账成本:		
应收账款占用资金应计利息(万元)	40×60%×25% = 6	30×60%×25% = 4.5
坏账损失(万元)	240×4% = 9.6	240×3% = 7.2
年收账费用(万元)	1.8	7
收账成本合计(万元)	6 + 9.6 + 1.8 = 17.4	4.5 + 7.2 + 7 = 18.7

(2) 计算表明，A 政策的收账成本较 B 政策低，故应选用 A 政策。

(3) B 政策收账费用上限 = 17.4 - 4.5 - 7.2 = 5.7(万元)。

5. (1) 经济订货批量 = $\sqrt{\dfrac{2\times 72 \times 3600}{4}}$ = 360(件)

最低存货相关总成本 = $\sqrt{2\times 4 \times 72 \times 3600}$ = 1440(元)

(2) 每日耗用量 = 3600/360 = 10(件)

每年订货次数 = 3600/360 = 10(次)

① 当保险储备 = 0，缺货量期望值 = 10×0.3 + 20×0.1 + 30×0.1 = 8 (件)，与保险储备相关的总成本 = 储存成本 + 缺货成本 = 0 + 10×8×3 = 240(元)。

② 当保险储备 = 10 件，缺货量期望值 = (20-10)×0.1 + (30-10)×0.1 = 3(件)，与保险储备相关的总成本 = 储存成本 + 缺货成本 = 10×4 + 10×3×3 = 130(元)。

③ 当保险储备 = 20 件，缺货量期望值 = (30-20)×0.1 = 1(件)，与保险储备相关的总成本 = 储存成本 + 缺货成本 = 20×4 + 10×1×3 = 110(元)。

④ 当保险储备 = 30 件，即增加 3 天保险天数时，缺货量期望值 = 0，与保险储备相关的总成本 = 储存成本 + 缺货成本 = 30×4 + 0 = 120(元)。

通过比较计算结果可知，当保险储备为 20 件，与保险储备相关的总成本最低，此时，再订货点 = 预计交货期内的需求 + 保险储备 = 10×8 + 20 = 100(件)。

第九章 利润分配管理

利润分配(the distribution of profit)就是对企业所实现的经营成果进行分割与派发的活动。企业利润分配的基础是净利润,即企业缴纳所得税后的利润。利润分配既是对股东投资回报的一种形式,也是企业内部筹资的一种方式,对企业的财务状况会产生影响。

第一节 企业利润分配程序

一、企业利润分配的一般原则

企业利润分配的对象是企业缴纳所得税后的净利润,这些利润是企业的权益,企业有权自主分配企业的利润,但是在分配的过程中应当兼顾各方面利益,一般需要遵循以下几项原则:

(一) 规范性原则

企业的利润分配必须贯彻规范性原则,要严格遵守国家的财经法律法规,依据法定的程序进行分配。企业在利润分配之前,应当首先依法交纳企业所得税,这是企业应尽的社会责任。交纳所得税后的净利润,是企业所有者的资产投资收益,属于企业所有者的权益,应当按投资比例在所有者之间进行分配,但是,按照有关法律的规定,在分配之前企业应按一定的比例提留,作为企业扩大再生产和抵御经营风险的财力保证。

(二) 公平原则

所谓公平原则就是企业的利润分配要符合市场经济的要求,讲求市场经济的等价交换、公正合理、公平竞争的原则。企业无论经济成分、规模大小,都应遵守同样的法律法规,都应同样履行应尽的社会责任,站在同一起跑线上,公平竞争,避免因利润分配而人为地造成不公平合理的竞争。我国利润分配制度的改革历程已经充分证明了公平原则的重要性。

(三) 效率原则

所谓效率原则就是符合公平原则的同时,要兼顾企业经营者和职工的经济利益,保证利润分配有利于社会经济的发展,国家的税收和职工的经济利益,有利于社会经济的发展。国家的税收和企业上交的利润都应当考虑到企业的合理负担和生产发展的实际需要,如果企业负担过重,就会挫伤企业和职工的积极性,限制企业的发展,最终阻碍社会经济的发展。利润分配并不是简单的投资收益的分配,对于国有企业来说,它涉及国家、企业以及职工等各方面的经济利益关系,因此,有人将其形象地比喻为"分蛋糕"。从我国利润分配的历史沿革来看,利润分配会影响企业和职工等生产者的积极性,最终阻碍社会经济的发展;如果企业和职工分多了,国家必然少分,这样虽然会提高企业和职工的生产积极性,但是,国家的财政收入会受到影响,也不利于社会的进步和经济发展。因此,关键在于处理好这种分配关系,若分配比例合理,不仅能调动各个方面的积极性,而且能使蛋糕越做越大,这就是效率原则的要求。

(四) 处理好企业内部积累与消费的比例关系

企业依法交纳所得税,按规定上交利润后,要有一定比例的留利。企业留利主要包括盈余公积金和未分配利润,这部分留利主要用于扩大再生产、抵御经营风险、弥补亏损和职工集体福利方面。企业必须根据法律法规规定企业留利的用途,合理安排企业内部的积累和消费的比例关系,尤其要防止将留利向消费倾斜的现象。特别要严格地约束企业的经营管理者的行为,防止、制止目前我国国有企业存在的"内部人控制"现象。

二、企业利润分配的基本程序

根据《公司法》等有关法规的规定,企业当年实现的净利润,一般应按照下列内容、顺序和金额进行分配。

(一) 弥补以前年度亏损

根据现行法律法规的规定,公司发生年度亏损,可以用下一年度的税前利润弥补,下一年度税前利润不足弥补时,可以在 5 年内用税前利润延续弥补,5 年内依然未弥补完的亏损可用税后利润弥补。

(二) 提取法定公积金

公司在分配当年税后利润时,应当按税后利润的 10% 提取法定公积金,但当法定公积金累计额达到公司注册资本的 50% 时,可以不再提取。

(三) 提取任意公积金

公司从税后利润中提取法定公积金后,经股东大会决议,还可以从税后利润中提取任意公积金。

(四) 向股东分配利润

公司在按照上述程序弥补亏损、提取公积金之后,所余当年利润与以前年度的未分配利润构成可供分配的利润,公司可以根据股利政策向股东分配股利。

第二节 股利种类及发放程序

一、股利的种类

（一）现金股利

现金股利（cash dividend）是股份有限公司以现金的形式从公司净利润中分配给股东的投资报酬，也称"红利"或"股息"。现金股利是股份有限公司最常用的股利分配形式。优先股一般有固定的股息率，普通股没有固定的股息率，发放现金股利的次数和金额主要取决于公司的股利政策和经营业绩等因素。由于现金股利是从公司实现的净利润中支付给股东的，支付现金股利会减少公司的留用利润，因此发放现金股利并不会增加股东的财富总额。但是，不同的股东对现金股利的偏好是不同的，有的股东希望公司发放较多的现金股利，有的股东则不愿意公司发放过多的现金股利。现金股利的发放会对股票价格产生直接的影响，在除息日之后，一般来说股票价格会下跌，例如，某公司宣布每股发放1.25元现金股利，如果除息日前一交易日股票收盘价为18.75元/股，则除息日股票除权后的价格应为17.5元/股。

（二）股票股利

股票股利（stock dividend）是股份有限公司以股票的形式从公司净利润中分配给股东的股利。可以用于发放股票股利的，除了当年的可供分配利润外，还有公司的盈余公积金和资本公积金。发放股票股利时，一般按股权登记日的股东持股比例来分派，将股东大会决定用于分配的资本公积金、盈余公积金和可供分配利润转成股本。

对于股份公司来说，分配股票股利并没有资产的流出或负债的增加，因此公司的所有者权益总额不变，但是所有者权益的内部构成发生变化，另外，公司的总股数增加，因此普通股的每股净资产将会减少。

例9-1 资料：某上市公司2014年资产负债表的股东权益账户如表9-1所示：

表9-1 2014年股东权益　　　　　　　　　　　　　　　　单位：万元

项目	金额
股东权益：	
普通股（面值10元，流通股2000万股）	20000
资本公积	40000
盈余公积	8000
未分配利润	10000
股东权益合计	78000

公司宣告发放 30% 的股票股利,股票股利对公司股东权益的影响如表 9-2 所示:

表 9-2 发放股票股利后的股东权益　　　　　　　　　　　单位:万元

项目	金额
股东权益:	
普通股(面值 10 元,流通股 2600 万股)	26000
资本公积	40000
盈余公积	8000
未分配利润	4000
股东权益合计	78000

表中有关数据计算说明:

普通股股数 $= 2000 \times (1 + 30\%) = 2600$(万股)

普通股金额 $= 2600 \times 10 = 26000$(万元)

未分配利润 $= 10000 - 6000 = 4000$(万元)

每股的净资产 $= 78000 \div (2000 + 600) = 30$(元/股)

由此可见:股票股利对公司来说,只是将公司的留用收益转化为股本,股东权益总额不变,但股东权益的构成却发生变化;股票股利会增加流通在外的股票数量,使公司每股的净资产下降。

采用股票股利形式,对公司来说,使股东分享公司盈余而无需支付现金,可以节约大量现金支出用于再投资项目,有利于企业长期发展;可以降低每股股价,吸引更多的投资者;可以向市场传递公司较好的投资机会与发展前景的信息,提高投资者信心,起到稳定股价的作用。但发放股票股利的手续复杂,费用较大,会增加公司负担;并且有些投资者认为发放股票股利是公司资金周转困难的信号,向市场传递的是不利信息,从而降低投资者的信心,使股价加速下跌。

(三) 股票分割(stock split)

股票分割是指将面值较高的股票分割为面额较低的股票的行为。如将原来的每股股票分割成两份,则每股的面额缩小为原来的 1/2,但股本总额不变。股票分割后,发行在外的股数增加,每股面额降低,每股净资产下降了,但公司资本结构不变,股东权益总额及各项目的金额、比例不会发生变化。

一般来说,公司进行股票分割主要有以下两种动机:

(1) 股票分割可以促进股票流通和交易。一般来说,股票价格过高,不利于股票交易活动。通过股票分割降低股票价格,使公司更广泛分散到投资者手中。

（2）股票分割可以向投资者传递公司发展前景良好的信息,有助于提高投资者对公司的信心。

例 9-2 在上例中,该公司按照 1∶5 的比例进行股票分割。股票分割后,股东权益的变化如表 9-3 所示：

表 9-3　股票分割后的股东权益　　　　　　　　　　　　单位：万元

项目	金额
股东权益：	
普通股（面值 2 元,流通股 10000 万股）	20000
资本公积	40000
盈余公积	8000
未分配利润	10000
股东权益合计	78000

比较上面两个例题可见,股票分割与发放股票股利的相同之处在于两者都是发行在外的股数增加；每股收益和每股市价下降；股东权益总额不变。不同之处在于股票分割不会改变股东权益各项目的金额,只是降低了每股股票的面额,而发放股票股利不改变每股股票面额,但会改变股东权益各项目的金额和比例。

每股的净资产 = $78000 \div (2000 \times 5) = 7.8$（元/股）

二、股利的发放程序

（一）宣布日

宣布日是股东大会决议通过并由董事会宣布发放股利的日期。公告中将宣布每股支付的股利、股权登记期限、除息日、股利支付日期以及派发对象等事项。

（二）股权登记日

股权登记日是有权领取本期股利的股东资格登记截止日期。上市公司在送股、派息、配股或召开股东大会的时候,需要定出某一天,界定哪些主体可以参加分红、参与配股或具有投票权利,定出的这一天就是股权登记日。也就是说,在股权登记日这一天收盘时仍持有或买进该公司的股票的投资者是可以享有此次分红或参与此次配股,或参加此次股东大会的股东,这部分股东名册由证券登记公司统计在案,届时将所应送的红股、现金红利或者配股权划到这部分股东的账上。

（三）除息日（也称除权日）

除息日是指从股价中除去股利的日期，即领取股利的权利与股票分开的日期。在除息日之前的股票价格中包含本次的股利，在除息日之后的股票价格中不再包含本次股利，因此投资者只有在除息日之前购买股票，才能领取本次股利。在除息日当天或以后购买股票，则不能领取本次股利。一般股权登记日后的第一天就是除权日或除息日，这一天或以后购入该公司股票的股东，不再享有该公司此次分红配股。

（四）股利发放日

股利发放日也称股利支付日，是公司将股利正式支付给股东的日期。

科大讯飞2014年年度权益分派实施公告

本公司及董事会全体成员保证信息披露内容真实、准确和完整，没有虚假记载、误导性陈述或者重大遗漏。

科飞股份有限公司，2014年年度权益分派方案已获2015年4月8日召开的2014年年度股东大会审议通过。本次实施的分配方案与股东大会审议通过的分配方案及其调整原则一致。现将权益分派事宜公告如下：

第一，权益分派方案。

本公司2014年年度权益分派方案为：以公司现有总股本807851094股为基数，向全体股东每10股派1.500000元人民币现金（含税；扣税后，QFII、RQFII以及持有股改限售股、首发限售股的个人和证券投资基金每10股派1.350000元；持有非股改、非首发限售股及无限售流通股的个人、证券投资基金股息红利税实行差别化税率征收，先按每10股派1.425000元，权益登记日后根据投资者减持股票情况，再按实际持股期限补缴税款；对于QFII、RQFII外的其他非居民企业，本公司未代扣代缴所得税，由纳税人在所得发生地缴纳）；同时，以资本公积金向全体股东每10股转增5.000000股。

第二，股权登记日与除权除息日。

本次权益分派股权登记日为：2015年4月15日，除权除息日为：2015年4月16日。

第三，权益分派对象。

本次分派对象为：截至2015年4月15日下午深圳证券交易所收市，在中国证券登记结算有限责任公司深圳分公司（以下简称"中国结算深圳分公司"）登记在册的本公司全体股东。

第三节 股利理论

一、股利理论

股利理论是研究股利分配与公司价值、股票价值之间的关系,探讨公司应当如何制定股利政策的基本理论。根据对股利分配与公司机制、股票价格之间的认识不同,股利理论可分为两大派别:股利无关理论(dividend irrelevance theory)和股利相关理论(dividend relevance theory)。

(一)股利无关理论

股利无关理论认为,企业的股利政策不会对公司的股票价格产生任何影响。该理论由美国财务学专家米勒(Miller)和莫迪格莱尼(Modigliani)于1961年在他们的著名论文《股利政策,增长和股票价值》中首先提出的,因此这一理论也被称为 MM 无关理论。MM 理论的基本假设是完全市场理论(perfect market theory),完全市场理论的基本含义是:

1. 假设存在完美资本市场

(1)没有妨碍潜在的资本供应者和使用者进入市场的障碍;

(2)有完全的竞争,市场有足够多的参与者,并且每个参与者都没有能力影响证券价格;

(3)金融资产无限可分;

(4)没有交易成本和破产成本,证券发行与交易都不存在交易成本,公司也无财务危机成本和破产成本;

(5)没有信息成本,信息是对称的,并且每个市场参与者都可自由、充分、免费地获取所有存在的信息;

(6)没有不对称税负,股票的现金股利和资本利得没有所得税上的差异;

(7)交易中没有政府或其他限制,证券可以自由地交易。

完全资本市场假设是理解股利无关理论的出发点。完全资本市场可以被理解为一个"无摩擦"的市场,就像一个不存在摩擦力的机器一样,能量可以百分之百地被转换,不发生任何损耗。在完全资本市场中,资产在交易过程中不存在逃离机会,也不会发生价值的损耗。但是,在现实世界里,不存在这样完全的市场。导致资本市场不完全的因素主要有三个:不对称税率、不对称信息和交易成本。

2. 假设公司的投资决策不受股利政策影响

根据这一假设,在公司既定的投资决策下,对于新投资项目所需资金,无论采取内部筹资还是外部筹资,都不会改变公司的经营风险。由于理性投资者对公司的风险和报酬都有合理的预期,在公司经营风险不变的情况下,投资者的必要报酬率(即股权资本的资本成本率)也不会改变,因此,公司的风险水平以及由风险水平所决定的投资者的必要报酬率均不会受股利政策变化的影响,公司价值是以投资者的必要投资报酬率为折现率对公司未来收益的折现值。根据这一假设,在计算公司价值时所用的折现率即投资者的必要报酬率,不受公司股利分配的影响。

在以上严格的条件下,通过数学推导可以得出公司价值 V_0 为:

$$V_0 = \sum_{t=1}^{n} \frac{1}{(1+r)^t}(X_t - I_t) + \frac{V_{n+1}}{(1+r)^{n+1}}$$

当 n 趋于无穷大时,公司价值 V_0 为:

$$V_0 = \sum_{t=1}^{\infty} \frac{1}{(1+r)^t}(X_t - I_t)$$

V_0 表示目前公司的价值;r 表示折现率,即投资者的必要报酬率;X_t 表示公司第 t 期实现的净收益总额;I_t 表示公司第 t 期期末需要的投资总额;V_{n+1} 表示第 $n+1$ 期期末的公司价值。

由上式可知,公式没有出现股利因素,公司价值取决于公司未来的盈利能力和投资决策,与股利分配无关。公司支付现金股利而增加的价值刚好完全被发行新股筹资而减少的价值所抵消,因此,公司是否支付股利、支付多少股利都不会影响公司价值。

由上述内容可知,股利无关理论是以严格的假设条件为前提的,在现实世界中,这些假设并不存在。在现实生活中,影响资本市场完美的因素主要有三个:(1) 不对称税率。在资本市场中,税率的差异是常见的,许多国家对现金股利和资本利得所征收的所得税税率是不同的。这种不对称税率不仅使投资者在股利与资本利得之间产生不同的偏好,也确实对股东财富产生不同的影响。(2) 不对称信息。尽管资本市场中的信息传递是公开和迅速的,但信息的获得并不是完全免费的,而且对于不同的市场参与者来说,信息仍然是不对称的,例如公司的董事和经理相对于普通的投资者来说就拥有信息优势。信息的不对称会降低市场效率,也会影响到投资者对风险和报酬的判断。(3) 交易成本。现实中的资本市场都存在交易成本,例如发行股票或债券要支付发行费用,证券交易要支付佣金和印花税等。不同类型的交易会产生不同的交易成本,这样就会影响人们的交易行为,也限制了市场的套利活动。

(二) 股利相关理论

在现实生活中,完全资本市场的条件通常无法满足,如果我们逐步放宽这些假设条件,就会发现股利政策变得十分重要,公司价值和股票价格都会受到股利政策的影响,这就形成了各种股利相关理论。股利相关理论认为,在现实的市场环境中,公司的利润分配会影响公司价值和股票价格,因此,公司价值与股利政策是相关的。其代表性观点主要有"一鸟在手"理论、税收差别理论、信号传递理论、代理理论等。

1. "一鸟在手"理论

"一鸟在手"理论由迈伦·戈登(Myron Gordon)和约翰·林特(John Linter)提出。一般认为,股东的收入有:一是股利,二是资本收益(买卖差价收益)。由于股利收入要比留存盈利所带来的未来资本收益更为可靠,而且"今天的一元钱比明天的一元钱值钱",所以股东更为偏好股利。如果不发股利,而让股东去赚取资本收益,无异于"二鸟在林"。"一鸟在手,强于二鸟在林"——股东更偏好于现金股利而非资本利得,倾向于选择股利支付率高的股票。因此,"一鸟在手理论"认为应维持高股利的股利政策,以消除投资者的不安定感。

2. 税收差别理论

股利无关理论的一个重要假设是现金股利和资本利得没有所得税的差异。实际上,两者的所得税税率经常是不同的。税收差别理论认为,由于股利收入的所得税税率通常都高于资本利得的所得税税率,这种差异会对股东财富产生不同影响,出于避税的考虑,投资者更偏爱低股利政策,公司实行较低的股利支付率政策可以为股东带来税收利益,有利于增加股东财富,促进股票价格上涨,而高股利支付率政策将导致股票价格下跌。除了税率上的差异,股利收入和资本利得的纳税时间也不同,股利收入在收到股利时纳税,而资本利得只有在出售股票获取收益时才纳税,这样资本利得的所得税是延迟到将来才缴纳,股东可以获得货币时间价值的好处。但是,股东出售股票自制股利时会发生交易成本,这会抵消其税收利益。所以,对于那些希望定期获取现金股利和享受较低股利的投资者而言,高现金股利仍然是较好的选择。

我国现行税法规定,股东获得公司派发的现金股利需要按20%的税率缴纳个人所得税,由公司在支付股利时代扣代缴,持股期限超过1年的,股息红利所得暂免征收个人所得税。但是,目前股东出售股票获得的资本利得收益,只需支付交易费用和印花税,不必缴纳个人所得税。所以,从税收的角度看,在我国,公司向股东分派高额现金股利对股东是不利的。

3. 信号传递理论

MM股利无关理论假设投资者可以自由、免费地获取各种信息,并且投资者和公司管理层之间是信息对称的。但是在现实生活中,投资者与公司管理层之间存在信息不对称,公司管理层拥有更多的关于公司发展前景方面的内部信息,相对来说,投资者处于信息劣势,他们对公司发展前景、经营状况和风险情况等方面的信息知道得比较少。信号传递理论认为,在投资者与管理层信息不对称的情况下,股利政策包含了公司经营状况和未来发展前景的信息,投资者通过对这些信息的分析来判断公司未来盈利能力的变化趋势,以决定是否购买其股票,从而引起股票价格的变化。因此,股利政策的改变会影响股票价格变化,二者存在相关性,实证研究的结果也证实了这一结论。如果公司提高股利支付水平,等于向市场传递了利好信息,投资者会认为公司的未来盈利水平将提高,管理层对公司的未来发展前景有信心,从而购买股票,引起股票价格上涨;如果公司以往的股利支付水平一直比较稳定,现在突然降低股利支付水平,就等于向市场传递了利空信息,投资者会对公司作出悲观的判断,从而出售股票,导致股票价格下跌。根据信号传递理论,稳定的股利政策向外界传递了公司经营状况稳定的信息,有利于公司股票价格的稳定,因此,公司在制定股利政策时,应当考虑市场的反应,避免传递易于被投资者误解的信息。

4. 代理理论

最早将代理成本应用于股利政策研究的是迈克尔·约瑟夫(Michael Rozeff,1982)。他认为现金股利会对降低代理成本做出贡献,因为支付现金股利的政策:(1)会给管理者带来压力,以确保产生足够现金,支付现金股利;(2)可能迫使管理者为他们的投资筹集外部资金,这样能够使股东观察到所筹新资金的用途并确定新的资金提供者的身份;(3)能够减少管理者浪费在非盈利投资项目上的现金流量的数量。这样,股东从一个(相对)高的现金股利支付政策中获益。由于公司制的不断发展和完善,后期的代理理论认为支付现金股利还可以在一定程度上解决股东与债权人之间的代理问题,控股股东与中小股东之间的代理问题。

股利相关理论突破了原有 MM 理论关于完美资本市场假设的局限性,使企业管理者认识到股利支付政策的选择对股票市价公司的资本结构与公司价值以及股东财富的实现等都有重要影响,股利政策与公司价值是密切相关的。因此,股利政策不是被动的,而是一种主动的理财计划与策略。

当然,目前股利相关理论还存在一些不足,主要表现在:这几种观点都只从某一角度来解释股利政策和股价的相关性,没有同时考虑多种因素的影响。在不完全资本市场上,公司股利政策效应要受许多因素的影响,如所得税负担、筹资成本、市场效率、公司本身因素等。

第四节 股利政策的类型

一、影响股利政策的因素

股利政策是股份有限公司财务管理的一项重要内容,它不仅仅是对投资收益的分配,而且关系到公司的投资、融资以及股票价格等方面。因此,制定一个正确、稳定的股利政策是非常重要的,一般来说,在制定股利政策时,应当考虑以下因素的影响:

(一)法律因素

为了保护投资者的利益,我国法律如《公司法》《证券法》等都对公司的股利分配进行了一定的限制。影响公司股利政策的主要法律因素有:

1. 资本保全的约束

资本保全是为了保护投资者的利益而作出的法律限制。股份公司只能用当期利润或留用利润来分配股利,不能用公司出售股票而募集的资本发放股利。这样是为了保全公司的股东权益资本,以维护债权人的利益。

2. 企业积累的约束

这一规定要求股份公司在分配股利之前,应当按法定程序先提取各种公积金。这也是为了增强企业抵御风险的能力,维护投资者的利益。我国有关法律法规明确规定,股份公司应按税后利润的10%提取法定盈余公积金,并且鼓励企业在分配普通股股利之前提取任意盈余公积金,只有当公积金累计数额达到注册资本50%时,才可不再提取。

3. 企业利润的约束

这是规定只有在企业以前年度的亏损全部弥补完之后,若还有剩余利润,才能用于分配股利,否则不能分配股利。

4. 偿债能力的约束

这是规定企业在分配股利时,必须保持充分的偿债能力。企业分配股利不能只看损益表上的净利润的数额,还必须考虑到企业的现金是否充足,如果因企业分配现金股利而影响了企业的偿债能力或正常的经营活动,则股利分配就要受到限制。

(二)债务契约因素

当公司通过长期借款、债券、优先股、租赁合约等形式向外部筹资时,常应对方要求,接受一些约束公司派息行为的限制条款。例如,规定只有在流动比率和其他安全比率超过规定的最小值后,才可支付股利。优先股的契约通常也会申明在累积的优先股股息付清之前,公司不得派发普通股股息。这些契约的限制都将影响公司的股利政策。确立这些限制性条款,限制企业股利支付,其目的在于促使企业把利润的一部分按有关条款的要求进行再投资,以增强企业的经济实力,保障债款的如期偿还。

(三) 企业内部因素的影响

1. 变现能力

公司的变现能力是影响股利政策的一个重要因素。公司资金的灵活周转是企业生产经营得以正常进行的必要条件。公司现金股利的分配自然也应以不危及企业经营资金的流动性为前提。如果公司的现金充足,资产有较强的变现能力,则支付股利的能力也比较强。如果公司因扩充或偿债已消耗大量现金,资产的变现能力较差,大幅度支付现金股利则非明智之举。由此可见,企业现金股利的支付能力,在很大程度上受其资产变现能力的限制。

2. 筹资能力

公司如果有较强的筹资能力,则可考虑发放较高股利,并以再筹资来满足企业经营对货币资金的需求;反之,则要考虑保留更多的资金用于内部周转或偿还将要到期的债务。一般而言,规模大、获利丰厚的大公司能较容易地筹集到所需资金,因此,它们较倾向于多支付现金股利;而创办时间短、规模小、风险大的企业,通常需要经营一段时间以后,才能从外部取得资金,因而往往要限制股利的支付。

3. 资本结构和资金成本

公司债务和权益资本之间应该有一个最优的比例,即最优化资本结构,在这个比例上,公司价值最大,资金成本最低。由于股利政策不同,留存收益也不同,这便使公司资本结构中的权益资本比例偏离最优资本结构,从而对公司股利政策的选择产生制约。另外,不同的股利政策还会影响公司的未来筹资成本。留存收益是企业内部筹资的一种重要方式,同发行新股或举债相比,成本较低。但股利支付与企业未来筹资成本之间存在着矛盾,这就要求企业的财务人员权衡股利支付与筹资要求之间的得失,制定出适合企业实际需要的股利政策。

4. 投资机会的制约

从股东财富最大化出发,企业之所以能将税后利润部分或全部留下来用于企业内部积累,其前提是这一部分属于股东的净收益,可以使股东获得高于股东投资必要报酬率的再投资收益。因此,如果公司有较多的有利可图的投资机会,往往采用低股利政策。反之,如果它的投资机会较少,就可采用高股利政策。

（四）股东因素

1. 股权控制要求

如果公司大量支付现金股利，再发行新的普通股以融通所需资金，现有股东的控股权就有可能被稀释。另外，随着新普通股的发行，流通在外的普通股股数必将增加，最终会导致普通股的每股盈利和每股市价下降，从而影响现有股东的利益。

2. 所得税负

公司股东大致有两类：一类是希望公司能够支付稳定的股利，来维持日常生活；另一类是希望公司多留利而少发放股利，以求少缴个人所得税。因此，公司到底采取什么样的股利政策，还应分析研究本公司股东的构成，了解他们的利益愿望。

（五）其他因素

1. 通货膨胀因素

通货膨胀使公司资金购买力下降，维持现有的经营规模尚需不断追加投入，需要将较多的税后利润用于内部积累。历史成本会计模式所确定的税后利润是以财务资本保全为基础的，在通货膨胀严重时期，以此为标准进行的税后利润分配必然使公司实物资本受到侵蚀，这时，采取相对较低的股利发放政策是必要的。

2. 股利政策的惯性

一般而言，股利政策的重大调整，一方面，会给投资者带来企业经营不稳定的印象，从而导致股票价格下跌；另一方面，股利收入是一部分股东生产和消费资金的来源，他们一般不愿持有股利大幅波动的股票。因此，公司的股利政策要保持一定的稳定性和连续性。总之，确定股利政策要考虑许多因素，而这些因素之间往往是相互联系和相互制约的，其影响也不可能完全用定量方法来分析。所以，股利政策的制定主要依赖对具体企业所处的具体环境进行定性分析，以实现各种利益关系的均衡。

二、股利政策的类型

由前面的分析可知，公司在制定股利政策时会受到多种因素的影响，并且不同的股利政策也会对公司的股票价格产生不同的影响。因此，对于股份公司来说，制定一个合理的股利政策是非常重要的。在实践中，股利政策主要有五种类型：剩余股利政策、固定股利政策、稳定增长股利政策、固定股利支付率政策和低正常股利加额外股利政策。

(一) 剩余股利政策

剩余股利政策就是在公司确定的最佳资本结构下,税后净利润首先要满足项目投资所需要的股权资本,然后若有剩余才用于分配现金股利。实证研究表明,如果公司的成长机会较多,由于可支配的现金流量相对较少,就会采取低股利支付率政策,而将较多的留用利润用于投资项目。采取这种股利政策的先决条件是公司必须有良好的投资机会,并且该投资机会的预期报酬率要高于股东要求的必要报酬率。剩余股利政策的股利分配步骤如下:

(1) 根据选定的最佳投资方案,测算投资所需的资本数额;

(2) 按照公司的目标资本结构,测算投资所需要增加的股东权益资本的数额;

(3) 税后净利润首先用于满足投资所需要增加的股东权益资本的数额;

(4) 在满足投资需要后的剩余部分用于向股东分配股利。

例 9-3 假定某公司 2014 年售后净利润为 6800 万元,目前的资本结构为:负债资本 40%,股东权益资本 60%。该资本结构也是下一年度的目标资本结构(即最佳资本结构)。如果 2015 年该公司有一个很好的投资项目,需要投资 9000 万元,该公司采用剩余股利政策,试计算应该如何融资? 分配的股利是多少?

对于投资需要的 9000 万元资金,公司有多种融资方法,但若利用留用利润的内部融资方法,可以有以下两种方法:

(1) 公司留用全部净利润用于投资项目,再另外筹集 2200 万元新的负债资本。这样公司就没有剩余利润用于分配股利。

(2) 公司根据目标资本结构的要求,需要筹集 5400 万元的股东权益资本和 3600 万元的负债资本来满足投资的需要。这样,公司将净利润的 5400 万元作为留用利润,还有 1400 万元的净利润可用于分配股利,然后,再通过举债筹集 3600 万元资金。

上述第一种融资方法,虽然公司需要向外部筹资的金额最少,但是破坏了最佳资本结构,会使公司的综合资本成本上升,因此不是最优筹资方案。而第二种融资方法,虽然需要向外部筹集较多的资金,但是它保持了企业的最佳资本结构,此时公司的综合资本成本才是最低的。综上所述,剩余股利政策指的是第二种方法的股利政策,而不是第一种方法的股利政策。

剩余股利政策的优点是:留存收益优先满足再投资的需要,有助于降低再投资的资金成本,保持最佳的资本结构,实现企业价值的长期最大化。

剩余股利政策的缺点是:若完全遵照执行剩余股利政策,股利发放额就会每年随着投资机会和盈利水平的波动而波动。在盈利水平不变的前提下,股利发放额与投资机会的多寡呈反方向变动;而在投资机会维持不变的情况下,股利发放额将与公司盈利呈同方向波动。剩余股利政策不利于投资者安排收入与支出,也不利于公司树立良好的形象,一般适用于公司初创阶段。

(二) 固定股利政策

固定股利政策是指公司在较长时期内每股支付固定的股利额的股利政策。固定股利政策在公司盈利发生一般的变化时,并不影响股利的支付,而是使其保持稳定的水平,只有当公司对未来利润增长确有把握,并且认为这种增长不会发生逆转时,才会增加每股股利额。因此,这种股利政策一般适用于经营比较稳定的企业采用。

固定股利政策的优点为:(1) 可以向投资者传递公司经营状况稳定的信息;(2) 有利于投资者有规律地安排股利收入和支出;(3) 有利于股票价格的稳定。

固定股利政策的缺点为:可能会给公司造成较大的财务压力,尤其是在公司净利润下降或现金紧张的情况下,公司为了保证股利正常支付,容易导致现金短缺、财务状况恶化。

(三) 固定股利支付率政策

固定股利支付率政策是指公司将每年净利润的某一固定百分比作为股利分派给股东。这一百分比通常为股利支付率,股利支付率一经确认,一般不得随意变更。在这种股利政策下,只要公司的税后利润一经计算确定,所派发的股利也就相应确定了。

固定股利支付率政策的优点有:(1) 采用固定股利支付率政策,股利与公司盈余紧密地配合,体现了"多盈多分,少盈少分,无盈不分"的股利分配原则;(2) 由于公司的获利能力在年度间经常变动,因此,每年的股利也应当随着公司收益的变动而变动。采用固定股利支付率政策,公司每年按固定的比例从税后利润中支付现金股利,从企业的支付能力的角度看,这是一种稳定的股利政策。

固定股利支付率政策的缺点有:(1) 大多数公司每年的收益很难保持稳定不变,导致年度间的股利额波动较大,由于股利的信号传递作用,波动的股利很容易给投资者带来经营状况不稳定、投资风险较大的不良印象,成为影响股价的不利因素;(2) 容易使公司面临较大的财务压力,这是因为公司实现的盈利多,并不能代表公司有足够的现金流用来支付较多的股利额;(3) 合适的固定股利支付率的确定难度很大。

(四) 稳定增长股利政策

稳定增长股利政策是指在一定的时期内保持公司的每股股利额稳定地增

长的股利政策。公司只有在确信未来盈余不会发生逆转时才会宣布实施固定或稳定增长的股利政策。在这一政策上,应首先确定股利分配额,而且该分配额一般不随资金的波动而波动。

稳定增长股利政策的优点有:(1)稳定的股利向投资者传递着公司正常发展的信息,有利于树立公司的良好形象,增强投资者对公司的信心,稳定股票的价格;(2)稳定的股利额有助于投资者安排股利收入和支出,有利于吸引那些打算进行长期投资并对股利有很高依赖性的股东。(3)固定或稳定增长的股利政策可能不符合剩余股利理论,但考虑到股票市场会受到多种因素影响,为了将股利或股利增长率维持在稳定的水平上,即使推迟某些投资方案或暂时偏离目标资本结构,也可能比降低股利或股利增长率更为有利。

稳定增长股利政策的缺点有:股利的支付与企业的盈利相脱节,即不论公司盈利多少,均要支付固定的或按固定比率增长的股利,这可能会导致企业资金紧缺,财务状况恶化。此外,在企业无利可分的情况下,若依然实施固定或稳定增长的股利政策,也是违反《公司法》的行为。

(五) 低正常股利加额外股利政策

低正常股利加额外股利政策是一种介于固定股利政策与变动股利政策之间的折中的股利政策。这种股利政策每期都支付稳定的较低的正常股利额,当企业盈利较多时,再根据实际情况发放额外股利。但是额外股利并不固定化,不意味着公司永久地提高了股利支付额,可以用以下公式表示:

$$Y = a + bX$$

其中,Y 为每股股利;X 为每股收益;a 为低正常股利;b 为股利支付比率。

低正常股利加额外股利政策的优点有:(1)赋予公司较大的灵活性,使公司在股利发放上留有余地,并具有较大的财务弹性。公司可根据每年的具体情况,选择不同的股利发放水平,以稳定和提高股价,进而实现公司价值的最大化。(2)使那些依靠股利度日的股东每年至少可以得到虽然较低但是比较稳定的股利收入,从而吸引住这部分股东。

低正常股利加额外股利政策的缺点有:(1)由于各年度之间公司盈利的波动使得额外股利不断变化,造成分派的股利不同,容易给投资者造成收益不稳定的感觉。(2)当公司在较长时间持续发放额外股利后,可能会被股东误认为是"正常股利",一旦取消,传递出的信号可能会使股东认为这是公司财务状况恶化的表现。

相对来说,对那些盈利随着经济周期波动较大的公司或者盈利与现金流量很不稳定时,低正常股利加额外股利政策也许是一种不错的选择。

案例阅读及思考

以岭医药集团的利润分配管理

河北石家庄以岭医药集团属于国家重点高新技术企业,由石家庄以岭药业有限公司于 2001 年 8 月 28 日整体变更设立的股份有限公司,截至本招股说明书签署之日,公司注册资本为 36000 万元。以岭医药集团收入主要来源于具有自主知识产权的新药,共自主研发完成新药 17 个,其中具有自主知识产权新药 9 个,主要产品通心络胶囊、参松养心胶囊、芪苈强心胶囊、连花清瘟胶囊等均为业内著名的创新品牌中药。2014 年营业收入 29.21 亿元,同比增长 17.31%。

以岭医药 2012—2015 年度股利分配资料整理如表 9-4 所示:

表 9-4 以岭药业历年分配股利情况　　　　　　　　　　　　单位:元

公告日期	分红方案	股权登记日	除权除息日	派息日
2015-05-13	10 转 10.00 派 1.00 元	2015-05-19	2015-05-20	2015-05-20
2014-08-27	不分配不转增			
2014-06-21	10 派 0.999815 元	2014-06-27	2014-06-30	2014-06-30
2014-04-10	10 派 1.00 元			
2013-08-29	不分配不转增			
2013-06-31	10 派 1.00	2013-06-06	2013-06-07	2013-06-07
2012-08-18	不分配不转增			
2012-06-04	10 转 3.00 派 1.00 元	2012-06-08	2012-06-11	2012-06-11
2012-03-30	10 转 3.00 派 1.00			

以岭医药 2011—2014 年度营业收入及净利润有关资料如表 9-5 所示:

表 9-5 以岭药业营业收入及净利润表　　　　　　　　　　　单位:亿元

	营业收入	归属母公司净利润
2014 年度	29.2	3.54
2013 年度	24.9	2.44
2012 年度	16.5	1.86
2011 年度	19.5	4.5

要求:
1. 试分析该公司采用的股利的形式以及各自的利弊。
2. 试分析该公司的股利政策及各自的优缺点。

练　习　题

一、是非判断题

1. 按照《公司法》规定,公司可不再提取法定盈余公积金是当法定公积金累计额达到公司注册资本的50%。(　　)
2. 采用剩余股利分配政策的优点是有利于保持理想的资本结构,降低企业的平均资本成本。(　　)
3. 股票分割和股票股利都会使公司股票数量增加,股票价格降低。(　　)
4. 股利理论分为股利无关理论和股利相关理论两个派别。(　　)
5. 在除息日之前,股利权利从属于股票;从除息日开始,新购入股票的投资者不能分享本次已宣告发放的股利。(　　)
6. 与其他股利政策相比,剩余股利政策能使企业在股利支付上具有较大的灵活性。(　　)
7. 剩余股利政策就是在公司确定的最佳资本结构下,税后净利润首先要满足项目投资所需要的股权资本,然后若有剩余才用于分配现金股利。(　　)
8. 股票分割会改变股东权益各项目的金额。(　　)
9. "一鸟在手"理论认为股利是现实的有把握的收益,而股票价格的上升与下降具有不确定性,与股利收入相比风险更大。(　　)
10. 股票股利会导致所有者权益的内部构成发生变化,但是所有者权益总额不变。(　　)

二、单项选择题

1. 下列项目中,在利润分配中优先的是(　　)。
   A. 法定盈余公积　　　　　　B. 用税前利润弥补亏损
   C. 任意盈余公积　　　　　　D. 优先股股利
2. 一般而言,适合于采用固定股利政策的公司是(　　)。
   A. 负债率较高的公司　　　　B. 盈利稳定或处在成长期的公司
   C. 盈利波动较大的公司　　　D. 盈利较高但投资机会较多的公司
3. 在以下股利政策中有利于稳定股票价格,从而树立公司良好形象,但股利的支付与公司盈余相脱节的股利政策是(　　)。
   A. 剩余政策　　　　　　　　B. 固定股利政策
   C. 固定股利支付率政策　　　D. 正常股利加额外股利政策
4. 企业投资并取得收益时,必须按一定的比例和基数提取各种公积金,这一要求体现的是( )。
  A. 资本保全约束   B. 资本积累约束
  C. 超额累积利润约束   D. 偿债能力约束
5. 相对于其他股利政策而言,既可以维持股利的稳定性,又有利于优化结构的股利政策是( )。
  A. 剩余股利政策   B. 固定股利政策
  C. 固定股利支付率政策   D. 低正常股利加额外股利政策
6. 上市公司按照剩余股利政策发放股利的好处是( )。
  A. 有利于公司合理安排资本结构 B. 有利于投资者安排收入与支出
  C. 有利于公司稳定股票的市场价格 D. 有利于公司树立良好的形象
7. 主要依靠股利维持生活的股东和养老基金管理人最不赞成的公司股利政策是( )。
  A. 剩余股利政策   B. 固定或持续增长的股利政策
  C. 固定股利支付率政策   D. 低正常股利加额外股利政策
8. ( )之后的股票交易,其交易价格可能下降。
  A. 股利宣告日   B. 股利登记日
  C. 除息日   D. 股利支付日
9. 一般认为根据信号传递理论,如果公司提高股利支付水平,股票价格会( )。
  A. 上涨   B. 不变   C. 下降   D. 难以确定
10. 某企业在选择股利政策时,以代理成本和外部融资成本之和最小化为标准。该企业所依据的股利理论是( )。
  A. "手中鸟"理论   B. 信号传递理论
  C. MM 理论   D. 代理理论

三、多项选择题
1. 企业选择股利政策通常需要考虑以下几个因素中的( )。
  A. 企业所处的成长与发展阶段 B. 企业支付能力的稳定情况
  C. 企业获利能力的稳定情况   D. 目前的投资机会
2. 下列说法正确的有( )。
  A. 为了应付通货膨胀,公司多采用低股利政策
  B. 为了更好地约束经营者的背离行为,公司多采用高股利政策
  C. 为了更好地为股东合理避税,公司多采用高股利政策
  D. 股利相关理论认为,公司的利润分配会影响公司价值和股票价格
3. 股利政策的制定受多种因素的影响,包括( )。

A. 税法对股利和出售股票收益的不同处理
B. 未来公司的投资机会
C. 各种资本来源及其成本
D. 股东对当期收入的相对偏好

4. 以下属于股利相关理论的是（　　）。
A. "一鸟在手"理论　　　　　　　B. 税收差别理论
C. 信号传递理论　　　　　　　　D. 代理理论

5. 相对而言，造成股利波动较大，给投资者以公司不稳定的感觉的股利分配政策有（　　）。
A. 剩余股利政策　　　　　　　　B. 固定或稳定增长的股利政策
C. 固定股利支付率政策　　　　　D. 低正常股利加额外股利政策

6. 公司会限制股利发放的情况有（　　）。
A. 盈利不够稳定　　　　　　　　B. 筹资能力强
C. 投资机会不多　　　　　　　　D. 收益可观但是资产流动性差

7. 上市公司发放股票股利可能导致的结果有（　　）。
A. 公司股东权益内部结构发生变化　B. 公司股东权益总额发生变化
C. 公司每股收益净资产下降　　　　D. 公司股份总额发生变化

8. 下列各项股利分配政策中，不利于股东安排收入与支出的有（　　）。
A. 剩余股利政策　　　　　　　　B. 固定股利或稳定增长股利
C. 固定股利支付率　　　　　　　D. 低正常股利加额外股利政策

9. 股份有限公司向股东分配股利所涉及的重要日期是（　　）。
A. 股利宣告日　　　　　　　　　B. 股权登记日
C. 除息日　　　　　　　　　　　D. 股利发放日

10. 采用固定股利政策的理由是（　　）。
A. 有利于投资者安排收入与支出　B. 有利于股价的稳定
C. 有利于公司树立良好形象　　　D. 有利于保持理想的资本结构

四、简答题

（1）股利理论一般有哪些？
（2）股利政策包括哪些以及各自的优缺点有哪些？
（3）结合我国上市公司的实际情况，分析我国上市公司股利分配政策的特点。

第九章练习题参考答案

一、是非判断题

1. √ 2. √ 3. √ 4. √ 5. √ 6. √ 7. √ 8. ×

9. √ 10. √

二、单项选择题

1. B 2. B 3. B 4. B 5. D 6. A 7. A 8. C

9. A 10. D

三、多项选择题

1. ABCD 2. ABD 3. ABCD 4. ABCD 5. AC 6. AD

7. ACD 8. AC 9. ABCD 10. ABC

四、简答题(略)

第十章 财务分析

第一节 财务分析概述

财务分析(financial analysis)是以企业财务报表等信息资料为主要依据,运用专门分析方法,系统分析和评价企业财务活动的过程和结果。财务分析是财务管理的重要环节,不仅能提供企业过去的财务状况、经营成果和现金流量等方面的信息,还能为企业未来的财务预算和财务决策提供重要依据。

一、财务分析的意义

正确认识财务分析的意义,是财务分析的前提,也是掌握财务分析技术的基础。财务分析的意义,最基本的就是为财务报表使用者作出决策提供依据。财务报表使用者包括投资者、债权人、员工、政府和监管部门以及专业机构人员(会计师、审计师、分析师等),即利益相关者。财务分析对于不同的信息使用者具有不同的意义。

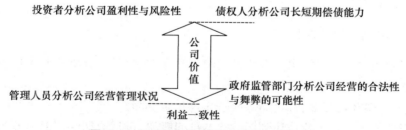

图 10-1 不同信息使用者的财务分析侧重点

(一)评估企业价值,保护投资者利益

从投资者保护角度,要使投资者能够正确判断、评估企业真正的价值所在,往往需要对财务报表进行分析,以便于根据风险和报酬的关系,决定是否进行投资。如股神巴菲特投资中石油股票,以 5 元/股的价格买入,35 元/股的价格成功卖出,其中就是运用了以财务报表分析为基础的基本面分析。

控股股东一般能够决定公司的经营政策和财务政策,可以依法参与企业经营,在对企业业绩或者管理层不满的时候,可以利用投票权来更换管理层,即"用手投票"。而广大中小股东往往不能决定,甚至不能参与企业的经营,当对企业经营不满的时候,往往行使"用脚投票"的权利,也即卖掉手上的股份。

(二) 评估企业信用,保护债权人利益

不同于股东,债权人最关心的是其债权的安全性,包括到期回收和利息得到偿付。银行等金融机构在提供借款、供应商在提供信用政策以及税务等部门在进行监管时一定会对企业进行财务分析,以评估债务人企业的偿债能力,信用风险如何,负债水平合理与否,从而保护债权人的利益。

(三) 评估经营管理,改善内部管理水平

企业的经营管理者是企业活动的直接实施者,他们关心经营的结果,也关心经营的过程。通过指标的计算、分析和比较,如资产结构分析、营运状况分析与效率分析、经营风险与财务风险分析等,及时发现经营过程中各方面或各环节存在的问题和不足,并采取有效的措施予以解决,提高内部管理水平。

(四) 发现企业风险,强化外部监管水平

法律法规除了保护投资者和债权人的利益,也要保护其他利益相关者的利益,因此外部监管必不可少。财务分析在企业外部监管过程中发挥着重要的作用,中国证监会的各外派机构定期通过对所管辖的上市公司的财务报表进行分析,对投资者进行风险提示,并要求上市公司限期整改。除了官方的外部监管,很多学者也通过财务报表分析揭发上市公司的不合法行为,典型的就有刘姝威教授通过分析蓝田股份的短期偿债能力,从而以一篇200字的短文揭发了其财务造假的事实。

二、财务分析的内容

不同的财务信息需求者有着不同的利益考虑,对财务分析的要求也不尽相同。财务分析的方法一般包括:

(一) 偿债能力分析法(solvency analysis method)

偿债能力是指企业偿还到期债务本息的能力,包括短期偿债能力和长期偿债能力。其中,短期偿债能力考察企业的流动性;长期偿债能力是指企业利用自有资产或外部筹资偿还长期债务的能力,考察企业的财务风险。企业是否能及时支付货款,偿还银行借款及利息,支付员工工资和应交税费等,直接决定了一个企业的信用能力,影响企业的财务风险。

(二) 营运能力分析(operation capability analysis)

营运能力是指对企业资金的利用效率,反映企业各项资产的周转状况和资产管理水平,通常以各类资产的周转速度来衡量。企业的资产管理水平会直接影响企业经营的安全性和盈利性,是财务分析中必须关注的方面。而企业的资产利用效率受不同投资战略和投资决策的影响,如投资规模、投资领域、投资结

构、投资方向等。

（三）盈利能力分析（profitability analysis）

盈利能力是指企业获取利润的能力，也称为企业的资金或资本增值能力，通常表现为一定时期内企业收益数额的多少及其水平的高低。即企业在一定时期内赚取利润的能力，利润率越高，盈利能力就越强。对于经营者来讲，通过对盈利能力的分析，可以发现经营管理环节出现的问题。对公司盈利能力的分析，就是对公司利润率的深层次分析。

（四）发展能力分析（development ability analysis）

企业的发展能力，也称企业的成长性，它是企业通过自身的生产经营活动，不断扩大经营规模，提升市场竞争力，实现投入资本保值增值的发展潜能，包括收益增长能力、资产增长能力、资本增长能力等。通过分析各项发展能力，可知一个企业的业务规模、盈利水平的增减变动情况，挖掘企业的增长潜力，评价和调整现行战略，预测企业的发展前景。

（五）财务综合分析（comprehensive financial analysis）

财务综合分析是指将各类财务指标作为一个整体，系统、全面、深入地分析和解剖企业的财务状况、经营成果、现金流量等，从而对企业经济效益作出较为准确的评价与判断。

三、财务分析的方法

正确运用各种财务分析方法是实现财务分析意义的前提，因此必须掌握合理的财务分析方法。常用的财务分析方法有：

（一）比较分析法（method of comparative analysis）

比较分析法是指对两个或两个以上的可比数据进行对比，找出企业财务状况、经营成果中的差异与问题。

根据比较对象（和谁比）的不同，比较分析法可分为趋势分析法（指与本企业历史不同时期指标相比较）、横向比较法（指与同类企业、行业平均数或者竞争对手相比较）、预算差异分析法（指实际执行结果与计划指标相比较）。

根据比较内容（比什么）的不同，比较分析法可分为以下两种：

（1）比较会计要素总量。总量是指报表项目如总资产、净资产、净利润等的总金额，是绝对量。总量比较主要用于时间序列分析，如研究利润的逐年变化趋势，看其增长潜力。有时也用于同业之间相对规模和竞争地位的变化。

（2）比较结构百分比。即是把资产负债表、利润表、现金流量表转换成结构百分比报表进行比较，可用于发现有显著问题的项目，以揭示其进一步分析的方向。

在运用比较分析法时,必须注意财务指标的可比性,应当注意以下问题:(1)用于比较的各个时期的指标,其计算口径必须保持一致;(2)剔除偶发性项目的影响,以免分析结果不能反映正常的生产经营状况;(3)应运用例外原则对有显著变动的指标作重点分析。

（二）比率分析法(ratio analysis method)

比率分析法是利用两个指标的某种关联关系,通过计算比率来考察、计量和评价财务活动状况的分析方法,比率分析法根据相关联的不同项目、指标之间的关系计算一定的比率,以说明项目之间的关系,并解释和评价由此所反映的某方面的情况。比率分析法,是财务分析中最重要、最常用的一种分析方法。

根据分析的内容和要求不同,一般分有偿债能力比率、营运能力比率、盈利能力比率、发展能力比率四类。

采用比率分析法时,应当注意以下几点:(1)对比项目的相关性;(2)对比口径的一致性;(3)衡量标准的科学性。

在财务分析中,比率分析法往往需要和上述的比较分析法相结合,起到相辅相成的作用,才能更加全面、深入地揭示企业的财务状况、经营成果及变动趋势。

（三）综合分析(comprehensive analysis method)

财务综合分析的传统方法主要有两种:杜邦财务分析体系法和沃尔比重评分法。杜邦财务分析体系法是利用营运能力、偿债能力和盈利能力等方面财务指标间的内在联系,对企业综合经营理财能力及经济效益进行系统的分析评价的方法。沃尔比重评分法主要借助"财务能力分析"中的核心指标对企业的财务状况作出综合评价,也可用于企业信用评估、企业综合绩效评价等业务,目前广泛用于我国中央企业的综合绩效评价。

四、财务分析的局限性

从财务分析的服务对象看,财务分析不仅对企业内部的生产经营管理有着重要的作用,而且对企业外部投资决策、贷款决策、赊销决策等也有着重要作用。虽然财务分析对企业起着很重要的作用,但是它本身也存在着一定的局限性。

（一）资料来源的局限性

1. 报表数据的时效性问题

财务报表中的数据,均是企业过去经济活动的结果和总结,用于预测未来发展趋势,只有参考价值,并非绝对合理。

2. 报表数据的真实性问题

在企业形成财务报表之前,信息提供者往往对信息使用者所关注的财务状况以及对信息的偏好进行仔细分析与研究,并尽力满足信息使用者对企业财务状况和经营成果信息的期望。其结果极有可能使信息使用者所看到的报表信息与企业实际状况相距甚远,从而误导信息使用者的决策。

3. 报表数据的可靠性问题

财务报表虽然是按照会计准则编制的,但不一定能准确地反映企业的客观实际。例如,报表数据未按通货膨胀进行调整;某些资产以成本计价,并不代表其真实价值;许多支出在记账时存在灵活性,既可以作为当期费用,也可以作为资本项目在以后年度摊销;很多资产以估计值入账,但未必正确;偶然事件可能歪曲本期的损益,不能反映盈利的正常水平。

4. 报表数据的可比性问题

根据会计准则的规定,不同的企业或同一个企业的不同时期都可以根据情况采用不同的会计政策和会计处理方法,使得报表上的数据在企业不同时期和不同企业之间的对比在很多时候失去意义。

5. 报表数据的完整性问题

由于报表本身的原因,其提供的数据是有限的。对报表使用者来说,可能不少需要的信息在报表或附注中根本找不到。

(二) 财务分析方法的局限性

对于比较分析法来说,在实际操作时,比较的双方必须具备可比性才有意义。对于比率分析法来说,比率分析是针对单个指标进行,综合程度较低,在某些情况下无法得出令人满意的结论;比率指标的计算一般都是建立在以历史数据为基础的财务报表之上的,这使比率指标提供的信息与决策之间的相关性大打折扣。对于因素分析法来说,在计算各因素对综合经济指标的影响额时,主观假定各因素的变化顺序而且规定每次只有一个因素发生变化,这些假定往往与事实不符。同时,无论何种分析法均是对过去经济事项的反映。随着环境的变化,这些比较标准也会发生变化。而在分析时,分析者往往只注重数据的比较,而忽略经营环境的变化,这样得出的分析结论也是不全面的。

(三) 财务分析指标的局限性

1. 财务指标所反映的情况具有相对性

在判断某个具体财务指标是好还是坏,或根据一系列指标形成对企业的综合判断时,必须注意财务指标本身所反映情况的相对性。因此,在利用财务指标进行分析时,必须掌握好对财务指标的"信任度"。

2. 财务指标的评价标准不统一

比如,对流动比率,人们一般认为指标值为2比较合理,对速动比率,则认为1比较合适,但许多成功企业的流动比率都低于2,不同行业的速动比率也有很大差别,如采用大量现金销售的企业,几乎没有应收账款,速动比率大大低于1是很正常的。相反,一些应收账款较多的企业,速动比率可能要大于1。因此,在不同企业之间用财务指标进行评价时没有一个统一标准,不便于不同行业间的对比。

3. 财务指标的计算口径不一致

比如,对反映企业营运能力的指标,分母的计算可用年末数,也可用平均数,而平均数的计算又有不同的方法,这些都会导致计算结果不一样,不利于评价比较。

下文将结合实际财务数据重点进行趋势分析、结构分析、比率分析,以及综合分析。

第二节 趋 势 分 析

趋势分析法(trend analysis method)是比较分析法的一种,又叫水平分析法,它是根据财务报表中的各类相关数字资料,对两期或多期连续的相同指标或比率进行定基对比和环比对比,得出它们的增减变动方向、数额和幅度,以揭示企业财务状况、经营情况和现金流量变化趋势的一种分析方法。采用趋势分析法通常要编制比较财务报表,即将最近两三期的报表并列编制而成的报表,通常除列示报表金额外,还列示增减金额及增减百分比。

下文以资产负债表为例进行趋势分析。根据万科股份在证券交易所中所披露的2013—2014年度资产负债表,编制资产负债表的趋势分析表格如下:

表 10-1　万科合并资产负债表趋势分析　　　　　　单位:万元

项目	2014 年度	2013 年度	规模变动情况	
			增减额	增减率(%)
货币资金	6271525	4436541	1834984	41.36
交易性金融资产	3640		3640	
应收账款	189407	307897	-118490	-38.48
预付账款	2943313	2865367	77946	2.72
其他应收款	4892446	3481532	1410915	40.53

（续表）

项目	2014 年度	2013 年度	规模变动情况	
			增减额	增减率(%)
存货	31772638	33113322	-1340684	-4.05
其他流动资产	407600		407600	
流动资产合计	**46480570**	**44204659**	**2275911**	**5.15**
可供出售金融资产	13318	257225	-243907	-94.82
长期股权投资	1923366	1053143	870223	82.63
投资性房地产	798088	1171048	-372960	-31.85
固定资产	230835	212977	17858	8.39
在建工程	183348	91367	91981	100.67
无形资产	87755	43007	44747	104.05
商誉	20169	20169	0	0.00
长期待摊费用	33900	6351	27549	433.77
递延所得税资产	401620	352526	49094	13.93
非流动资产合计	**4360306**	**3715874**	**644432**	**17.34**
资产总计	**50840876**	**47920532**	**2920343**	**6.09**
短期借款	238307	510251	-271944	-53.30
交易性金融负债		1169	-1169	-100.00
应付票据	2129189	1478390	650799	44.02
应付账款	6704720	6395846	308874	4.83
预收账款	18174934	15551807	2623127	16.87
应交税费	512417	457821	54597	11.93
应付利息	33651	29124	4527	15.54
其他应付款	4544173	5470429	-926256	-16.93
一年内到期的非流动负债	2044929	2752179	-707250	-25.70
流动负债合计	**34565403**	**32892183**	**1673220**	**5.09**
长期借款	3453671	3668313	-214642	-5.85
应付债券	1161223	739839	421384	56.96
预计负债	5342	4688	655	13.96
递延所得税负债	59030	67272	-8242	-12.25
其他非流动负债	6844	4296	2549	59.33
非流动负债合计	**4686111**	**4484407**	**201704**	**4.50**
负债合计	**39251514**	**37376590**	**1874924**	**5.02**
股本 1 万股	1103751	1101497	2254	0.20
资本公积金	849363	854913	-5550	-0.65

(续表)

项目	2014 年度	2013 年度	规模变动情况	
			增减额	增减率(%)
盈余公积金	2607878	2013541	594337	29.52
未分配利润	4199284	3670689	528595	14.40
归属于母公司股东权益合计	8816457	7689598	1126859	14.65
少数股东权益	2772905	2854344	-81439	-2.85
股东权益合计	**11589362**	**10543942**	**1045419**	**9.91**
负债和股东权益总计	**50840876**	**47920532**	**2920343**	**6.09**

注：数据来源为万科年报。由于四舍五入，个别数字存在误差。

从表 10-1 中可以看出，万科 2014 年总资产比 2013 年末增加了 2920343 万元，增长幅度为 6.09%，说明公司经营规模扩大。其中，流动资产比 2013 年末增加 2275911 万元，增长率为 5.15%，增长的原因主要是货币资金和其他应收款的增加，而应收账款出现大幅下降，说明销售回款加快；非流动资产相比 2013 年末增加 644432 万元，增幅明显，达到了 17.34%，增长的原因有三个，分别是长期待摊费用、无形资产和在建工程的明显增加。

根据资产负债表的平衡原理，资产＝负债＋所有者权益，万科 2014 年的权益增加额也是 2920343 万元，增长率同为 6.09%。对权益增长的原因进行分析可知：负债总额相比 2013 年增加 1874924 万元，增长率为 5.02%，略低于权益的增长率。其中，流动负债的增长额为 1673220 万元，主要来自于预收账款的大幅增加，说明销售金额增加，增长幅度为 5.09%；而非流动负债的增长额为 201704 万元，增长率略低，为 4.50%。所有者权益的增长幅度则高于负债，达到了 9.91%，增长的原因主要是留存收益的增加。

表 10-2　万科合并利润表趋势分析　　　　　　　　单位：万元

项目	2014 年度	2013 年度	规模变动情况	
			增减额	增减率(%)
一、营业总收入	**14638800**	**13541879**	**1096921**	**8.10**
二、营业总成本	**12557892**	**11216207**	**1341685**	**11.96**
其中：营业成本	10255706	9279765	975941	10.52
营业税金及附加	1316675	1154500	162175	14.05
管理费用	390262	300284	89978	29.96
销售费用	452189	386471	65718	17.00
财务费用	64084	89172	-25088	-28.13
资产减值损失	78976	6015	72961	1212.92

(续表)

项目	2014 年度	2013 年度	规模变动情况	
			增减额	增减率(%)
加:公允价值变动收益/(损失)	1101	-57	1158	-2031.58
投资收益	415926	100519	315407	313.78
三、营业利润	**2497936**	**2426134**	**71802**	**2.96**
加:营业外收入	35187	11897	23290	195.76
减:营业外支出	7886	8930	-1043	-11.69
四、利润总额	**2525236**	**2429101**	**96135**	**3.96**
减:所得税	596484	599346	-2862	-0.48
五、净利润	**1928752**	**1829755**	**98997**	**5.41**
归属于母公司所有者的净利润	1574545	1511855	62690	4.15
少数股东损益	354207	317900	36307	11.42
六、每股收益			0	
(一)基本每股收益	1.43	1.37	0	4.38
(二)稀释每股收益	1.43	1.37	0	4.38
七、其他综合收益	**6460**	**4859**	**1601**	**32.95**
八、综合收益总额	1935212	1834614	100598	5.48
归属于母公司股东的综合收益总额	1581769	1516714	65055	4.29
归属于少数股东的综合收益总额	353444	317900	35544	11.18

注:数据来源为万科年报。由于四舍五入,个别数字存在误差。

从表 10-2 可以看出,万科 2014 年度的营业收入为 14638800 万元,比 2013 年度增长了 8.1%,但是营业总成本的增长幅度为 11.96%,明显大于营业总收入的增长幅度,这也导致了利润只增长了 5.41%,低于营业收入的增长率,仅增长了 98997 万元净利润。营业总成本中,营业成本的增加额最多,达到了 975941 万元,增幅为 10.52%,其他增加较多的是营业税金及附加和管理费用。

若能放大时间,则可以看出企业在一段期间的趋势变化,下面根据营业收入和净利润(归属于母公司的净利润)进行一个 5 年期的趋势分析,包括定基分析和环比分析。

从万科财务报告中取 2010—2014 年 5 年的净利润和营业收入数据,以 2010 年作为基期,用各年的数值除以基期的数值,则可得到如表 10-3、图 10-2 所示的定基趋势百分比。

表 10-3 万科 2010—2014 年净利润和营业收入定基变动趋势表

项目	2014	2013	2012	2011	2010
净利润(万元)	1574545	1511855	1255118	962488	728313
变动趋势(%)	216.19	207.58	172.33	132.15	100
营业收入(万元)	14638800	13541879	10311625	7178275	5071385
变动趋势(%)	288.65	267.03	203.33	141.54	100

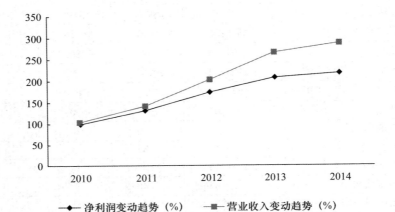

图 10-2 万科 2010—2014 年净利润和营业收入定基变动趋势图

表 10-3 和图 10-2 的定基趋势百分比表明，与 2010 年相比，这 5 年来万科的营业收入和净利润均呈现上升趋势，到 2014 年净利润已翻倍，营业收入相比 2014 年增长率接近 3 倍。但同时也能清楚地发现，净利润的增长幅度慢慢低于营业收入的增长率，也就是营业收入的增长并没有带来同比的利润的增长，在实现销售收入的时候发生了更多的成本和费用，和上文的分析一致。所以通过趋势变化不仅能看到总的发展走势，而且能精确地表明各年的变动程度。

表 10-4 万科 2010—2014 年净利润和营业收入环比变动趋势表

项目	2010	2011	2012	2013	2014
净利润(万元)	728313	962488	1255118	1511855	1574545
净利润变动趋势(%)		32.15	30.40	20.46	4.15
营业收入(万元)	5071385	7178275	10311625	13541879	14638800
营业收入变动趋势(%)		41.54	43.65	31.33	8.10

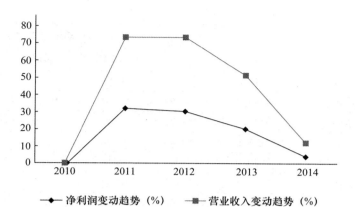

图 10-3　万科 2010—2014 年净利润和营业收入环比变动趋势图

同样的数据,若进行环比趋势分析的话,趋势图就呈现不同的变化,从图 10-3 中可以看出,净利润和营业收入经历了 2011 年的快速增长之后,后续的增长速度则持续下降,说明增长后劲不足。

第三节　结　构　分　析

结构分析(structural analysis)又称垂直分析,是把财务报表中某一关键项目作为基数项目,以其金额为 100,计算其余项目占该基数项目的比重,通常通过比重对各项目作出判断和评价。结构分析可以反映资产结构变动情况和变动的合理性,分析评价企业资本结构的变动情况及合理性等。

资产负债表的关键项目通常是资产总额,根据万科股份在证券交易所中所披露的 2013—2014 年度资产负债表,编制资产负债表的结构分析表如下:

表 10-5　万科合并资产负债表结构分析　　　　　　　　单位:万元

项目	2014 年度	2013 年度	结构(占总资产的比重,%)		
			2014	2013	变动情况
货币资金	6271525	4436541	12.34	9.26	3.08
交易性金融资产	3640		0.01	0.00	0.01
应收账款	189407	307897	0.37	0.64	-0.27
预付账款	2943313	2865367	5.79	5.98	-0.19
其他应收款	4892446	3481532	9.62	7.27	2.36
存货	31772638	33113322	62.49	69.10	-6.61

（续表）

项目	2014 年度	2013 年度	结构（占总资产的比重，%）		
			2014	2013	变动情况
其他流动资产	407600		0.80	0.00	0.80
流动资产合计	**46480570**	**44204659**	**91.42**	**92.25**	**−0.82**
可供出售金融资产	13318	257225	0.03	0.54	−0.51
长期股权投资	1923366	1053143	3.78	2.20	1.59
投资性房地产	798088	1171048	1.57	2.44	−0.87
固定资产	230835	212977	0.45	0.44	0.01
在建工程	183348	91367	0.36	0.19	0.17
无形资产	87755	43007	0.17	0.09	0.08
商誉	20169	20169	0.04	0.04	0.00
长期待摊费用	33900	6351	0.07	0.01	0.05
递延所得税资产	401620	352526	0.79	0.74	0.05
非流动资产合计	**4360306**	**3715874**	**8.58**	**7.75**	**0.82**
资产总计	**50840876**	**47920532**	**100.00**	**100.00**	**0.00**
短期借款	238307	510251	0.47	1.06	−0.60
交易性金融负债		1169	0.00	0.00	0.00
应付票据	2129189	1478390	4.19	3.09	1.10
应付账款	6704720	6395846	13.19	13.35	−0.16
预收账款	18174934	15551807	35.75	32.45	3.30
应交税费	512417	457821	1.01	0.96	0.05
应付利息	33651	29124	0.07	0.06	0.01
其他应付款	4544173	5470429	8.94	11.42	−2.48
一年内到期的非流动负债	2044929	2752179	4.02	5.74	−1.72
流动负债合计	**34565403**	**32892183**	**67.99**	**68.64**	**−0.65**
长期借款	3453671	3668313	6.79	7.65	−0.86
应付债券	1161223	739839	2.28	1.54	0.74
预计负债	5342	4688	0.01	0.01	0.00
递延所得税负债	59030	67272	0.12	0.14	−0.02
其他非流动负债	6844	4296	0.01	0.01	0.00
非流动负债合计	**4686111**	**4484407**	**9.22**	**9.36**	**−0.14**
负债合计	**39251514**	**37376590**	**77.20**	**78.00**	**−0.79**
股本 1 万股	1103751	1101497	2.17	2.30	−0.13

(续表)

项目	2014 年度	2013 年度	结构(占总资产的比重,%)		
			2014	2013	变动情况
资本公积金	849363	854913	1.67	1.78	-0.11
盈余公积金	2607878	2013541	5.13	4.20	0.93
未分配利润	4199284	3670689	8.26	7.66	0.60
归属于母公司股东权益合计	8816457	7689598	17.34	16.05	1.29
少数股东权益	2772905	2854344	5.45	5.96	-0.50
股东权益合计	11589362	10543942	22.80	22.00	0.79
负债和股东权益总计	50840876	47920532	100.00	100.00	0.00

注：数据来源为万科年报。由于四舍五入，个别数字存在误差。

根据表10-5、图10-4分析可知其资产结构和资本结构：

从万科的资产结构可以看出：该公司2014年流动资产的比重为91.42%，非流动资产的比重仅为8.58%，流动资产的比重远远高于非流动资产比重，说明公司资产的流动性强，经营风险低。从动态方面分析，2013年公司的流动资产比重更高，2014年调整后流动资产比重下降了-0.8%，非流动资产比重提高了0.82%，可见该企业一贯保持非常高的流动资产比重。

从万科的资本结构可以看出：该公司2014年的股东权益比重仅为22.80%，基本与上年度持平，也就是说该公司的负债比率达到77%以上，资产负债率比较高。从负债的构成上看，以流动负债为主，这也加大了短期偿债的压力和风险。这样的财务结构是否合适，仅凭以上分析难以作出准确判断，还需要结合上面的资产结构、资产的管理能力和公司的盈利能力分析等才能进一步予以说明。从动态上分析，资本结构基本保持稳定。具体应结合趋势分析和同行业比较分析说明该公司的资本结构是否合理并判断其财务风险。调查发现，同行中保利地产、招商地产等房产企业的资产负债率也都在70%以上。

由图10-5分析可知，万科的负债中同样是以流动负债为主，流动负债占总负债的88.06%，其次是长期借款和应付债券，分别为8.8%和2.96%，其他长期负债仅占0.18%。

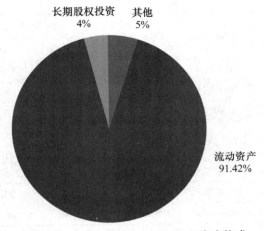

图 10-4　万科 2014 年 12 月 31 日资产构成

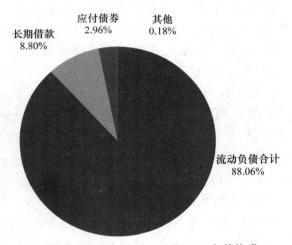

图 10-5　万科 2014 年 12 月 31 日负债构成

利润表则通常以营业收入为关键项目。根据万科股份在证券交易所中所披露的 2013—2014 年度利润表,编制利润表的结构分析表如下：

表 10-6　万科合并利润表结构分析　　　　　　　　　单位:万元

项目	2014 年	2013 年	结构(占营业收入的比重,%)		
			2014	2013	变动情况
一、营业总收入	14638800	13541879	100.00	100.00	—
二、营业总成本	12557892	11216207	85.78	82.83	2.96
其中:营业成本	10255706	9279765	70.06	68.53	1.53

（续表）

项目	2014 年	2013 年	结构(占营业收入的比重,%)		
			2014	2013	变动情况
营业税金及附加	1316675	1154500	8.99	8.53	0.47
管理费用	390262	300284	2.67	2.22	0.45
销售费用	452189	386471	3.09	2.85	0.24
财务费用	64084	89172	0.44	0.66	-0.22
资产减值损失	78976	6015	0.54	0.04	0.50
加:公允价值变动收益/(损失)	1101	-57	0.01	0.00	0.01
投资收益	415926	100519	2.84	0.74	2.10
三、营业利润	2497936	2426134	17.06	17.92	-0.85
加:营业外收入	35187	11897	0.24	0.09	0.15
减:营业外支出	7886	8930	0.05	0.07	-0.01
四:利润总额	2525236	2429101	17.25	17.94	-0.69
减:所得税	596484	599346	4.07	4.43	-0.35
五:净利润	1928752	1829755	13.18	13.51	-0.34
归属于母公司所有者的净利润	1574545	1511855	10.76	11.16	-0.41
少数股东损益	354207	317900	2.42	2.35	0.07

注:数据来源为万科年报。由于四舍五入,个别数字存在误差。

从表10-6可以看出万科2014年度各项财务成果的构成情况:营业利润占营业收入的比重为17.06%,比上年略降低0.86%;营业利润占营业收入的比重为17.25%,比上年略降低0.69%;净利润的比重为13.18%,比上年小幅降低。从利润的构成上看,公司的盈利能力较上年有所下降,主要是因为该公司近两年的营业总成本有所增加,增加幅度为近3%,其中营业成本、营业税金及附加费用、期间费用等均有所增加,原因是随着经营规模的增长,各项费用结算规模相应增长。

第四节 比 率 分 析

财务比率(financial ratio)也称财务指标,是通过财务报表数据的相对关系来揭示企业经营管理的各方面问题,是最主要、最常用的财务分析方法。最基本的财务比率分析包括偿债能力分析、营运能力分析、盈利能力分析、发展能力分析和现金流量比率分析。

为方便解释说明,本节各项财务比率的计算,将主要采用万科作为分析对象,该公司2014年的资产负债表、利润表如表10-7、10-8所示:

表 10-7 　合并资产负债表

编制单位：万科股份有限公司　　2014 年 12 月 31 日　　单位：万元　　币种：人民币

资产	2014.12.31	2013.12.31	负债及所有者权益	2014.12.31	2013.12.31
流动资产：			**流动负债：**		
货币资金	6271525	4436541	短期借款	238307	510251
交易性金融资产	3640		交易性金融负债		1169
应收账款	189407	307897	应付票据	2129189	1478390
预付账款	2943313	2865367	应付账款	6704720	6395846
其他应收款	4892446	3481532	预收账款	18174934	15551807
存货	31772638	33113322	应交税费	512417	457821
其他流动资产	407600		应付利息	33651	29124
流动资产合计	46480570	44204659	其他应付款	4544173	5470429
非流动资产：			一年内到期的非流动负债	2044929	2752179
可供出售金融资产	13318	257225	**流动负债合计**	34565403	32892183
长期股权投资	1923366	1053143	**非流动负债：**		
投资性房地产	798088	1171048	长期借款	3453671	3668313
固定资产	230835	212977	应付债券	1161223	739839
在建工程	183348	91367	预计负债	5342	4688
无形资产	87755	43007	递延所得税负债	59030	67272
商誉	20169	20169	其他非流动负债	6844	4296
长期待摊费用	33900	6351	**非流动负债合计**	4686111	4484407
递延所得税资产	401620	352526	**负债合计**	39251514	37376590
非流动资产合计	4360306	3715874	**所有者权益：**		
			股本/万股	1103751	1101497
			资本公积金	849363	854913
			盈余公积金	2607878	2013541
			未分配利润	4199284	3670689
			归属于母公司股东权益合计	8816457	7689598
			少数股东权益	2772905	2854344
			股东权益合计	11589362	10543942
资产总计	50840876	47920532	**负债和股东权益总计**	50840876	47920532

表 10-8　合并利润表

编制单位:万科股份有限公司　　2014 年 12 月 31 日　　单位:万元　　币种:人民币

项目	2014 年	2013 年
一、营业总收入	14638800	13541879
二、营业总成本	12557892	11216207
其中:营业成本	10255706	9279765
营业税金及附加	1316675	1154500
管理费用	390262	300284
销售费用	452189	386471
财务费用	64084	89172
资产减值损失	78976	6015
加:公允价值变动收益/(损失)	1101	-57
投资收益	415926	100519
三、营业利润	2497936	2426134
加:营业外收入	35187	11897
减:营业外支出	7886	8930
四、利润总额	2525236	2429101
减:所得税	596484	599346
五、净利润	1928752	1829755
归属于母公司所有者的净利润	1574545	1511855
少数股东损益	354207	317900
六、每股收益		
(一)基本每股收益	1.43	1.37
(二)稀释每股收益	1.43	1.37
七、其他综合收益	6460	4859
八、综合收益总额	1935212	1834614
归属于母公司股东的综合收益总额	1581769	1516714
归属于少数股东的综合收益总额	353444	317900

一、偿债能力分析

偿债能力是企业偿还到期债务的承受能力或保证程度。静态地讲,就是用企业资产清偿企业债务的能力;动态地讲,就是用企业资产和经营过程创造的收益偿还债务的能力。企业偿债能力是反映企业财务状况和经营能力的重要标志,是企业财务分析的重要组成部分。

偿债能力按照到期债务偿还期限的长短,分为短期偿债能力和长期偿债能力。

（一）短期偿债能力

短期偿债能力是指偿还流动负债的能力。其衡量方法有两种，一种是比较偿债资产和偿债负债的存量，也即营运资金的多少；另一种则是比较偿债资产和偿债负债的比值。

短期偿债能力的指标包括：营运资金、流动比率、速动比率和现金比率。

1. 营运资金（working capital）

营运资金是指流动资产超过流动负债的部分，表示企业流动资产偿还流动负债之后的余额，是衡量短期偿债能力的绝对量指标。营运资金是偿还流动负债的"缓冲垫"，营运资金越多，则越有偿债保障，也即流动资产大于流动负债，该指标越高，表示企业的短期偿债能力越强，债权人的债权越安全。虽然营运资金越多，表示短期偿债能力越强，财务风险降低，但是，过多的营运资金也同时意味着盈利性降低。

根据万科的财务报表数据，计算可得：

2014 年营运资金 = 46480570 − 34565403 = 11915167（万元）

2013 年营运资金 = 44204659 − 32892183 = 11312476（万元）

计算可知，万科 2014 年度和 2013 年度的营运资金为正，即流动资产抵补完流动负债之后仍有剩余，2014 年的营运资金比上年度更充裕，增加了 602691 万元。

另外，没有一个统一的标准来衡量营运资金保持多少是合理的。不同行业的营运资金规模存在很大的区别。一般来说，零售、批发行业的营运资金较多，因为该行业资产构成以流动资产为主；制造业企业的营运资金存在的数额有较大的区别，经营规模的大小会影响该企业营运资金的大小。所以，就算是同一行业的企业之间的营运资本也缺乏可比性。营运资金是一个绝对数财务指标，不便于不同企业之间进行比较，因此在实务中更多地采用其他相对数指标来衡量短期偿债能力。

2. 流动比率（current ratio）

流动比率是流动资产和流动负债的比值，表示每 1 元流动负债有多少流动资产作为偿债保障。其计算公式如下：

$$流动比率 = \frac{流动资产}{流动负债}$$

一般认为，流动比率应保持在 2 以上。这是因为流动资产中变现能力最差的存货金额约占流动资产总额的一半，剩下的流动性较大的流动资产至少要等于流动负债，企业的偿债能力才有保障。因此，流动比率超过 1 的部分，可以为流动负债的偿还提供一份特殊的保证，显示出债权人安全边际的大小。由于滞销的存货、发生坏账的应收账款等资产在变现时可能会发生损失,流动比率超过1的部分越多,债权人的安全边际越大。

流动比率的计算方法简单,资料来源比较可靠,可用于不同企业之间进行比较。但用流动比率衡量短期偿债能力时,也存在一定的局限性。从债权人立场看,流动比率越高越好,表示企业的偿债能力越强,企业面临的短期流动性风险越小,债权越有保障、越安全。但是从经营者和所有者立场看,过高的流动比率未必是好事,可能意味着企业滞留在流动资产上的资金过多,未能有效地利用资金。因此,还需要结合速动比率、现金比率才能更准确地评价企业的短期偿债能力。

根据万科的财务报表数据,计算可得:

$$2014 年流动比率 = \frac{46480570}{34565403} = 1.34$$

$$2013 年流动比率 = \frac{44204659}{32892183} = 1.34$$

以上结果表明,每1元流动负债有1.23元流动资产作为偿付担保。按照经验来判断,万科近2年的流动比率都低于2,表明公司的短期偿债能力较弱,这是否意味着该公司短期偿债能力已经陷入危机呢?应结合该行业的平均值及该公司指标的变动情况进行比较,才能说明问题。从下图中可看到,万科的流动比率一直低于房地产行业的平均值,可知该公司的短期偿债风险高于行业平均风险水平。

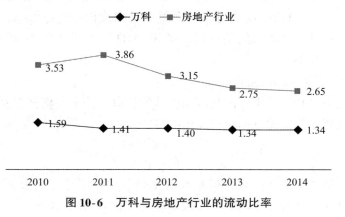

图 10-6　万科与房地产行业的流动比率

3. 速动比率(quick ratio)

速动比率,是速动资产与流动负债的比率,用来衡量公司流动资产可以立即偿付流动负债的能力,是流动比率的辅助指标。速冻资产是指流动资产减去变现能力较差且不稳定的存货、待摊费用等后的余额。由于提出了存货等变现能力较弱且不稳定的资产，因此，速冻比率比流动比率能更加准确、可靠地评价资产的流动性及其偿还短期负债的能力。通常，待摊费用等在流动资产中的比重较小，可忽略（如比重较大，则应该在计算速冻资产时扣除）。

速动比率越高，偿还债务的能力就越强，偿债的保障能力就越强。一般认为，速动比率为1时，较为安全。

速动比率的计算公式如下：

$$速动比率 = \frac{流动资产}{流动负债} = \frac{流动资产 - 存货}{流动负债}$$

对于万科来说，其速动比率经计算可得：

$$2014\ 年速动比率 = \frac{46480570 - 31772638}{34565403} = 0.43$$

$$2013\ 年速动比率 = \frac{44204659 - 33113322}{32892183} = 0.34$$

通过计算可以看出，万科扣除存货之后，每一元流动负债有0.43元的流动资产作为偿债保障，与上年相比有所提高。但是，离经验值1仍有较大差距。同期房地产行业的速动比率平均值分别为0.89和0.93，可见万科的速动比率低于同期行业平均水平。结合上述流动比率分析，万科的短期偿债能力还需加强。

和流动比率一样，速动比率也有其局限性，使用时应注意：流动比率和速动比率都是一个静态指标，反映过去某个时点上的偿债指标；速动资产中包含的应收账款质量受各债务人的信用状况影响，不良应收账款越多，势必会削弱企业的短期偿债能力。

4. 现金比率（cash ratio）

现金比率是指现金类资产与流动负债的比率。现金类资产包括货币资金、交易性金融资产等能够立即用于还债的资产。

$$现金比率 = \frac{现金类资产}{流动负债} \times 100\%$$

现金比率比速动比率更稳健地反映了企业即时偿还流动负债的能力。该比率未考虑企业具备变现能力的其他流动资产，因此该比率是考察企业立即变现能力的指标。

计算万科的现金比率：

$$2014\ 年现金比率 = \frac{6271525 + 3640}{34565403} \times 100\% = 18.15\%$$

$$2013\text{年现金比率} = \frac{4436541 + 0}{32892183} \times 100\% = 13.49\%$$

从计算结果看,每1元流动负债中有0.18元现金类资产可立即用于偿债,并有增强的趋势。一般认为,这一比率保持在0.2左右比较合理。现金比率太低,说明偿债能力不足,存在一定风险。现金比率过高,则表示大量现金类资产未得到合理利用,机会成本增加。

(二) 长期偿债能力

长期偿债能力是指企业在较长的期间偿还债务的能力。长远来看,企业不仅需要偿还近期将到期的流动负债,还需要偿还长期的非流动负债,因此长期偿债能力衡量的是对企业所有负债的清偿能力。长期偿债能力的强弱是反映企业财务安全和稳定程度的重要标志。长期偿债能力比率考察的是企业资产、负债和所有者权益之间的关系。

长期偿债能力的指标包括:资产负债率、权益乘数、产权比率和利息保障倍数。

1. 资产负债率(asset-liability ratio)

资产负债率是指企业总资产与总负债的比值,是体现企业长期偿债能力的一个重要指标。

$$\text{资产负债率} = \frac{\text{负债总额}}{\text{资产总额}} \times 100\%$$

在计算资产负债率时,是用财务指标的总额还是用平均值,其本质是一样的,分析时视情况而定。

该指标是最常用的资本结构衡量指标,也是长期债务能力分析的核心指标。资产负债率越高,说明企业在获取资本时更倾向于负债,企业的偿债能力越差,财务风险越高。一定程度的负债经营可以获得财务杠杆和避税等好处,但是负债超过一定程度则会加大企业的财务风险。因此,对于资产负债率高于行业平均值很多的企业,需要予以重视,避免损失。银行在审核公司贷款时,往往会特别关注其资产负债率,如果其资产负债率超过70%,银行很可能会拒绝对其贷款。

一般认为,当资产负债率高于50%时,表明企业资产主要依赖负债,财务风险较大。反之,则表明企业资产主要依赖于所有者权益,财务比较稳健。这一比率越低,表明企业资产对负债的保障程度越高,企业的长期偿债能力越强。

根据万科财务数据,计算可得:

$$2014\text{年资产负债率} = \frac{39251514}{50840876} \times 100\% = 77.20\%$$

$$2013\text{年资产负债率} = \frac{37376590}{47920532} \times 100\% = 78\%$$

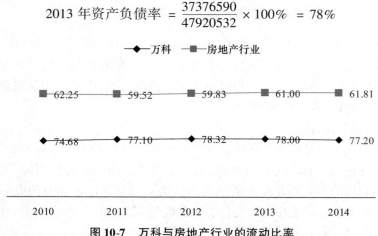

图 10-7 万科与房地产行业的流动比率

根据计算结果和图 10-7,万科的资产负债率长期在 77% 以上,和房地产行业的资产负债率的平均值相比,万科长期高于行业平均水平。说明万科在规模扩张时,更倾向于利用债务资本筹资,以获取杠杆效应,但同时也承担了相应较高的财务风险。同时,我们也发现整个房地产行业的资产负债率保持在 60% 以上,该行业的资本结构特色是高负债,资产负债率相比其他行业较高。

2. 权益乘数(equity multiplier)

权益乘数是指公司的资产总额与股东权益的比值,表明股东每投入 1 元钱可实际控制的资产金额,也即公司的固定权益支撑多大规模的投资。该乘数越大,说明企业对负债经营利用得越充分,财务风险越大,债权人受保护的程度也就越低。

$$\text{权益乘数} = \frac{\text{资产总额}}{\text{股东权益}} = \frac{\text{资产总额}}{\text{资产总额} - \text{负债总额}} = \frac{1}{1 - \text{资产负债率}}$$

万科的权益乘数计算如下:

$$2014\text{年权益乘数} = \frac{50840876}{11589362} = 4.39$$

$$2013\text{年权益乘数} = \frac{47920532}{10543942} = 4.54$$

由计算结果可得,万科的权益乘数为 4.39,相比上年的 4.54 下降了 0.15,说明其债务水平略有下降,和上述资产负债率的分析相对应。

权益乘数是对资产负债率的必要补充,但两个指标的侧重点不同:权益乘数侧重于资产总额与股东权益的倍数关系,倍数越大,风险越大;资产负债率则侧重于揭示总资本中负债的比值,比率越高,债权人权益的保障程度就越低。

3. 产权比率(equity ratio)

产权比率和权益乘数是资产负债率的另外两种表现形式,是常用的反映财务杠杆水平的指标。

产权比率又称资本负债率,是负债总额与所有者权益的比值,它是企业财务结构稳健与否的重要标志。其计算公式为:

$$产权比率 = \frac{负债总额}{股东权益} \times 100\%$$

产权比率反映了债权人资本受股东权益保障的程度,或者企业清算时对债权人利益的保障程度。一般来说,产权比率越低,说明企业长期偿债能力越强。

万科的产权比率计算如下:

$$2014 年产权比率 = \frac{39251514}{11589362} \times 100\% = 338.69\%$$

$$2013 年产权比率 = \frac{37376590}{10543942} \times 100\% = 354.48\%$$

万科的产权比率计算表明,万科的产权比率为338.69%,比上年下降了15.79%,股东权益对偿债风险的承受能力略有增强,对债务的保障程度有所提高。

4. 利息保障倍数(interest coverage ratio)

资产负债率、权益乘数和产权比率研究的是资本结构与长期偿债能力的关系,但未能反映盈利与长期偿债能力的关系。企业是否有充足的现金流入来偿还长期债务,在很大程度上取决于其盈利情况。一般情况下,盈利水平越高,长期偿债能力就越强,反之,则越弱。利息保障倍数是可以反映盈利水平和偿债风险的财务指标。

利息保障倍数,又称已获利息倍数,是指息税前利润为利息费用的倍数,用以衡量偿付利息的能力。其计算公式为:

$$利息保障倍数 = \frac{息税前利润}{利息费用} = \frac{净利润 + 所得税费用 + 利息费用}{利息费用}$$

公式中的分母"利息费用",是指本期发生的全部应付利息,不仅包括财务费用中的利息费用,还包括资本化利息。实务中,如果本期资本化利息金额较小,可将财务费用金额作为分母利息费用中。

利息保障倍数反映了利息支付的来源与利息之间的关系。该比率越高,长期偿债能力越强。息税前利润至少要能支付全部的利息费用,也就是利息保障倍数至少应大于1。如果该指标低于最低标准1,说明企业偿债能力较弱,企业支付能力下降。

万科的利息保障倍数计算如下:

$$2014\text{ 年利息保障倍数} = \frac{1928752 + 596484 + 64084}{64084} = 40.40$$

$$2013\text{ 年利息保障倍数} = \frac{1829755 + 599346 + 89172}{89172} = 28.24$$

从万科利息保障倍数计算结果来看,2014 年万科的利息保障倍数达到了 40.40 倍,与上年相比提高了 12.16 倍。万科经营所获得的息税前利润与利息费用相比,倍数越大,说明其支付利息费用的能力越强。这说明,万科的盈利情况足以支付需要偿付的利息费用,财务风险并没有如资产负债率等资本结构指标显示的那样高,所以万科才倾向于比行业水平更高的债务比率。

另外,企业可动用的银行贷款指标或授信额度、资产质量、长期经营租赁、或有事项等也会影响企业的偿债能力,这些因素也需要予以考虑。

二、营运能力分析

营运能力是企业运用各项资产以赚取利润的能力。企业营运能力的财务分析比率有:应收账款周转率、存货周转率、流动资产周转率、固定资产周转率和总资产周转率等。这些比率揭示了企业资金运营周转的情况,反映了企业对经济资源管理、运用的效率高低。企业资产周转越快,流动性越高,企业的偿债能力越强,资产获取利润的速度就越快。

1. 应收账款周转率(account receivable turnover)

应收账款周转率,是反映应收账款周转速度的指标,它是一定时期内赊销收入净额与应收账款平均余额的比率。

应收账款周转率有两种表示方法:一种是应收账款在一定时期内(通常为一年)的周转次数,另一种是应收账款的周转天数即所谓应收账款账龄。

在一定时期内应收账款周转的次数越多,应收账款的周转天数就越短,表明应收账款回收速度越快,企业管理工作的效率越高。这不仅有利于企业及时收回贷款,减少或避免发生坏账损失的可能性,而且有利于提高企业资产的流动性,提高企业短期债务的偿还能力。根据对应收账款周转率的分析,也可以评价客户的信用程度及信用政策。在其他条件相同的情况下,应收账款周转率越高,说明企业在产品市场上话语权越大,可更多地采用现金销售的方式,而不影响其市场地位。

相关计算公式如下:

$$\text{应收账款周转率(周转次数)} = \frac{\text{营业收入}}{\text{应收账款平均余额}}$$

$$\text{应收账款周转期(周转天数)} = \frac{\text{应收账款平均余额}}{\text{营业收入}} \times 360$$

或者

$$= \frac{360}{应收账款周转率}$$

一般来说,应收账款周转率越高越好,表明公司收账速度快,平均收账期短,坏账损失少,资产流动快,偿债能力强。与之相对应,应收账款周转天数则是越短越好。如果公司实际收回账款的天数越过了公司规定的应收账款天数,则说明债务人拖欠时间长,资信度低,增大了发生坏账损失的风险;同时也说明公司催收账款不力,使资产形成了呆账甚至坏账,造成了流动资产不流动,这对公司正常的生产经营是很不利的。但从另一方面说,如果公司的应收账款周转天数太短,则表明公司奉行较紧的信用政策,付款条件过于苛刻,这样会限制企业销售量的扩大,特别是当这种限制的代价(机会收益)大于赊销成本时,会影响企业的盈利水平。

$$万科2014年应收账款周转率(周转次数) = \frac{14638800}{\frac{189407+307897}{2}} = 58.87(次)$$

$$应收账款周转期(周转天数) = \frac{\frac{189407+307897}{2}}{14638800} \times 360 = 6.11(天)$$

或者

$$= \frac{360}{58.87} = 6.11(天)$$

结果显示,2014年万科的应收账款周转了58.87次,平均每6.11天运转1次。要评价万科的应收账款周转率是否合理,需要与其历史情况和同行业企业相比,才能得出结论。

根据图10-8,万科的应收账款周转率相对比较稳定,变化不明显,说明万科在应收账款资产利用政策上基本保持稳定。同时也可看出,三家公司相比,万科和保利地产之间的应收账款周转率较为接近,但和招商地产之间的差距比较大。为什么从分析数据上看,招商地产的应收账款资产利用效率明显高于其他两家公司呢?招商地产应收账款周转率是万科的10倍呢?

通过分析,2014年招商地产的营业收入为万科的3倍左右,但是其应收账款余额却只有万科的1/3左右,故造成了应收账款周转率上出现了10倍左右的差距,为什么招商地产营业额大于其他企业,其应收账款余额却又明显少于其他企业呢?一种原因是招商地产的应收账款管理工作做得特别好,期末未收回款项比较少;另一种原因可能是通过报表数据处理,把未收回的应收账款转移成其他款项。

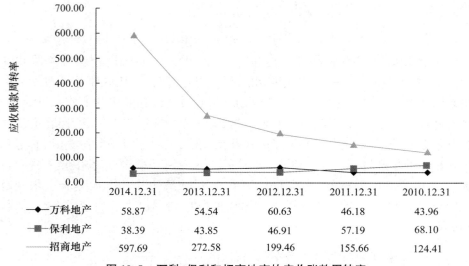

图 10-8　万科、保利和招商地产的应收账款周转率

在计算和使用应收账款周转率时应注意以下问题:

(1) 销售收入的赊销比例问题。理论上说,应收账款是赊销引起的,计算时应使用赊销额取代销售收入。但是,外部分析人无法取得赊销的数据,只好直接使用营业收入计算。

(2) 应收账款年末余额的可靠性问题。应收账款是特定时点的存量,容易受季节性、偶然性和人为因素影响。在用应收账款周转率评价业绩时,可以使用年初和年末的平均数,或者使用多个时点的平均数,以减少这些因素的影响。

(3) 应收账款的减值准备问题。统一财务报表上列示的应收账款是已经提取减值准备后的净额,而销售收入并没有相应减少。其结果是,提取的减值准备越多,应收账款周转天数越少。这种周转天数的减少不是好的业绩,反而说明应收账款管理欠佳。如果减值准备的数额较大,就应进行调整,使用未提取坏账准备的应收账款计算周转天数。报表附注中应披露应收账款减值的信息,可作为调整的依据。

(4) 应收票据是否计入应收账款周转率。大部分应收票据是销售形成的,应将其纳入应收账款周转率的计算。

(5) 应收账款周转天数并非越少越好。应收账款是赊销引起的,如果赊销有可能比现销更有利,周转天数就不是越少越好。收现时间的长短与企业的信用政策有关。改变信用政策,通常会引起企业应收账款周转天数的变化。信用政策的评价涉及多种因素,不能仅仅考虑周转天数的缩短。

（6）应收账款分析应与销售额分析、现金分析相联系。如果一个企业应收账款日益增加，而销售和现金日益减少，则可能是销售出了比较严重的问题，以致放宽信用政策，甚至随意发货，但现金却收不回来。

2. 存货周转率（inventory turnover ratio）

存货周转率是一定时期内企业销货成本与存货平均余额的比率。它是反映企业销售能力和流动资产流动性的一个指标，也是衡量企业生产经营各个环节中存货运营效率的一个综合性指标。同样，它可以从周转次数和周转天数两个方面来考察。

$$存货周转率(周转次数) = \frac{营业成本}{存货平均余额}$$

$$存货周转期(周转天数) = \frac{营业成本}{存货平均余额} \times 360 = \frac{360}{存货周转率}$$

在一般情况下，存货周转率越高越好。在存货平均水平一定的条件下，存货周转率越高越好，表明企业的销货成本数额增多，产品销售的数量增长，企业的销售能力加强。反之，则销售能力不强。企业要扩大产品销售数量，增强销售能力，就必须在原材料的购进、生产过程中的投入、产品的销售、现金的收回等方面做到协调和衔接。因此，存货周转率不仅可以反映企业的销售能力，而且能用以衡量企业生产经营中的各有关方面运用和管理存货的工作水平。

存货周转率还可以衡量存货的储存是否适当，是否能保证生产不间断的进行和产品有秩序的销售。存货既不能储存过少，造成生产中断或销售紧张，又不能储存过多，形成呆滞、积压。存货周转率也反映存贷结构合理与质量合格的状况。因为只有结构合理，才能保证生产和销售任务正常、顺利地进行；只有质量合格，才能有效地流动，从而达到存货周转率提高的目的。存货是流动资产中最重要的组成部分，往往达到流动资产总额的一半以上。因此，存货的质量和流动性对企业的流动比率具有举足轻重的影响，并进而影响企业的短期偿债能力。存货周转率的这些重要作用，使其成为综合评价企业营运能力的一项重要的财务比率。

$$2014 年万科存货周转率(周转次数) = \frac{10255706}{\frac{31772638 + 33113322}{2}} = 0.32(次)$$

$$2014 年万科存货周转期(周转天数) = \frac{360}{0.32} = 1125(天)$$

计算结果表明，万科 2014 年存货周转次数仅为 0.32 次，也即其存货完整周转一次需要 1125 天。结合其行业性质和行业周期来看，其存货周转率符合该行业特点，由于房地产行业的开发周期通常较长，故一个周期往往超过一个

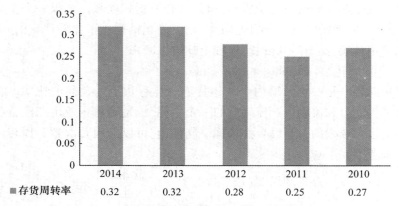

图 10-9　万科 2010—2014 年度的存货周转率

会计年度,甚至需要 3—5 年的运转周期也是正常的。

3. 流动资产周转率(turnover of current assets)

流动资产周转率是反映企业流动资产周转速度的指标。它是流动资产的平均占用额与流动资产在一定时期所完成的周转额的比率。其计算公式如下:

$$流动资产周转率(周转次数) = \frac{营业收入}{流动资产平均余额}$$

$$流动资产周转期(周转天数) = \frac{流动资产平均余额}{营业收入} \times 360 = \frac{360}{流动资产周转率}$$

在一定时期内,流动资产周转次数越多,表明以相同的流动资产完成的周转额越多,流动资产利用的效果越好。流动资产周转率用周转天数表示时,周转一次所需要的天数越少,表明流动资产在经历生产和销售各阶段时占用的时间越短,周转越快。生产经营任何一个环节上的工作得到改善,都会反映到周转天数的缩短上来。按天数表示的流动资产周转率能更直接地反映生产经营状况的改善,便于比较不同时期的流动资产周转率,应用较为普遍。

万科 2014 年流动资产周转率(周转次数)

$$= \frac{14638800}{\frac{46480570 + 44204659}{2}} = 0.3228(次)$$

流动资产周转期(周转天数)

$$= \frac{\frac{46480570 + 44204659}{2}}{14638800} \times 360 = 1115.24(天)$$

或者

$$= \frac{360}{0.3228} = 1115.24(天)$$

从计算结果看,同样,万科的流动资产周转一次需要1115.24天,每年只能周转0.3228次。原因不难解释,根据万科资产负债表构成数据看,流动资产中近70%都是存货,故流动资产的周转次数和周转天数与存货存在相同的特点,与该行业产品周期相符合。

在计算和使用存货周转率时,应注意以下问题:

(1) 计算存货周转率时,使用"销售收入"还是"销售成本"作为周转额,要看分析的目的。在短期偿债能力分析中,为了评估资产的变现能力,需要计量存货转换为现金的数量和时间,应采用"销售收入"。在分解总资产周转率时,为系统分析各项资产的周转情况并识别主要的影响,应统一使用"销售收入"计算周转率。如果是为了评估存货管理的业绩,应当使用"销售成本"计算存货周转率,使其分子和分母保持口径一致。

(2) 存货周转天数不是越低越好。存货过多会浪费资金,存货过少不能满足流转需要,在特定的生产经营条件下存在一个最佳的存货水平。

4. 固定资产周转率(fixed asset turnover)

固定资产周转率,是指企业年销售收入净额与固定资产平均净值的比率。它是反映企业固定资产周转情况,从而衡量固定资产利用效率的一项指标。其计算公式如下:

$$固定资产周转率(周转次数) = \frac{营业收入}{固定资产平均余额}$$

$$固定资产周转期(周转天数) = \frac{固定资产平均余额}{营业收入} \times 360 = \frac{360}{固定资产周转率}$$

一般来看,固定资产周转率高,表明企业固定资产利用充分,同时也能表明企业固定资产投资得当,固定资产结构合理,能够充分发挥效率。反之,如果固定资产周转率不高,则表明固定资产使用效率不高,提供的生产成果不多,企业的营运能力不强。

2014年万科固定资产周转率(周转次数)

$$= \frac{14638800}{\frac{230835 + 212977}{2}} = 65.97(次)$$

固定资产周转期(周转天数)

$$= \frac{\frac{230835 + 212977}{2}}{14638800} \times 360 = 5.46(天)$$

或者

$$= \frac{360}{65.97} = 5.46(天)$$

根据计算,万科的固定资产周转率为一年65.97次,每周转一次需5.46天,要评价其固定资产的利用效率还得看这个行业的总体固定资产周转速度,以及该公司固定资产周转率的变化趋势。

运用固定资产周转率时,需要考虑固定资产净值因计提折旧而逐年减少和因更新重置而突然增加的影响;在不同企业间进行分析比较时,还要考虑采用不同折旧方法对净值的影响等。

5. 总资产周转率(turnover of total capital)

反映企业总资产周转情况的指标是总资产周转率,是企业销售收入净额与资产总额的比率。总资产周转率是对企业资产总体使用效率进行评价的指标。

$$总资产周转率(周转次数) = \frac{营业收入}{总资产平均余额}$$

$$总资产周转期(周转天数) = \frac{总资产平均余额}{营业收入} \times 360$$

或者

$$= \frac{360}{总资产周转率}$$

总资产周转率体现了企业使用全部资产创造营业收入的效率。一般而言,总资产周转率越高,说明企业资产总体的使用效率越高;反之,则说明企业资产总体的使用效率越低。

$$2014年总资产周转率(周转次数) = \frac{14638800}{\frac{50840876 + 47920532}{2}} = 0.2964(次)$$

$$总资产周转期(周转天数) = \frac{\frac{50840876 + 47920532}{2}}{14638800} \times 360 = 1214.57(天)$$

或者

$$= \frac{360}{0.2964} = 1217.54(天)$$

计算结果表明,2014年万科的总资产周转次数只有0.2964次,完整地周转一次需要1214.57天。原因如下:根据前面的分析,对全部资产中几项重要的资产,都已分析过其使用效率,又从图10-4 万科2014年12月31日资产构成图中可以发现,万科的资产中流动资产占比达到了91%,因此该公司的总资产使用效率的高低也就取决于流动资产的使用效率,根本原因在于存货的周转率。

总资产周转的高低与企业个别资产周转率的高低和个别资产在总资产中的比重极为相关,因此要分析理解总资产使用效率高低的原因,必须对企业的重要单项资产的使用效率逐一进行分析。

三、盈利能力分析

盈利能力是指企业获取利润的能力。利润是企业内外有关各方都关心的中心问题,是投资者取得投资收益、债权人收取本息的资金来源,是经营者经营业绩和管理效能的集中表现,也是职工集体福利设施不断完善的重要保障。因此,企业盈利能力分析十分重要。

(一) 一般公司财务比率

反映公司盈利能力的指标很多,通常使用的主要有销售毛利率、销售净利率、总资产净利率、净资产收益率等。其中,销售毛利率和销售净利率是反映企业的业务盈利能力,即企业在经营活动中平均每一元销售收入所创造收益的能力;总资产净利率和净资产收益率是反映企业的资产盈利能力,即企业每一元资金所创造收益的能力。

1. 销售毛利率(gross profit margin)

毛利是营业收入与营业成本的差。销售毛利率是毛利占营业收入的百分比,通常称为毛利率,体现了企业因产品盈利特点创造收益的能力。

$$销售毛利率 = \frac{销售毛利}{营业收入} \times 100\% = \frac{营业收入 - 营业成本}{营业收入} \times 100\%$$

销售毛利率高,说明单位产品获利能力强;销售毛利率低,说明单位产品获利能力弱。将销售毛利率与行业水平进行比较,可以反映企业产品的市场竞争地位,销售毛利率高于行业水平的企业,表明其在资源、技术或生产率方面具有竞争地位。销售毛利率指标受产品所在行业的影响,不同行业的产品具有不同的销售毛利率。

$$2014 年万科销售毛利率 = \frac{14638800 - 10255706}{14638800} \times 100\% = 29.94\%$$

根据万科财务数据计算可得,2014 年该公司销售毛利率为 29.94%,和上年相比下降 1.53%。同时,2010—2014 年的销售净利率趋势显示,销售净利率近 5 年来逐渐降低,与房地产行业的调控政策有关,盈利能力越来越弱。

2. 销售净利率(net interest rate)

销售净利率,是指企业实现净利润与销售收入的对比关系,用以衡量企业在一定时期的销售收入获取的能力。该指标反映每一元销售收入带来的净利润的多少,表示销售收入的收益水平。

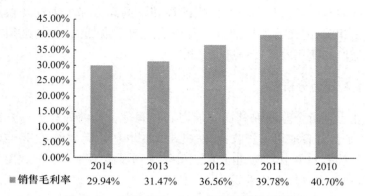

图 10-10　万科 2010—2014 年度的销售毛利率

销售净利率的计算公式为：

$$销售净利率 = \frac{净利润}{营业收入} \times 100\%$$

销售净利率与净利润成正比关系，与销售收入成反比关系，企业在增加销售收入额的同时，必须相应地获得更多的净利润，才能使销售净利率保持不变或有所提高。不同行业的企业销售利润率差异较大。巴菲特 1965 年收购伯克希尔纺织厂后发现纺织业务销售净利率非常低。但他收购报纸后，发现报纸行业的销售利润率明显高得多："虽然规模相当的报纸的高新闻成本与低新闻成本占营业收入的比率差异约为三个百分点，但这些报纸的税前销售利润率往往是这种差异的十倍以上。"

$$2014\ 年万科销售净利率 = \frac{1928752}{14638800} \times 100\% = 13.18\%$$

$$2013\ 年万科销售净利率 = \frac{1829755}{13541879} \times 100\% = 13.51\%$$

计算发现，2014 年万科的销售净利率为 13.18%，相比上年下降 0.33%；而同期销售收入增长了 8.10%。经营中往往可以发现，企业在扩大销售的同时，由于营业成本、销售费用、财务费用、管理费用的大幅增加，企业净利润并不一定会同比例增长，甚至会出现负增长。盲目扩大生产和销售规模未必会为企业带来正的收益。因此，分析者应关注在企业每增加 1 元销售收入的同时，净利润的增减程度，由此来考察销售收入增长的效益。通过分析销售净利率的升降变动，可以促使企业在扩大销售的同时，注意改进经营管理，提高盈利水平。

3. 总资产净利率（net interest rate of total assets）

总资产净利率是指公司净利润与平均资产总额的百分比。该指标反映的是公司运用全部资产所获得利润的水平，即公司每占用 1 元的资产平均能获得多少元的利润。

$$总资产净利率 = \frac{净利润}{平均资产总额} \times 100\%$$

总资产净利率指标越高,表明公司投入产出水平越高,资产运营越有效,成本费用的控制水平越高,体现出企业管理水平的高低。利用该指标可以与企业历史资料、与计划、与同行业平均水平或先进水平进行对比,分析形成差异的原因;利用该指标可以分析经营中存在的问题,提高销售利润率,加速资金周转。

$$2014年万科总资产净利率 = \frac{1928752}{\frac{50840876 + 47920532}{2}} \times 100\% = 3.91\%$$

$$2013年万科总资产净利率 = \frac{1829760}{\frac{47920500 + 37880200}{2}} \times 100\% = 4.27\%$$

计算结果显示,万科2014年的总资产净利率为3.91%,而其2013年的总资产净利率为4.27%,相比降了0.36%,表明企业盈利能力减弱。结合前面分析的销售净利率和总资产周转率发现,销售净利率和总资产周转率均是下降的,表明企业的产品盈利能力和资产的利用效率都呈下降趋势,故导致企业总资产的盈利能力下降。

4. 净资产收益率(rate of equity)

净资产收益率又称股东权益报酬率,是净利润与平均股东权益的百分比,是公司税后利润除以净资产得到的百分比。该指标反映股东权益的收益水平,用以衡量公司运用自有资本的效率。

$$净资产收益率 = \frac{净利润}{平均净资产} \times 100\%$$

净资产收益率体现了自有资本获得净收益的能力,是衡量股东资金使用效率的重要财务指标。一般来说,负债增加会导致净资产收益率的上升。企业适当地运用财务杠杆可以提高资金的使用效率,借入的资金过多会增大企业的财务风险,但一般可以提高盈利,借入的资金过少会降低资金的使用效率。

$$2014年万科净资产收益率 = \frac{1928752}{\frac{11589362 + 10543942}{2}} \times 100\% = 17.43\%$$

$$2013年万科净资产收益率 = \frac{1829760}{\frac{10543900 + 8213820}{2}} \times 100\% = 19.51\%$$

计算结果显示,2014年万科净资产收益率为17.43%,相比2013年下降了2.08%,从前面的分析可以知道,万科2014年的总资产净利率下降,负债比率也略有下降,故导致 2014 年净资产获利能力减弱。可见,净资产收益率取决于企业资产的获利能力、周转速度和财务杠杆。

(二)上市公司财务比率

衡量上市公司的盈利能力的指标,除了以上常用的财务比率以外,因为上市公司的特性,还有一些特殊的比率。虽然除了每股收益以外,每股净资产、市净率和市盈率等比率并不直接表明投资的盈利能力,但是也受到企业盈利能力的影响,是证券投资者依据企业盈利能力进行企业估值的重要指标。

1. 每股收益(earnings per share)

每股收益即每股盈利(EPS),又称每股税后利润、每股盈余,指税后利润与股本总数的比率,是普通股股东每持有一股所能享有的企业净利润或需承担的企业净亏损。每股收益通常被用来反映企业的经营成果,衡量普通股的获利水平及投资风险,是投资者等信息使用者据以评价企业盈利能力、预测企业成长潜力,进而作出相关经济决策的重要财务指标之一。

$$每股收益 = \frac{净利润 - 优先股股利}{普通股平均股数}$$

该比率反映了每股创造的税后利润。比率越高,表明所创造的利润越多。公司只有普通股时,净收益是税后净利,股份数是指流通在外的普通股股数。如果公司还有优先股,应从税后净利中扣除分派给优先股股东的股利。

该指标计算要点:

(1)净利润的可持续性和可预测性。当企业净利润中包含大量偶然、一次性的非经常性损益时,考虑使用扣除非经常性损益的净利润。

(2)若企业在年度内新发或者回购普通股时,应按时间计算加权平均数。

发行在外普通股加权平均数

$$= 期初发行在外普通股股数 + 当期新发行普通股股数 \times \frac{已发行时间}{报告期时间} - 当期回购普通股股数 \times \frac{已回购时间}{报告期时间}$$

2014 年万科每股收益计算如下:

表 10-9　万科每股收益计算表

项目	2014 年	2013 年
净利润(万元)	1574545	1511855
普通股平均数(万股)	1101687	1101292
基本每股收益(元/股)	1.43	1.37

由图 10-11 可以看出,万科的每股收益水平高于行业平均水平,说明万科在

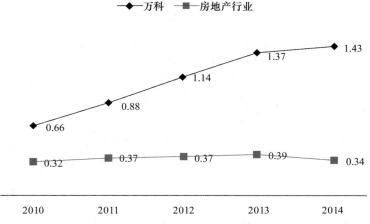

图 10-11　万科和房地产行业的每股收益对比

该行业中的盈利能力不错。

2. 每股净资产（net assets per share）

每股净资产是指股东权益与股本总额的比率。

其计算公式为：

$$每股净资产 = \frac{股东权益}{期末普通股股数}$$

这一指标反映每股股票所拥有的净资产。每股净资产越高，股东拥有的净资产越多；反之，股东拥有的净资产越少。通常，每股净资产越高越好。

表 10-10　万科每股净资产计算表

项目	2014 年末	2013 年末
股东权益（万元）	8816456	7689598
期末股本（万股）	1103750	1101496
每股净资产（元/股）	7.99	6.98

计算显示，万科 2014 年每股净资产为 7.99，相比上一年的 6.98 提高了 14.47%，主要是股东的权益有明显的增长，增长幅度达到 14.65%。

3. 市盈率（price/earnings ratio）

市盈率是最常用来评估股价水平是否合理的指标之一，反映了在某一时刻投资者对企业每一元盈利所愿意支付的价格。

$$市盈率 = \frac{普通股每股市价}{每股收益}$$

市盈率的合力区间一般认为在 10—20 之间,如果一家公司股票的市盈率过高,那么该股票的价格具有泡沫,价值被高估。市盈率虽然是很具参考价值的股市指针,但是投资者亦往往不认为严格按照会计准则计算得出的盈利数字真实反映公司在持续经营基础上的获利能力,因此,分析师往往对公司正式公布的净利加以调整。

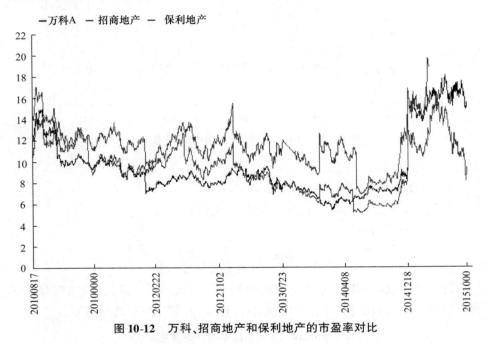

图 10-12　万科、招商地产和保利地产的市盈率对比

由上图可见,同行对比,近 5 年来三家公司中招商地产的市盈率最高,万科和保利地产的市盈率总体上较接近。说明市场对这三家公司的价值判断存在一定的差距,其中对招商地产的市场估价最高。

4. 市净率(price to book ratio)

市净率指的是每股股价与每股净资产的比率。

$$市净率 = \frac{每股市价}{每股净资产}$$

市净率可用于投资分析,一般来说市净率较低的股票,投资价值较高;相反,则投资价值较低。但在判断投资价值时还要考虑当时的市场环境以及公司经营情况、盈利能力等因素。市净率特别在评估高风险企业,企业资产大量为实物资产的企业时受到重视。

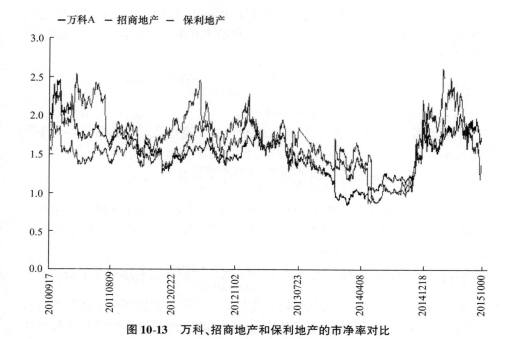

图 10-13　万科、招商地产和保利地产的市净率对比

四、发展能力分析

发展能力也叫成长能力，是指企业在经营过程中所表现出的增长能力，包括盈利的增长、规模的扩大、市场竞争力的增强等。分析发展能力主要考察以下指标：销售增长率、总资产增长率、股权资本增长率、利润增长率等。

（一）销售增长率（sales growth rate）

销售增长率是企业本年营业收入的增长额与上年营业收入的比率。

$$销售增长率 = \frac{本年营业收入增长额}{上年营业收入} \times 100\%$$

该比率大于零，表明本年度营业收入增加；反之，则表明营业收入减少。该比率越大，表示企业的营业收入增长越快，企业大发展能力越强。

$$2014年万科销售增长率 = \frac{14638800 - 13541879}{13541879} \times 100\% = 8.10\%$$

（二）总资产增长率（total asset growth rate）

总资产增长率是指企业本年度总资产的增长额与年初总资产的比率。该比率反映了企业总资产规模的增长情况。

$$总资产增长率 = \frac{本年总资产增长额}{年初总资产} \times 100\%$$

一般来说,总资产增长率越高,说明资产规模增长越快速,企业的竞争力也就越强。但是在分析时不能只关注资产金额的增减变化,同时需要关注企业资产质量的变化。

$$2014\text{ 年万科总资产增长率} = \frac{50840876 - 47920532}{47920532} \times 100\% = 6.09\%$$

（三）净资产增长率（net asset growth rate）

净资产增长率又称资本积累率,是指企业本年度净资产增长额与年初净资产的比率。

$$\text{净资产增长率} = \frac{\text{本年净资产增长额}}{\text{年初净资产}} \times 100\%$$

净资产增长率反映企业当年自有资本的变化情况,体现企业资本的积累能力,是评价企业发展能力的重要指标。该比率越高,说明企业资本积累能力就越强,意味着企业发展能力也越强。

$$2014\text{ 年万科净资产增长率} = \frac{11589362 - 10543942}{10543942} \times 100\% = 9.91\%$$

若企业不进行外部筹资,仅依赖企业自身的留存收益积累来实现资本增长的情况下,此时的净资产收益率又被称为可持续增长率。可持续增长率是企业内生性增长潜力,受净资产收益率和留存比率的影响。

$$\text{可持续增长率}① = \frac{\text{净利润} \times \text{留存比率}}{\text{年初净资产}} \times 100\%$$

$$= \text{净资产收益率} \times \text{留存比率} = \text{净资产收益率} \times (1 - \text{股利支付率})$$

若万科满足条件,假设其股利支付率为40%,则

$$2014\text{ 年可持续增长率} = \frac{1928752 \times (1 - 40\%)}{10543942} \times 100\%$$

$$= 10.98\%$$

（四）利润增长率（profit growth rate）

利润增长率是指企业本年度利润和上年度相比所增长的幅度。利润增长率越高,说明企业的发展能力越强。其计算公式为:

$$\text{利润增长率} = \frac{\text{本年利润增长额}}{\text{上年利润}} \times 100\%$$

式中利润的表现形式可以有多种指标,包括营业利润、利润总额、净利润等,相应的利润增长率也具有不同的表现形式。

$$2014\text{ 年万科净利润增长率} = \frac{1574545 - 1511855}{1511855} \times 100\% = 5.41\%$$

---

① 需要注意的是,该式中净资产收益率计算时用期初净资产,而不是全年平均净资产。

五、现金流量比率分析

现金流量分析主要考察和评价企业偿还能力和支付能力。主要的财务比率指标简单介绍如下:

(一) 现金流量与当期债务比(cash flow and current debt ratio)

现金流量与当期债务比是指年度经营活动产生的现金流量与当期债务的比值,表明现金流量对当期债务偿还的满足程度。其计算公式为:

$$现金流量与当期债务比 = \frac{经营活动现金净流量}{流动负债} \times 100\%$$

这项比率与反映企业短期偿债能力的流动比率有关。该指标数值越高,现金流入对当期债务清偿的保障越强,表明企业的流动性越好;反之,则表明企业的流动性较差。

(二) 债务保障率(debt gguarantee rate)

债务保障率是以年度经营活动所产生的现金净流量与全部债务总额相比较,表明企业现金流量对其全部债务偿还的满足程度。其计算公式为:

$$债务保障率 = \frac{经营活动现金净流量}{流动负债 + 长期负债} \times 100\%$$

现金流量与债务总额之比的数值也是越高越好,它同样也是债权人所关心的一种现金流量分析指标。

(三) 每元销售现金净流入(net inflow of cash per sale)

每元销售现金净流入,是指经营活动所产生的现金净流量与销售流入的比值,它反映企业通过销售获取现金的能力。

$$每元销售现金净流入 = \frac{经营活动现金净流量}{营业收入} \times 100\%$$

该比率反映每元销售收入得到的现金流量净额,其数值越大越好。

(四) 每股经营现金流量(operating cash flow per share)

每股经营现金流量是反映每股发行在外的普通股票所平均占有的现金流量,或者说是反映公司为每一普通股获取的现金流入量的指标。其计算公式为:

$$每股经营现金流量 = \frac{经营活动现金净流量 - 优先股股利}{发行在外的普通股股数} \times 100\%$$

该指标所表达的实质上是作为每股盈利的支付保障的现金流量,因而每股经营现金流量指标越高,越为股东们接受。

(五) 全部资产现金回收率(total assets cash recovery rate)

全部资产现金回收率,是指营业净现金流入与全部资产的比值,反映企业运用全部资产获取现金的能力。

$$\text{全部资产现金回收率} = \frac{\text{经营活动现金净流量}}{\text{全部资产}} \times 100\%$$

第五节 综合分析

财务分析的目的在于全面、准确、客观地反映企业财务状况和经营成果,并对企业的经济效益作出合理的评价。仅仅测算几个简单、孤立的财务比率,或者一味进行指标的堆砌,不可能得出合理、正确的综合性结论,有时甚至会得出错误的结论。只有对各种财务指标进行系统、综合的分析,才能对企业财务状况和经营成果作出全面、合理的评价。因此,必须对企业进行综合的财务分析,常用的综合分析方法有杜邦财务分析体系法和沃尔比重评分法。

一、杜邦财务分析体系法(简称"杜邦分析法")

杜邦财务分析体系法,是利用几种主要的财务比率之间的关系来综合地分析企业的财务状况。具体来说,它是一种用来评价公司盈利能力和股东权益回报水平,从财务角度评价企业绩效的一种经典方法。其基本思想是将企业净资产收益率逐级分解为多项财务比率乘积,这样有助于深入分析比较企业经营业绩。由于这种分析方法最早由美国杜邦公司使用,故名杜邦分析法。

(一)杜邦分析法的基本思路

$$\begin{aligned}\text{净资产收益率} &= \frac{\text{净利润}}{\text{平均净资产}} = \frac{\text{净利润}}{\text{平均总资产}} \times \frac{\text{平均总资产}}{\text{平均净资产}} \\ &= \frac{\text{净利润}}{\text{销售收入}} \times \frac{\text{销售收入}}{\text{平均总资产}} \times \frac{\text{平均总资产}}{\text{平均净资产}} \\ &= \text{销售净利率} \times \text{总资产周转率} \times \text{权益乘数}\end{aligned}$$

杜邦分析法的基本思路是层层分解指标,从而分析影响净资产收益率的几个方面。净资产收益率是一个综合性最强的财务分析指标,是杜邦分析系统的核心。财务管理的目标之一是股东财富最大化,净资产收益率反映了企业所有者投入资本的盈利能力,说明了企业筹资、投资、资产营运等各项财务和经营活动的效率,企业所有者、经营者都关心净资产收益率的高低。总资产净利率是影响净资产收益率的最重要的指标,具有很强的综合性,而总资产净利率又取决于销售净利率和总资产周转率的高低。所以,净资产收益率的高低取决于销售净利率、总资产周转率和权益乘数。

(1)销售净利率反映销售收入的收益水平。扩大销售收入,降低成本费用是提高企业销售利润率的根本途径。

（2）总资产周转率反映总资产的周转速度。分析资产周转率,首先需要对影响资产周转的各因素进行分析,以判明影响公司资产周转的主要问题。

（3）权益乘数表示企业的负债程度,反映了公司利用财务杠杆进行经营活动的程度。资产负债率高,权益乘数就大,这说明公司负债程度高,公司会有较多的杠杆利益,但风险也高;反之,资产负债率低,权益乘数就小,这说明公司负债程度低,公司会有较少的杠杆利益,但相应所承担的风险也低。

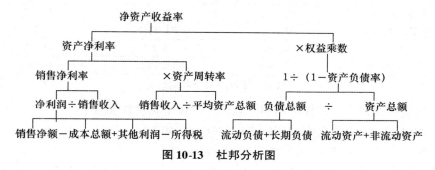

图10-13　杜邦分析图

从杜邦分析图中可以发现提高净资产收益率的几种途径:一是使营业收入增长幅度高于成本费用的增长幅度;二是减少公司的销售成本和经营费用;三是提高总资产周转率,在现有资产基础上,增加营业收入;四是在财务风险可控的情况下,扩大债务规模,提高负债比率。因此,杜邦分析法中的几种主要的财务指标可以进行层层分解。

杜邦模型最显著的特点是将若干个用以评价企业经营效率和财务状况的比率按其内在联系有机地结合起来,形成一个完整的指标体系,并最终通过权益收益率来综合反映。杜邦分析法有助于企业管理层更加清晰地看到权益基本收益率的决定因素,以及销售净利润与总资产周转率、债务比率之间的相互关联关系,给管理层提供了一张明晰的考察公司资产管理效率和是否最大化股东投资回报的路线图。

杜邦分析法是一种分解财务比率的方法,并没有另外建立新的财务指标。从杜邦分析法可以看出,净资产净利率与企业的资本结构、销售规模、成本水平、资产管理等因素密切相关,这些因素构成一个完整的系统,系统内部各因素之间相互作用,只有协调好内部各个因素之间的关系,才能使净资产收益率得到提高,从而实现股东财务最大化的目标。

通过杜邦分析法自上而下地分析,不仅可以了解企业财务状况的全貌以及各项财务分析指标之间的结构关系,还可以查明各项主要财务指标增减变动的影响因素和存在的问题。

(二)运用杜邦分析法分析万科

根据前文的计算结果,可以整理出下表:

表 10-11 万科财务比率计算表

项目	2014	2013	变动幅度
净资产收益率	17.43%	19.51%	-2.08%
总资产周转率	3.91%	4.27%	-0.36%
销售净利率	13.18%	13.51%	-0.33%
总资产周转率	29.64%	31.57%	-1.93%
权益乘数	4.46	4.57	-0.11
资产负债率	77.59%	78.14%	-0.55%

注:此表中有关资产、负债和权益的指标均为平均值计算。

净资产收益率 = 销售净利率 × 总资产周转率 × 权益乘数

2014 年:17.43% = 13.18% × 29.64% × 4.46

2013 年:19.51% = 13.51% × 31.57% × 4.57

万科的净资产收益率从 2013 年的 19.51% 下降到 2014 年的 17.43%,下降幅度为 -2.08%。万科管理层、股东为改善财务经营决策必须进行分析,可将指标进行分解,以找到产生问题的原因。

经过指标的分解不难发现,万科 2014 年净资产收益率的下降原因有三个方面,即当年的销售净利率、总资产周转率和权益乘数都不同程度地下降,其中:

销售净利率的下降使得净资产收益率下降 (13.18% - 13.51%) × 31.57% × 4.57 = -0.47%

总资产周转率的下降使得净资产收益率下降 13.18% × (29.64% - 31.57%) × 4.57 = -1.16%

权益乘数的下降使得净资产收益率下降 13.18% × 29.64% × (4.46 - 4.57) = -0.43%

分析可知,万科未能有效地控制成本与费用,导致该公司成本效益降低,盈利能力下降,导致销售净利率下降;总资产周转率的下降对当年净资产收益率的影响最大,说明总资产的利用效率明显降低;同时,万科在当年还减少了负债比率,财务杠杆的降低也导致了净资产收益率的下降。接下来,万科的工作重点在于控制成本和费用,以提高单位销售的盈利能力;加强资产的周转速度和利用效率;在财务风险可控的范围内,找到合适的债务比率。

杜邦分析法提供的上述财务信息,较好地解释了指标变动的原因,不仅为进一步财务具体措施指明了反向,还为决策者优化资产结构和资本结构,提高公司偿债能力和经营效益提供了基本思路,即提高净资产收益率的根本途径在于扩大营业、改善资产结构、节约成本费用开支、合理配置资源、加速资金周转、优化资本结构等。

二、沃尔比重评分法

1928年,亚历山大·沃尔出版的《信用晴雨表研究》和《财务报表比率分析》中提出了信用能力指数的概念,他选择了7个财务比率即流动比率、产权比率、固定资产比率、存货周转、应收账款周转率、固定资产周转率和自有资金周转率,分别给定各指标的比重,然后确定标准比率(以行业平均数为基础),将实际比率与标准比率相比,得出相对比率,将此相对比率与各指标比重相乘,得出总评分。

沃尔综合评分法的步骤包括:

(1)选定若干财务比率,按其重要程度给定一个分值,即重要性权数,其总和为100分。

(2)确定各个指标的标准值。财务指标的标准值,可以采用行业平均值、企业的历史先进数、国家有关标准或国际公认的基准等。

(3)计算出各指标的实际值,并与所确定的标准值进行比较,计算一个相对比率,将各项指标的相对比率与其重要性权数相乘,得出各项比率指标的指数。

(4)将各项比率指标的指数相加,最后得出企业的综合指数,即可以判明企业财务状况的优劣。若实际得分大于或接近100分,则说明财务状况良好;反之,若相差较大,则说明财务状况较差。

表10-12 中石油2012年沃尔评分表

财务比率	比重(1)	标准比率(2)	实际比率(3)	相对比率(4)=(3)÷(2)	综合指数(5)=(1)×(4)
流动比率	25	2.00	0.73	0.37	9.13
净资产/负债	25	1.50	1.20	0.80	20.00
资产/固定资产	15	2.50	3.98	1.59	23.88
销售成本/存货	10	8	7.64	0.96	9.55
销售收入/应收账款	10	6	34.06	5.68	56.77
销售收入/固定资产	10	4	4.02	1.01	10.05
销售收入/净资产	5	3	1.86	0.62	3.10

(资料来源:岳虹:《财务报表分析》,中国人民大学出版社2014年第2版)

沃尔比重评分法从理论上讲有一个明显缺陷,就是未能证明为什么要选择这七个指标,而不是选择其他财务比率,或者更多或更少的比率,以及也没有证明每个指标所占比重的合理性。在技术上也存在一个问题,就是当某一单项指标的实际值畸高时,会导致最后总分大幅度增加,掩盖情况不良的指标,从而给管理者造成一种假象。

虽然沃尔比重评分法在理论上有待证明,在技术上也不完善,但在实践中仍然被广泛应用。

案例阅读及思考

伊利、蒙牛、光明的财务分析

伊利股份作为我国乳制品行业巨头之一,与行业另一巨头蒙牛乳业竞争激烈,形成了伊利和蒙牛两强对峙,光明乳业等其他企业并存的竞争局面。

在2008年到2010年乳制品行业重新洗牌整合期间,伊利、蒙牛、光明三家乳企开始调整发展战略,加快发展势头,迅速占领了大部分市场份额。2012年,伊利的年营业收入为419.91亿元,资产总额达198.15亿元,归属于母公司的净利润达17.17亿元;蒙牛的年营业收入为360.80亿元,资产总额为209.91亿元,归属于上市公司的净利润为12.57亿元;光明的年营业收入为137.75亿元,资产总额为93.39亿元,归属于上市公司的净利润为3.11亿元。从以上数据看出,2012年,伊利、蒙牛和光明三大企业的经营业绩突破了900亿元,占据了市场的大部分份额。同时,这三家企业之间存在一定分化。伊利和蒙牛之间无论是企业规模还是经营业绩显现出两强对峙的局面,但伊利的年营业收入还是领先于蒙牛约60亿元。与伊利和蒙牛这两大乳业巨头相比,光明无法对这两巨头造成较大的冲击,但仍然保持着一个良好的发展势头。

表10-13 三家企业的偿债能力指标

指标	流动比率			速动比率			资产负债率(%)		
年份	2010	2011	2012	2010	2011	2012	2010	2011	2012
伊利	0.74	0.68	0.54	0.49	0.42	0.28	32.77	68.36	62.02
蒙牛	1.55	1.44	1.40	1.36	1.20	1.19	40.96	40.35	37.73
光明	1.21	0.98	1.25	0.90	0.69	1	55.03	61.56	52.62

表10-14 三家企业的盈利能力指标

指标	总资产净利率(%)			销售净利率(%)			成本费用利润率(%)		
年份	2010	2011	2012	2010	2011	2012	2010	2011	2012
伊利	5.99	12.11	10.50	2.68	4.89	4.13	2.94	5.95	5.17
蒙牛	9.80	10.99	8.18	4.48	4.77	3.99	5.30	5.76	4.84
光明	4.77	3.60	5.01	2.38	2.30	2.43	2.58	2.08	3.14

表 10-15　三家企业的运营能力指标

指标	应收账款周转率(次)			存货周转率(次)			总资产周转率(次)		
年份	2010	2011	2012	2010	2011	2012	2010	2011	2012
伊利	124.85	139.10	147.19	9.36	8.99	9.36	2.08	2.12	2.11
蒙牛	55.93	66.19	60.14	23.77	19.43	7.04	1.92	1.99	1.75
光明	12.90	11.23	11.11	9.47	8.24	8.45	1.90	1.77	1.65

表 10-16　三家企业的发展能力指标

指标	营业收入增长率(%)			净利润增长率(%)			净资产增长率(%)		
年份	2010	2011	2012	2010	2011	2012	2010	2011	2012
伊利	21.96	26.25	12.12	19.62	130.27	-5.26	21.62	39.75	19.34
蒙牛	17.72	23.53	-3.50	11.13	31.61	19.33	13.79	17.55	8.48
光明	20.51	23.16	16.85	77.26	18.89	23.71	22.23	5.51	56.08

要求：

分别对伊利、蒙牛、光明这三家企业的偿债能力、盈利能力、运营能力、发展能力进行财务指标分析和评价，发现各企业经营管理中的亮点和存在的问题，并提出相关建议。

练　习　题

一、是非判断题

1. 经营者是各相关主体中对企业分析最全面的，需要了解掌握企业经营理财的各个方面，包括运营能力、偿债能力、获利能力及发展能力的全部信息。（　　）

2. 在财务分析中，通过对比两期或连续数期财务报告中的相同指标，确定其增减变动的方向、数额和幅度，来说明企业财务状况或经营成果变动趋势的方法称为比较分析法。（　　）

3. 报表使用者需要的信息，可能在财务报表或附注中找不到。（　　）

4. 在其他条件不变的情况下，权益乘数越大，企业的负债程度越高，能给企业带来更多的财务杠杆利益，同时也增加了企业的财务风险。（　　）

5. 应收账款周转率过低对企业不利，企业应保持较高的应收账款周转率。（　　）

6. 乙企业 2012 年年初资产总额为 2000 万元，权益乘数为 2，2012 年年末

所有者权益总额为1200万元,则乙企业的资本积累率为25%。（　　）

7. 存货不属于速动资产。（　　）

8. 通常市场利率越高,企业的市盈率越大。（　　）

9. 市盈率是指普通股每股市价与每股收益的比率,它反映普通股股东愿意为每股净利润支付的价格。

10. 某企业去年的销售净利率为5.73%,资产周转率为2.17;今年的销售净利率为4.88%,资产周转率为2.83。若两年的资产负债率相同,今年的净资产收益率与去年相比的变化趋势为上升。（　　）

二、单项选择题

1. 财务分析的目的是(　　)。
   A. 将财务报表数据转换成有用的信息,以帮助报表使用人改善决策
   B. 增加股东财富
   C. 使企业能够更好地避税
   D. 使顾客能够买到物美价廉的产品

2. 企业所有者作为投资人,关心其资本的保值和增值状况,因此较为重视企业的(　　)。
   A. 偿债能力　　B. 营运能力　　C. 盈利能力　　D. 发展能力

3. 下列关于营运资本的计算中正确的是(　　)。
   A. 营运资本 = 流动资产 – 非流动负债
   B. 营运资本 = 长期资产 – 流动负债
   C. 营运资本 = 长期资本 – 长期资产
   D. 营运资本 = 长期资产 – 长期负债

4. 乙公司2012年年末资产总额为6000万元,产权比率为5,则资产负债率为(　　)。
   A. 83.33%　　B. 69.72%　　C. 82.33%　　D. 85.25%

5. 在下列关于资产负债率、权益乘数和产权比率之间关系的表达式中,正确的是(　　)。
   A. 资产负债率 + 权益乘数 = 产权比率
   B. 资产负债率 – 权益乘数 = 产权比率
   C. 资产负债率 × 权益乘数 = 产权比率
   D. 资产负债率 ÷ 权益乘数 = 产权比率

6. 乙公司的流动资产由速动资产和存货组成,年末流动资产为70万元,年末流动比率为2,年末速动比率为1,则年末存货余额为(　　)。
   A. 70　　　　B. 45　　　　C. 35　　　　D. 15

7. 假设某企业的速动比率为2,则赊购一批材料将会导致( )。
   A. 速动比率降低   B. 流动比率不变
   C. 流动比率提高   D. 速动比率提高

8. 2012年甲公司的所有者权益为5000万元,发行在外普通股股数为1000万股,无优先股,普通股的每股收益为0.8元,该公司的市盈率为25,则甲公司的市净率为( )。
   A. 4   B. 4.5   C. 5   D. 0.5

9. 甲公司2012年的销售净利率比2011年下降6%,总资产周转率提高8%,假定权益乘数与2011年相同,那么甲公司2012年的净资产收益率比2011年提高( )。
   A. 4.5%   B. 5.5%   C. 2%   D. 10.5%

10. 公司经营利润可观,却无力偿还到期债务。CPA为查清其原因,不应选择的财务指标是( )。
    A. 产权比率   B. 流动比率
    C. 存货周转率   D. 应收账款周转率

三、多项选择题
1. 下列关于财务分析内容的相关表述中,正确的有( )。
   A. 企业所有者主要关心投资的安全性
   B. 企业债权人比较重视企业偿债能力指标
   C. 企业经营者只需要关注企业的经营风险
   D. 政府是企业财务分析信息的需要者之一

2. 下列各项中属于债权人对财务报表进行分析的目的的有( )。
   A. 为决定是否给企业贷款,需要分析贷款的报酬和风险
   B. 为了解债务人的短期偿债能力,需要分析其流动状况
   C. 为了解债务人的长期偿债能力,需要分析其盈利状况和资本结构
   D. 为决定采用何种信用政策,需要分析公司的短期偿债能力和营运能力

3. 下列属于财务报表分析方法的有( )。
   A. 趋势分析法   B. 预算差异分析法
   C. 因素分析法   D. 横向比较法

4. 下列业务中,能够提高企业短期偿债能力的有( )。
   A. 企业采用分期付款方式购置一台大型机械设备
   B. 企业从某国有银行取得三年期500万元的贷款
   C. 企业向战略投资者进行定向增发
   D. 企业向股东发放股票股利

5. 在计算速动资产时,应将存货从流动资产中剔除,其主要原因有( )。
   A. 流动资产中存货的变现速度最慢
   B. 部分存货可能已被抵押
   C. 存货不能变现
   D. 存货成本和市价可能存在差异
6. 下列因素变动不会影响速动比率的有( )。
   A. 预付账款   B. 可供出售的金融资产
   C. 交易性金融资产   D. 一年内到期的非流动资产
7. 下列关于每股收益的说法中,不正确的有( )。
   A. 每股收益是衡量上市公司盈利能力的财务指标
   B. 每股收益多反映股票所含有的风险大
   C. 每股收益多的公司市盈率就高
   D. 每股收益多,则意味着每股股利高
8. 下列分析方法中,属于企业财务综合分析方法的有( )。
   A. 趋势分析法   B. 杜邦分析法
   C. 沃尔评分法   D. 因素分析法
9. 下列可能影响短期偿债能力的表外因素有( )。
   A. 偿债能力的声誉   B. 准备很快变现的非流动资产
   C. 经营租赁合同中的承诺付款 D. 与担保有关的或有负债
10. 下列各项中,不会导致企业权益乘数变化的经济业务有( )。
    A. 接受所有者投资转入的固定资产   B. 用现金购买固定资产
    C. 用银行存款归还银行借款   D. 收回应收账款

四、简答题

1. 财务分析的方法有哪些?
2. 影响偿债能力的主要因素有哪些?
3. 简述总资产周转速度的影响因素。
4. 根据杜邦分析法,提高净资产收益率的方法有哪些?

五、计算题

1. 某公司 2014 年的有关资料如下:
(1) 2014 年 12 月 31 日资产负债如下表所示:

表 10-17　2014 年 12 月 31 日资产负债表　　　　　单位:万元

资产	年初	年末	负债及所有者权益	年初	年末
流动资产:			流动负债合计	350	327
货币资金	195	225	长期负债合计	435	558
交易性金融资产	70	40	负债合计	785	885
应收账款	202.5	195			
存货	240	255			
流动资产合计	707.5	715			
长期股权投资	150	150	实收资本	750	750
固定资产	1000	1100	未分配利润	322.5	330
			所有者权益合计	1072.5	1080
合计	1857.5	1965	合计	1857.5	1965

（2）2014 年利润如下表所示：

表 10-18　2014 年利润表　　　　　单位:万元

项目	金额
营业收入	2000
减:营业成本(变动成本)	1400
营业税金及附加(变动成本)	200
期间费用(固定成本)	200
其中:利息费用	20
营业利润	200
减:所得税(所得税税率为 25%)	50
净利润	150

（3）假设该公司股票属于固定成长股票,股利固定增长率为 4%。该公司 2014 年年末每股现金股利为 0.20 元,年末普通股股数为 100 万股。该公司股票的 β 系数为 1.3,市场组合的收益率为 10%,无风险收益率为 2%。

要求(计算结果保留小数点后两位):(1) 计算该公司 2014 年年末的流动比率、速动比率、现金比率、权益乘数和利息保障倍数;

（2）计算该公司 2014 年应收账款周转率、存货周转率(按营业成本计算)和总资产周转率;

（3）计算该公司 2014 年净资产收益率、资本积累率;

（4）计算该公司 2014 年经营杠杆系数、财务杠杆系数和总杠杆系数;

(5) 计算该股票的必要收益率和 2014 年 12 月 31 日的每股价值；

(6) 假设 2014 年 12 月 31 日该股票的市场价格为 18 元/股，计算 2014 年年末该公司股票的市盈率和每股净资产。

2. ABC 公司近三年的主要财务数据和财务比率如下表所示：

表 10-19　ABC 公司近三年主要财务数据和财务比率表　　　单位：万元

项目	2012 年	2013 年	2014 年
销售收入	4000	4200	3500
净利润	300	202.1	98.8
年末资产	1430	1650	1795
年末股东权益	600	650	650

要求：(1) 计算 2014 年和 2013 年的净资产收益率、销售净利率、总资产周转率和权益乘数（涉及资产负债表的数据均采用平均数计算）；

(2) 利用因素分析法分析说明该公司 2014 年与 2013 年相比净资产收益率的变化及其原因（按销售净利率、总资产周转率、权益乘数顺序，计算结果保留小数点后四位）。

第十章练习题参考答案

一、是非判断题

1. √ 2. × 3. √ 4. √ 5. × 6. × 7. √ 8. ×
9. √ 10. √

二、单项选择题

1. A 2. C 3. C 4. A 5. C 6. C 7. A 8. A
9. C 10. A

三、多项选择题

1. BD 2. ABC 3. ABCD 4. BC 5. ABD 6. ABD
7. BCD 8. BC 9. ABCD 10. BD

四、简答题（略）

五、计算题

1. (1) 2014 年年末流动比率 = 715/327 = 2.19

2014 年年末速动比率 = (715 − 255)/327 = 1.41

2014 年年末现金比率 = (225 + 40)/327 = 0.81

2014 年年末权益乘数 = 1965/1080 = 1.82

2014 年年末利息保障倍数 = (200 + 20)/20 = 11

(2) 2014 年应收账款周转率 = 2000/[(202.5 + 195)/2] = 10.06(次)

2014 年存货周转率 = 1400/[(240 + 255)/2] = 5.66(次)

2014 年总资产周转率 = 2000/[(1857.5 + 1965)/2] = 1.05(次)

(3) 2014 年净资产收益率 = 150/[(1072.5 + 1080)/2] = 13.94%

2014 年资本积累率 = (1080 - 1072.5)/1072.5 = 0.7%

(4) 固定性经营成本 = 200 - 20 = 180(万元)

息税前利润 = 200 + 20 = 220(万元)

2014 年经营杠杆系数 = (220 + 180)/220 = 1.82

2014 年财务杠杆系数 = 220/(220 - 20) = 1.1

2014 年总杠杆系数 = (220 + 180)/(220 - 20) = 2

(5) 股票的必要收益率 = 2% + 1.3 × (10% - 2%) = 12.4%

2014 年 12 月 31 日股票的每股价值 = 0.2 × (1 + 4%)/(12.4% - 4%)
$$= 2.48(元)$$

(6) 每股收益 = 150/100 = 1.5(元)

市盈率 = 18/1.5 = 12

2014 年 12 月 31 日每股净资产 = 1080/100 = 10.8(元)

2. (1) 2013 年净资产收益率 = 202.1/[(600 + 650)/2] = 32.34%

2013 年销售净利率 = 202.1/4200 = 4.81%

2013 年总资产周转率 = 4200/[(1430 + 1650)/2] = 2.7273

2013 年权益乘数 = [(1430 + 1650)/2]/[(600 + 650)/2] = 2.464

2014 年净资产收益率 = 98.8/[(650 + 650)/2] = 15.20%

2014 年销售净利率 = 98.8/3500 = 2.82%

2014 年总资产周转率 = 3500/[(1650 + 1795)/2] = 2.0319

2014 年权益乘数 = [(1650 + 1795)/2]/[(650 + 650)/2] = 2.65

(2) 2014 年与 2013 年相比,净资产收益率变动为:
$$15.2\% - 32.34\% = -17.14\%$$

因为净资产收益率 = 销售净利率 × 总资产周转率 × 权益乘数,所以,销售净利率变动的影响为:
$$(2.82\% - 4.81\%) × 2.7273 × 2.464 = -13.37\%$$

总资产周转率变动的影响为:
$$2.82\% × (2.0319 - 2.7273) × 2.464 = -4.83\%$$

权益乘数变动的影响为:
$$2.82\% × 2.0319 × (2.65 - 2.464) = 1.07\%$$

附 录

附录1 复利现值系数表

期数	1%	2%	3%	4%	5%	6%	7%	8%	9%	10%	11%	12%	13%	14%	15%
1	0.9901	0.9804	0.9709	0.9615	0.9524	0.9434	0.9346	0.9259	0.9174	0.9091	0.9009	0.8929	0.885	0.8772	0.8696
2	0.9803	0.9612	0.9426	0.9246	0.907	0.89	0.8734	0.8573	0.8417	0.8264	0.8116	0.7972	0.7831	0.7695	0.7561
3	0.9706	0.9423	0.9151	0.889	0.8638	0.8396	0.8163	0.7938	0.7722	0.7513	0.7312	0.7118	0.6931	0.675	0.6575
4	0.961	0.9238	0.8885	0.8548	0.8227	0.7921	0.7629	0.735	0.7084	0.683	0.6587	0.6355	0.6133	0.5921	0.5718
5	0.9515	0.9057	0.8626	0.8219	0.7835	0.7473	0.713	0.6806	0.6499	0.6209	0.5935	0.5674	0.5428	0.5194	0.4972
6	0.942	0.888	0.8375	0.7903	0.7462	0.705	0.6663	0.6302	0.5963	0.5645	0.5346	0.5066	0.4803	0.4556	0.4323
7	0.9327	0.8706	0.8131	0.7599	0.7107	0.6651	0.6227	0.5835	0.547	0.5132	0.4817	0.4523	0.4251	0.3996	0.3759
8	0.9235	0.8535	0.7894	0.7307	0.6768	0.6274	0.582	0.5403	0.5019	0.4665	0.4339	0.4039	0.3762	0.3506	0.3269
9	0.9143	0.8368	0.7664	0.7026	0.6446	0.5919	0.5439	0.5002	0.4604	0.4241	0.3909	0.3606	0.3329	0.3075	0.2843
10	0.9053	0.8203	0.7441	0.6756	0.6139	0.5584	0.5083	0.4632	0.4224	0.3855	0.3522	0.322	0.2946	0.2697	0.2472
11	0.8963	0.8043	0.7224	0.6496	0.5847	0.5268	0.4751	0.4289	0.3875	0.3505	0.3173	0.2875	0.2607	0.2366	0.2149
12	0.8874	0.7885	0.7014	0.6246	0.5568	0.497	0.444	0.3971	0.3555	0.3186	0.2858	0.2567	0.2307	0.2076	0.1869
13	0.8787	0.773	0.681	0.6006	0.5303	0.4688	0.415	0.3677	0.3262	0.2897	0.2575	0.2292	0.2042	0.1821	0.1625

(续表)

期数	1%	2%	3%	4%	5%	6%	7%	8%	9%	10%	11%	12%	13%	14%	15%
14	0.87	0.7579	0.6611	0.5775	0.5051	0.4423	0.3878	0.3405	0.2992	0.2633	0.232	0.2046	0.1807	0.1597	0.1413
15	0.8613	0.743	0.6419	0.5553	0.481	0.4173	0.3624	0.3152	0.2745	0.2394	0.209	0.1827	0.1599	0.1401	0.1229
16	0.8528	0.7284	0.6232	0.5339	0.4581	0.3936	0.3387	0.2919	0.2519	0.2176	0.1883	0.1631	0.1415	0.1229	0.1069
17	0.8444	0.7142	0.605	0.5134	0.4363	0.3714	0.3166	0.2703	0.2311	0.1978	0.1696	0.1456	0.1252	0.1078	0.0929
18	0.836	0.7002	0.5874	0.4936	0.4155	0.3503	0.2959	0.2502	0.212	0.1799	0.1528	0.13	0.1108	0.0946	0.0808
19	0.8277	0.6864	0.5703	0.4746	0.3957	0.3305	0.2765	0.2317	0.1945	0.1635	0.1377	0.1161	0.0981	0.0829	0.0703
20	0.8195	0.673	0.5537	0.4564	0.3769	0.3118	0.2584	0.2145	0.1784	0.1486	0.124	0.1037	0.0868	0.0728	0.0611
21	0.8114	0.6598	0.5375	0.4388	0.3589	0.2942	0.2415	0.1987	0.1637	0.1351	0.1117	0.0926	0.0768	0.0638	0.0531
22	0.8034	0.6468	0.5219	0.422	0.3418	0.2775	0.2257	0.1839	0.1502	0.1228	0.1007	0.0826	0.068	0.056	0.0462
23	0.7954	0.6342	0.5067	0.4057	0.3256	0.2618	0.2109	0.1703	0.1378	0.1117	0.0907	0.0738	0.0601	0.0491	0.0402
24	0.7876	0.6217	0.4919	0.3901	0.3101	0.247	0.1971	0.1577	0.1264	0.1015	0.0817	0.0659	0.0532	0.0431	0.0349
25	0.7798	0.6095	0.4776	0.3751	0.2953	0.233	0.1842	0.146	0.116	0.0923	0.0736	0.0588	0.0471	0.0378	0.0304
26	0.772	0.5976	0.4637	0.3607	0.2812	0.2198	0.1722	0.1352	0.1064	0.0839	0.0663	0.0525	0.0417	0.0331	0.0264
27	0.7644	0.5859	0.4502	0.3468	0.2678	0.2074	0.1609	0.1252	0.0976	0.0763	0.0597	0.0469	0.0369	0.0291	0.023
28	0.7568	0.5744	0.4371	0.3335	0.2551	0.1956	0.1504	0.1159	0.0895	0.0693	0.0538	0.0419	0.0326	0.0255	0.02
29	0.7493	0.5631	0.4243	0.3207	0.2429	0.1846	0.1406	0.1073	0.0822	0.063	0.0485	0.0374	0.0289	0.0224	0.0174
30	0.7419	0.5521	0.412	0.3083	0.2314	0.1741	0.1314	0.0994	0.0754	0.0573	0.0437	0.0334	0.0256	0.0196	0.0151

(续表)

期数	16%	17%	18%	19%	20%	21%	22%	23%	24%	25%	26%	27%	28%	29%	30%
1	0.8621	0.8547	0.8475	0.8403	0.8333	0.8264	0.8197	0.813	0.8065	0.8	0.7937	0.7874	0.7813	0.7752	0.7692
2	0.7561	0.7432	0.7305	0.7182	0.7062	0.6944	0.683	0.6719	0.661	0.6504	0.64	0.6299	0.62	0.6104	0.6009
3	0.6407	0.6244	0.6086	0.5934	0.5787	0.5645	0.5507	0.5374	0.5245	0.512	0.4999	0.4882	0.4768	0.4658	0.4552
4	0.5523	0.5337	0.5158	0.4987	0.4823	0.4665	0.4514	0.4369	0.423	0.4096	0.3968	0.3844	0.3725	0.3611	0.3501
5	0.4761	0.4561	0.4371	0.419	0.4019	0.3855	0.37	0.3552	0.3411	0.3277	0.3149	0.3027	0.291	0.2799	0.2693
6	0.4104	0.3898	0.3704	0.3521	0.3349	0.3186	0.3033	0.2888	0.2751	0.2621	0.2499	0.2383	0.2274	0.217	0.2072
7	0.3538	0.3332	0.3139	0.2959	0.2791	0.2633	0.2486	0.2348	0.2218	0.2097	0.1983	0.1877	0.1776	0.1682	0.1594
8	0.305	0.2848	0.266	0.2487	0.2326	0.2176	0.2038	0.1909	0.1789	0.1678	0.1574	0.1478	0.1388	0.1304	0.1226
9	0.263	0.2434	0.2255	0.209	0.1938	0.1799	0.167	0.1552	0.1443	0.1342	0.1249	0.1164	0.1084	0.1011	0.0943
10	0.2267	0.208	0.1911	0.1756	0.1615	0.1486	0.1369	0.1262	0.1164	0.1074	0.0992	0.0916	0.0847	0.0784	0.0725
11	0.1954	0.1778	0.1619	0.1476	0.1346	0.1228	0.1122	0.1026	0.0938	0.0859	0.0787	0.0721	0.0662	0.0607	0.0558
12	0.1685	0.152	0.1372	0.124	0.1122	0.1015	0.092	0.0834	0.0757	0.0687	0.0625	0.0568	0.0517	0.0471	0.0429
13	0.1452	0.1299	0.1163	0.1042	0.0935	0.0839	0.0754	0.0678	0.061	0.055	0.0496	0.0447	0.0404	0.0365	0.033
14	0.1252	0.111	0.0985	0.0876	0.0779	0.0693	0.0618	0.0551	0.0492	0.044	0.0393	0.0352	0.0316	0.0283	0.0254
15	0.1079	0.0949	0.0835	0.0736	0.0649	0.0573	0.0507	0.0448	0.0397	0.0352	0.0312	0.0277	0.0247	0.0219	0.0195

(续表)

期数	16%	17%	18%	19%	20%	21%	22%	23%	24%	25%	26%	27%	28%	29%	30%
16	0.093	0.0811	0.0708	0.0618	0.0541	0.0474	0.0415	0.0364	0.032	0.0281	0.0248	0.0218	0.0193	0.017	0.015
17	0.0802	0.0693	0.06	0.052	0.0451	0.0391	0.034	0.0296	0.0258	0.0225	0.0197	0.0172	0.015	0.0132	0.0116
18	0.0691	0.0592	0.0508	0.0437	0.0376	0.0323	0.0279	0.0241	0.0208	0.018	0.0156	0.0135	0.0118	0.0102	0.0089
19	0.0596	0.0506	0.0431	0.0367	0.0313	0.0267	0.0229	0.0196	0.0168	0.0144	0.0124	0.0107	0.0092	0.0079	0.0068
20	0.0514	0.0433	0.0365	0.0308	0.0261	0.0221	0.0187	0.0159	0.0135	0.0115	0.0098	0.0084	0.0072	0.0061	0.0053
21	0.0443	0.037	0.0309	0.0259	0.0217	0.0183	0.0154	0.0129	0.0109	0.0092	0.0078	0.0066	0.0056	0.0048	0.004
22	0.0382	0.0316	0.0262	0.0218	0.0181	0.0151	0.0126	0.0105	0.0088	0.0074	0.0062	0.0052	0.0044	0.0037	0.0031
23	0.0329	0.027	0.0222	0.0183	0.0151	0.0125	0.0103	0.0086	0.0071	0.0059	0.0049	0.0041	0.0034	0.0029	0.0024
24	0.0284	0.0231	0.0188	0.0154	0.0126	0.0103	0.0085	0.007	0.0057	0.0047	0.0039	0.0032	0.0027	0.0022	0.0018
25	0.0245	0.0197	0.016	0.0129	0.0105	0.0085	0.0069	0.0057	0.0046	0.0038	0.0031	0.0025	0.0021	0.0017	0.0014
26	0.0211	0.0169	0.0135	0.0109	0.0087	0.007	0.0057	0.0046	0.0037	0.003	0.0025	0.002	0.0016	0.0013	0.0011
27	0.0182	0.0144	0.0115	0.0091	0.0073	0.0058	0.0047	0.0037	0.003	0.0024	0.0019	0.0016	0.0013	0.001	0.0008
28	0.0157	0.0123	0.0097	0.0077	0.0061	0.0048	0.0038	0.003	0.0024	0.0019	0.0015	0.0012	0.001	0.0008	0.0006
29	0.0135	0.0105	0.0082	0.0064	0.0051	0.004	0.0031	0.0025	0.002	0.0015	0.0012	0.001	0.0008	0.0006	0.0005
30	0.0116	0.009	0.007	0.0054	0.0042	0.0033	0.0026	0.002	0.0016	0.0012	0.001	0.0008	0.0006	0.0005	0.0004

附录 2 复利终值系数表

期数	1%	2%	3%	4%	5%	6%	7%	8%	9%	10%	11%	12%	13%	14%	15%
1	1.01	1.02	1.03	1.04	1.05	1.06	1.07	1.08	1.09	1.1	1.11	1.12	1.13	1.14	1.15
2	1.0201	1.0404	1.0609	1.0816	1.1025	1.1236	1.1449	1.1664	1.1881	1.21	1.2321	1.2544	1.2769	1.2996	1.3225
3	1.0303	1.0612	1.0927	1.1249	1.1576	1.191	1.225	1.2597	1.295	1.331	1.3676	1.4049	1.4429	1.4815	1.5209
4	1.0406	1.0824	1.1255	1.1699	1.2155	1.2625	1.3108	1.3605	1.4116	1.4641	1.5181	1.5735	1.6305	1.689	1.749
5	1.051	1.1041	1.1593	1.2167	1.2763	1.3382	1.4026	1.4693	1.5386	1.6105	1.6851	1.7623	1.8424	1.9254	2.0114
6	1.0615	1.1262	1.1941	1.2653	1.3401	1.4185	1.5007	1.5869	1.6771	1.7716	1.8704	1.9738	2.082	2.195	2.3131
7	1.0721	1.1487	1.2299	1.3159	1.4071	1.5036	1.6058	1.7138	1.828	1.9487	2.0762	2.2107	2.3526	2.5023	2.66
8	1.0829	1.1717	1.2668	1.3686	1.4775	1.5938	1.7182	1.8509	1.9926	2.1436	2.3045	2.476	2.6584	2.8526	3.059
9	1.0937	1.1951	1.3048	1.4233	1.5513	1.6895	1.8385	1.999	2.1719	2.3579	2.558	2.7731	3.004	3.2519	3.5179
10	1.1046	1.219	1.3439	1.4802	1.6289	1.7908	1.9672	2.1589	2.3674	2.5937	2.8394	3.1058	3.3946	3.7072	4.0456
11	1.1157	1.2434	1.3842	1.5395	1.7103	1.8983	2.1049	2.3316	2.5804	2.8531	3.1518	3.4786	3.8359	4.2262	4.6524
12	1.1268	1.2682	1.4258	1.601	1.7959	2.0122	2.2522	2.5182	2.8127	3.1384	3.4985	3.896	4.3345	4.8179	5.3503
13	1.1381	1.2936	1.4685	1.6651	1.8856	2.1329	2.4098	2.7196	3.0658	3.4523	3.8833	4.3635	4.898	5.4924	6.1528
14	1.1495	1.3195	1.5126	1.7317	1.9799	2.2609	2.5785	2.9372	3.3417	3.7975	4.3104	4.8871	5.5348	6.2613	7.0757
15	1.161	1.3459	1.558	1.8009	2.0789	2.3966	2.759	3.1722	3.6425	4.1772	4.7846	5.4736	6.2543	7.1379	8.1371

(续表)

期数	1%	2%	3%	4%	5%	6%	7%	8%	9%	10%	11%	12%	13%	14%	15%
16	1.1726	1.3728	1.6047	1.873	2.1829	2.5404	2.9522	3.4259	3.9703	4.595	5.3109	6.1304	7.0673	8.1372	9.3576
17	1.1843	1.4002	1.6528	1.9479	2.292	2.6928	3.1588	3.7	4.3276	5.0545	5.8951	6.866	7.9861	9.2765	10.7613
18	1.1961	1.4282	1.7024	2.0258	2.4066	2.8543	3.3799	3.996	4.7171	5.5599	6.5436	7.69	9.0243	10.5752	12.3755
19	1.2081	1.4568	1.7535	2.1068	2.527	3.0256	3.6165	4.3157	5.1417	6.1159	7.2633	8.6128	10.1974	12.0557	14.2318
20	1.2202	1.4859	1.8061	2.1911	2.6533	3.2071	3.8697	4.661	5.6044	6.7275	8.0623	9.6463	11.5231	13.7435	16.3665
21	1.2324	1.5157	1.8603	2.2788	2.786	3.3996	4.1406	5.0338	6.1088	7.4002	8.9492	10.8038	13.0211	15.6676	18.8215
22	1.2447	1.546	1.9161	2.3699	2.9253	3.6035	4.4304	5.4365	6.6586	8.1403	9.9336	12.1003	14.7138	17.861	21.6447
23	1.2572	1.5769	1.9736	2.4647	3.0715	3.8197	4.7405	5.8715	7.2579	8.9543	11.0263	13.5523	16.6266	20.3616	24.8915
24	1.2697	1.6084	2.0328	2.5633	3.2251	4.0489	5.0724	6.3412	7.9111	9.8497	12.2392	15.1786	18.7881	23.2122	28.6252
25	1.2824	1.6406	2.0938	2.6658	3.3864	4.2919	5.4274	6.8485	8.6231	10.8347	13.5855	17.0001	21.2305	26.4619	32.919
26	1.2953	1.6734	2.1566	2.7725	3.5557	4.5494	5.8074	7.3964	9.3992	11.9182	15.0799	19.0401	23.9905	30.1666	37.8568
27	1.3082	1.7069	2.2213	2.8834	3.7335	4.8223	6.2139	7.9881	10.2451	13.11	16.7387	21.3249	27.1093	34.3899	43.5353
28	1.3213	1.741	2.2879	2.9987	3.9201	5.1117	6.6488	8.6271	11.1671	14.421	18.5799	23.8839	30.6335	39.2045	50.0656
29	1.3345	1.7758	2.3566	3.1187	4.1161	5.4184	7.1143	9.3173	12.1722	15.8631	20.6237	26.7499	34.6158	44.6931	57.5755
30	1.3478	1.8114	2.4273	3.2434	4.3219	5.7435	7.6123	10.0627	13.2677	17.4494	22.8923	29.9599	39.1159	50.9502	66.2118

(续表)

期数	16%	17%	18%	19%	20%	21%	22%	23%	24%	25%	26%	27%	28%	29%	30%
1	1.16	1.17	1.18	1.19	1.2	1.21	1.22	1.23	1.24	1.25	1.26	1.27	1.28	1.29	1.3
2	1.3456	1.3689	1.3924	1.4161	1.44	1.4641	1.4884	1.5129	1.5376	1.5625	1.5876	1.6129	1.6384	1.6641	1.69
3	1.5609	1.6016	1.643	1.6852	1.728	1.7716	1.8158	1.8609	1.9066	1.9531	2.0004	2.0484	2.0972	2.1467	2.197
4	1.8106	1.8739	1.9388	2.0053	2.0736	2.1436	2.2153	2.2889	2.3642	2.4414	2.5205	2.6014	2.6844	2.7692	2.8561
5	2.1003	2.1924	2.2878	2.3864	2.4883	2.5937	2.7027	2.8153	2.9316	3.0518	3.1758	3.3038	3.436	3.5723	3.7129
6	2.4364	2.5652	2.6996	2.8398	2.986	3.1384	3.2973	3.4628	3.6352	3.8147	4.0015	4.1959	4.398	4.6083	4.8268
7	2.8262	3.0012	3.1855	3.3793	3.5832	3.7975	4.0227	4.2593	4.5077	4.7684	5.0419	5.3288	5.6295	5.9447	6.2749
8	3.2784	3.5115	3.7589	4.0214	4.2998	4.595	4.9077	5.2389	5.5895	5.9605	6.3528	6.7675	7.2058	7.6686	8.1573
9	3.803	4.1084	4.4355	4.7854	5.1598	5.5599	5.9874	6.4439	6.931	7.4506	8.0045	8.5948	9.2234	9.8925	10.6045
10	4.4114	4.8068	5.2338	5.6947	6.1917	6.7275	7.3046	7.9259	8.5944	9.3132	10.0857	10.9153	11.8059	12.7614	13.7858
11	5.1173	5.624	6.1759	6.7767	7.4301	8.1403	8.9117	9.7489	10.6571	11.6415	12.708	13.8625	15.1116	16.4622	17.9216
12	5.936	6.5801	7.2876	8.0642	8.9161	9.8497	10.8722	11.9912	13.2148	14.5519	16.012	17.6053	19.3428	21.2362	23.2981
13	6.8858	7.6987	8.5994	9.5964	10.6993	11.9182	13.2641	14.7491	16.3863	18.1899	20.1752	22.3588	24.7588	27.3947	30.2875
14	7.9875	9.0075	10.1472	11.4198	12.8392	14.421	16.1822	18.1414	20.3191	22.7374	25.4207	28.3957	31.6913	35.3391	39.3738
15	9.2655	10.5387	11.9737	13.5895	15.407	17.4494	19.7423	22.314	25.1956	28.4217	32.0301	36.0625	40.5648	45.5875	51.1859

（续表）

期数	16%	17%	18%	19%	20%	21%	22%	23%	24%	25%	26%	27%	28%	29%	30%
16	10.748	12.3303	14.129	16.1715	18.4884	21.1138	24.0856	27.4462	31.2426	35.5271	40.3579	45.7994	51.923	58.8079	66.5417
17	12.4677	14.4265	16.6722	19.2441	22.1861	25.5477	29.3844	33.7588	38.7408	44.4089	50.851	58.1652	66.4614	75.8621	86.5042
18	14.4625	16.879	19.6733	22.9005	26.6233	30.9127	35.849	41.5233	48.0386	55.5112	64.0722	73.8698	85.0706	97.8622	112.4554
19	16.7765	19.7484	23.2144	27.2516	31.948	37.4043	43.7358	51.0737	59.5679	69.3889	80.731	93.8147	108.8904	126.2422	146.192
20	19.4608	23.1056	27.393	32.4294	38.3376	45.2593	53.3576	62.8206	73.8641	86.7362	101.7211	119.1446	139.3797	162.8524	190.0496
21	22.5745	27.0336	32.3238	38.591	46.0051	54.7637	65.0963	77.2694	91.5915	108.4202	128.1685	151.3137	178.406	210.0796	247.0645
22	26.1864	31.6293	38.1421	45.9233	55.2061	66.2641	79.4175	95.0413	113.5735	135.5253	161.4924	192.1683	228.3596	271.0027	321.1839
23	30.3762	37.0062	45.0076	54.6487	66.2474	80.1795	96.8894	116.9008	140.8312	169.4066	203.4804	244.0538	292.3003	349.5935	417.5391
24	35.2364	43.2973	53.109	65.032	79.4968	97.0172	118.205	143.788	174.6306	211.7582	256.3853	309.9483	374.1444	450.9756	542.8008
25	40.8742	50.6578	62.6686	77.3881	95.3962	117.3909	144.2101	176.8593	216.542	264.6978	323.0454	393.6344	478.9049	581.7585	705.641
26	47.4141	59.2697	73.949	92.0918	114.4755	142.0429	175.9364	217.5369	268.5121	330.8722	407.0373	499.9157	612.9982	750.4685	917.3333
27	55.0004	69.3455	87.2598	109.5893	137.3706	171.8719	214.6424	267.5704	332.955	413.5903	512.867	634.8929	784.6377	968.1044	1192.5333
28	63.8004	81.1342	102.9666	130.4112	164.8447	207.9651	261.8637	329.1115	412.8642	516.9879	646.2124	806.314	1004.3363	1248.8546	1550.2933
29	74.0085	94.9271	121.5005	155.1893	197.8136	251.6377	319.4737	404.8072	511.9516	646.2349	814.2276	1024.0187	1285.5504	1611.0225	2015.3813
30	85.8499	111.0647	143.3706	184.6753	237.3763	304.4816	389.7579	497.9129	634.8199	807.7936	1025.9267	1300.5038	1645.5046	2078.219	2619.9956

附录 3　年金现值系数表（PVIFA 表）

n	1%	2%	3%	4%	5%	6%	8%	10%	12%	14%	15%	16%	18%	20%	22%	24%	25%	30%	35%	40%	45%	50%
1	0.99	0.98	0.97	0.961	0.952	0.943	0.925	0.909	0.892	0.877	0.869	0.862	0.847	0.833	0.819	0.806	0.799	0.769	0.74	0.714	0.689	0.666
2	1.97	1.941	1.913	1.886	1.859	1.833	1.783	1.735	1.69	1.646	1.625	1.605	1.565	1.527	1.491	1.456	1.44	1.36	1.289	1.224	1.165	1.111
3	2.94	2.883	2.828	2.775	2.723	2.673	2.577	2.486	2.401	2.321	2.283	2.245	2.174	2.106	2.042	1.981	1.952	1.816	1.695	1.588	1.493	1.407
4	3.901	3.807	3.717	3.629	3.545	3.465	3.312	3.169	3.037	2.913	2.854	2.798	2.69	2.588	2.493	2.404	2.361	2.166	1.996	1.849	1.719	1.604
5	4.853	4.713	4.579	4.451	4.329	4.212	3.992	3.79	3.604	3.433	3.352	3.274	3.127	2.99	2.863	2.745	2.689	2.435	2.219	2.035	1.875	1.736
6	5.795	5.601	5.417	5.242	5.075	4.917	4.622	4.355	4.111	3.888	3.784	3.684	3.497	3.325	3.166	3.02	2.951	2.642	2.385	2.167	1.983	1.824
7	6.728	6.471	6.23	6.002	5.786	5.582	5.206	4.868	4.563	4.288	4.16	4.038	3.811	3.604	3.415	3.242	3.161	2.802	2.507	2.262	2.057	1.882
8	7.651	7.325	7.019	6.732	6.463	6.209	5.746	5.334	4.967	4.638	4.487	4.343	4.077	3.837	3.619	3.421	3.328	2.924	2.598	2.33	2.108	1.921
9	8.566	8.162	7.786	7.435	7.107	6.801	6.246	5.759	5.328	4.946	4.771	4.606	4.303	4.03	3.786	3.565	3.463	3.019	2.665	2.378	2.143	1.947
10	9.471	8.982	8.53	8.11	7.721	7.36	6.71	6.144	5.65	5.216	5.018	4.833	4.494	4.192	3.923	3.681	3.57	3.091	2.715	2.413	2.168	1.965
11	10.367	9.786	9.252	8.76	8.306	7.886	7.138	6.495	5.937	5.452	5.233	5.028	4.656	4.327	4.035	3.775	3.656	3.147	2.751	2.438	2.184	1.976
12	11.255	10.575	9.954	9.385	8.863	8.383	7.536	6.813	6.194	5.66	5.42	5.197	4.793	4.439	4.127	3.851	3.725	3.19	2.779	2.455	2.196	1.984
13	12.133	11.348	10.634	9.985	9.393	8.852	7.903	7.103	6.423	5.842	5.583	5.342	4.909	4.532	4.202	3.912	3.78	3.223	2.799	2.468	2.204	1.989
14	13.003	12.106	11.296	10.563	9.898	9.294	8.244	7.366	6.628	6.002	5.724	5.467	5.008	4.61	4.264	3.961	3.824	3.248	2.814	2.477	2.209	1.993
15	13.865	12.849	11.937	11.118	10.379	9.712	8.559	7.606	6.81	6.142	5.847	5.575	5.091	4.675	4.315	4.001	3.859	3.268	2.825	2.483	2.213	1.995

附　录

（续表）

n	1%	2%	3%	4%	5%	6%	8%	10%	12%	14%	15%	16%	18%	20%	22%	24%	25%	30%	35%	40%	45%	50%
16	14.717	13.577	12.561	11.652	10.837	10.105	8.851	7.823	6.973	6.265	5.954	5.668	5.162	4.729	4.356	4.033	3.887	3.283	2.833	2.488	2.216	1.996
17	15.562	14.291	13.166	12.165	11.274	10.477	9.121	8.021	7.119	6.372	6.047	5.748	5.222	4.774	4.39	4.059	3.909	3.294	2.839	2.491	2.218	1.997
18	16.398	14.992	13.753	12.659	11.689	10.827	9.371	8.201	7.249	6.467	6.127	5.817	5.273	4.812	4.418	4.079	3.927	3.303	2.844	2.494	2.219	1.998
19	17.226	15.678	14.323	13.133	12.085	11.158	9.603	8.364	7.365	6.55	6.198	5.877	5.316	4.843	4.441	4.096	3.942	3.31	2.847	2.495	2.22	1.999
20	18.045	16.351	14.877	13.59	12.462	11.469	9.818	8.513	7.469	6.623	6.259	5.928	5.352	4.869	4.46	4.11	3.953	3.315	2.85	2.497	2.22	1.999
21	18.856	17.011	15.415	14.029	12.821	11.764	10.016	8.648	7.562	6.686	6.312	5.973	5.383	4.891	4.475	4.121	3.963	3.319	2.851	2.497	2.221	1.999
22	19.66	17.658	15.936	14.451	13.163	12.041	10.2	8.771	7.644	6.742	6.358	6.011	5.409	4.909	4.488	4.129	3.97	3.322	2.853	2.498	2.221	1.999
23	20.455	18.292	16.443	14.856	13.488	12.303	10.371	8.883	7.718	6.792	6.398	6.044	5.432	4.924	4.498	4.137	3.976	3.325	2.854	2.498	2.221	1.999
24	21.243	18.913	16.935	15.246	13.798	12.55	10.528	8.984	7.784	6.835	6.433	6.072	5.45	4.937	4.507	4.142	3.981	3.327	2.855	2.499	2.221	1.999
25	22.023	19.523	17.413	15.622	14.093	12.783	10.674	9.077	7.843	6.872	6.464	6.097	5.466	4.947	4.513	4.147	3.984	3.328	2.855	2.499	2.222	1.999
26	22.795	20.121	17.876	15.982	14.375	13.003	10.809	9.16	7.895	6.906	6.49	6.118	5.48	4.956	4.519	4.151	3.987	3.329	2.855	2.499	2.222	1.999
27	23.559	20.706	18.327	16.329	14.643	13.21	10.935	9.237	7.942	6.935	6.513	6.136	5.491	4.963	4.524	4.154	3.99	3.33	2.856	2.499	2.222	1.999
28	24.316	21.281	18.764	16.663	14.898	13.406	11.051	9.306	7.984	6.96	6.533	6.152	5.501	4.969	4.528	4.156	3.992	3.331	2.856	2.499	2.222	1.999
29	25.065	21.844	19.188	16.983	15.141	13.59	11.158	9.369	8.021	6.983	6.55	6.165	5.509	4.974	4.531	4.158	3.993	3.331	2.856	2.499	2.222	1.999
30	25.807	22.396	19.6	17.292	15.372	13.764	11.257	9.426	8.055	7.002	6.565	6.177	5.516	4.978	4.533	4.16	3.995	3.332	2.856	2.499	2.222	1.999
40	32.834	27.355	23.114	19.792	17.159	15.046	11.924	9.779	8.243	7.105	6.641	6.233	5.548	4.996	4.543	4.165	3.999	3.333	2.857	2.499	2.222	1.999
50	39.196	31.423	25.729	21.482	18.255	15.761	12.233	9.914	8.304	7.132	6.66	6.246	5.554	4.999	4.545	4.166	3.999	3.333	2.857	2.499	2.222	1.999

附录 4 年金终值系数表

期数	1%	2%	3%	4%	5%	6%	7%	8%	9%	10%	11%	12%	13%	14%	15%
1	1	1	1	1	1	1	1	1	1	1	1	1	1	1	1
2	2.01	2.02	2.03	2.04	2.05	2.06	2.07	2.08	2.09	2.1	2.11	2.12	2.13	2.14	2.15
3	3.0301	3.0604	3.0909	3.1216	3.1525	3.1836	3.2149	3.2464	3.2781	3.31	3.3421	3.3744	3.4069	3.4396	3.4725
4	4.0604	4.1216	4.1836	4.2465	4.3101	4.3746	4.4399	4.5061	4.5731	4.641	4.7097	4.7793	4.8498	4.9211	4.9934
5	5.101	5.204	5.3091	5.4163	5.5256	5.6371	5.7507	5.8666	5.9847	6.1051	6.2278	6.3528	6.4803	6.6101	6.7424
6	6.152	6.3081	6.4684	6.633	6.8019	6.9753	7.1533	7.3359	7.5233	7.7156	7.9129	8.1152	8.3227	8.5355	8.7537
7	7.2135	7.4343	7.6625	7.8983	8.142	8.3938	8.654	8.9228	9.2004	9.4872	9.7833	10.089	10.4047	10.7305	11.0668
8	8.2857	8.583	8.8923	9.2142	9.5491	9.8975	10.2598	10.6366	11.0285	11.4359	11.8594	12.2997	12.7573	13.2328	13.7268
9	9.3685	9.7546	10.1591	10.5828	11.0266	11.4913	11.978	12.4876	13.021	13.5795	14.164	14.7757	15.4157	16.0853	16.7858
10	10.4622	10.9497	11.4639	12.0061	12.5779	13.1808	13.8164	14.4866	15.1929	15.9374	16.722	17.5487	18.4197	19.3373	20.3037
11	11.5668	12.1687	12.8078	13.4864	14.2068	14.9716	15.7836	16.6455	17.5603	18.5312	19.5614	20.6546	21.8143	23.0445	24.3493
12	12.6825	13.4121	14.192	15.0258	15.9171	16.8699	17.8885	18.9771	20.1407	21.3843	22.7132	24.1331	25.6502	27.2707	29.0017
13	13.8093	14.6803	15.6178	16.6268	17.713	18.8821	20.1406	21.4953	22.9534	24.5227	26.2116	28.0291	29.9847	32.0887	34.3519
14	14.9474	15.9739	17.0863	18.2919	19.5986	21.0151	22.5505	24.2149	26.0192	27.975	30.0949	32.3926	34.8827	37.5811	40.5047
15	16.0969	17.2934	18.5989	20.0236	21.5786	23.276	25.129	27.1521	29.3609	31.7725	34.4054	37.2797	40.4175	43.8424	47.5804

(续表)

期数	1%	2%	3%	4%	5%	6%	7%	8%	9%	10%	11%	12%	13%	14%	15%
16	17.2579	18.6393	20.1569	21.8245	23.6575	25.6725	27.8881	30.3243	33.0034	35.9497	39.1899	42.7533	46.6717	50.9804	55.7175
17	18.4304	20.0121	21.7616	23.6975	25.8404	28.2129	30.8402	33.7502	36.9737	40.5447	44.5008	48.8837	53.7391	59.1176	65.0751
18	19.6147	21.4123	23.4144	25.6454	28.1324	30.9057	33.999	37.4502	41.3013	45.5992	50.3959	55.7497	61.7251	68.3941	75.8364
19	20.8109	22.8406	25.1169	27.6712	30.539	33.76	37.379	41.4463	46.0185	51.1591	56.9395	63.4397	70.7494	78.9692	88.2118
20	22.019	24.2974	26.8704	29.7781	33.066	36.7856	40.9955	45.762	51.1601	57.275	64.2028	72.0524	80.9468	91.0249	102.4436
21	23.2392	25.7833	28.6765	31.9692	35.7193	39.9927	44.8652	50.4229	56.7645	64.0025	72.2651	81.6987	92.4699	104.7684	118.8101
22	24.4716	27.299	30.5368	34.248	38.5052	43.3923	49.0057	55.4568	62.8733	71.4027	81.2143	92.5026	105.491	120.436	137.6316
23	25.7163	28.845	32.4529	36.6179	41.4305	46.9958	53.4361	60.8933	69.5319	79.543	91.1479	104.6029	120.2048	138.297	159.2764
24	26.9735	30.4219	34.4265	39.0826	44.502	50.8156	58.1767	66.7648	76.7898	88.4973	102.1742	118.1552	136.8315	158.6586	184.1678
25	28.2432	32.0303	36.4593	41.6459	47.7271	54.8645	63.249	73.1059	84.7009	98.3471	114.4133	133.3339	155.6196	181.8708	212.793
26	29.5256	33.6709	38.553	44.3117	51.1135	59.1564	68.6765	79.9544	93.324	109.1818	127.9988	150.3339	176.8501	208.3327	245.712
27	30.8209	35.3443	40.7096	47.0842	54.6691	63.7058	74.4838	87.3508	102.7231	121.0999	143.0786	169.374	200.8406	238.4993	283.5688
28	32.1291	37.0512	42.9309	49.9676	58.4026	68.5281	80.6977	95.3388	112.9682	134.2099	159.8173	190.6989	227.9499	272.8892	327.1041
29	33.4504	38.7922	45.2189	52.9663	62.3227	73.6398	87.3465	103.9659	124.1354	148.6309	178.3972	214.5828	258.5834	312.0937	377.1697
30	34.7849	40.5681	47.5754	56.0849	66.4388	79.0582	94.4608	113.2832	136.3075	164.494	199.0209	241.3327	293.192	356.7868	434.7451

(续表)

期数	16%	17%	18%	19%	20%	21%	22%	23%	24%	25%	26%	27%	28%	29%	30%
1	1	1	1	1	1	1	1	1	1	1	1	1	1	1	1
2	2.16	2.17	2.18	2.19	2.2	2.21	2.22	2.23	2.24	2.25	2.26	2.27	2.28	2.29	2.3
3	3.5056	3.5389	3.5724	3.6061	3.64	3.6741	3.7084	3.7429	3.7776	3.8125	3.8476	3.8829	3.9184	3.9541	3.99
4	5.0665	5.1405	5.2154	5.2913	5.368	5.4457	5.5242	5.6038	5.6842	5.7656	5.848	5.9313	6.0156	6.1008	6.187
5	6.8771	7.0144	7.1542	7.2966	7.4416	7.5892	7.7396	7.8926	8.0484	8.207	8.3684	8.5327	8.6999	8.87	9.0431
6	8.9775	9.2068	9.442	9.683	9.9299	10.183	10.4423	10.7079	10.9801	11.2588	11.5442	11.8366	12.1359	12.4423	12.756
7	11.4139	11.772	12.1415	12.5227	12.9159	13.3214	13.7396	14.1708	14.6153	15.0735	15.5458	16.0324	16.5339	17.0506	17.5828
8	14.2401	14.7733	15.327	15.902	16.4991	17.1189	17.7623	18.43	19.1229	19.8419	20.5876	21.3612	22.1634	22.9953	23.8577
9	17.5185	18.2847	19.0859	19.9234	20.7989	21.7139	22.67	23.669	24.7125	25.8023	26.9404	28.1287	29.3692	30.6639	32.015
10	21.3215	22.3931	23.5213	24.7089	25.9587	27.2738	28.6574	30.1128	31.6434	33.2529	34.9449	36.7235	38.5926	40.5564	42.6195
11	25.7329	27.1999	28.7551	30.4035	32.1504	34.0013	35.962	38.0388	40.2379	42.5661	45.0306	47.6388	50.3985	53.3178	56.4053
12	30.8502	32.8239	34.9311	37.1802	39.5805	42.1416	44.8737	47.7877	50.895	54.2077	57.7386	61.5013	65.51	69.78	74.327
13	36.7862	39.404	42.2187	45.2445	48.4966	51.9913	55.7459	59.7788	64.1097	68.7596	73.7506	79.1066	84.8529	91.0161	97.625
14	43.672	47.1027	50.818	54.8409	59.1959	63.9095	69.01	74.528	80.4961	86.9495	93.9258	101.4654	109.6117	118.4108	127.9125
15	51.6595	56.1101	60.9653	66.2607	72.0351	78.3305	85.1922	92.6694	100.8151	109.6868	119.3465	129.8611	141.3029	153.75	167.2863

（续表）

期数	16%	17%	18%	19%	20%	21%	22%	23%	24%	25%	26%	27%	28%	29%	30%
16	60.925	66.6488	72.939	79.8502	87.4421	95.7799	104.9345	114.9834	126.0108	138.1085	151.3766	165.9236	181.8677	199.3374	218.4722
17	71.673	78.9792	87.068	96.0218	105.9306	116.8937	129.0201	142.4295	157.2534	173.6357	191.7345	211.723	233.7907	258.1453	285.0139
18	84.1407	93.4056	103.7403	115.2659	128.1167	142.4413	158.4045	176.1883	195.9942	218.0446	242.5855	269.8882	300.2521	334.0074	371.518
19	98.6032	110.2846	123.4135	138.1664	154.74	173.354	194.2535	217.7116	244.0328	273.5558	306.6577	343.758	385.3227	431.8696	483.9734
20	115.3797	130.0329	146.628	165.418	186.688	210.7584	237.9893	268.7853	303.6006	342.9447	387.3887	437.5726	494.2131	558.1118	630.1655
21	134.8405	153.1385	174.021	197.8474	225.0256	256.0176	291.3469	331.6059	377.4648	429.6809	489.1098	556.7173	633.5927	720.9642	820.2151
22	157.415	180.1721	206.3448	236.4385	271.0307	310.7813	356.4432	408.8753	469.0563	538.1011	617.2783	708.0309	811.9987	931.0438	1067.2796
23	183.6014	211.8013	244.4868	282.3618	326.2369	377.0454	435.8607	503.9166	582.6298	673.6264	778.7707	900.1993	1040.3583	1202.0465	1388.4635
24	213.9776	248.8076	289.4945	337.0105	392.4842	457.2249	532.7501	620.8174	723.461	843.0329	982.2511	1144.2531	1332.6586	1551.64	1806.0026
25	249.214	292.1049	342.6035	402.0425	471.9811	554.2422	650.9551	764.6054	898.0916	1054.7912	1238.6363	1454.2014	1706.8031	2002.6156	2348.8033
26	290.0883	342.7627	405.2721	479.4306	567.3773	671.633	795.1653	941.4647	1114.6336	1319.489	1561.6818	1847.8358	2185.7079	2584.3741	3054.4443
27	337.5024	402.0323	479.2211	571.5224	681.8528	813.6759	971.1016	1159.0016	1383.1457	1650.3612	1968.7191	2347.7515	2798.7061	3334.8426	3971.7776
28	392.5028	471.3778	566.4809	681.1116	819.2233	985.5479	1185.744	1426.5719	1716.1007	2063.9515	2481.586	2982.6444	3583.3438	4302.947	5164.3109
29	456.3032	552.5121	669.4475	811.5228	984.068	1193.5129	1447.6077	1755.6835	2128.9648	2580.9394	3127.7984	3788.9583	4587.6801	5551.8016	6714.6042
30	530.3117	647.4391	790.948	966.7122	1181.8816	1445.1507	1767.0813	2160.4907	2640.9164	3227.1743	3942.026	4812.9771	5873.2306	7162.8241	8729.9855

参 考 文 献

[1] 汤谷良、王化成主编:《企业财务管理学》,经济科学出版社 2000 年版。
[2] 财政部会计资格评价中心编:《财务管理》,中国财政经济出版社 2014 年版。
[3] 王遐昌、沈济业主编:《财务管理学——理论与实践》,立信会计出版社 2007 年版。
[4] 荆新、王化成、刘俊彦主编:《财务管理学》,中国人民大学出版社 2012 年版。
[5] 荆新、王化成、刘俊彦主编:《财务管理学(学习指导书)》,中国人民大学出版社 2012 年版。
[6] 阎华红编著:《中级财务管理》,北京大学出版社 2014 年版。
[7] 郭勇峰编著:《财务管理》,南开大学出版社 2014 年版。
[8] 财政部会计资格评价中心编:《财务管理(中级会计资格)》,中国财政经济出版社 2015 年版。
[9] 中国注册会计师协会编:《财务成本管理》,中国财政经济出版社 2015 年版。
[10] William J. Baumol. The Transactions Demand for Cash: An Inventory Theoretic Approach. *The Quarterly Journal of Economics*(November 1952).
[11] Merton Miller and Daniel Orr. A Model of the Demand for Money by Firms. *The Quarterly Journal of Economics*(August 1996).
[12] 王锋华:《企业存货内部控制研究》,华中科技大学 2013 年硕士学位论文。